全国高等教育自学考试指定教材

公共事业管理专业（独立本科段）

非政府组织管理

（2007年版）

（附：非政府组织管理自学考试大纲）

全国高等教育自学考试指导委员会　组编
主　编　马庆钰
编　者（按姓氏笔画排列）
马庆钰　卢文刚　张小明
邱霈恩　程　玥
主　审　张永桃
参　审　赵黎青　王云骏

机 械 工 业 出 版 社

本书是全国高等教育自学考试教材，本课程为公共事业管理专业（独立本科段）必考课程，是为培养和检验自学者的非政府组织管理基本概念、基本内容和基本技能而设置的。

主要内容包括绪论、非政府组织发展的动力因素、国外非政府组织发展、中国非政府组织的发展、非政府组织的登记管理、对非政府组织的税赋管理、对非政府组织的监督、对非政府组织的评估、非政府组织的治理、非政府组织战略、营销与公共关系、非政府组织人力资源管理、非政府组织财务管理、非政府组织筹款和项目管理等。

图书在版编目（CIP）数据

非政府组织管理/马庆钰主编. —北京：机械工业出版社，2007.9（2024.1重印）

全国高等教育自学考试指定教材. 公共事业管理专业. 独立本科段

ISBN 978-7-111-22101-2

I. 非… II. 马… III. 社会团体—管理—高等教育—自学考试—教材 IV. C912.2

中国版本图书馆 CIP 数据核字（2007）第 121853 号

机械工业出版社（北京市百万庄大街22号 邮政编码100037）
责任编辑：杨少彤 范秋涛 责任校对：佟瑞鑫
北京虎彩文化传播有限公司印刷
2024 年 1 月第 1 版第 8 次印刷
184mm×260mm · 18.25 印张 · 451 千字
标准书号：ISBN 978-7-111-22101-2
定价：49.00 元

电话服务 网络服务

客服电话：010-88361066 机 工 官 网：www.cmpbook.com

010-88379833 机 工 官 博：weibo.com/cmp1952

010-68326294 金 书 网：www.golden-book.com

封底无防伪标均为盗版 机工教育服务网：www.cmpedu.com

组 编 前 言

21 世纪是一个变幻莫测的世纪，这是一个催人奋进的时代。科学技术飞速发展，知识更替日新月异。希望、困惑、机遇、挑战，随时随地都有可能出现在每一个社会成员的生活之中。抓住机遇、寻求发展、迎接挑战、适应变化的制胜法宝就是学习——依靠自己学习、终生学习。

作为我国高等教育组成部分的自学考试，其职责就是在高等教育这个水平上倡导自学、鼓励自学、帮助自学、推动自学，为每一个自学者铺就成才之路。组织编写供读者学习的教材就是履行这个职责的重要环节。毫无疑问，这种教材应当适合自学，应当有利于学习者掌握、了解新知识、新信息，有利于学习者增强创新意识、培养实践能力、形成自学能力，也有利于学习者学以致用、解决实际工作中所遇到的问题。具有如此特点的书，我们虽然沿用了"教材"这个概念，但它与那种仅供教师讲、学生听，教师不讲、学生不懂，以"教"为中心的教科书相比，已经在内容安排、形式体例、行文风格等方面都大不相同了。希望读者对此有所了解，以便从一开始就树立起依靠自己学习的坚定信念，不断探索适合自己的学习方法，充分利用已有的知识基础和实际工作经验，最大限度地发挥自己的潜能，达到学习的目标。

欢迎读者提出意见和建议。

祝每一位读者自学成功。

全国高等教育自学考试指导委员会
2007 年 5 月

目　录

第一章 绪 论

非政府组织，即 NGO（Non-governmental Organization），源于 1945 年联合国成立时通过的《联合国宪章》第七十一条："经济暨社会理事会得采取适当办法，俾与各种非政府组织会商有关本理事会职权范围内之事件。此项办法得与国际组织商定之；并于适当情形下，经与联合国会员国会商后，得与该国国内组织商定之。"早在 20 世纪 60 年代时，联合国就开始邀请政府组织以外的其他类型的民间机构出席它的会议和活动。相应地，这种与"政府组织"（Governmental Organization）相对应的简单明了的称呼便逐渐固定和沿用下来。主要是在联合国、世界银行等国际组织的倡导下，非政府组织作为一种参与社会治理的方式，已在很大程度上成为国际社会的共识。

1992 年联合国环境与发展大会通过的《21 世纪议程》第 27 章提出要加强非政府组织的作用，要求各国政府和各政府间国家组织同非政府组织建立起真正的社会伙伴关系和对话关系，以使非政府组织能够发挥独立的、有效的和负责的作用，并为此建立相应的机制。1995年"世界妇女大会"在北京召开，大会期间的"非政府组织论坛"引起关注，中国人第一次在传媒中听到 NGO 与"第三部门"等词汇。人们把中国此前已经出现的有相似色彩的组织与国际上蓬勃发展的非政府组织运动联系起来，并开始将这类组织的建立与发展纳入我国公民文化与公民社会建设的议程。

第一节 非政府组织的界定与特征

"非政府组织"并非"政府之外的所有组织"，更不是"无政府组织"或者"反政府组织"的意思。作为英文"NGO"的中文表达，"非政府组织"是联合国的一个专用概念，它有自己的确定含义和地位作用，而不能根据个别生活经验和印象进行简单的字面理解。联合国的"NGO"是指，在地方、国家或国际级别上组织起来的非营利性的、志愿性公民组织（《联合国宪章》第七十一条）。世界银行使用的"NGO"，是指世界各地为数众多的一类组织：它们有些是正式成立，有些则是非正式的；大多数是独立于政府之外，且主要为促进人类合作和社会公益，而非以商业性任务为目标；他们一般旨在解除苦痛、促进穷人的利益、保护环境，提供基本社会服务或从事社区发展的工作⊖。

从我国政府管理的角度看，非政府组织主要包括社会团体、基金会和民办非企业单位。社会团体，是指中国公民自愿组成，为实现会员共同意愿，按照其章程开展活动的非营利性社会组织。基金会，是指利用自然人、法人或者其他组织捐赠的财产，以从事公益事业为目的，按照现有条例的规定成立的非营利性法人。民办非企业单位，是指企业事业单位、社会团体和其他社会力量以及公民个人利用非国有资产举办的，从事非营利性社会服务活动的社

⊖ 见联合国运作指令 14.70 号，《使非政府组织参与世界银行支持的活动》（*Involving Non-governmental Organizations in Bank-Supported Activities*），段落 2，1989 年 8 月。

会组织。○

　　显然，上述国际和国内对同一事物的认识并不完全一致。国际经验与国内现实之间的差异，导致了国内学界和一些业内人士在非政府组织范畴问题上的见仁见智。但目前人们在使用 NGO 概念的时候，主要是指从事社会公益事业或互益事业的组织，如红十字会、希望工程、残疾人联合会、志愿者组织，以及各类基金会等。那么，非政府组织到底是什么呢？根据国际社会的解释和国内学界的主要观点，非政府组织是指依法建立的、相对独立于国家政府系统，以社会成员的自愿参与、自我组织、自主管理为基础，以社会公益活动或者互益活动为主旨的非营利性、非政治性、非宗教性的一类组织。

一、名异而质同的若干概念

　　尽管在全球范围内对于非政府组织的实质意义已经获得不言而喻的共同理解，但由于或者语言的、或者习惯的、或者意识形态障碍等原因，迄今尚未能在名称表述上获得一致。在现实当中，联合国所称的"非政府组织"，在不同国家和地区，甚至在同一国家内围绕同类组织，还演绎出另外几十种不同称谓。在国外经常被使用的名称有：第三部门（the third sector）、非营利组织（non-profit organization，NPO）○、独立部门（independent sector）、慈善部门（charitable sector）、志愿者组织（voluntary organization，VO）、免税部门（tax-exempt sector）、公民社会组织（civil society organization，CSO）、草根组织（grass roots organization，GRO）等。在中国，已经使用和正在酝酿使用的名称有：民间组织、社会团体、社会中介组织、人民团体、社会组织、民间非营利组织等。称谓虽然纷然杂呈，但它们实际上差不多都是指被称做"第一部门"的企业系统和被称做"第二部门"的政府系统○之外的那块活动空间。为系统了解起见，以下对国际和国内的主要名称予以梳理说明。

　　1. "第三部门"。最早由美国学者莱维特（T. Levett）于 1973 年提出○。他认为实际上在政府与私人企业之间有大量的组织从事着政府与私人企业不愿意做或做不了、做不好的事情，这类组织可称之为第三部门。管理学大师彼得·德鲁克后来也提出，"知识社会必然是由三大部门组成的社会：一为公共部门，即政府；另一为私人部门，即企业；还有一个为社会部门。"○他们两个人表达的是同一个意思。由于"部门"的称呼在现实当中用的比较随便，当用于 NGO 这种特别性质组织时，有可能造成混淆。

　　2. "非营利组织"。一个源自美国并向世界流传的说法。大陆将其译为非营利组织，香港译为非牟利组织。它的原义，指的是由私人为实现自己的某种非经济性愿望或目标而发起的各种各样的社会机构或组织。"非营利组织"概念突出了公民社会组织与企业和公司等市场组织的区别，但有两个问题：第一，容易模糊公民社会组织为了自身的生存从事的必要的有偿服务与营利活动之间的界限。在实践上很难确定一个"有偿服务"的合理标准，低于这一标准就是"非营利的"？或者超过这一标准便是"营利的"？第二，也容易模糊民间主

　　○　见《社会团体登记管理条例》、《民办非企业单位登记管理暂行条例》、《基金会管理条例》。

　　○　"营利""赢利""盈利"三者含义不同。"营"，谋求之意，故"营利"指以利润为目的；"赢"指赚，相对于"赔"，"赢利"指赚得利润；"盈"是充满、多余之意，"盈利"指赚到利润的一种经营结果。"非营利组织"中的"营利"不可以用其他两个词替代。

　　○　ICNL. 非政府组织法的立法原则，第二章注释第 57 条，喜玛拉雅研究发展基金会 2000 版。

　　○　levett, T. 1973. *The Third Sector*: *New Tactics for a Responsive Society*. New York：AMACOM.

　　○　[美]彼得·德鲁克. 大变革时代的管理[M]. 上海：上海译文出版社，1999：201.

办的非营利组织与政府主办的非营利事业机构之间的界限。

3. "公民社会组织"。与黑格尔的 civil society 概念有关。过去人们将其翻译为"市民社会"，开放改革后为了避免误解其为"城市居民"，改译为"公民社会"。按照黑格尔的解释，"公民社会"相对突出了新型社会关系的主体，是相对独立于国家领域的市场经济组织和自愿团体的综合。[○]显然，这个范围要比现在大家基本认同的 NGO 范围要大得多，不仅包括了公民的维权组织、各种行业协会、民间的公益组织、社区组织、利益团体、同人团体、互助组织、兴趣组织和公民的某种自发组合的公民社会组织，而且也包括了企业、商业组织。显然，当今国际社会的 NGO 实践与黑格尔和马克思的公民社会范畴并不完全重合。

4. "志愿者组织"。强调了此类组织的志愿性。但是这种志愿性实际上并非为那些以利他和公众利益为导向的公益组织所特有。一些政党组织和宗教团体也强调其成员参加组织的志愿性。可见，用这个概念来指称 NGO 组织，也并不十分妥当。

5. "草根组织"。这一类组织完全从社会基层自发地产生并且实行真正自治。在我国，这种民间自发组织一般不会正式注册，既没有"背景"也不系统和正规，也没有法人身份和相对充分的资源支持。但是它们扎根于人民的日常生活当中，与普通民众的切身利益密切联系，因而具有内在活力。比如城市出租车司机协会、各类联谊会、小区业主委员会、社区或者大学的各类志趣爱好组织、农村的茶农协会、村民红白事互助会、"网络社团"[○]等。从性质看，虽然具有非政府组织的主要特征，但其一是在涵盖范围方面过于狭窄；其二是在组织的正规程度方面也有相应不足，因而只能作为对发展中国家特定组织的描述性称呼。

其他的如"独立部门"是从与政府部门的关系的角度、"慈善部门"是从具体职能的角度、"免税部门"是从特有的责任与义务关系角度，对这类组织进行了各自的归纳。

在我国，围绕非政府组织的概念，已经使用和酝酿使用的名称有：民间组织、社会中介组织、群众团体、社会组织、民间非营利组织等。

1. "民间组织"。是我国政府管理组织和管理法规中长期使用的一个主要概念。在政府职能部门中设立有专门的"民间组织管理局"，所管辖的范围是社会团体、民办非企业单位和基金会，表明了政府立场的非政府组织范围。但"民间组织"名称的传统性和模糊性，显然带来了名实不符的情况。"民间组织"是相对于"官方组织"而来，这个传统的叫法多少隐含一种身份意识和陈旧观念。而它的模糊性在于它没有将民间的非营利性组织和营利性组织区别开来，这样就容易在人们的认识当中和管理实践中造成某种混乱。

2. "人民团体"。经常又称为"群众团体"，是一个特定的政治概念。它主要指中国共产党直接领导下的工会、青年团和妇女联合会，以及其他少数特殊的团体，如中国残疾人联合会、中国文学艺术家联合会、中国科学技术协会等。这些组织的主要特征是，具有很强的政治和行政色彩，像行政机关一样，有相应的行政级别，其领导机关与各级政府机构同设，由国家给予正式的编制。从职能和性质来看，它们更像是政府组织而不是非政府组织。"人民团体"或"群众团体"概念，有时也宽泛地指称所有非政府的社会组织，但由于约定俗成的原因，它的特殊含义已经深入人心。此外，在中国政治的现实语境中，"群众"或"人

　　○ 邓正来. 国家与社会：中国市民社会研究[M]. 成都：四川人民出版社，1998：23~37.
　　○ "网络社团"又叫"虚拟社团"，是借助于计算机和互联网这种超越物理空间的平台所形成的虚拟社区和俱乐部。详见王绍光"中国的社团革命"，载《浙江学刊》2004 年 11 月总第 149 期。

民"通常是政治性很强的概念，指那些得到执政党和政府认可的多数公民。显然，用"群众团体"或"人民团体"的概念也无法表达非政府组织的完整含义。

3. "中介组织"。也是广泛使用的概念之一。"中介组织"开宗明义地揭示了公民社会组织位于政府与企业和民众之间的中间性特征，但这一概念却掩盖了非政府组织的其他主要特征，特别是非营利性。在现实生活中，大量"中介组织"是营利性组织，如律师事务所、会计师事务所、评估师事务所、婚姻介绍所、公证机构、人才交流中心、质量技术检验和服务机构、家政服务机构、商务咨询机构、商业代理机构等。与其说这类机构属于政府与企业和民众之间的中介组织，还不如承认它们本质上就是经营性组织，确切说，它们属于市场经济中的服务性行业。因此，这类组织其实和真正的非政府组织并非同类。

4. "社会组织"。其实是"民间组织"的另一个说法。是一个正在酝酿中的称呼。虽然在我国执政党和政府的政策性文件中能够看到这个说法，⊖但将其拿来作为非政府组织的替代概念，甚至比"民间组织"的模糊性和不确定性更大。"社会组织"非常宽泛庞杂。根据对它的一般理解，人们有理由将社团、行会、中介、群众团体、"虚拟社团"以及"草根组织"等包含在内，同样也有理由将政治性、宗教性和营利性的形形色色的各类社会组织包含在内，这样就背离了非政府组织的特定意义，那么在范畴的理解和把握上就更容易不着边际。

5. "民间非营利组织"。是我国2005年1月1日开始实施的《民间非营利组织会计制度》中第一次正式使用的名称。从字面上看，这个概念至少体现出了民间性、独立性和非营利的特征，从而纠正和弥补了"民间组织"、"群众团体"、"中介组织"、"行业协会"、"社会组织"、"志愿者组织"、"草根组织"以及"公民社会组织"等概念的不足。用这样一个概念概括这类组织，不仅在中文语义上，而且在对象包容的明确性与准确性上，都是其他大陆本土概念不能相比的。因此，如果寻找一个纯粹中文概念来与由NGO翻译来的"非政府组织"相互替代的话，"民间非营利组织"是一个合适的选择。

以上是对外来的和本土的同类概念的规范性进行的梳理和分析。但毕竟，现实当中的情况还要受到文化、习惯、意识形态等多种因素的限制，规范性还要与现实性相互照应为好。更何况虽然名称杂异，但国际、国内的业内同行对这类组织实质的认识其实相去不远，即基本承认它们是被称作"第一部门"的企业系统和被称作"第二部门"的政府系统⊖之外的那块活动空间。因此，根据国际上的接受程度与习惯，也照应到我国的特点和发展预期，本教程仍然将存在规范性漏洞的舶来概念如"非营利组织"、"第三部门"，国内使用频繁的习惯性概念"民间组织"、"民间社团"以及更具有合理性的"民间非营利组织"，与"非政府组织"等同对待。出于与联合国的专用概念保持一致的考虑，本教程的核心概念采用"非政府组织"（NGO）的称谓。

二、非政府组织的一般特性

特性是认识和界定事物的基本依据，把握非政府组织需要总结归纳它的特性。也就是

⊖ 十六届六中全会《中共中央关于构建社会主义和谐社会若干重大问题的决定》提出："健全社会组织，增强服务社会功能。坚持培育发展和管理监督并重，完善培育扶持和依法管理社会组织的政策，发挥各类社会组织提供服务、反映诉求、规范行为的作用。"

⊖ ICNL. 非政府组织法的立法原则. 第二章注释第57条. 喜玛拉雅研究发展基金会，2000.

说，不管是哪个国家和地区的这类组织，都会基本体现这些特性。这样就有了一个比较一致的认识、衡量和管理根据。

关于这类组织的一般特性，莱斯特·萨拉蒙和赫尔穆特·安海尔总结的组织性、民间性、非营利、自治性、志愿性五点，成为比较经典的概括。这类组织必须具有公益使命，是正式合法的组织，不以营利为目的，享有政府免税的优待；它的捐资赞助者也可以享受相应的减税免税的待遇。国内不少学者又在这些带有基础性的定义上面，进行了大同小异的演绎和归纳，但大都万变不离其宗。这里主要根据莱斯特·萨拉蒙和赫尔穆特·安海尔的看法，又结合了其他一些国内外学者的认识，将非政府组织的主要特性作如下总结与解释。

1. 非政府组织具有正规性。这主要体现在组织治理和组织身份两个方面。

（1）需要有一定的组织形式和治理结构。既然可以称为组织，那么，无论是人数众多的组织还是人数较少的组织，无论是公益组织还是互益组织，无论是会员制组织还是非会员制组织，也无论是社团法人还是财团法人，就都应当形成某种组织管理制度和方式，这是一个最低要求。而当一个组织越接近真正非政府组织标准时，它就越需要按照国际国内的通用准则来建立自己的治理制度和管理机制，这是组织能够承担公益使命、履行社会服务职责的保证。如果没有这种比较正规的治理制度和管理机制，组织就容易流于一盘散沙，就容易成为乌合之众。处于这种状态，如果是不涉及社会服务的纯粹兴趣与爱好组织，或者是远离现实的"网络社团"，也许无大妨碍。但对于除此而外的其他非政府组织，大概不光最终会一事无成，甚至会成为社会的麻烦。所以，为了组织的使命和运行有效，各类非政府组织应当按照国际国内共同认可的模式，建立比如会员大会制度或者理事会、董事会制度或者类似的治理模式。

（2）需要获得合法的组织身份。一个正规的非政府组织应当依据国家法律、经过规定程序，成为具有民事权利能力和民事行为能力，依法独立享有民事权利和承担民事义务的法人，这是非政府组织成为法律实体的标志。虽然个别习惯法系国家允许由私人行为设立信托形式的非政府组织，有的成文法系国家则允许经由公证行为成立法人，但没有任何法律系统会给予一个未向政府机关提出申请的非政府组织提供税赋优惠。对于非政府组织而言，具有合法身份，其一是为了将自己纳入法律规章的框架之内，从而避免自己身负"非法组织"的尴尬，无法公开活动的情形；其二是为了借法律法规的约束，加强组织的责任意识和行为约束；其三是可以行使法律法规赋予的权利，以便在必要时依法保护自己；其四是可以用自己的法律身份向政府申请免税资格，并为各类捐赠者获得税赋优惠提供依据；其五是可以为获得社会的信赖和支持奠定一个基础。为此，国家需要有良好的法律环境，针对各类组织的具体情况，相应采取备案注册、登记许可等不同形式，使它们普遍获得合法地位。

2. 非政府组织具有非营利性。非营利性对于非政府组织而言是一个基础要求，否则便与企业、商业组织一般无二。其非营利性体现在以下方面：

───────────

⊖ 莱斯特·萨拉蒙等. 全球公民社会[M]. 贾西津，魏玉译，北京：社会科学文献出版社，2002：3.

⊜ 由公证行为设立的实体可取得法人资格，但没有有限责任，这就是巴西的情形。在南非，志愿性社团无须登记或公证就可设立，且不经任何正式程序，就可取得法人资格与有限责任的保护。

（1）不以营利为目的。作为非政府组织来说，其宗旨可以有各种不同的表述，但不以追求利润为目的则是所有非政府组织的根本宗旨，它的存在主要为了公众利益或者会员利益，为了解决某些社会共同关心的问题。需要强调的是，这类组织不以营利为目的，并不意味着禁止它们进行经营性活动。非政府组织可以被允许从事正当的经济、交易或商业活动，但必须符合两个条件：其一，经营所得收入不可在其创立人、会员、干部、董事、员工之间进行分配；其二，该组织从事经营活动的目的是为了获得更加充分的条件，实践自己的公益或者互益使命，而且实际情况也与目的相符合。

（2）不能进行剩余分配。作为非政府组织，无论开展何种形式的业务所获得盈余，都不允许在成员之间进行与非政府组织身份要求不相符合的分配，否则它所享受的税赋优惠待遇、政府或者社会的财政支持就会使市场经济中的营利组织受到冲击，形成一种社会的不公平。禁止剩余分配的意思是：其一，禁止直接或间接地分配净收入，例如，组织某领导成员的子女或配偶提供象征性服务，组织却为其支付薪水，就是间接地分配利润给该领导；其二，非政府组织的员工，可因实际上为组织所做的工作支领合理的薪水且享有一般的员工福利，如带薪假期、医疗保险以及退休养老金。但按照惯例，除非有合理合情合规的特殊情形，非政府组织的董事不应支薪；其三，非政府组织的资产、收入与利润，不可直接或间接地用来补贴与组织相关人士(如干部、董事、员工、创立人、捐助者或亲戚朋友)；其四，在互益性组织中，在公平前提下，可提供福利给其所有的会员(例如保险福利)；其五，禁止组织成员从事与组织使命无关的任何交易。组织和其相关人(如干部、董事、员工、创立人或捐助者)之间进行确为必要的交易时，须依常规及合理市价方式进行，堵塞"非常规交易"的发生。[⊖]

（3）组织终止时禁止资产私分。非政府组织的资产严格地说并不属于组织所有，也不属于捐赠者，它们是一定意义上的"公益或互益资产"，属于社会。所以，这类组织在一定意义上是以受托人的名义，来行使公益资产的所有权的。因此，如果这类组织终止存续时要求：其一，不可将剩余资产分配给其会员、干部、董事、员工、捐助者或创立人，而是在偿付债务后按照组织章程，选择同类非政府组织接收剩余资产，或者应归予补助非政府组织的政府基金；其二，互益性组织，若没有收受组织外公众捐款，也未享有政府补助金或税赋优惠，在其终止存续后则可允许其将资产分配给成员。

3. 非政府组织具有独立性。非政府组织既不隶属于政府，也不隶属于任何政治团体和宗教组织。因而强调自我组织、自我管理、自主活动、自我发展。独立和自治是这类组织的一个必需条件。这主要体现为其独立的价值导向、独立的人事、独立的财政、独立的章程、独立的规划、独立的决策管理机制等所有工作环节。尤其是它与政府组织、政党组织、宗教组织的关系，具有以下关系特征：

（1）非政府支配。是指政府对非政府组织不存在领导与被领导的关系。具体而言，其一，组织的组成→申请→设立→存续→终止→清算→解散整个过程，系完全出于组织自己的意志；其二，组织的组织形式和治理结构是根据相应法律要求予以设定；其三，组织的主要领导成员是通过组织成员依照适当程序产生而不是政府的任命和授意；其四，组织的使命、

⊖ "非常规交易"（self-dealing）一词源自习惯法体系，乃指某人利用职位，影响或控制一组织使其进行交易，该交易带给该某人不当利益和好处，且常使组织利益受到损害。

决策运行以及相关的一切活动一概由组织自己决定；其五，组织的资金主要由自己从多种渠道筹措。尽管政府为了购买某种公共服务或者倡导某种社会公共精神而对非政府组织进行财政资助，但这并不应成为让非政府组织失去独立性的理由，比如从事以批判政府及其政策为目标的社会教育或倡导活动。当一个组织不能满足这些要求和条件时，那它就不再是一个合格的非政府组织，而只能称为"二政府"或者"准政府"。

（2）非政党支配。政党是典型的政治组织，这种组织往往与政权活动联系在一起，如进行政治募捐、政治角逐、政治竞选甚至更加激烈的政治活动等。因此，真正的非政府组织必须保持独立，采取非政党立场。其一，非政府组织在政治上应当持中立立场，不与政党结盟，不卷入政治派别活动；其二，组织的人事安排、政策制定、业务方向、活动方式等不受政党的操纵；其三，在一些实行多党竞选执政的国家，凡是正式登记的组织不能成为竞选工具，不能为竞选的人捐款募款和发动竞选活动。需同时指出的是，这种非政党性的要求并不是强迫它们远离政治空间。在民主制度中，不禁止非政府组织在和其使命相一致的议题上，以合法方式为候选人背书或对他们加以支持。

（3）非宗教支配。宗教组织则往往在宗教信仰和门户教派的主导下，进行自己的宗教活动。因此，真正的非政府组织也必须保持非宗教立场。就此而言，要求非政府组织不以接受宗教组织与公共利益相悖的要求为条件获得其资助；不以任何方式参与宗教组织发展信徒的活动；不以任何方式参与宗教组织宣传宗教教义的活动。但需要说明的是，在保持非宗教立场的时候，应注意将宗教组织活动与有宗教背景的非政府组织及其公益性社会活动相区别。如有些非政府组织由宗教人士所创建，其成员有宗教信仰，其活动经费主要来自宗教组织等。但只要这些组织从事的是公益性社会活动而不是宗教活动，就不应被当作宗教组织。

4. 非政府组织具有公益性或互益性。这主要体现在以下三个方面：

（1）非政府组织是一种社会性组织。它们倡导社会理念、追求公共或者共同利益、为满足社会需求或者会员需求而进行相应活动。这类组织分为两种情况：一种是有关特定群体成员利益的互益性组织，如钓鱼协会、同乡会、航海俱乐部、商会、行业协会等。一种是为了社会整体和人类整体利益的公益性组织，如扶贫、环保、人权、照顾残障儿童等，就是公益性组织。两相比较，它们各自因为服务与受益范围不同，所以组织相应具有的责任、义务与豁免权利也就不一样。那么法律和国家政策在面对两种不同公共性的非政府组织时，应有所区别。具体讲，在免税问题上，互益组织就不能享受与公益性组织相同的待遇。税收作为公共资源，对公益性非政府组织予以政策资助名正言顺，但却没有理由通过优惠政策让互益组织获得一样的税赋政策。

（2）非政府组织是一种服务性组织。这种服务涉及公益或者互益。公益性质的非政府组织所从事的慈善事业、社会救助、环境、人口、教育等，主要服务对象是边缘性社会群体，如穷人、失业者、妇女儿童、残疾人、老年人、农村居民、少数民族以及难民等。非政府组织对于边缘和弱势群体，予以优先关注和帮助，这是非政府组织的责任和义务。

（3）非政府组织是一种公开透明的组织。非政府组织使用的是社会资源，提供的是社会服务。尤其是那些公益性的组织，因为它们享受免税或减税待遇，直接依靠社会公众、企业、政府的捐助和援助资金而得以存在和履行使命承诺。因而，组织就应当将自己的管理运作、各种活动、财务收支向社会公开，并接受政府职能管理部门、司法部门、社会公众和大众传媒的监督，这是组织属性所要求，也是组织保持公信力所必需。

5. 非政府组织具有志愿性。这主要体现以下两点：

（1）组织成员的使命感是组织的精神支柱。非政府组织的员工与企业组织和政府组织的员工有本质区别。虽然他们有薪水和福利，但非政府组织员工的动机从一开始就是建立在自愿、慈善和爱的基础之上的。他们对组织的特殊使命的归属感，强化了他们对组织的忠诚感。这种内在的动机和自我追求，使他们对组织的事业锲而不舍，对自己的工作兢兢业业，对付出的劳动无怨无悔，从而成为非政府组织履行使命和兑现社会承诺的基础。

（2）志愿者和社会捐赠是组织的关键资源。志愿者是志愿精神的人格化，在利他与奉献的人生观引导下，志愿者们为了公益事业而无偿工作，这成为非政府组织得以存在与发展的人力资本条件。社会捐赠是志愿精神的货币化或物质化，表现为那些富有博爱、仁慈和公共精神的组织和个人，为社会公益或互益性活动无偿贡献出自己的资财。志愿者和社会捐赠构成了非政府组织重要的社会资源。

第二节　有关非政府组织的分类

对于非政府组织进行分类，是专业研究和专门管理的一个基础性工作。分类本身不是目的，而是针对人类社会进程中的 NGO 现象，帮助业内人士了解全貌、提炼规律、预见趋势、促进管理的工具。对非政府组织分类有参考意义的研究始于美国，其成果于 1948 年以 ISIC 体系的名称为联合国采用。自那以后，又产生了多种分类标准体系。伴随非政府组织、非营利概念以及这类实践在中国的发展，国内也开始结合本土情况，进行分类研究和建立标准体系的探索。迄今虽没有国际或者国内统一的标准，但却为接近这个目标打下了重要的基础。本节主要介绍现有的一些分类研究与实践的成果和见解。

一、非营利组织国际分类体系

非政府组织是一个庞杂的社会组织体系。有关分类在国际上一直是一个颇有争议的问题。国内学者在考察这项基础工作的源头时，往往首先提到"联合国国际标准产业分类体系"（the UN International Standard Industrial Classification System 简称 ISIC），将它所分列的 17 个门类中的教育类、卫生和社会工作类、社会和私人的其他服务活动类中的 33 种活动视为对非政府组织的分类，并依次类推，将欧共体经济活动产业分类体系（Statistical Classification of Economic Activities in the European Community 简称 NACE）、北美产业分类体系（North American Industry Classification System，简称 NAICS）也当作非政府组织国际分类的样板。实际上，这些分类都是为产业活动设计的分类方案，其主要目的是为各国收集经济活动统计数据提供一套统一的体系标准，而不是为非政府组织所专设专用。人们从中看不到非政府组织的分类依据，甚至看不到"NGO"的字母符号。○由此看来，将这些产业分类作为非政府组织的分类的确有些牵强附会。

最早为非政府组织进行专门分类尝试的，应当说是约翰-霍普金斯大学的莱斯特·萨拉

○　石小玉. 主要国际标准统计分类简介. http：//old. iwep. org. cn/pdf/2003/guojibiaozhunchanyefenlei.

蒙和赫尔穆特·安海尔领导的研究小组。他们在国际比较研究基础上，形成了"非营利组织国际分类体系"（the International Classification of Nonprofit Organizations，简称ICNPO）。按照这个体系，世界上的非营利组织都被划分到12个大类27个小类之中，其依据的主要标准包括：活动领域、活动范围、活动方式、活动对象或受益者等。列举如下：

第一类是文化和娱乐，包括文化与艺术、休闲、服务性俱乐部；第二类是教育与研究，包括中小学教育、高等教育、其他教育、研究；第三类是卫生，包括医院与康复、诊所、精神卫生与危机防范、其他保健服务；第四类是社会服务，包括社会服务、紧急情况救助、社会救济；第五类是环境，包括环境保护、动物保护；第六类是发展与住房，包括经济、社会、社区发展、住房、就业与职业培训；第七类是法律与政治，包括民权促进组织、治安与法律服务，政治组织；第八类是慈善中介与志愿行为鼓动；第九类是国际性活动；第十类是宗教活动和组织；第十一类是商会、专业协会、工会；第十二类是其他非政府组织。以下为依照ICNPO形成的一个国际组织的分类样表。

大　类　型	小　类　型	国际性组织举例
文化与娱乐	文化与艺术	世界文化论坛
	娱乐	国际奥林匹克委员会
	服务性俱乐部	国际狮子会
教育与研究	包括中小学教育	沃尔多夫教育组织
	高等教育	国际大学协会
	其他教育	国际成人教育协会
	研究	国际第三部门研究学会
卫生	医院与康复	无国界医生组织
	护理	国际高龄人联合总会
	精神卫生与危病防范	世界心理卫生联盟
	其他健康服务	红十字国际委员会
社会服务	社会服务提供	儿童解放组织
	紧急情况救援	国际灾难志工组织
	社会贫困帮助	国际关怀协会
环境	环境保护	国际绿色和平组织
	动物保护	国际珍妮·吉尔多协会
发展与住房	经济、社会与社区发展	世界储蓄互助会
	住房事务	国际人性栖居组织
	就业培训	基督教青年会
法律与政治	民权促进组织	世界公民社会同盟
	法律服务	透明国际
	政治组织	德国绿党

（续）

大　类　型	小　类　型	国际性组织举例
慈善与志愿行为鼓动	慈善组织	比尔盖茨夫妇基金会
国际性活动	国际性活动	特赦国际
宗教	宗教组织	天主教仁爱修女会
企业与专业协会、学会	企业与专业协会、学会	世界经济论坛
其他类型	其他组织	世界社会论坛

"非营利组织国际分类体系"虽然并不尽善尽美，但却是非政府组织分类中的开拓者，因而是倍受业内人士关注和推崇的一个国际标准。其主要特色：一是把握关照现实，使分类贴近各国非政府组织的实际情况；二是也参考了"国际标准产业分类体系"，以便研究者能充分利用联合国收集的各国数据；三是涵盖面比较全面，便于国际比较。但也存在某些困惑，例如，从上表中看到，"世界文化论坛""世界经济论坛""世界社会论坛"，都是论坛，却不是同类。一个划到文化与娱乐类，一个划到协会、学会类，一个划到其它类，为什么？到底是依据经济、社会、文化的领域不同来划分？还是依据"论坛"的性质来划分？这是一个有待澄清的地方。

二、一些国家和地区的分类参考

1. 美国的分类。美国的非政府组织可以说数量众多，千差万别。例如，为了便于统计和管理，美国慈善统计协会设计了"国家免税组织分类标准"（The National Taxonomy of Exempt Entities-NTEE），将非政府组织按照活动性质分为教育、健康、精神保健、疾病援助、医学研究、犯罪与法律、就业、食品与营养、住房与收容、公共安全与灾难防御、休闲与运动、青少年发展、人力资源服务、文化艺术、环境保护、动物保护、国际问题、民权促进、社区改造、慈善事业、自然科学研究、人文科学研究、宗教服务、互益服务、其他公益活动共25大类。也有学者将美国所有的非政府组织划分为两大类：互益性组织和公益性组织。

（1）互益性组织。主要目的是为成员提供服务。也做些公益性事情，但不是主要目的。它们的总数达40万个之多，而一般美国人谈到非政府组织时，往往并没有想到将这些组织也包括在内。一般而言，会员性组织是一群人维护共同利益或追求共同兴趣的组织。它们的存在有利于促进互助关系的发展。会员性组织包括四类：第一类是业主及专业组织：包括商会、贸易协会、律师协会、美国银行家协会、工会等。它们存在的目的是为了促进会员的共同利益；第二类是社交联谊组织，包括业余爱好俱乐部、房主协会、兄弟会、姐妹会、退伍军人协会等；第三类是互助合作组织，包括法律援助团体、教师退休基金、矽肺病患者救助信托基金、互助保险公司、公墓管理公司、信用合作社、农业合作社等；第四类是其他组织，包括政党、所有权凭证管理公司。

（2）公益性组织。主要目的是为社会大众提供公益性服务。主要包括：资金中介组织、宗教组织、服务和政治行动组织。资金中介组织本身并不提供公益性服务，主要是筹措资金、管理资金，然后向其他非政府组织提供资助。宗教组织之多是美国社会的一大特色。全美有近35万个宗教组织，包括基督教会、天主教会、清真寺、犹太教堂等各类宗教团体。它们既服务大众也服务教友。是因为按照美国税法，它们自动享有第501（c）（3）条款规定的优惠待遇，即不仅自身收入免税，而且向它们捐款的也可减税。为了堵塞漏洞，联邦税务局和法院对这类宗教组织给出了明确定义：一个宗教组织需要满足四个条件：有教义或某种形式的崇拜；常务人员具有圣职；定期举办宗教仪式；不以谋取一己私利为宗旨。服务和政治行为组织是公益性组织的中坚力量，主要是提供医疗、教育、托儿、领养、社区、文化、音乐、戏剧、就业培训、个人和家庭危机咨询等服务的组织；同时还包括研究机构、推动某项事业的促进组织、以社区为依托的组织以及海外救援和促进第三世界发展的组织。

2. 日本的分类。日本非政府组织分类依据的是日本法律。分别是：公益法人、社会福利法人、学校法人、宗教法人、医疗法人、特殊法人、公益信托基金、共同组合、市民团体。

（1）公益法人。1896 年的《民法典》将公益法人定义为"与崇拜、宗教、慈善事业、科学、艺术相关，或以其他形式与公益相关，且不以获利为目的的社团和财团"。在日本，"财团"不是指大公司，而是指类似公益基金会的机构。日本大多数民间慈善组织都是以这种身份注册的。要成为公益法人必须满足三个条件：服务公益、非营利、经政府有关部门批准。

（2）社会福利法人。1951 年日本通过《社会福利服务法》规定了这类组织的组成和活动要求。社会福利法人的成立必须得到县知事或中央政府厚生省的批准。它们享受与公益法人大致相同的免税待遇。社会福利法人的活动领域是养老服务、妇幼服务和残疾人服务。

（3）学校法人。主要包括日本的各类私立学校，从幼儿园到小学、初中、高中、大学，还包括残疾人专门学校和职业学校。1/3 的私立学校是由宗教团体创建的。学校法人存在的依据是 1949 年通过的《私立学校法》。大学以下的私立学校要报请县教育署批准，私立高等学校则需文部省批准。

（4）宗教法人。根据 1951 年《宗教团体法》规定，宗教团体是指以传播宗教教义、发展会众、举办宗教仪式为目的的组织。

（5）医疗法人。1948 年的《医疗服务法》是医疗法人的法律基础。该法涉及医院诊所的经营、医疗服务的提供、医护人员的培养以及医学研究的开展等。但由于大部分医疗机构的运作经费来自服务收费，因此现行《公司税务法》将医疗法人视为一般公司。如果医疗法人符合一定条件，可以获得"特定医疗法人"地位，并免缴遗产税和减缴公司所得税。

（6）特殊法人。即公营公司。日本《公司税务法》列举了所有特殊法人以及它们存在所依据的特别立法。这些特殊法人是准政府机构，而不是真正意义上的民间组织。

（7）公益信托基金。公益信托基金与基金会没有本质的区别。但是它的规模要小一些，不设全职工作人员；而且信托基金是由个人设立的，很少有公司或政府的参与。

（8）共同组合。共同组合相当于中国所说的合作社。在日本，各种形式的合作社十分活跃。在农村，有农民、渔民和森林工人的合作社；在城市，有信用社和消费合作社。

（9）市民团体。从数量上说，市民团体超过了上述各类非政府团体的总和。就活动范围而言，在社会生活的方方面面都能看到它们的身影，包括文化体育、教育培训、医疗卫生、社会服务、社区改造、国际交流以及各种社会运动。

3. 香港特别行政区的分类。根据香港特别行政区《社会福利服务总览》[⊖]，香港特别行政区公共及非政府服务机构分为 9 大类：第一类是社区发展，包括社区中心服务、社区协调、社区服务计划；第二类是家庭及儿童服务，包括幼儿日间服务、家庭服务、儿童院(幼儿园)、其他服务；第三类是康复服务，包括为视听觉疾患者、弱智者、自闭精神病患者、肢体伤残及大脑麻痹人士提供的医疗康复服务、特殊教育及训练、自助活动、社会康复服务、辅助支持服务、职业康复服务；第四类是安老服务，包括统筹及转介、社区支持服务、老人教育、老人就业服务、经济援助、殓葬服务、老人医疗服务、老人房屋设施、院舍服务、交通服务；第五类是过犯及释囚服务，包括受感化人士服务、过犯释囚服务；第六是学龄儿童及青年服务，包括营舍服务(夏令营)、儿童及青少年中心服务、摄取支持服务、青少年综合服务、学校社会工作、体育社交及康乐服务、制服团体、特别服务(如青少年热线)；第七是长期病患者服务，包括医疗康复服务、其他支援服务；第八是其他对象服务，包括滥用药物及戒毒人士康复服务、酗酒人士服务、农民及渔民服务、劳工服务、病人服务、难民服务、海员服务、妇女服务、艾滋病患者服务、无家可归者服务；第九是辅导服务，包括协调及策划、援助资源、研究及评估、训练等。

4. 台湾的分类。台湾的非政府组织通常称为人民团体。广义的人民团体分职业团体、社会团体和政治团体(含政党)三种，其中除政党实行备案之外，其余组织必须向各级社政机关申请许可。得到许可之后还需接受其所在区域的政府主管部门的"指导与监督"。狭义的人民团体只包括职业团体和社会团体两大类。职业团体是指人们基于同一职业而组织起来的团体，包括农民、渔民、劳工、工业、商业、自由职业等团体。社会团体是指人们基于相同志趣、信仰、地缘或血缘关系而组织起来的团体。狭义上的人民团体共有 11 类：第一类是以促进教育、文化艺术活动及增进学术研究为主要功能的学术文化团体；第二类是以协助医疗服务、促进国民健康为主要功能的医疗卫生团体；第三类是以研究和实践宗教理论、宗教教义、启迪人心向善及助人济世为主要功能的宗教团体；第四类是以普及体育活动、推展休闲娱乐活动、提高体育水准、增进身心健康、研究体育学术为主要功能的体育团体；第五类是以社会服务及慈善活动为主要功能的社会服务及慈善团体；第六类是以从事对外交流活动、促进民间交往与联系为主要功能的对外交流团体；第七类是以农业(农林渔牧狩猎业)、工矿业(矿业、制造业、水电燃气业)、服务业(商业、运输仓储及通信业、金融保险、不动产及工商服务业等)等经济业务或相关学术之研究为主要功能的经济业务团体；第八类是宗族会；第九类是同乡会；第十类是同学校友会；第十一类是其他公益团体。

三、国内的主要分类探索

伴随非政府组织的发展，近年来我国业内人士提出了多种分类方法。或根据这些组织的目标，将其分成互益型组织和公益型组织；或根据它们的活动内容，将其分为行业性的和综合性的组织；或根据它们与政府的关系，将其分为官办、半官办和民办的组织；或根据他们有无会员，将其分为会员制和非会员制组织。凡此种种，各有见地。

为了更好地理解具有中国特色的 NGO，进而提高管理水平，有必要从实证角度和规范角度，对比较有代表性的成果进行归纳和介绍。实证角度的方法，是以管理实践的眼光，根

⊖ 香港特别行政区社会服务联会编. 社会福利服务总览[Z]，1995.

据我国各类组织的状况，在关照现实可操作性基础上进行的分类。规范角度的方法，是以学理研究的眼光，根据各类社会组织主体及其功能，在理性考量基础上进行的分类。

（一）实证角度的分类

实证角度分类的出发点是寻找一个中国社会组织特色与管理特色相契合的接点。在这方面的分类中，有代表性的一个是来自我国政府的分类，另一个是来自学界的分类。

1. 来自政府的分类。我国政府主管部门将纳入其管理的"民间组织"分为三大类别。一是社会团体，即"中国公民自愿组成，为实现会员共同意愿，按照其章程开展活动的非营利性社会组织"；二是所谓的民办非企业单位，即"企业事业单位、社会团体和其他社会力量以及公民个人利用非国有资产举办的，从事非营利性社会服务活动的社会组织"；三是各类公益性基金会，即"利用自然人、法人或者其他组织捐赠的财产，以从事公益事业为目的而设立的非营利性法人"。

对其中数量最多的社会团体，民政部又将其分为四类：一是从事自然科学、社会科学以及交叉科学研究的学术性团体，如中国骨科学会；二是由同行业的企业组成的行业性团体，如中国棉纺织行业协会；三是由专业人员组成或依靠专业技术、专门资金从事某项事业而成立的专业性团体，如中国包装技术协会；四是人群的联合体或团体的联合体，如中国工业经济联合会。

政府管理部门分类的好处是化繁为简，便于操作。不足是，有的名称不够规范，划分过于笼统，个别概念之间界限不够清晰。如"民办非企业单位"的称呼就感觉别扭拗口；一些属于国家机关性质的组织如工会、共青团、妇联，或者明显带有"GONGO"[⊖]色彩的组织比如全国青联、全国台湾同胞联谊会、全国工商联、全国侨联等，现有的标准并没有将其与比较带有非政府非营利性质的组织剥离开来，从而影响了规范性。

2. 来自学界的分类。近年来，一些学者对 NGO 分类进行了深入研究。虽然还没有形成一套获得各方认同的标准，但对于推进 NGO 分类的科学化、规范化富有启发。针对我国的实际，我国各类非政府组织分类至少应考虑有关的税收、登记、监管等制度性待遇和职能部门管理的方便。根据这样的思路，可以从三个方面着手归类：

第一是根据其法律地位，将民间组织分为法人团体与非法人团体，法人团体具有独立的法人资格，其权利责任要大于非法人团体，对法人团体的审批、登记、监管应当更加严格，而政府在财政和税收等方面对它的支持力度也应更大。

第二是根据组织使命，将民间组织分为公益性团体与互益性团体，公益性团体的宗旨是增进社会的公共利益，对这类团体政府的资助和扶持应当更多。

第三是根据便于管理的需要，将这些组织细分为：1）行业组织，即各种同业组织和行业协会，包括具备一定管理职能的过渡性行业管理和自律组织，如中国轻工总会；2）学术组织，如中国行政管理学会、中国物理学会、中国化学学会等；3）慈善组织，其主要作用是社会救济和扶贫，如红十字会、慈善总会、残疾人联合会；4）社区和农村基层服务组织，如农作物研究会、农民合作社、业主委员会、社区老年协会、社区法律援助中心等；5）社会公益组织，如在社会上提供公益服务的组织，如公益性基金会、环境保护、动物保护等组

⊖ GONGO(government NGO)，指一类由官方组建、有行政级别、由公共财政拨款、执行政府意志的特殊非政府组织。无论在组织设置和活动方式上都保留官方机构形态。

织；6）公民权益保护组织，如农民工权益保护组织、中国消费者协会等；7）非营利性咨询服务组织，大量的民办非企业单位基本上都属于这类组织；8）同人团体，如兴趣组织，同学会、同乡会、俱乐部等；9）国外、海外在我国大陆的非政府组织。

这个分类的鲜明之处是，第一，属于中国政协会议的人民团体和经国务院批准的免予登记的组织，由于其财政和人事仍然列入国家编制，以及村民委员会、居民委员会由于与国家路线方针政策的贯彻密不可分，实际上属于我国体制内的基层存在，因而不划入非政府组织范畴。第二，针对非政府组织管理的实际，将国外、海外在我国大陆的非政府组织专列一类，以弥补在这个领域的空白状况。

（二）规范角度的分类

从规范角度进行分类，比较早的是清华大学 NGO 研究所。[一]他们依照组织构成和制度特征把各类社会组织分为会员制和非会员制。在此下面又按照统一标准，进行了分层分类。

第一种类别是会员制组织。对于会员制组织，根据它们所体现的公益属性的类型，将其划分为互益性组织与公益性组织。互益性组织，按照它们所体现的经济社会关系的性质，进一步分为经济性团体和社会性团体；公益性组织，则按照其会员的成分，将其区分为团体会员型组织和个人会员型组织。

第二种类别是非会员制组织。依据组织的活动类型，将非会员制组织区分为运作型组织和实体型社会服务组织。按照其运作资金的性质和类型，进一步将运作型组织区分为运作型基金会和资助型基金会；对于实体型社会服务组织，则根据其主要的资金来源或所有制，区分为民办非企业单位和国有事业单位。如下图所示：

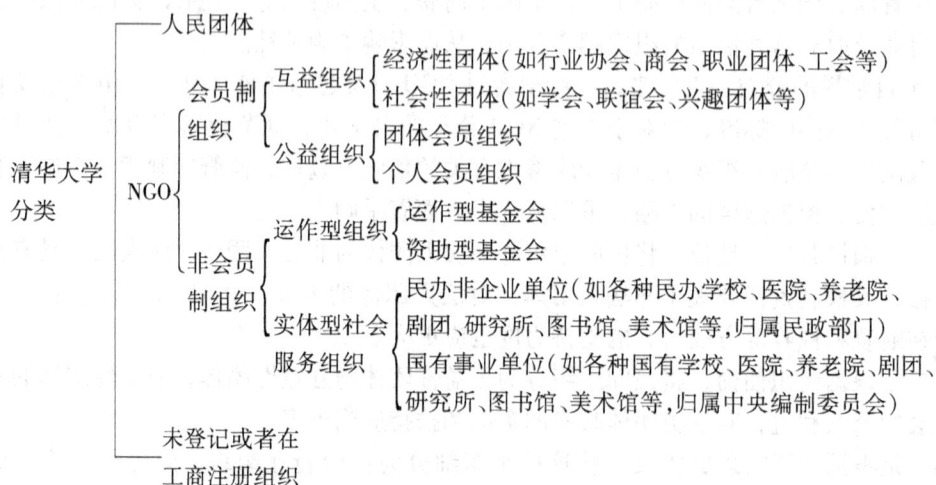

在规范角度的分类中，这是一个引起业内同行广泛重视的方法。其主要贡献是它采用了合乎类型学的分类方法，从而为建立科学的管理分类框架提供了重要依据。思路和方法虽然正确，但在具体的区分当中，仍然留下了几个问题：第一是在归类上有剥离不够清楚的地方。比如在会员制组织下面分为互益组织和公益组织两种类型是不错的，但问题是，在非会员制组织中，同样存在公益组织，这样就出现了归类上的漏洞；第二，将运作型组织分为运

㊀ 王名. 非营利组织管理概论[M]. 北京：中国人民大学出版社，2002：8～9.

作型基金会和资助型基金会，导致的矛盾是，既然是运作型组织，就不能将资助型组织包含在内，这也是一个明显的分类缺陷；第三，国有事业单位的资金几乎全部来自政府财政，且这类组织也不是建立在志愿性基础之上。这就是说，将国有事业单位归在实体型 NGO 组织之内，也有些牵强。

按照剥离清楚和逻辑合理的分类要求，对照非政府组织的特征，同时也结合中国的现实情况，国家行政学院的学者提出了一个新的规范分类方法。如下图：

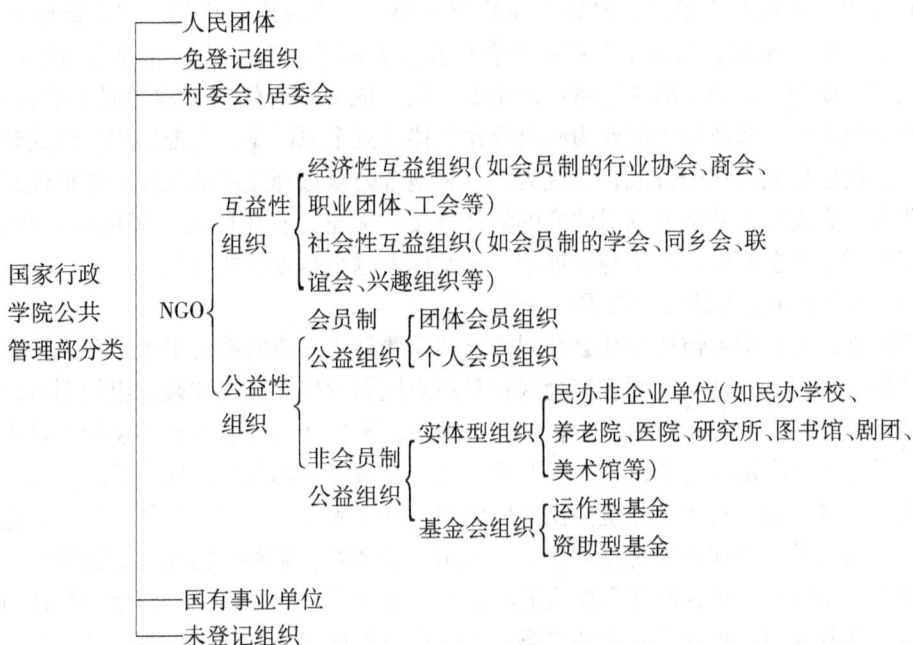

```
国家行政        ── 人民团体
学院公共        ── 免登记组织
管理部分类       ── 村委会、居委会

                                    经济性互益组织（如会员制的行业协会、商会、
                        互益性      职业团体、工会等）
                        组织        社会性互益组织（如会员制的学会、同乡会、联
              NGO                   谊会、兴趣组织等）
                                    会员制      ── 团体会员组织
                                    公益组织    ── 个人会员组织
                        公益性
                        组织                                民办非企业单位（如民办学校、
                                                实体型组织  养老院、医院、研究所、图书馆、剧团、
                                    非会员制                美术馆等）
                                    公益组织
                                                基金会组织  运作型基金
                                                            资助型基金

                ── 国有事业单位
                ── 未登记组织
```

这个分类方法，是对已有成果的总结、补充和完善。与同类相比，主要体现了以下特点：

第一，比较严格地依照非政府组织特性进行区别。比如根据人民团体、免登记组织、国有事业单位的情况，尤其是财政仍然列入国家预算和人事仍然列入国家编制的地位，不将其划在非政府组织范围之内；村民委员会、居民委员会与政府的关系以及它们的实际作用，表明其实际上属于国家管理系统内的基层存在，因而也不划入非政府组织范围。

第二，未登记的组织，因为从管理的角度考虑没有实际意义，也不包含在内。

第三，严格按照分类的合理性要求，进行归并和剥离。在 NGO 下面的第一层次，是互益性组织和公益性组织两大类。在互益性组织下面，又分为经济性互益组织和社会性互益组织，这样就把这类会员组织全部包含了进去。在公益性组织下面，又分为会员制公益组织和非会员制公益组织。会员制公益组织再分为团体会员组织和个人会员组织，而非会员制公益组织又分为实体型公益组织和基金会组织。实体型公益组织包含了所有的民办非企业单位，基金会组织再分为两类，一类是运作型基金（operating foundation，组织既是基金组织，同时又进行项目运作），一种是资助型基金（grant-making foundation，组织本身不做项目，而只对项目运作组织提供资助）。总的来看，这个分类比较合理和全面，层次划分合乎逻辑，漏洞和矛盾比较少，既考虑了非政府组织的特性，又照应了社会现实情况。因此，这成为本教材自始至终的一个分析与阐述依据。

第三节　非政府组织的社会作用

一、在社会发展中的重要作用

从 20 世纪 70 年代末 80 年代初开始的全球范围内的行政改革，使各国政府在观念上发生了重要变化，就是将传统的"政府管理"发展为"公共管理"，其实践层面的追求就是从原来政府的"一元管理"模式，发展为在政府主导下，由政府、市场、非政府组织共同参与的"多元管理"格局。在这个重视社会管理和公共服务的时代中，非政府组织以其独特个性和优势，成为三足鼎立的新体系中的重要一员，成为政府优化管理与服务的合作伙伴。世界经合组织指出，非政府组织作为政府合作伙伴的五个原因是：它能够提高公共政策制定的质量；它适应信息时代的挑战；它成为汇总和整合公众选择意向的载体；它促使政府更加透明和负责；它提升了社会公众对政府的信任程度。无论是在国际还是国内的广阔视野中，非政府组织对于社会繁荣、进步与发展中，都发挥着越来越重要的作用。

（一）社会多元治理结构中的重要一元

长期以来，人们都习惯认为社会共同需求的消费品要靠政府系统供给；私人消费品要靠市场系统供给。但实践证明，两者都会因自身局限性而发生失灵。非政府组织则可以弥补它们的缺陷和填补两者留下的空白。它在社会管理中，至少在三种服务产品供给上具有明显优势：其一是它可以提供政府难以全面顾及的一些带有偏好性的服务，比如帮助妇女儿童、帮助残疾人、扶贫帮困、对生态环境提供特别保护、社区服务、业主维权等；其二是它可以提供某些特殊消费品，比如在为智障学校、幼儿园、养老院、慈善机构提供的服务中，非政府组织往往要比市场组织更为胜任和使人放心；其三是它可以满足人们普遍性的结社与交往偏好的需求。非政府组织独立于政府和市场之外的社会管理和公共服务作用，已经得到一定程度验证。在社会矛盾比较集中的某些领域，如下岗再就业、环境保护、扶贫开发、艾滋病防治、社会福利、社区服务、慈善救助等方面，非政府组织是一个可以依靠的选择。在社区和农村基层培育这类组织，能够适应公众多样性需求，使许多社会矛盾和社会问题在社区和农村层面上获得解决。非政府组织是与政府相互合作、取长补短的合作伙伴，围绕社会治理政策的制定与执行，政府与非政府组织各有侧重，互为补充。两者的合作有利于促进经济与社会稳定、健康、和谐发展。

（二）吸引和整合各种资源的途径

政府是社会管理和公共服务的主导者。但因为人力、财力、智力的短缺，仅仅依靠政府并不能提供让社会公众满意的公共产品。非政府组织的存在，正好可以发挥吸引和整合各类社会资源甚至是国际资源用于社会管理和公共服务的作用。在全球行政改革中出现的"能力促进型国家"的概念⊖与实践，是欧盟一些政府培育非政府组织，解决公共服务人力资源不足的普遍模式。首先是，他们一改政府定规划、铺摊子、设编制、建单位的做法，从政府亲自提供公共服务向民间提供公共服务转变；其次是，从国家直接拨款支出向国家通过购买服务的间接支出转变，通过引进竞争机制促进民间非营利服务提供者的能力建设；再次是倡导

⊖　Neil Gilbert and Barbara Gilbert. *The Enabling State: Modern Welfare Capitalismin America*. New York: Oxford University Press, 1989.

政府培育和加强私人责任的理念，促使非政府组织承担自我管理、自我服务、自我发展的职责。

长期以来，我国非政府组织也在整合社会人力资源为政府排忧解难方面做出了重要贡献。自从恢复社团管理登记制度后，各类正式登记的民间组织不仅没有给社会稳定造成麻烦，而且每年还能够吸纳40～50亿人民币资金用于政府无暇顾及的社会管理领域。迄今为止，除去登记在册的30多万民间组织之外，还有为数众多的未登记民间组织活跃在社会管理和公共服务第一线。尤其值得肯定的是，许多国内非政府组织成为吸引和整合外来人力财力资源的重要平台。如通过中国国际民间组织合作促进会、中国红十字会、中国扶贫基金会、中国儿童少年基金会、中华慈善总会等吸引的外来官方与非政府组织的资金，最近20年来总计达到20亿美金的规模，基本与英国海外发展署、国际劳工组织、联合国粮农组织、联合国艾滋病规划署、联合国开发计划署、联合国教科文组织、联合国儿童基金会、联合国人口基金会、粮食计划署、世界卫生组织等机构在中国年度预算的总和相同。尤其在中国"神州5号"发射成功，各国政府纷纷减缩贷款和资金援助的背景中，通过国内外非政府组织合作平台吸引与整合国外官方和民间基金，弥补我国政府公共服务财力的不足，就成为一条重要渠道。除了国际和各国基金会的资金支持之外，多个国家的非政府组织还派出人员深入到中国欠发达和贫困省区开展援助。根据《200 国际非政府组织在中国》的统计报告，经我国政府和非政府组织的牵线搭桥，境外在我国大陆的非政府组织所从事的工作，分布在从民主、司法改革到动物福利、科技推广、艾滋病防治、扶贫、贫困儿童教育、环保、救灾重建等社会问题集中的22个领域。如美国"援助之手"基金会一行18名义工于2005年7月来到新疆伊犁哈萨克自治州，为54名孤儿进行服务，并在此后6年中为他们提供每人每月240元人民币的生活抚养补贴费。这些外来资源对社会管理和公共服务是一个重要补充。

（三）化解社会矛盾的重要机制

在计划经济的传统社会中，政府与社会对话的平台是"单位"。单位制度使党政机关、工厂、商店、学校、科研机构、医院、社会团体和宗教团体，以至于农村和城市基层组织等，成为同一行政体系的组成部分。国家通过垄断和控制一切资源、利益、信息和发展机会控制每一个单位；而单位又通过对自己所控制资源、利益、信息和发展机会的垄断，控制每一个人。这种与计划体制相应的社会结构和社会组织制度使得改革开放前的中国具有明显"大一统"特征。改革开放以后，这个体制逐渐瓦解，民间开始产生大量多元利益主体。如行业协会、农民工群体、特殊消费者群体、弱势群体，特殊职业群体基础上形成的民间组织，都取代"单位"而成为某种利益表达和诉求的主体，成为在政府与社会之间进行对话、调解、协商、参与的双向沟通与平衡机制。从社会稳定的角度看，在社会冲突出现时，最先觉察社会冲突的是扎根于社会之中的非政府组织。早觉察、发预警，就可以避免小问题演化成大矛盾，避免局部矛盾酿成全局性冲突。在面对政府与社会利益纠纷时，政府可以直接在非政府组织这个平台上通过对话达成和解，化解激烈冲突；在面对利益群体之间的矛盾时，政府可以利用这个平台居间斡旋调解；而在资源配置和政策制定中，代表各自利益的非政府组织可以成为本群体的代言人，表达利益愿望，影响决策意向。政府与非政府组织之间这个对话、调解、协商、参与的沟通平台，是缓和社会冲突、化解社会矛盾的减压缓冲装置。比如在2005年7月上旬，30家证券保荐机构、161名通过第二次保荐人考试的准保荐代表人，共同签署了《就支持股权分置改革而申请注册保荐代表人事宜致证监会的一封信》，要求中国证监会修改"不合理的"保荐代表人注册条件。这种全行业通过理性对话，就重大问题上书监管部门，对于化解矛盾的作用是积极的。

（四）政府职能转变中一些公共职能的承接者

多年来"全能政府"的弊端使人们认识到，政府的职能和功能是有限的，社会管理主体的多元化、政府和社会的分工合作与共同治理是社会发展的客观趋势。既然政府不能解决所有的问题，不能提供所有的服务，就必须依靠社会的其他领域，贡献各自的力量，使政府逐步从"越位"、"错位"的尴尬中解脱出来。显然，各类非政府组织应当是责无旁贷的主要承接者之一。随着经济体制改革的深入也带动政府管理方式的转变，表现为政府由微观干预转向经济调节；由行政控制转向政策引导；由强调管理转向强调服务。从而不仅在经济领域而且在社会事务领域，都形成了"官退民进"的趋势，而非政府组织则是政府部分社会管理职能转移的承接者。比如在我国加入 WTO 后，原先由政府进行的招商引资活动、对企业生产经营的直接管理，现在可能被视为非市场化行政干预，不利于自由竞争；而国际上商会、行业协会甚至行业无国界组织，在维护成员利益，制定标准方面有重要作用，和这些机构组织打交道，由政府出面就很不得体。因此为了符合国际规则，就需要发展独立于政府之外的商会、行业协会来接替以往政府的某些职能，这是世界贸易组织的要求，也是我国政府与国际惯例接轨，提升自己形象，维护国家利益的明智之举。比如温州的商会在海外维权方面就扮演了政府所无法起到的重要作用。

（五）增加社会凝聚力的粘结剂

非政府组织作为一种结社现象，它体现了人的社会性本质。发展非政府组织为满足人们结社交往偏好提供了条件。人们通过非政府组织，得到相互支持，相互理解，分担困难和痛苦，分享成功和喜悦，实现单个人不能做到的事情和得到的感觉。在自愿结合的组织中，人们得到关心、爱、尊重和承认，也能够有机会关心别人、爱别人和帮助别人，认同集体，形成共识，感到温暖，实现自己做人的权利。结社还创造条件使人们摆脱孤独和恐惧，战胜生活的重压，超越隔阂、冷漠、麻木和贫乏，使生活变得富有意义和生机。

非政府组织还为人们开展志愿者活动、进行公益奉献和各种志趣爱好活动提供了平台。它可以以自己灵活而自由的方式，凝聚社会人群，减少边缘化个体，使人们的各种情趣、志向、理想获得发展，为满足人们多样化的需求提供便利。它以独特的社会网络方式，将社会纳入组织有序的生活中来，促进成员行为的自律，使他们适应社会规则，维护社会秩序，提升社会诚信和社会责任水平。

非政府组织为各种社会成分提供了较宽松的活动空间，社会成员可以通过各种方式满足其多样性和多层次的愿望和实现其利益，能够起到排解社会怨气、释放社会压力的作用，也使各种不同的社会群体能够依法共存相容，增进社会容忍度。在非政府组织中贯穿的宽容、互助、互惠、利他和公益精神，有助于消除社会矛盾和有益于维持社会稳定和和谐。

（六）参与国际事务的重要使者

随着非政府组织参与国际事务的能力逐步提高，它们已从传统的国际人道主义援助扩展到国际事务的许多方面。尤其是在环保、经济、外交、人权、妇女、和平等诸多领域，非政府组织已经显示出参与国际事务的协调和倡导能力，活跃于主权国家政府和政府间国际组织力所不及的领域。它们从全球社会经济发展过程中，发现各类热点问题，利用信息技术分享和传播信息，积极倡导新的价值观和参与全球治理的规划，在各种层面上参与政策制定，参与政策和规则的实施并监督各利益相关者的行动情况。

非政府组织参与国际合作，只要引导得当，它们的作用是明显的，对于缓解国家之间的矛盾必将起到缓冲剂的作用。非政府组织参与环境保护的国际合作，参与不同国家文化、体育方面的交流，留学生的互派等，也都会起到与政府不同的特殊推动作用。非政府组织在实现"走出去"战略中也有重要地位，它们为企业、公民在海外建立商会，尤其是投资、商业、贸易较为集中的国家，利用非政府组织行动的国际惯例，提升国家现代化发展的形象，实现国家在国外的利益。非政府组织还可以利用政府援助资金，建立国家志愿人员海外援助项目。一方面为发展中国家提供所需要的服务，帮助发展中国家摆脱贫困，扩大民间外交的功能；另一方面也为储备一批未来参与国际民间外交、国际经济合作的优秀人才打下基础，同时也为人口拥挤国家的劳动力进入国际市场，减轻国内就业的压力创造条件。

（七）培育公民精神和自治能力的重要场所

我国要建设成为一个民主法治、公平正义、诚信友爱、充满活力、安定有序，人与自然和谐相处的社会主义和谐社会。这个过程中除了制度建设具有关键作用外，另外一个决定因素就是人，即必须要有具有公民精神和自治能力的人民组成的公民社会，这是我国进行政治文明建设的重要目标之一。所谓公民社会，就是国家或政府系统，以及市场或企业系统之外的所有民间组织或民间关系的总和，它是国家政治领域和市场经济领域之外的民间公共领域。随着知识经济、全球化、网络化时代的到来，社会公众自己所掌握的与生活相关的资源会越来越多，手段也越来越多，这将使社会和公众的自主自由空间逐渐扩大。所以，小政府大社会或者叫做公民自主社会是世界各国的未来。非政府组织的发展将是伴随社会大趋势而必然发生的现象。人们会在这些组织的运作中，培养公民意识，提升社会责任感，锻炼自我组织、自我管理、自我发展的素质与能力，从而促使小政府大社会必要因素的积累和公民社会的成熟。在这个公民文化建设的敏感地带，我国政府与境外来华非政府组织也有富有成效的合作。如在全国人大、民政部的直接领导和监督下，卡特中心、美国共和研究所、福特基金会等，先后于1994年和1997年启动了"中国村民选举项目"、"规范村委会选举程序项目"。美国共和研究所是第一家介入中国村民选举的外国非政府组织。卡特中心通过民政部建立了与70多万中国村庄接触的网络，并与其他政府和非政府组织围绕项目进行了积极合作。项目实施内容主要包括：开发计算机系统以方便收集选举的数据；就选举程序向民政部提供建议与帮助；中国政府选举官员与美方的交流；帮助公民教育项目的开发，发布或出版有关村民选举的信息和资料等。这些组织根据我国政府意愿，在有关选举法律和选举技术方面发挥了专家作用，在推进我国村民自治过程中扮演了一个重要的角色。

二、需要注意的消极因素

在历数非政府组织上述积极作用的同时，也应该看到它可能发生的消极情况。尤其是对一个处于社会转型和矛盾多发期的国家而言，其社会发育成熟度比较低，社会管理制度安排和管理方式还在改革与创新过程中。因此，应当对非政府组织因为主观和客观造成的不规范行为予以高度关注，采取正确管理举措。此所谓"宜未雨而绸缪，勿临渴而掘井"。非政府组织的某些消极因素主要存在如下方面：

1. 以个别利益挤压公共利益。个别非政府组织有可能过分关注与追求自身利益，从而形成与整体利益的矛盾冲突。这种情况尤其容易发生在维权团体和互益性组织里面。尤其在当前的中国社会，由于各地征地、拆迁以及有关补偿政策不够合理和完善，一些规范或者临时性权益追偿组织，就有可能采取过激行为甚至提出不合理的要求。如果政府管理部门仍然沿用传统思维和高压手段处理的话，就有可能导致激烈冲突。对此，有关部门应当从对方组织行为的性质、法规的合理与完善程度，以及自身管理水平等方面寻找成因与采取应对措施。

2. 以错误的方式进行社会活动。有些非政府组织有可能会错误界定自己的社会角色，从而以不正当的形式参与改革行动。一般而言，成熟的公民文化特征之一，是社会成员有积极的公共参与意识和采取温和恰当的参与方式。由他们形成的非政府组织团体，有足够能力依法采取集体行动谋求共同利益，同时又绝对避免试图推翻现有政权、攫取管理权力的极端行为。而在公民文化发育的初期阶段，有些非政府组织之所以与政府形成对立关系而不是"补余"和"伙伴"关系，从一个角度看，就是他们一些人并不了解公民文化的内涵，也不能正确界定自己的角色功能，从而有可能将取政府而代之作为自己的追求，其结果不仅对自己，而且对整个社会稳定和和谐都将是灾难性的。

3. 成为消极政治势力的工具。有的非政府组织有可能会成为某些国外政治势力利用的对象。这是当前世界不同政治价值和政治构造体系之间的一种对话方式，当然也是为我国政府所不愿意接受的方式。改革肯定会继续深入下去，但这个推动者应当是中国执政党和政府和人民自己。虽然道理如此，可是对我国非政府组织来说，一些客观条件对其发展可能不利。比如活动资金不足，自主工作空间太小，政府和民间组织合作关系不顺等。这些都可能成为外国政治势力插手和利用的条件。因此，一方面，应当对这种情况的发生有应对措施；另一方面就是改进管理，优化我国非政府组织的生存发展环境。否则，出现由非政府组织发展带来的影响社会稳定与和谐的政治风险，也是可能的。

第二章 非政府组织发展的动力因素

来自民间的各种结社组织古已有之。这一点，无论在东方还是西方，无论在中国还是外国，都能找到确凿的事实根据。它们发生的原因，可以从社会学、人类学、政治学、经济学、管理学等角度得到解释。近代开始，它们的形式、方式、数量和影响都随着时代变化而有所发展。第二次世界大战结束为非政府组织提供了新的成长契机。20世纪70年代伴随政府全能主义管理的思维得到进一步促进。到20世纪90年代以后，在全球化和信息化的知识经济时代全新背景中展现出更加蓬勃旺盛的生机。非政府组织为什么得以在国家政府和市场企业之外发生发展，并逐渐与彼二者构成三足鼎立之势？本章将着重对非政府组织的产生与发展原因给予解释。

第一节 非政府组织发展的必然性

必然性就是自然，就是趋势，就是不以人的主观意志为转移。说非政府组织现象具有必然性，可能给人留下太过于绝对的印象。但是当我们对人的社会属性、人对利益的理解、公民社会的本质、以及多元治理结构的要求加以考察和研究以后，大概就比较容易接受这个结论了。

一、寓于人的社会属性中的必然性

人的属性中既有自然属性又有社会属性。所谓自然属性是指人的肉体存在及其动物性特性；所谓社会属性是指在实践活动的基础上人与人之间发生的各种关系。自然属性是人存在的基础，但人之所以为人，主要不在于人的自然性，而在于人的社会性。因为，人是社会活动的主体，是社会关系的承担者和体现者。人的社会活动一开始就是社会性的交往的活动。它改变着周围物质世界，也在改变着人类自身，是人本质力量的重要体现。劳动是人与动物区别的本质属性，而在劳动基础上形成的各种社会交往关系，既区别了人与动物，又把不同组合的人群区别开来。

著名社会心理学家亚伯拉罕·马斯洛提出了有关人的需求层次经典理论，它包括人的生理需求、安全需求、被爱和归属需求、获得尊重的需求以及自我实现的需求。其中交往与归属感就与结社现象直接关联。在获得关系到人的持续生存的低层次需求后，人就会产生归属的需要，同人往来、进行社交、获得朋友的友谊、获得别人的爱、给予别人爱、希望被社会和团体所接纳、得到认可。交往，体现了人的社会性本质。作为社会性的人，他天生需要交往，尤其需要有组织的交往，这就是结社。虽然可以看到人群中不乏有个性的独行大侠，他们我行我素，郁郁寡合，生活在形单影只、顾影自怜、老死不相往来的一个人的世界中。但那毕竟只是个别现象。从一般情况看，人是追求交往和组织性生活的。

人这种渴望与寻求归属和交往的本质，主要原因有五：其一是因为人是情感动物，有情感，就希望分享，希望交流，并在分享和交流中获得快感和满足；其二是因为人是脆弱动物。因为脆弱，人就希望寻找同类的依托，期望得到群体的帮助，从而增加抵御外界各种威胁的力量，以使自己获得安全感；其三是因为人是惧怕孤独的动物。它对于人的精神威胁和伤害是如此有效，以至于孤独可以被用作一种惩罚人的手段。苏格兰水手亚历山大·塞尔柯克之所以成为丹尼尔·笛福《鲁滨逊漂流记》中的英雄，就是因为他独自一人，战胜了在荒无人烟的南美大西洋中的安菲南德岛上4年多的孤独生活。这就是为什么在武汉曾经进行过一个"小黑屋"里体验孤独35天可得10万元大奖的实验。而逃避孤独的最好途径就是结社交往；其四是因为人天生具有自尊倾向，有自尊，人才希望获得交往的机会，去参与合群的活动，并努力在交往活动中给人留下好的印象，从而避免被群体组织唾弃和陷入孤立的痛苦；其五是因为人有理想，而有些理想是为众人所共同追求且单个人也无法做到的，而只有合作才能实现，这也成为人们需要结社的理由。

人们可以从自身经验体会到而且也从周围生活中看到，人们因为共同趣味、共同爱好、共同情感、共同目的、共同信念、共同价值、共同利益而一同结社成为志同道合者，这成为一种普遍社会现象。人们通过自由结社，摆脱脆弱，获得认可，实现理想，在自愿结合的组织中得到相互支持，相互理解，共同行动，获得力量，分担困难和痛苦，分享成功和喜悦，实现单个人不能做到的事情和得到的感觉。在自愿结合的组织中，人们的各种情趣获得发展，得到关心、爱、尊重和承认，也能够有机会关心别人、爱别人和帮助别人，认同集体，形成共识，感到温暖，做出奉献，实现自己做人的权利。结社还创造条件使人们摆脱孤独和恐惧，战胜生活的重压，超越隔阂、冷漠、麻木、机械和贫乏，使生活变得富有意义和生机。

二、寓于正确利益观念中的必然性

非政府组织的核心价值在于体现公益或者互益性的利他。而利他是与无私、奉献、牺牲的道德精神和行动分不开的。由此就引出有关私益与公益、为己与为人之间的利益算计与讨论。长久以来，作为道德说教范畴的一个主题，这个问题一直是世人的困惑，直到人们在结社互助的非政府组织现象中发现了利益平衡的奥秘。揭示由"道德说教"到"为人为己"这个变化过程的是法国人托克维尔（Tocqueville）。他说人们在贵族时代"会不断地讨论德行之美；至于德行的功用是什么，他们只能在私下议论。但是，随着人们的想象力日益衰竭，每个人便开始自顾自己，谈论道德的人也在这样的自我牺牲精神面前表示却步，不敢再向人们宣扬这种精神了。于是，他们只去研究公民的个人利益是否在于为全体造福的问题；而当他们一旦发现个人利益与全体利益有符合相通之处，便急于去阐明。后来，这样的发现与日俱增，而本来只是孤立的观察就变成了普遍的原理。最后。他们终于认为自己发现了人为他人服务也是在为自己服务，个人的利益在于为善"。⊖也就是说，在奉行利己主义的同时关心公益，并感到必须不断地互相协力去实现公益。人们由此发现了一个能够超越道德说教困境，将个体利益与公共利益等同起来的桥梁，这就是托克维尔所谓的"正确理解的利益"和在这个理性基础上出现的公益团体活动。

"正确理解的利益"确定了公共生活与私人生活之间的联系和互动方式，在这个认识下，公共社会不仅没有被冷落，反而为个人抱负得以实现提供了机会，更给私人生活提供了意义。从而使人们比较清晰地了解到，现代社会中非营利事业存在与发展的可能。由美国社会学家贝拉（Robert Bellah）、马德森（Richard Madsen）等所著的《心灵的习性》对此有比较清

⊖ （法）托克维尔. 论美国的民主. 董果良译. 北京：商务印书馆，1993：651.

楚的描述。该书就以公共生活与私人生活之间的联系为中心，了解人们参与公共事务的理由，了解公民的志愿精神如何成为个人日常生活的重要组成部分。他们发现大部分人相信，一个自私自利、纯粹追求个人成功的人，是不可能生活得美好、幸福、快乐的。他们认为可以弥补个人经济事业失意的东西，就是自愿参与一些地方性的、小范围的社会活动，诸如家庭、俱乐部或理想化了的社会群体，在这种群体中个人积极性与改善整体利益的相互关系相得益彰。因为现实告诉人们：个人的自我是在通过公共对话组织起来的社会生活中，在与他人的关系中实现的。这种必要的对话，只有通过某种共同体才能得到维持。而这个过程所体现的就是"正确理解的利益"的实质，因为只有当人们自愿而不是被迫承担公共义务的时候，才能感受无私带来的真正快乐。⊖

"正确理解的利益"的理性基础上进行的非政府非营利团体活动，不是任何权威所能左右和强迫的，也不是什么人都可以用"道德说教"来引诱和说服的，它不是天堂的入门券，也不是成为圣贤的尺度。它之所以受到人们的欢迎向往和自动自发的追求，与其说它适应普通人的道德水准，不如说它就是每个人的日常生活，因为它以保障个人私利为前提，将个人利益的诉求寓于参与集体生活，实现共同利益和公共利益之中；它更提供了一个好的机会，使个人生活在公共利益的实现中提升了意义和价值。一个人的满足、快乐、幸福，只有在个人自由决定加入某个组织，自愿接受它的纪律，参加它的公益工作，通过这种参与给他人带来有利的变化的情况下才能实现，只有在个人利益追求与公共事务参与达至平衡的情况下才能实现。这就是"正确理解的利益"所建立的自己和他人、私利与公益的关系。

由道德说教诱导的社会关怀，向"正确理解的利益"理性下的社会关怀的转换，导致人类社会行为的重大改变。当人们终于发现了为他人服务也就是在为自己服务，为公共利益就是为个人利益的时候，人们自然而然就要寻找有助于"正确理解的利益"实现的载体，于是，形形色色的非政府组织就成为一个恰当而重要的工具和平台。在这里人们通过爱和善的实践来体验生活的美好，实现人生的价值，而这种满足和幸福也就成为促使各类非政府非营利组织发展的又一个内在动力。

三、寓于公民社会本质中的必然性

公民社会是国家或政府系统，以及市场或企业系统之外的所有民间组织或民间关系的总和，它是官方政治领域和市场经济领域之外的民间公共领域。公民社会的组成要素是各种非政府和非企业的公民组织，包括公民的维权组织、各种行业协会、民间的公益组织、社区组织、利益团体、同人团体、互助组织、兴趣组织和公民的某种自发组合等。进一步说，公民社会的本质就是一个国家的民众，以主人翁的姿态和自由组织方式，广泛参与到公共问题的解决当中去。

托克维尔向人们介绍了一个现实当中比较典型的例子："当你一踏上美国的国土，就会觉得置身于一片喧闹之中。嘈杂的喊叫四起，无数的呼声同时传到你的耳鼓，每个呼声都表达一社会要求。你举目四望，看到人们都在活动：这里，有一伙人在开会，讨论如何建立一座教堂；那里，人们在忙于选举一名议员；再远一点，一个选区的代表们正匆匆忙忙赶赴乡镇，去研究地方的某些改革事项；在另一处，是一群放下了田间工作的乡下人，前来讨论在

⊖　参阅载范丽珠. 民间非营利活动的社会文化支持. 载《全球化下的社会变迁与非政府组织》(C). 上海：上海人民出版社，2003：239.

他们乡修路或建校的计划。公民们集会在一起，有的是专为宣布他们不赞成政府的施政，有的是为了公布本地某一行政长官。还有人视酗酒为国家主要祸根，他们集合起来开会，庄严宣布以身作则，为禁酒作表率。"⊖

公民社会的反面就叫"子民社会"。人们可以根据政治文明程度的尺度，来分清公民社会与"子民社会"（或者臣民社会）的不同，并通过比较来加深对两者的认识。与政治文明进程相关的主要标准，一个是国家政府与社会民众的关系怎样，一个是民众的权利与义务关系怎样，再一个是民众参与国家社会管理的程度怎样。比如当一个人由自由国家走到一个没有自由的国家，他会明显感觉到巨大差异。在前者那里，人们忙于各种活动，热火朝天；而在后一个国家，到处安安静静，办事四平八稳，人们只是循规蹈矩，墨守成规，好像一切都处于静止当中。

依据客观比较，人们能够发现：第一，子民社会的王权或者统治权力是通过世袭或者争斗或者指定接班的方式获得，而公民社会中政府是经过公民的决定和遵从公民的意志产生并运行的；第二，子民社会的民众对于王权或者国家专权只有义务而没有权利，是权利与义务的失衡，而公民社会的民众相对于宪政国家而言是既有义务也行使权利，是权利与义务的对等；第三，子民社会中附庸性的民间小社会无处不受制于专制性的全能国家权力，两者势若水火，而公民社会中追求自治的民间大社会，却能够与民主法治的有限政府，在管理与服务功能上互为补充，互为支持，互为依赖。

按照历史唯物主义的理论，社会最终会走向国家政府消亡、社会自我管理的高级发展阶段。虽然这里面带有浓厚的乌托邦色彩，但在国家的管理上，政府将越来越多的自主空间留给社会公众是一个基本走向。随着知识经济时代、全球化时代、网络化时代的发展，社会和公民自己所掌握的与生活相关的各种资源会越来越多，手段也越来越多，这将不断增强社会民众支配自己命运的能力。所以，小政府大社会或者叫做公民社会是人类社会的未来情形，也是各个现代国家的未来情形。在这个过程中，非政府组织的发展与成熟是小政府大社会或者公民社会的必要条件，所以它是一个伴随社会趋势而必然发生的现象。人们会在这些组织的运作中，培养公民意识，锻炼与提高自我组织、自我管理、自我服务、自我发展的素质与能力，从而促使小政府大社会必要因素的积累和公民社会的不断成熟。

根据这样一个规律，可以发现非政府组织的质量、层级、水平以及所具有的公民性是有动态的、发展的，是有区别的。它们将随着社会环境条件的变化和民众觉悟意识的提升以及运作能力的增强，不断由低级水平走向高级水平，从扭曲状态走向完整和正常状态。所以，非政府组织的趋势是：从一般趣味爱好组织走向社会信念组织；从随意组织走向更加规范的组织；从少量组织发展到更加普遍的组织；从个别利益关怀组织发展到更加具有利益关怀的组织；从经济权益诉求组织发展到社会权益诉求的组织。

四、寓于多元治理结构要求中的必然性

行政改革在20世纪80年代开始的方向是从政府一元管理模式，走向在政府主导下，由政府、市场、非政府组织共同参与的多元治理模式。没有非政府组织就不可能构筑三足鼎立的稳定社会管理和公共服务格局，政府就不能完全摆脱成本高、效率低、质量差、矛盾多的官僚管理与服务结果。为此，非政府组织的"出场"，就成为一种必然。欧洲福利国家改革

⊖ （法）托克维尔. 论美国的民主. 董果良译. 北京：商务印书馆，1993：277.

实践是一个例子。

福利国家从20世纪70年代起改弦更张，大力裁撤那些提供社会福利和社会服务的公共部门组织。然而，在福利国家收缩的大潮中，国家的社会支出并没有相应削减，而是通过各种方式，大部分经由民间非营利组织支出，福利国家这次转型的方向是走"公私合办福利"的道路。对此，美国加州大学伯克利分校社会政策专家内尔·吉尔伯特（Neil Gilbert）教授在20世纪80年代后期提出了一个很有价值的概念，即"能力促进型国家"（the enabling state）。⊖这一概念既是对20世纪70年代以后福利国家转型实践的理论概括，也代表着一种新兴的社会理念，旨在为遍及全球的社会改革指明方向。能力促进型国家的理念具体内容如下：

第一，从政府提供公共服务向民间提供公共服务转型。在传统的福利国家模式中，福利提供者大多是公立组织。支撑这一做法的观念来源于某种对公共产品理论的僵化理解，即认为社会公益事业属于公共产品，而市场在提供公共产品方面会产生失灵，因此，公共产品应该由政府提供。在这个模式中，民间的福利服务组织甚至根本不存在。一旦政府决定为全社会提供某种社会福利，那么，接下来的做法一定是铺摊子、设编制、建单位。能力促进型国家最为显著的区别在于，让民间提供服务而国家出钱"买单"。这一趋势称为"公共产品的民间提供"，从而打破了由于市场失灵公共产品只能由国家来提供的传统观念。⊖

第二，从国家直接拨款支持向国家间接支出转型。在能力促进型国家的实践中，国家的职能不再是直接为公众提供社会福利的服务，但是也并非撒手不管，而是通过各种直接或间接的方式，为提供这种服务的民间组织提供支持，其中主要是财政支持。支持的方式多种多样，最为常见的方式包括：通过竞标把福利服务的合同外包给民间组织；直接向救济领取者发放现金或者代金券，让他们自行选择心仪的服务提供者；为购买社会福利的个人和家庭提供税务优惠。国家退出社会福利服务提供领域但又致力于促进民间非营利服务提供者的能力建设，增加了社会福利服务的竞争性和多样性，减少原来公共机构提供所带来的垄断性和官僚化的弊病。

第三，从劳动力非商品化向商品化转型。传统福利国家社会福利给付的发放呈现普遍主义和非条件性的特征，结果在整个社会上出现了"劳动力非商品化"现象，即劳动者的收入已经不大能同其劳动投入成正比。劳动力非商品化发展程度最高的当属北欧国家；劳动力非商品化程度最低的为"自由主义模式"，其代表是美国、英国、新西兰等；介于两者之间的为"法团主义模式"，其代表是很多西欧国家。能力促进型国家推崇"公共支持私人责任"的理念，即国家不再以普遍主义和非条件性的方式发放社会福利给付，而是采取种种目标定位的方法，把福利给予最为需要的人。同时，福利给付以给付对象进入劳动力市场参加力所能及的工作为对应条件。⊜

总而言之，政府单打独奏在当今行政改革时代已经过时，这种将政府职能责任与亲自生

⊖ Neil Gilbert and Barbara Gilbert. *The Enabling State: Modern Welfare Capitalismin America*. New York: Oxford University Press, 1989.

⊖ Roger L. Kemp(ed.). *Privatization: The Provision of Public Services bythe Private Sector*. Jefferson: McFarland & Company, Inc., Publishers, 1991.

⊜ Neil Gilbert. 社会福利的目标定位. 北京：中国劳动与社会保障出版社，2004.

产提供公共产品混一、将掌舵与划桨不分的传统做法，只能增加行政成本和降低行政效率，影响服务质量，损害公众利益，积累社会矛盾。为此，政府寻求与非政府组织合作，共同承担社会管理和公共服务任务，建立公共管理的多元治理格局，就成为一个客观趋势。

第二节 非政府组织发展的合理性

除了内在的影响和决定因素外，非政府组织现象也有外在的合理性解释。面对现实生活当中日益发展、日益增多、日益活跃的非政府组织，人们开始注意从功能的角度入手，来探究它的存在根基和理由。对这一问题的最具有开拓性且富有经典意义的研究可以追溯到 19 世纪。○而至当代，确切说是在 20 世纪 70 年代中期和 80 年代以后，伴随全球行政改革的兴起和公共管理范式的登场，促使不少学者从民间组织、政府组织、企业组织相互关系的角度，更加富有针对性地研究与发现非政府组织在国家生活中的价值，理解它存在与发展的功能合理性，取得了一批很具有解释性的理论观点。以下是其中代表性理论的介绍。○

一、政府与市场失灵理论

这是美国经济学家伯顿·韦斯布罗德（B. A. Weisbrod）在政府失灵和市场失灵的经济学理论基础上对非政府组织合理性进行的一种分析。○

"市场失灵"这一概念由美国麻省理工学院巴托教授于 1956 年首次创造并使用。这个概念从公共物品所具有的非竞争性和非排他性特征方面，从一些共同消费品具有的外部性特征方面，从厂商所具有的垄断产品供给造成竞争均衡机制失效方面，从信息不完善性导致的市场风险方面，从多种复杂因素所造成的收入分配失灵和贫富马太效应方面，从市场自我调节功能缺陷和经济周期性波动、宏观经济失衡方面，揭示了市场经济在资源配置效率上的局限性。从而为政府干预寻找理由。

"政府失灵"的概念则是由以布坎南为首的公共选择学派于 20 世纪 70 年代"滞胀"时期提出。这个概念以"经济人"假定为根据，从政府机构和官员能力水平局限造成的公共政策的低效甚至失效方面，从因为缺少竞争压力、产权约束和公众监督困难造成的高成本低效率方面，从政府及其官员人性和道德局限造成的公共权力寻租和腐败方面，揭示了政府管理的先天不足。从而为市场主义主张寻找依据。

这两个概念产生以后迅速风靡，在经济学甚至相关学科文献中随处可见。但是却一直没有人将它们与非政府组织现象的分析联系起来。最早注意其中的意义并将它们用于 NGO 功能分析的是美国经济学家伯顿·韦斯布罗德。伯顿认为，当代经济学长期以来建立的私人部门理论，较好的论证了私人市场的存在及其均衡行为模式，后来又发展了公共部门理论对政府行为进行了系统的研究，但现有的经济学没有解释为什么要由非营利部门来提供公共的、集体消费的物品。他试图发展一个模型来解释：在政府和市场之间为什么会存在非营利部

○ 指法国政治思想家托克维尔 1835~1840 年间出版的《论美国的民主》，其中对民间结社问题有广泛叙述和深刻分析。

○ 这里参考了田凯对有关理论的归纳。原文见《国外非营利组织理论述评》（J），载《中国行政管理》2003 年第 6 期.

○ Weisbrod, Burton. 1974. *Toward a Theory of the Voluntary Nonprofit Sector in Three-Sector Economy*. In E. Phelps. eds. Altruism Morality and Economic Theory. New York: Russel Sage.

门；哪些因素决定了物品由政府、私人市场还是非营利部门来提供；政府部门、私人市场和非营利部门之间的关系是怎样的。

韦斯布罗德仍然是在需求—供给这个传统经济学的分析范式下解释非营利部门的存在。在论证非营利部门存在的必要性的时候，他采用了剩余分析的策略。在他看来，任何个人都有对于共同消费物品和私人消费物品的选择，政府、市场和非营利部门都是满足个人需求的手段。正是政府和市场在提供公共物品方面的局限性，导致了对非营利部门的功能需求，这是非营利部门存在的主要原因。

伯顿以公共物品属性作为他的逻辑分析起点。公共物品的非竞争性和非排他性，决定了公民在这上面的消费，从决策到生产到提供都要依赖政府。而人的需求多少，会因为个人收入、财富、宗教、种族背景、教育水平、偏好等，而产生相应的不同，这直接导致了个人对于税收制度等各种公共物品需求的差异性。政府提供的任何产品的数量和质量都是由政治决策过程决定的，公共物品和服务的提供也不例外。在投票的民主程序中或者类似的民意模型中，结果往往只能反映简单多数或者中位选民（median voter）的需求，而无法不忽略其余人们的消费愿望。尽管在公共选择中也可能采用改进的投票方法，但无论怎样改进，只要是用投票决定方式，就没有办法使所有相关者都能满意。这就为其他组织机制，如非政府非营利组织的介入，提供了前提条件。

那些对政府公共政策和提供的公共物品不满意的消费者可以有几种不同形式的替代性选择：1）移民；2）形成较低层次的政府；3）求助于私人市场；4）求助于非营利组织。就移民来说，人们的迁移是有成本的，而且他们在选择居住地点的时候往往还有其他因素的考虑，而不仅仅是当地政府的税收政策；就形成比较低的层次的政府而言，人们可尝试通过组成只包括他们自己在内的单位，形成范围比较小的决策政府来进行公共事务管理。比如说，公园和图书馆就可以同时由联邦、州、县和地方政府提供。但尽管如此，不满意的消费者仍然会存在；就求助于市场而言，韦斯布罗德认为，从纯粹技术的层面来看，没有可以不允许私人市场进入公共物品生产领域的约束。但作为力图实现个人效用最大化的消费者，只能依靠自由选购来实现这个目标，并使自己的权益得到保护。而由私人企业参与的公共产品的生产，由于产品所具有的弱选择性的特点，实际上使消费者的选择权被剥夺。这意味着，就公共产品而论，无论是由政府来做，还是让私人市场来做，消费者大众都会处于不利地位。

由于上述组织机制都无法充分保证公众的消费利益，非营利组织作为政府以外的共同需求品的提供者，就有了存在的理由。在韦斯布罗德看来，志愿部门是专门提供集体类型物品的部门。志愿部门提供的公共物品的数量取决于公共部门能够满足选民的多样需求的程度。在其他条件相同的情况下，对政府使用的税收价格体系不满意的公共物品需求的数量越大，志愿部门的规模就越大；对于特定的政府提供的输出，消费者需求的差异越大，可以预计的志愿部门的输出就越大；如果其他条件相同，消费者需求的同质性越高，不满意的需求就越少，相对于政府部门的规模来说志愿部门的规模就越小。

韦斯布罗德是在经济学的框架内，把原有的经济学方法拓展到对非政府非营利部门的分析中。他遵循的仍然是需求—供给的分析方法。在他的分析中，政府、市场和非营利部门是满足个人对于公共物品需求的相互替代性工具。政府和非营利部门在提供公共物品上是互补关系。韦斯布罗德的理论开创了经济学解释非营利部门的先河。但由于他的理论采用的是剩余分析的策略，还存在诸多值得商榷的地方。这包括：非营利部门提供的公共品的公共性大小、非营利部门在执行公共服务中的局限性等。

二、合约失灵理论

这是美国法律经济学家亨利·汉斯曼(Henry B. Hansmann)提出的理论。⊖与韦斯布罗德的研究目的相似，汉斯曼也是由于现有的经济学和法学对于非营利组织还缺乏相应的理论研究而提出该理论的。与韦斯布罗德相比，汉斯曼理论关注的不是非营利组织和政府组织之间的互补功能，而是非营利组织和营利组织不一样的本质，以及由这种不一样所导致的公共需求品供应的后果。汉斯曼比照着市场企业在这其中的问题，深入研究了非政府组织在这当中的长处，从而形成了有关公共服务和产品供应只能由非营利组织来承担而不能由营利组织来干的观点理由。

汉斯曼从营利性组织的局限性入手来开始对非营利组织功能需求的分析。现有的经济学理论认为，当某些特定的条件满足以后，营利性厂商会以体现社会效率最大化的数量和价格来向广大消费者提供商品和服务。这些条件中最重要的是，消费者能够不需付出不适当的成本做到：1)在购买之前，能够对不同厂商的产品和价格做出精确的比较；2)能够与选定的厂商在商品与服务的价格上达成一致；3)判断厂商是否遵守了达成的协议，如果没有，可以获得赔偿。在许多情况下，这些条件能够得到适当的满足。但在有的领域和有些情况下，消费者与生产者在关于产品和服务的质和量上存在明显的信息不对称，消费者无法准确判断厂商承诺提供的商品或服务能否达到标准。这要么是由于购买产品和服务者不是最终的消费者，中间隔着一层，要么是由于产品和服务本身的性质太复杂，消费者对它无从把握。这就使得他们往往在最初不能达成最优的契约，即使契约达成，也很难实施契约。在这种情况下，由营利性的厂商构成的市场竞争只能是无效率的。生产者完全有能力通过提供劣质商品来获取额外的收益。结果消费者的利益就会蒙受损失。由于信息不对称，仅仅依靠生产者和消费者之间的合约难以防止生产供应商利用自己在信息占有上的优势，坑蒙拐骗，投机钻营，谋求自己利润最大化，损害消费者的行为，这就出现了汉斯曼所说的"合约失灵"(contract failure)现象。

汉斯曼认为，如果这类商品或服务由非营利组织来提供，生产者的欺诈行为就会少得多。这是因为非营利组织受到了"非分配约束"。所谓"非分配约束"，是指非营利组织不能把获得的净收入分配给包括组织成员、管理人员、理事等。组织的活动如果有剩余，必须用于组织使命规定的事业，用于组织的进一步发展。

在汉斯曼看来，"非分配约束"（即不得分配盈余）是非营利组织区别于营利性组织的最重要的特征。这个特征使得非营利组织在提供存在信息不对称的商品和服务时，尽管有能力去提高价格或降低产品质量，而且不用担心消费者的报复，但他们仍然不会去损害消费者的利益，因为他们所获得的利润不能参与分配。这在很大程度上抑制了生产者实施机会主义行为的动机，从而维护了消费者的利益。非营利组织的"非分配约束"特性，实际上是在市场上可能出现"合约失灵"情况时，对生产供应者的机会主义行为的一种有力的约束。非营利组织是消费者无法通过通常的合约方式来监督生产供应者时的一种补充制度。

与韦斯布罗德的理论相比，汉斯曼注意到了非营利组织本身的特性，并深入的分析了这种非营利特性决定的这类组织在提供某些物品中的优势条件，从而为 NGO 组织在共同需求

⊖ Hansmann Henry. 1980. *The Role of Nonprofit Enterprise*. Yale Law Journal, 89：835 ~ 901.

的产品与服务的生产与供给中找到了位置。但是他仍然是站在制度需求的角度来分析非营利组织这一组织形态存在的必要性，带有浓厚的功能分析的色彩，他同样没有对非营利组织的特点、规模和制度供给状况做出更为全面、细致的分析。

三、第三方管理理论

第三方管理理论又称为志愿失灵理论，由美国著名 NGO 组织研究专家莱斯特·萨拉蒙提出。[一]一般认为，在政府失灵、市场失灵和合约失灵理论中，第三部门往往被视为是它们的辅助组织，是由政府局限产生的替代性制度。萨拉蒙认为，这些观点忽略了志愿者组织的缺陷。志愿部门作为公共服务的提供者也有固有缺陷，也会产生"志愿失灵"（voluntary failure），而政府可以视为是"志愿失灵"之后的补充性制度。政府提供公共服务的交易成本会比第三部门高得多。因此，他认为在市场失灵的时候，第三部门应该作为提供公共服务的基本制度。只有在第三部门提供的服务不足的情况下，政府才能进一步发挥作用。因此，政府的介入不是对第三部门的替代，而是补充。他用美国社会的情况来进一步解释自己的观点。

萨拉蒙认为，应当区分公共服务中的"财政资金和政策的供给者"和"具体服务的实施者"这两个不同角色，从而使公共事务处理更加合理和有效。在美国，与传统理论下的庞大的官僚体系不同，联邦政府主要是"财政资金和政策的供给者"的角色。而在实施具体服务项目时，则主要依靠第三方机构——州、市、县、大学、医院、行业协会以及大量 NGO 组织，它们是"具体服务的实施者"角色。萨拉蒙称其为"第三方管理"（third-party government）模式。在这种体系中，政府与第三方分享在公共资金支出和公共权力运用上的处理权。政府更多的是发挥政策功能，而把具体的操作权留给了非政府部门。

萨拉蒙提出了"志愿失灵"理论来说明非营利部门的缺陷，进而论证了政府支持志愿部门的必要性。在他看来，非营利部门的固有局限性在于：

第一，慈善资源的供给不足。原因，一方面是由于公共物品供给中普遍存在的搭便车问题。人们本能地倾向于不花成本却照样享受别人提供的福利，而普遍缺少为别人提供福利的积极性。因此，能够提供的服务要少于社会需要。另一方面，慈善的资金来源也容易受到经济波动的影响。一旦发生经济危机，有爱心的人自己也难以维持生计，更谈不上帮助别人。只有建立在强制基础上的税收才能提供稳定的、足够的资金。

第二，慈善实施的局限。志愿组织的服务对象往往是社会中的特殊人群，比如残疾人、单身母亲、外来民工子女等。不同组织获取资源的能力是不一样的，现有志愿组织的工作可能无法覆盖所有处于需要状态的群体。同时，由于大多数群体有代理人努力为自己筹款，机构数量的扩张可能超出经济的承受能力，从而降低了整体制度的效率。

第三，慈善捐助者干预。由于私人慈善捐款是志愿部门获得资源的惟一途径，那些有资金捐助能力的人往往根据自己的偏好，来决定提供什么样的服务，而忽略了社会需求，由此容易导致提供的服务指向一些生活条件比较好的家庭，而真正需要照顾的穷人却被忽视。

第四，慈善的业余性。根据社会学和心理学的有关理论，对于穷人、残障人士、未婚母亲等特殊人群的照顾离不开专业人员。但志愿组织往往由于资金的限制，无法提供足够的报

　　○　Salamon，L. M．1981．"Rethinking Public Management: Third-Party Government and the Changing Forms of Government Action"．*Public Policy*，29（3），255～275．

酬来吸引专业人员的加入。这些工作只好由有爱心的业余人员来做，从而影响服务的效率和质量。

第三部门的这些弱点正好是政府组织的优势。政府能够通过立法获得足够的资源开展福利事业；能够用民主的政治程序来决定资金的使用和提供服务的种类；能够通过赋予民众权利来防止服务提供中的特权和家长作风等。但是政府往往由于过度官僚化而缺乏对社会需求的即时回应。相比之下，志愿组织比较有弹性，能够根据需求的不同提供相应的服务，能够在较小范围内开展服务，能够在服务的提供者之间展开竞争等。正是由于政府和非政府组织在各自组织特征上的互补性，政府与志愿者组织可以建立起合作关系。这既可以保持较小的政府规模，又能够更好地履行提供公共服务的责任。

四、政府-NGO 关系理论

这是吉德伦(B. Gidron)、克莱默(R. Kramer)和萨拉蒙等人提出的理论。[○]他们是在对政府与非营利部门之间的关系进行跨国比较之后提出的。在吉德伦等人看来，政府与非营利部门的关系远比政治上的论争要复杂，因此他们希望提出一种基本模式，来更好地描述福利国家中政府与非营利部门之间的关系。他们认为，所有的福利服务中有两个关键要素：一是服务的资金安排和授权；二是服务的实际实施。这两类活动可以由不同的制度来实施。他们以这两种要素为核心变量，提出了政府与非营利部门的四种关系模式：

第一种是政府支配模式。在这个模式中，政府在资金筹措和服务提供中占据着支配性地位。政府既是主要的财政提供者，又是公共服务的主要提供者。政府通过税收制度来筹集资金，由政府雇员来提供社会需要的服务。

第二种是第三部门支配模式。在这个模式中，志愿组织在资金筹措和服务提供中起着支配性作用。产生这种模式的原因很复杂，或者是出于意识形态或宗教的原因，对政府提供社会服务有一种强烈的反对情绪，或者是因为这些地区对社会服务还没有普遍需求。

第三种是两者并存模式。这是处于政府支配模式和第三部门支配模式之间的一种模式。在这种模式中，政府和第三部门都大量卷入到资金筹措和服务供应当中，但都局限在各自界定的领域。这可以采用两种不同的形式：其一，第三部门通过向政府服务没有达到的群体供给同样类型的服务，来补充政府服务的不足；其二，第三部门通过执行政府没有履行的功能，来弥补政府的职责。这样，就存在两个相对独立但又相互联系的公共服务系统。

第四种是合作模式。在这种模式中，也是由政府和第三部门共同开展公共服务，但它们不是分离的工作。非常典型的情况是由政府提供资金，由第三部门组织生产和供应服务。合作模式包括两个：一个是"代理服务"模式，即志愿者组织仅仅是作为政府项目的代理人出现，拥有较少的处理权或讨价还价的资格。另一个是"合作伙伴"模式。在这个模式中，志愿者组织拥有比较多的自决权，在项目管理上甚至可以拍板定案。吉德伦等认为，长期以来，由于人们误以为政府提供资金就能够控制非营利组织，就理所当然的认为"代理服务"模式是最普遍的形式。但实际上"合作伙伴"模式在一些国家中更加普遍，美国是其典型的代表。

○ Gidron, Kramer and Salamon, Government and the Third Sector in Comparative Perspective：Allies or Adversaries？［A］In Gidron B, Kramer R, Salamon L M(eds). *Government and the Third Sector：Emerging Relationships in Well-fare States*［C］. San Francisco：Jossey-Bass, 1992：1~14.

五、三部门相互依赖理论

这是罗伯特·伍思努(Robert Wuthnow)提出的理论。在他的国家、市场、非政府组织三者之间相互依赖的理论中，国家被定义为"由形式化的、强制性的权力组织起来并合法化了的活动范围"。国家的主要特点是强制性的权力；市场被定义为"涉及营利性的商品和服务的交换关系的活动范围"，"它是以与相对的供给和需求水平相关的价格机制为基础的"。市场主要以非强制的原则来运作。第三部门被定义为"既不是正式的强制，也不是利润取向，是商品和服务交换活动以外的范围"。它主要以志愿主义的原则来运作。⊖

在概念上，伍思努认为，这三个部门之间的关系看起来比较清楚，但在实践中，政府、市场和志愿部门的关系正变得日益模糊。在政府与市场之间，由于政府和商业部门在科学技术方面的共同投资以及政府以管制、税收等方式介入市场，彼此之间的界限已经很难分清。在政府和志愿部门之间，由于政府把一些福利项目承包给志愿组织，并为它们提供资金，政府与志愿部门之间的项目合作也模糊了彼此的界限。在很多情形下，复杂的组织计划把营利性活动与非营利性活动置于同样的管理体制下，志愿部门与市场的关系也很难分清了。不同社会中这三个部门重叠的程度是不一样的。

在伍思努看来，政府、市场和志愿部门之间存在着频繁的互动和交换关系，这包括竞争与合作、各种资源的交换、各种符号的交易等。当不止一个部门的组织提供相似服务的时候，就存在着竞争关系。当集中不同的资源来共同解决社会问题的时候，彼此之间就是合作关系。伍思努以城市中给老年人提供食品的例子来说明这种合作关系：由政府出钱购买食品，营利性的组织如饭馆等负责准备食品，非营利组织来协调这些活动并负责组织志愿者来发送食品。各个部门之间还存在着资源交换关系，组织和管理人员、技术、法律保护、公共关系、资金等往往在部门之间相互流动。

政府、市场、志愿部门相互依赖理论，基本上是从宏观层面来把握三者之间的关系。这种模型一方面是可以为人们观察认识二者关系提供一个简洁的方法，但另一方面是在将其运用到现实分析时，容易把复杂问题简单化。

六、两维度四组合的理论

"两维度四组合"的理论模型是国内学者在综合国外有关理论，特别是韦斯布罗德和汉斯曼的观点基础上所提出。⊖这个理论模型根据人类组织的形成—运作机制和组织功能，从逻辑上分成目的和手段两个维度，由此界定出政治的、经济的、社会的不同主体的坐标位置。这个模型对于理解非政府组织的来源，理解其在社会发展中担当的角色很有作用。如下图：

	公益	
现代国家政府：以强制求公益		NGO 组织：以志愿求公益
强制		志愿
传统国家权力：以强制求私益		企业商业组织：以志愿求私益
	私益	

⊖ Wuthnow, Robert. 1991. *Between States and Markets*: *the Voluntary Sector in Comparative Perspective*. Princeton, N. J.: Princeton University Press, 5 ~ 7.

⊖ 秦晖. 实践自由[C]. 杭州：浙江人民出版社，2004.

上图是由目的纵坐标和手段横坐标切分成的四个性质不同的主体。目的纵坐标的两端分别是"公益"和"私益"，公益就是提供公共物品和公共服务，私益就是提供私人物品和个别服务。手段横坐标的两端分别是"强制"和"志愿"。这样就形成了"强制求私益的传统国家权力"、"以强制求公益的现代国家政府"、"以志愿求私益的企业商业组织"、"以志愿求公益的 NGO 组织"四个不同功能的角色。它对不同的利益指向和实现方式的归纳简洁而完整，严密而逻辑，符合实际，缺一不可。为人们理解非政府组织现象提供了一个分析工具。

人在世间利益，无非公益与私益两类，即公共需求的利益与个体需求的利益。这两种东西都与人的生活息息相关，惟有实现途径各循其道。传统国家权力以强制索取统治者私利的情况因为与这里的分析目的相关性比较少，所以忽略不论。大家可以从强制求公益、志愿求私益和志愿求公益的三个分析中提炼对非政府组织合理性的认识。

1. 工商企业组织以志愿求私益的逻辑。在市场制度里，经济活动的主体是企业组织或者营利部门。这些组织的产生与存在目的，是为了通过经营来获得最大化的利润。所有经营者无一例外都是要通过各种各样的手段来谋求企业、公司和个人的资本增殖。说到底，私益是营利部门的出发点和落脚点。

营利部门的获利机制有两个：第一个是自私的人性，这种本能可以形成个人理性，在经济上的表现就是能够获得最优的投入产出计算；第二个是市场，即自由竞争、优胜劣汰的机制。这两个东西的结合，会优化资源配置，提高经济效益。

营利部门经营获利的手段不是强制，而是自愿。它按照市场原则，自由选择，自愿交易，追求参与者利益的最大化。普通职员按照自愿的合同干活挣钱，管理者按照自愿的合同用智慧挣钱，投资者则按照合同用资金追求回报。这就是自愿求私益。

2. 现代国家政府以强制求公益的逻辑。现代政府的基础是民主宪政。广大公民为了获得单靠个体不能实现的利益，共同组成一个共同体，通过民主的程序推举出具有中介、裁判性质的管理机构。为了支持这个政府机构的有效运转，公民同意将自己的绝对自由权利降低为相对自由权利，将自己的部分财产以税收的形式交给国家。而作为契约责任，这个民主政府，要出面协调不同利益主体之间的矛盾，主持社会的公道，使大家有一个稳定、平等和自由的生活环境。同时，现代政府还要出面用大家的钱来做那些私人不愿意提供的公共物品和服务，以满足公共需求，这就是公益。因为在偌大的共同体里面，仅仅靠良心、道德和觉悟并不能保证每一个社会成员能够完全遵从共同约定的规则，和确保公共利益。为此，现代国家政府行使公众委托权力的基本方式是强制，征税是带有强制性的管理行为，而制定经济与社会运行规制当然也是强制性管理行为。这就叫以强制求公益。

3. NGO 组织以志愿求公益的逻辑。虽然从表面看来公共政府与市场企业，职责分殊，各有追求，民众利益，皆有指靠，但由于它们本身所具有的缺陷和不足，实际上并不能完全满足人们对两个利益的需求。

公共政府的缺陷存在两种情况：一种是权力寻租和效率低下，这主要是因为自私的人性和公共权力的自然垄断性，导致政府及其成员也会犯错误；由于缺少产权关系和相应的激励机制，导致政府服务中的低效和浪费，以及容易产生衙门习气、官僚作风等。另一种是政府公共利益追求的"平均性"本质，这种由民主决定的公共政策方式不可能满足个别社会群体和成员的个性化需求，从而使政府的公益服务留下了缺口。

市场企业的缺陷来自于它的利润导向，以及由此生发的无利不往。且不说它们在公共利益追求上有消极和排斥的本性，就是在私人需求品的提供与交换中，也存在效率低下的情况。由于信息不对称的客观存在，某些特殊消费品，比如在为智障学校、幼儿园、养老院、慈善机构提供的服务中，市场企业的产品和服务就未必能够胜任和令顾客满意，从而使市场企业的私益服务留下了缺口。

那么由谁来担当填补空缺的责任呢？就是非政府非营利组织。这类组织既能够在自由组合自我服务的基础上，最切合普通生活现实的层面上，满足公众在公共政策之外的个性化需求；也能够以志愿精神来提供社会弱势群体所需要的特殊服务。它既区别于惟利是图、金钱至上的私人企业和公司，避免了所谓的"合约失灵"；也区别于衙门习气、官僚作风的政府部门。它们以灵活、奉献、自主、自愿、非营利的方式，解决那些企业和政府都解决不好的问题。

第三节　非政府组织发展的合法性

非政府组织作为一种自由结社的社会组织形态，不仅具有外在的工具价值，即人们可以通过有组织的集体行动，来实现个人行动难以实现的公共目的，而且具有自在的人文价值，因为作为结社性质的非政府组织或者社团组织，本身就是人权追求的重要目标。人权是人的社会性和自然性的本质体现，没有人的社会性和自然性就无法理解人权的概念。社会交往和社团活动的结社，根本上说就是人的社会性和自然性的要求，所以结社就是一种基本人权。今天，结社与人权的关系，已经为世界各国所认可。但达到今天这个境界，却让各国人民经历了漫长的斗争、讨论和努力。在世界发展的早期，结社仅仅是统治阶层和达官贵人的特权。而对于普通民众来说，自由进行结社活动是不被允许的。比如在英国，即便进入产业时代的民主制度以后，"禁止结社法"还一直存在了超过半个世纪（14世纪~1825年的废除），期间，任何民众的结社都被规定为犯罪行为。而世界上的其他地方，情况甚至比英国更糟糕。伴随着各方面关于人权认识的不断发展，和社会民主进步浪潮的推动，保守、偏见、专制等一道道障碍被先后冲破。各国人民所获得的自由结社空间越来越多，且最终附诸司法保护。尤其是在第二次世界大战以后，国际社会从法律的角度做了普遍而卓有成效的工作，从而为民众的自由结社，为非政府组织的发展奠定了合法性的基础。

一、国际法与地区性盟约的规定

（一）国际法对于结社的保护

结社自由在国际法中被当作人权内容，保护结社自由是国际人权法中最为重要的原则之一。1948年的世界人权宣言第20条规定保护个人"和平集会与结社"的权利……。虽然并非是一个强制性条约，但世界人权宣言对国际法的发展有重大的影响，对全球人文终极价值的引导具有根本意义。

1966年12月16日由联合国大会通过并开放供签署、1976年3月23日生效的《公民权利和政治权利国际公约》，是一个更具有普遍约束力的国际多边条约。该公约与《世界人权宣言》和《经济、社会及文化权利国际公约》一起，被通称为"国际人权宪章"。⊖到2005年为

⊖　我国政府已于1997年签署了《公民权利和政治权利国际公约》和《经济、社会及文化权利国际公约》并且于2001年2月28日由全国人大常委会作出批准后者的决定。

止，已有近 140 个国家签署认可。我国也于 1997 年予以签署。该条约第 21 和 22 条款分别规定保证和平集会和自由结社的权利。在该公约下，缔约国必须使其本国的法律承认和保护公约中规定的权利。缔约国可以限制受国际公约保护的如结社自由等权利，但这种限制只有在特定前提下，比如在民主制度环境中出现国家安全、公众安全、公众道德或健康，或他人的自由权利方面的合法利益有受损害之虞的前提下，才可施行。

尽管国际法没有以有关非政府组织方面的法律要求缔约国采行相关的行动，但从保护个人的结社自由的国际共同认识和立场来说，各国通过正式法律法规的途径赋予非政府组织正式的法律身份，并使其具有有效运作的自由和权利，以确保参与该组织的公民有充分的法律空间来行使自己的自由结社权是必要的。

（二）地区性盟约对于结社的保护

1948 年的美洲人权和责任宣言保证公民"和他人结社的权利，以促进、行使与保护个人在政治、经济、宗教、社会、文化、职业、劳工或其他性质的协会中的合法利益"。1950 年的欧洲人权公约在第 11 条中列入"结社自由"，在第 10 条中则列入"言论自由"，并创立了人权委员会来执行受此协议保护的权利；欧洲议会规定各会员国有义务尊重这些权利。1969 年的美洲人权协议第 16 条阐明，"提供对结社自由的广泛保护"。1981 年的非洲人类与人民权利宪章，也对结社自由提供了某些支持。

二、各国宪法与法律的规定

21 世纪以来，结社逐渐演化为公民的一项宪法基本权利。第一次世界大战，特别是第二次世界大战后，几乎所有国家的宪法都保障结社自由，都有结社权的规定。如《德意志联邦共和国基本法》第 9 条规定："所有德国人都有结成社团和团体的权利。"《意大利共和国宪法》第 18 条规定："所有公民均有不经许可而自由结合之权利。"《西班牙宪法》第 16 条规定："西班牙人民依合法宗旨并根据法律规定，自由地集会结社。"英国具有普通法传统，没有专门的社团立法。同其他权利一样，只要法律不加禁止，人们就可自由地加以运用。美国虽然有世界上第一部成文宪法，但其中却无结社权的明文规定。但是宪法第 1 条修正案和第 14 条修正案所暗含的结社自由权已经成为不言而喻的司法依据。1958 年美国联邦最高法院宣布："为了信仰和思想的提高而从事于结社自由，是宪法第 14 条修正案所保障的'自由'的一种不可分割的方面。"

中国政府和人民围绕人权保护和结社自由，也经过了不断地奋斗、努力并取得了相应的成果。中国的 1982 年宪法第 35 条规定："中华人民共和国公民有言论、出版、集会、结社、游行、示威的自由。"经过第四次修正后的宪法于 2004 年全国人大通过后公布，第一次明确规定"国家尊重和保护人权"（第 33 条）。这成为我国非政府组织发展和得到保护的最重要法律依据。

在国家宪法下面，我国非政府组织发展逐步纳入规范化轨道。1988 年国家民政部将社会团体、民办非企业单位和基金会的登记管理统一归口到民间组织管理局，并先后于 1998 年 10 月和 2004 年 3 月，由国务院颁布了《社会团体登记管理条例》、《民办非企业单位登记管理暂行条例》和《基金会管理条例》三个专项法规。从而使非政府组织成为有宪法和法律依据的社会发展现象。

本章的分析在于阐明，非政府组织作为一个社会发展中的进步现象，它来自于人的社会性本质，反映了人们对私利与公益关系的辩证理解，体现着公民社会的内在逻辑，呼应着行政改革时代多元治理结构的建设要求；而从社会生活中公共需求与个体需求的服务产品供应结构看，非政府组织也有存在与发展的多种合理性因素；同时，它作为与人的社会性和自然性紧密联系的一种人权内容，获得了各种层次法律的肯定和保护。因此，非政府组织的发展就因其具有的必然性、合理性、合法性而成为大势所趋的社会现象。从无到有，从小到大，从弱到强，是非政府组织的一个基本规律，并不为人的主观好恶和情感意志所左右。

第三章　国外非政府组织发展

考察中外历史，人们会发现人类社会中带有非政府组织性质的现象由来已久。它最初发端于宗教传统、人道传统、慈善传统，此后又与人们的结社偏好、有关利益的辩证认识、对公民社会的追求、社会多元治理趋势相结合，并于 20 世纪中叶以后先后正式获得国际宪章、地区盟约和各国宪法的保护与支持，从而得以不断成长。根据其活动地域、活动涉及领域、自觉性意识程度、所产生的影响大小等因素，国外非政府组织发展至今的过程可以划分为初期的自然发展阶段、国际间的扩张与合作阶段和全球普遍发展阶段。

第一节　国外非政府组织的起源

在上一章里面，已经对其中涉及非政府组织存在与发展动因进行了分析。本节则主要归纳和认识非政府组织起源问题。根据已有业界的研究，[一] 可以说发展至今的非政府组织与宗教传统、人道传统、慈善传统有重要的历史源脉关系。

一、基督教传统与非政府组织

早在现代民族国家形成之前，教会在欧洲就拥有巨大的权力和财富。和其他几大宗教一样，基督教教诲人们要行善、要博爱，要有怜悯之心，并在此基础上形成了自己的基督教传统：基督教堂和修道院分发救助物资，同时还是知识和艺术以及种植技术的传播中心，每周从信众中募款，发动当地的资源救助农村的穷人和患病者，并为社会提供某些形式的公共服务，带头为工业革命造就的新兴城市人口提供一些以前没有的援助。教会这种以济贫助弱为核心的宗教传统，是世俗的慈善机构经常性的捐献的重要模版。

欧洲基督教世界几乎是罗马天主教会的同义词。就像一支军队被划分成好几个师一样，天主教会也由若干不同的修会组成：圣芳济会、耶稣会等，每个修会都有自己的重点，但是天主教会仍然是一个单一的、联合的教会，承认罗马教皇的神圣权威。这种传统延续了几百年的时间。不过，从 16 世纪开始基督教世界发生了一次大的分裂，最终导致了抵抗教皇权威的新教教会的建立，尤其是在北欧地区。在英语里，"天主教"一词的意思是广泛的、普遍的，它原本是用来表明天主教会的普遍性，拥抱所有的信徒。"新教"一词来自动词"抗议"。除了在神学上的区别外，早期的新教普遍反对天主教会的普世权力和财富。

在中国，尽管新教被官方视为独立的宗教，事实上，其内部一直都存在多个有差异的派别。它们强调的重点不同，反映出各自产生的时间和地点，也根据教义的差别被划分成或多或少的派别，一般的外人可能很难弄明白其中的差别。几个世纪以来，随着与英国国教分离的各教派的新的牧师们挑战各个旧教派的教义和权威，新教教堂的数量一直在增加。许多非国教的基督徒逃到美国以免受宗教迫害。

　本节主要参考了 Nick Young 的 "NGO 的发展起源和演变"，载内部刊物《200 国际 NGO 在中国》，2005。

　　直到后来，基督教差不多所有教派才在这一点上取得高度统一：基督徒相信他们的信仰才是惟一真正的信仰，他们有责任传播上帝的旨意。于是，从最早的时候开始，基督传教士们试图在其他地方建立和传播他们的信仰。当西班牙对美洲的征服开始时，天主教会是西班牙皇室的重要同伙，目的是让美洲人皈依基督以"拯救灵魂"。但是教会在传播信条的同时，也开始向当地社区传授欧洲的技术、文化和医学知识。许多传教士也设法维护当地人免受统治者的过度抢劫。欧洲在亚洲和非洲的殖民活动遵循了类似的模式。圣经加火枪，天主教和新教争相在外国的土地上树立一个个教堂的尖顶，也建起了学校和医院，推广西方的种植、林业和建筑技术。

　　与此同时，他们也把最贫困的人和社会的边缘群体作为自己的关注与帮助对象。例如，19世纪一位比利时牧师把自己的一生都献给了麻风病患者群体，后来他本人也不幸染上麻风。如达米恩基金会，就是按照这位创始人的意愿，始终为麻风病人服务的机构。一些基督徒到中国后多生活在贫困偏远的少数民族社区，比如中国西南部的苗族社区。但是基督徒也积极地介绍西方最先进的科技和医学知识。例如，北京协和医院和医学院以及广州的中山大学都是在19世纪传教士办的机构的基础上发展起来的。

　　到20世纪70年代末期，世界已经发生了深刻的变化，在很多方面基督教也发生了深刻的变化。如今的世界很大程度上是一个后殖民世界，对独立的民族国家有了更多的尊重，即使这种尊重尚不稳固。基督教已经比过去更加国际化，不再是欧洲或者西方独有的宗教。在拉美、非洲和亚洲，原本由传教士建立的教堂逐渐发展并繁荣起来。生活在这些地区的基督信众的数量如今也大大地超过了北美和欧洲的信众的数量。而且，发展中国家的教堂自身已经经历了某种"去殖民化"的过程，目前都由当地人来领导。这种去殖民化的过程刺激了新的神学流派的产生，如很多拉美天主教会支持的"自由化神学"，他们不仅为穷人们提供援助，还自觉地和穷人们一起与政治、经济压迫做斗争。

　　最近几十年里，不同的信仰之间也有了亲善的迹象。为了推动教会联合，1949年成立的世界教会委员会现在已经吸纳了全球340个新教教派。也可以说，在大多数国家，今日天主教和新教之间的相互尊重和容忍已经比500年前任何一个时段要多。而且，在很多地方，新生的"信仰交互"运动也正在探索基督教、犹太教、佛教、印度教和伊斯兰教等几大宗教传统之间的共同点。当然，也存在势力强大的、危险的逆反潜流。比如"9·11"的发生中就隐含着宗教文化之间的冲突因素。但是，撇开这些大而严峻的主题不谈，应当承认21世纪大多数的基督徒比早几个世纪前的传教士们更加尊重当地的文化和身份。

　　今天的基督教，像其他主要宗教一样，仍旧是社会服务的一支主要催化剂，激发了许多个人捐款者、工作人员和机构开展国际救助和发展活动。但是，由基督教激发的救助和发展行动，曾经和传播信仰的努力联系在一起，现在已经不再必然与之有关了。一些机构如国际小母牛项目组织、国际奥比斯、国际克里斯朵夫盲人协会等，都有基督教的背景和服务精神，但是它们在某些特定的领域内针对某些社会目标的运作已然和宗教活动无关。许多教会或者教会联盟也成立了发展NGO，很大程度上取代了早些年的传教士协会。这些新的基督教机构可能特别想帮助与他们信仰相同的海外社区，但是他们也不排斥服务不同信仰者。他们一般不刻意地让无信仰者皈依。

　　现实当中，也不排除一些基督教会的宗教性活动，如派遣传教士到海外去劝人入教，通过各种社会帮助的途径去传播基督教义。这会导致官方怀疑一些公开承认基督教背景的发展

NGO 的动机。而反过来，有基督教背景但是只从事发展工作的一些机构经常担心它们的动机被误解。所有这些都营造出一种敏感的氛围。但不管如何情形各异，人们却不能不承认基督教的救济与社会服务传统，与后来社会各种非政府非营利组织本性之间，所具有的重要的影响与传承关系。

二、人道主义传统与非政府组织

《日内瓦公约》是 1864 ～ 1949 年在瑞士日内瓦缔结的关于保护平民和战争受难者的一系列国际公约的总称。而这个举世皆知的人道主义公约的形成却直接奠基于瑞士银行家亨利·杜南(Henri Dunant)的伟大的人道精神。1859 年 6 月，他在途经意大利索尔弗里诺镇时，恰逢拿破仑三世指挥的法兰西-撒丁岛联军与奥地利军队战斗的最后阶段，他目睹了极其悲惨的战后情景。刚刚结束的法奥之战把 4 万多死伤的士兵遗弃在这里，伤兵们都在烈日蒸晒下呻吟嚎叫。他立即奔走组织当地人士收容和安置 4 千多名伤兵，进行了力所能及的救护和治疗。返回日内瓦后，杜南立即着手把这次经历写成《索尔弗利诺的回忆》一书并自费出版，分别送给他的朋友和欧洲各国的君主和政治家。书中提出两项重要建议：第一、在各国设立全国性的志愿的伤兵救护组织，平时开展救护训练，战时支援军队医疗工作；第二、签订一份给予军事医务人员和医疗机构及各国志愿者的伤兵救护组织以中立地位的国际公约。亨利·杜南的倡导在欧洲各国上层获得热烈的回应和支持。1863 年 2 月，国际红十字委员会的前身"伤兵救护国际委员会"在瑞士诞生，亨利·杜南担任秘书长。1864 年，16个欧洲国家派代表参加"伤兵救护国际委员会"倡导在瑞士召开的国际会议，并共同签署了《关于改善战地陆军伤者境遇之日内瓦公约》，承诺"允许医务工作者进入战场；允许医疗物品的供应；认可并尊重著名的白底红十字作为中立的象征"。实际上，这是世界上第一部国际法。沿着这条人道主义的轨迹，国际社会历经 85 年的努力，最终形成了《日内瓦公约》的完整体系。

亨利·杜南和他那个时代绝大多数的欧洲人一样，是一位基督徒。不过，他以公民个人的身份发起的这项活动宣告了人道主义机构独立于政府和教会之外而存在的新时代的到来。在接下去的 150 年里，涌现出了更多的此类机构，各机构的规模也稳步扩大。尽管和基督教慈善和博爱的传统精神很有相通之处，但许多人道主义机构更倾向于强调独立于宗教之外的一种世俗之爱和人权的关怀。

同样的，其他几个最知名的机构也是为了回应战争中的人道主义灾难而成立的。如1919 年第一次世界大战结束后，在英国率先成立的紧急救助儿童基金，后来发展成为"救助儿童会国际联盟"。当时，获胜的协约国仍旧对德国实施惩罚性的经济制裁。救助儿童会的主要创始人之一埃格兰泰恩·杰布女士(E. Jebb)，因公开散发"饥饿的婴儿"的传单和谴责英国政府漠视德国儿童的饥饿，而被伦敦警方逮捕。最终，审判这个案子的地方官本人为该基金捐了款。同时，杰布女士继续撰写《儿童权利宪章》，被国际联盟采纳，其后又成为 1989 年联合国《儿童权利公约》的基础。这是经过个人努力得以制定的第二部重要的国际法。

1937 年，一位报道西班牙内战的英国记者创办了另外一个大型的儿童机构"战争儿童培养计划"，后定名为"国际计划"。"国际小母牛"项目也是发源于这场战争的救助工作。在第二次世界大战期间的 1942 年，一群英国公民成立了牛津救灾委员会，为希腊平民提供救助。以此为基础形成的"乐施会"（获名于牛津救灾委员会当时使用的电报编码），逐步发展成为世界上最大的救助和发展网络之一。

20 世纪 60 年代末期发生在非洲尼日利亚东部比夫拉地区的战争促成了另一个国际人道救援组织"无国界医生组织"的成立，它的工作方式新颖、独特。无国界医生组织的创始人是一些法国记者和医生，其中一些人曾经在红十字会工作，但是红十字会恪守中立的原则使它无法表达对冲突的谴责。当他们看到国际人道救援机构无法阻止在比夫拉地区发生的种族屠杀时倍感痛苦。于是他们着手创立一个紧急医疗救助机构，不仅提供直接的援助，而且还表达自己的意见，吸引公众关注人道主义危机，谴责践踏人权的任何行为。20 世纪 70 年代柬埔寨爆发的人道主义危机也促成了两家国际机构的成立。为被地雷爆炸的受害者制作假肢的法国医生发起成立了"国际助残"；一些美国人成立了拯救难民基金，后来更名为"美慈"。

在进入 21 世纪之前的 30 年间，已经有大量的环境保护类团体成立，以回应日益严重的全球环境压力和危机。这些自然主义关怀的组织，从某种角度看也受着人道主义影响。一些环保组织有着相当长的历史渊源。例如，1903 年生活在非洲殖民地的一些自然主义者创立了大英帝国野生动物保护协会，后来发展成为"野生动植物保护国际"。1895 年，为了管理美国大都市的公共动物园，纽约动物学学会成立，后发展成为"野生生物保护学会"，一直在全球范围内经营着保育和环境教育项目。成立于 1915 年的美国生态学会逐渐演变成"美国大自然保护协会"，在全球开展众多自然保护活动。除了这些历史悠久的组织外，还不断有新的、年轻的组织加入，如"世界自然基金会"，成立于 1961 年，希望成为"自然界的红十字会"；"美国环保协会"，成立于 1967 年，率先尝试使用法律手段终止杀虫剂在全美的使用；"保护国际"，成立于 1987 年，尝试"Debts for Nature"的交换模式。

上述这些机构都是"运作型"机构，也就说他们为某些特定的保护项目包括政策试验筹款。其他的一些机构，如"绿色和平"、"地球之友"、"国际河网"等则基本上属于"倡导型"机构，即倡导和团结公众支持他们的事业。为了影响政策，他们也经常亲自或委托其他机构开展研究，但是很容易将这类机构与运作型机构区分开来，因为它们进行的是"宣传"；相对应的，运作型机构做的是"项目"。不过，不论从事人道主义救助还是环境保护，很多运作型机构这些年来都日益增加了对"倡导"角色的诉求，它们采用宣传的方式去提出项目实施过程中发现的各种问题。

值得注意的是，在最近的 30 多年里，大多数从事紧急救助和发展的人道主义非政府组织，特别是那些更加关注长期发展的机构，也已经开始强调环境保护是人类发展的一个必要条件。同时，许多从某环境问题入手的 NGO，也逐渐将人类关怀视为自然保护的一个必要条件。而在这个交融贯通的过程中，人道主义起到了引领与启发的基础性作用。

大多数人道主义机构和环保 NGO 的运作资金来自普通公众的捐款。最典型的方式是，NGO 会招募一定数量的长期支持者，每月或者每年捐出一定金额的钱。这些捐款者来自各行各业，按照当地的标准，他们中的大多数都不是很富有的人。这种情况回应了基督教会长期以来的捐款传统。除了定期的捐款外，这些机构的部分收入还来自一些更大范围内的筹款活动，以及通过遗赠，将个人财产捐给他们最钟情的慈善事业；或者为了怀念亲人的逝去，家人更愿意让亲朋好友捐款给指定的慈善机构而不是到葬礼上献花。即使是读书的孩子，从很小的年纪开始，也为慈善事业捐款和筹资。

除了依靠个人支持者外，许多慈善机构也从企业中筹集资金。值得注意的是，从整体上讲欧洲的机构比美国的机构对于接受企业捐款持更加谨慎的态度，担心任何一种形式的与环境破坏的关联。这反映了欧洲和北美在政治和慈善传统上的显著的差别。

三、慈善传统与非政府组织

19 世纪当工业资本主义在西方世界腾飞之时，一个新的企业家阶层开始积累财富，并很快超过拥有土地的贵族们。一些暴发的工业巨头捐出一部分个人财产创办慈善性质的基金或基金会。尽管这类慈善行为在欧洲也很盛行，比如在欧洲国家中，德国、英国、瑞士都有不少于 1 万个基金会，其他许多欧美国家也有几百以至几千个不等。但是这种慈善捐赠的精神和风气显然无法和美国人相比。时至今日，全美共有 65000 多家私人基金会，基金会的总资产在 2000 年时达到 4860 亿美元，占全美 GDP 的 6%，估计每年用于公益事业 300 亿美元。

私人基金会通常靠创办人的初始捐款开始。捐款被用来投资，每年一定比例的投资收入以拨款的形式分发出去。指定的理事会成员依照该基金会章程中确定的目标决定拨款的去向。根据美国法律，基金会要想保持免税待遇，每年用于慈善活动的开支不能少于上一年度其市值的 5%。如果投资管理有方，一段时间后该基金会的总资产会增长，因为投资收益的增长比例很可能高出每年必须花掉的 5%。当然，资金管理不善或者股票市场缩水都可能导致某个基金会净资产的减少。但是在大多数情况下资产价值会增长。

安德鲁·卡内基是美国早期最具有代表性的慈善家之一。他 12 岁起从一家纺织厂的工人干起，一直发展为匹兹堡钢铁大王。1901 年，他 65 岁的时候，在当时以十分惊人的 4.8 亿美元的价格将企业卖出，并将自己的后半生投入到慈善事业中。他在世界各地建起了 2500 多家免费的公共图书馆，还捐款给从事不同领域的多家基金和基金会，直到今天这些机构还支持教育、科学和文化等领域。卡内基不仅把属于自己的钱散捐出去，还鼓励其他人效仿他。在《财富的福音》一文中，他说道："带着财富死去是一种耻辱：富人们应该在去世之前处理掉自己的财富，让更多的人从中受益。"

卡内基的不同寻常之处在于他阐明了一套慈善的哲学，不过美国的其他多位工业资本家也留出了大量财富用于慈善。著名的例子有：福特汽车公司的创始人亨利·福特，捐赠成立了福特基金会；威廉·凯·洛格，从销售早餐燕麦片中聚集大量财富以后成立基金；以及洛克菲勒兄弟，他们在石油业和银行业拥有的股份将他们造就成了 20 世纪美国最伟大的资本家族之一，并创办了好几家基金会。这种慈善的传统在今天的美国商业领袖中仍然强劲。新兴行业的成功者，如微软公司比尔·盖茨夫妇，英特尔公司戈登·穆尔夫妇，投资家乔治·索罗斯，太阳美国公司伊莱·布罗德夫妇，美国世纪公司斯托尔斯夫妇，戴尔公司迈克尔·戴尔夫妇，美国有线新闻网特德·特纳，沃尔玛公司的沃尔顿家族，惠普电脑公司的大卫·帕卡德等大企业家都捐巨款成立了用于慈善和公益事业的私人基金会。

这种慈善的传统反映了对国家和社会责任关系的某种认识。欧洲国家是建筑在封建主义的历史遗产之上的，牵涉到非常复杂的社会责任关系，在很多欧洲国家，政府从 17 世纪开始就承担了扶贫、教育和对鳏寡孤独的照顾。直到今天，欧洲人仍然倾向于认为政府有广泛的责任，欧洲各国政府在提供社会公共产品方面扮演着重要的角色，也通过征税和支出适度地重新分配社会财富。与此形成对比的是，美国从一开始就是由一群先锋人士创立的，其中很多人为了躲避欧洲的贫困或者宗教迫害来到美国。美国人总是赋予个人自由以至高无上的地位，免受政府的干涉也在个人自由的范畴之内。因此，美国的社会结构从总体上讲是税收相对较低，政府的管理相对有限，富人们自己决定如何以及在多大程度上回馈社会，而不像欧洲国家主要依靠税收机制重新分配私人的财富。

除了富裕阶层的拨款基金以外，美国还有大量的慈善机构是从普通公众中筹款，2003年美国人捐款总数达到1837亿美元。其中来自普通人的捐款占85%，参与捐赠的家庭占总家庭数的70%，平均的个人捐赠占到个人收入的1.8%。因此，来自美国社会个人的、志愿的财富捐赠，在为穷人或其他弱势群体提供"安全网"、以及对公共事业的支持中，成为举足轻重的因素。例如，在欧洲，从国家到地方、城市的各级政府经常拨款建歌剧院、艺术馆和博物馆，然而在美国，这些机构的资金相当多地来自私人基金会而不是政府。美国的大学、图书馆和医院也十分依赖私人的捐款，但是在欧洲国家，这些机构仍然很大程度上依靠政府财政。

第二节　国外非政府组织的发展阶段

对非政府组织进行阶段划分，是一件比较困难的工作。划分需要一个大体能够被认同的逻辑和标准，要能够有可以区分和剥离的参照内容，要能够使这种划分对人们认识它的发展具有一定的意义和启发，更高的要求就是，人们能够从这种划分中发现非政府组织发展的某种规律。但是，鉴于国外非政府组织发展的历史久远，涉及到的地域太大，它自身的内容太过于庞杂，又加上阶段性特征比较模糊迷离，因此就显得有些困难。有的美国学者研究了发展脉络后提出，非政府组织的发展经历了四个阶段：第一个是起自清教徒时期，至20世纪初的民众互助阶段；第二个是自20世纪初起，至20世纪30年代的慈善赞助阶段；第三个是自20世纪40年代至60年代的人民权力阶段；第四个是自20世纪60年代后期至今的竞争与市场模式阶段。香港特别行政区学者将香港特别行政区NGO的发展阶段划分为慈善济贫时期、国际援助时期、人民权力时期三个阶段。台湾学者认为台湾在经历了慈善济贫、国际援助时期之后，于20世纪70年代进入现代NGO萌芽时代，自1987年解严后进入发展年代。国内有的研究人员将国外非政府组织发展分为资本主义早期、资本主义成熟期、第二次世界大战以后、环境NGO论坛以后等四个阶段；还有的学者提出了由传统慈善向公民慈善转型的萌芽时期、到以现代基金会的创立为标志的成长时期、到人民权力普及的扩展时期、再到进入全球体系时期这样的阶段划分。○

在已有研究的基础上，本书以非政府组织的活动地域、活动领域、自觉性程度、所产生的影响大小等因素作为认识视角与大体的区分标准，将国外非政府组织发展至今的过程划分为三个阶段：第一个是自然发展阶段，第二个是国际间的扩张阶段，第三个是全球普遍发展阶段。

一、自然发展阶段

这个阶段是从17世纪一直到20世纪40年代。非政府组织作为一种民众自我组织形式，

○ 有关NGO组织阶段划分的不同观点，分别参见以下文献：张在山译本. 非营利事业的策略性行销. 台北：授学出版社，1991；郁德芬. 服务性收费措施的探讨. 香港：香港社联季刊，1988；冯燕. 非营利组织主义、功能与发展. 载《非营利部门组织与运作》. 台湾：巨流图书公司，2000；王名. 非营利组织管理概论[M]. 北京：中国人民大学出版社，2002. 第二章；杨团. NPO发展阶段界分. 载《中国社会学网》[http://www.sociology.cass.cn].

早在欧洲近代之前，基督教组织就在救济穷人、帮助病者、关照老人儿童等公益事业中形成传统。至中世纪时期，基于基督教会发展起来的慈善事业已经影响广泛。这种传统的慈善主要是依托教会、行会、采邑、村社等组织的活动而体现。文艺复兴与宗教改革以后，许多慈善机构开始脱离教会的管理和控制，转入世俗社会。这些基督教的公益活动和此后世俗性的私人慈善组织，可以说是后来非政府组织的一些雏形。

到 17 世纪，资本主义作为一种先进经济制度，从英国发端。在对封建生产方式和制度的否定中，它形成了完全不同的一套体制、机制和文化价值观念。一方面，这个新的生产方式由于自身的先天不足，带来各种社会问题；另一方面，它又成为培育自由、平等、法治、人权、博爱的载体。新生资产阶级政府颁布法律，提供救济，允许各种结社的存在，鼓励保护民间慈善救济活动的开展。随着资本主义的产生和发展，个人自由和社会自治的风气开始形成，由此带动民间自组织活动形态的进一步完善，以及组织规模和社会影响逐渐扩大，成为今天非政府组织的初期形态。

到 19 世纪，随着资本主义的发展进入垄断和成熟阶段，大企业主和金融财团通过生产和资本的集中，控制了工商业部门。在这个过程中，一方面是迅速变化和发展的生产方式和生产力的大幅度提高，另一方面是社会的贫富差距的严重。虽然已经走出原始资本主义积累的悲惨时期，但在其工业现代化的外表下，仍然是矛盾重重。贫困、疾病、战争、大批普通民众的悲惨生存状况，依然在 19 世纪和 20 世纪头几十年的漫长时期中，困扰着早期工业化的各个国家。这样一个背景就决定了，当时各类民间社会组织的关注焦点和活动范围主要在如下方面。

1. 致力于扶贫济困。宗教与慈善以及人道主义在欧洲素有传统。工业革命的最初几十年里，劳工的命运极为悲惨，社会贫民数量剧增，以募捐济贫为目标的慈善组织纷纷建立。但是各组织缺乏联系，步调不一，形成混乱，急待协调。为此亨利·索里牧师于 1869 年在伦敦成立了"慈善救济及抑制行乞协会"，后易名为"慈善组织会社"。

1877 年，一位曾到英国考察慈善组织协会的美国牧师韩福瑞·哥尔亭（H·Gurteen），在纽约布法罗组织了美国的第一个慈善组织会社，其后，以协调各救济机构为目标的慈善会社运动风行英、美。在这场运动当中，社会工作由于对贫困户进行专业化的社会调查而开始带有专业性。

1884 年，英国人巴纳特在伦敦创建了世界上第一个社区公社，即今天遍布全球的社区服务中心的前身，名字叫汤恩比馆（Toynbee Hall）。该馆作为纪念物，至今竖立伦敦，用以纪念牛津大学经济学系讲师汤恩比的热忱济贫的志愿。它以纪念汤恩比的名义，在社会工作史上首次号召知识青年要志愿为贫民服务。这两类组织除救济贫民、协调各慈善机构外，还开创了社会工作的基本方式和方法。作为一种组织创新，这两类机构的模式迅速推展到欧洲和北美各国。

1897 年，一个基督教团体在波士顿及周边地区发起向 15 万穷人提供一顿免费圣诞晚餐的活动，著名的慈善组织救世军（Salvation Army）由此诞生。1919 年，在伦敦的一家大剧院里，名叫救助儿童会（Save the Children）的慈善组织开始向饥饿的儿童发放免费食物，它成为全世界苦难儿童的救助先锋。1942 年，一个专门救助穷人的慈善机构——乐施会（Oxfam UK）在英国成立，这一组织后来形成了遍及全球的庞大网络。

2. 致力于维护生存权。随着 16、17 世纪圈地运动的扩展，失去土地的农民频频掀起社会运动，并逐渐建立起各种自发的组织。1836～1848年的宪章运动期间出现的"伦敦工人协会"、"全国宪章派协会"，都是很有规模的为生存权而斗争的民间社团。宪章运动之后出现了一大批被称为"工联主义"的协会，其数量在1860年发展到1600个，遍及英国的405个城市。[○]在法国、德国和其他欧洲国家，19世纪中叶同样出现了一大批各类社团。近代资本主义的自由和原始积累的残酷，使这个时期民间组织活动的焦点之一是权利运动。

美国作为一个从英国王权专制中挣脱出来的移民国家，先天就带有自由与平等的文化价值土壤。在南北战争时期，美国最有影响的民间组织不是消防队、仓储团，也不是社区公益组织，而是19世纪30年代由反对奴隶制度的人们共同创立的废奴协会。该组织在1840年拥有2000个地方组织，会员总数达到25万人。

3. 致力于战争人道救援。在第二次世界大战之前的大半个世纪不仅是一个文明发展和野蛮战争并存的人类历史。因此建立于慈善和人道精神上的民间组织，在战场救援领域也留下了足迹。18世纪，日内瓦公益会采纳亨利·杜南的建议，成立了"伤兵救护国际委员会"。随着战争的频繁发生，许多国家相继成立了伤兵救护会。1864年8月，有16个国家代表在日内瓦签署《万国红十字会公约》，制定了改善战地伤病者境遇的国际通则，并建议各国成立民间的救护团体。国际红十字会的成立对缓解战争苦难发挥了重要作用。在两次世界大战中，各交战国都积极动员力量参加红十字救护活动。在第一次世界大战中，交战国的多数学校都设立了急救和护理课程，动员组织大批妇女参加战场救护，使战争伤亡有明显下降。

1937年，一位英国记者创办了"战争儿童培养计划"，为战争中陷于孤独无助的弃儿提供人道援助。"国际小母牛"项目也是发源于这场战争的救助工作。更多类似这样使命的组织在二战后涌现出来。其中较为典型的一群英国公民为希腊平民提供救助而成立的牛津救灾委员会，后来发展成为世界上最大的救助网络组织"乐施会"。它于1942年成立于英国的牛津市，乐施会的英文名字(Oxfam)来源于两个英文单词Oxford(牛津)和famine(饥饿，饥荒)。

4. 致力于慈善基金的建立。在19世纪的大部分时间里，一部分成功的企业家和商业家，仍然沿用传统的通过个别委托人向慈善机构捐赠的方式援助和救济老弱病残。但是这种委托的方式是保密的，是建筑在个别信任的基础上，靠委托人与受委托人之间的契约，却不是一个组织。在19世纪的最后10年，一批受慈善思想影响的工业巨头，其中最著名的有安德鲁·卡内基、格丽特·奥利维亚、斯洛克姆·塞森、摩根等人，在慈善信托传统框架基础上，探索一种有组织的现代基金形式，其管理方式是私有性的，而其使命却是服务公众利益，以理事会使用庞大受托财产去建立或支持其他公益活动。自19世纪90年代，这些捐赠人及其顾问们在慈善基金管理方面进行一系列制度试验。他们的努力在20年后获得了重要成果，1910年，洛克菲勒基金会获得了联邦许可证，1911年，卡内基基金会创立。之后，美国人的这一组织创新被全球的富豪们效法，除了英国及原属英国殖民地部分国家之外，以个别零散的、目标狭窄且神秘化的信托方式所进行的慈善捐赠大体上被现代基金会模式所取代了。这种新的慈善基金组织，不仅资助贫困者，而且开辟了资助教育、文化、医疗、科学

○　潘润涵等. 简明世界近代史[M]. 北京：北京大学出版社，2001：202～208.

的通道。在教育领域，19世纪末20世纪初，欧美各国在学校教育发展的基础上形成了较为系统的高等教育体系，出现了一些私立的大学；在卫生领域，许多国家出现了慈善性的医院，主要面向穷人施医赠药。这其中就有私人慈善基金会的贡献。

5. 致力于慈善与人道精神传播。在这个时期，早期工业化国家的社会公益模式也借着慈善和人道包括宗教之风，影响与波及到世界各地，尤其是一些殖民地国家。中国也是受影响的国家之一。有关的模式首先在中国香港、上海、广州、天津等大陆通商口岸城市落脚。并且从租借地扩展到内地。例如，天津基督教青年会与上海市基督教青年会分别成立于1898年和1900年。到20世纪初，这些组织大都趋于本土化，同时带动口岸城市的传统社团如同乡会也发生了现代化的转型，从旅沪旅穗外侨社团学来了一套组织筹款、理事会选举等现代社团模式。20世纪初在东北地区的西方人也推进了这种自发组织浪潮。这期间他们先后成立了古鲁金侨民救助会、阿尔缅侨民公会、谢拉菲莫夫卡食堂、犹太养老院、波兰慈善会、索菲亚教堂贫民救助会等。总之，这一时期受外来社团精神的影响，当地民众建立的慈善组织曾达到历史上的鼎盛时期。

在长达半个多世纪社会民间组织的自然发展中，人们可以看出如下特征：

第一，民间组织的地域有限。国外早期的非政府组织无论从起源还是活动，都主要集中在欧美工业化国家的范围内。虽然不能排除在世界其他国家和地区的哪个时段中，也有类似的慈善与人道性质的民间团体，但受到欧洲三大传统精神的影响，欧美民间自发组织要比世界其他地方的类似组织无论在数量上还是影响上都要大得多，而且其他国家中有很多民间慈善救济以及公益组织，与欧美国家的同类组织都有千丝万缕的联系。

第二，民间组织的活动领域有限。它们在这个阶段的关注和投入的焦点，主要集中在扶贫济困，维护民众的生存权，战争人道救援，慈善基金的建立，以及慈善与人道精神传播等方面。从层次上看，它们所涉猎的活动大多处于与人类基本需求相关的生存状况上面。这也和这个时期人类发展的水平相吻合。在第二次世界大战之前的半个多世纪中，欧美在工业革命的推动下，由近代走入现代，但在这个过程中，社会也一直受到贫富巨大差距、连绵战争、弱势群体与疾病、社会的不平等以及若干矛盾的挑战。这些问题的紧迫性要求所有献身于公益事业的民间组织，不得不将它们作为自己的主要议题。

第三，民间组织的意识比较朴素。它们在这个阶段上还没有政府组织和非政府组织的自觉认识，更没有所谓被后来人们所共同提炼和认可的"NGO"和"NPO"的明确概念。几乎可以认定，大部分这类活动都是出于对弱者的朴素的同情，对浓厚宗教文化中关于"善"和"爱"的实践追求。这些活动主要是在宗教传统、慈善传统、人道主义的朴素意识作用下发生的。不能否认会有其他动机，但从源脉看，这三个传统的影响应当说是主要的。

第四，民间团体活动的影响有限。由于活动所关注的主要是地域性困难，活动的范围主要在欧洲北美的工业化国家，因此虽然也有狭小范围内的国家之间的合作，也有向全球其他国家的精神与模式传播，但毕竟是有限的，且也没有一个国际性组织，能够通过正式的引领与倡导作用，将局部性议题上升为全球性议题。

正是因为上述的发展状况以及从中表现出来的特征，可以说，这个时期的民间组织是处于自然发展阶段的非政府组织。

二、国际间的扩张阶段

这个阶段从20世纪的40年代到20世纪80年代。其中的关键因素，是第二次世界大战对国外非政府组织发展的全面影响。20世纪上半叶前后连续发生的两次世界大战，给人类造成了巨大灾难。但也为非政府组织提供了发展的机会。特别是第二次世界大战结束以后，整个世界的格局发生了变化，各国人民对人类生存的环境、活动的方式、人文关怀的认识也发生了相应变化，并形成了与战争教训相对立的和平、民主、人权、合作、繁荣等新意识。世界一体化进程加快，而且最重要的国际组织——联合国诞生，成为国际事务的核心角色。国际援助、妇女运动、世界和平、人权保护等成为国际性运动的主题，人类历史进入一个新的阶段，非政府组织发展也相应呈现出良好的发展趋势。主要表现以下方面：

1. 非政府组织开始涉足国际事务。为了保障和维护世界和平，1945年，全世界50个国家的282名代表汇聚旧金山召开大会，签署通过《联合国宪章》并宣布成立联合国。宪章第71条规定：联合国"经济暨社会理事会"（ECOSOC，简称经社理事会）作为负责协调经济和社会活动的联合国机构，在提出建议和开展活动时，须与有关非政府组织进行磋商。1952年，经社理事会在其288号决议里，将凡不是根据政府间协议建立的国际组织划归国际非政府组织。在联合国的方针下，非政府组织在第二次世界大战后开始涉足国际事务的舞台。

2. 各种社会团体在战后重建中应运而生。世界大战的危机与萧条过后，迎来全球各国的重新恢复与建设高潮以及社会重组和民族自治运动，从而激发了各种社会组织积极性并提供了机遇。发端于欧美的基于原始的朴素的文化价值的慈善与人道组织，在新时代中，在自我解放、自我保护、民主自治的意识下，在世界各地迅速演变为多种形式的新组织，如妇女组织、产业工人组织、农民组织、社区居民组织、儿童保护组织、青少年组织等。而原来的慈善救助传统也以新的面貌继续活跃在战争以后的恢复与重建当中。1947年，一位名叫卜皮尔的年轻美国人来到战乱中的中国，目睹无数儿童的惨状，回国后于1950年创设了世界宣明会（World Vision），旨在帮助世界各地的穷人，特别是贫困儿童。经过数十年的努力，这个组织的扶贫项目遍及世界89个国家，资助近1亿的穷人摆脱贫困。许多世界著名的慈善救济和扶贫组织，也都是在这个时期诞生的。

3. 人权非政府组织展开工作。鉴于战争对人权的极大践踏，众多的非政府组织由过去对生存状况的关心和保护，发展成为对"人权"的关心和保护，并围绕这个时代主题加强国际间的合作。战后，联合国宪章首次将"人权"一词写入国际文件，并于1946年成立了联合国人权委员会，1948年通过了《世界人权宣言》。在各有关国家和联合国的推动下，人权保护运动走向全球化。1961年，著名的人权非政府组织大赦国际在伦敦成立，以后又相继成立了人权观察、美洲观察等一批国际人权非政府组织，为推动世界人权事业的发展翻开了崭新的一页。

4. 保护和平的非政府组织不断壮大。第二次世界大战后，仍然有局部战争和区域利益冲突，严重威胁着世界和平和人类安全。为了使人类远离战争，避免人类再次相互残杀的危险，世界各国出现了为数众多的民间组织来致力和平保护的事业。在这当中，除了国际红十字会等原有的非政府救助组织继续发挥宣传和倡导的积极作用外，又相继成立了一批为和平而奋斗的新的NGO组织，其中包括反对核武器、反对生物化学武器、反对地雷、反对军备竞赛等反战和平组织，以及对战争灾难的救援组织等。战后成立的和平、反战、人道组织中，最为有影响的一个是20世纪70年代成立的"无国界医生组织"，它由来自各国专业医疗人员志愿组成，旨在为遭受战火和自然灾害之苦的难民提供紧急救助，并公开谴责践踏人权的任何行为。这些组织成为第二次世界大战后国际和平运动中的又一个亮点。

5. 环境保护非政府组织崭露头角。环境问题在第二次世界大战后不久即引起人们的重视。联合国成立不久的 1948 年，一个由政府和非政府组织组成的自然保护机构——国际自然保护联盟(IUCN)在日内瓦成立。伴随战后科技革命所带动的世界范围经济的迅速增长，环境污染和破坏也开始严重起来。于是在这个领域出现越来越多的非政府组织，致力于自然资源和环境保护事业。此后，世界自然保护基金(1961 年)、地球之友(1969 年)、绿色和平组织(1970 年)等著名的环保组织也相继成立。

1972 年，在瑞典首都斯德哥尔摩召开的联合国人类环境大会上，组织了历史上首次由联合国召开的非政府组织国际会议——"环境 NGO 论坛"。来自世界各国的数以千计的非政府组织的代表聚集一起，就日益严重环境问题进行了热烈讨论。这是一次划时代的会议，它不仅标志着非政府组织开始凝聚为一种国际范围内的重要力量，并且形成了一种参与决策的机制。

6. 研究性非政府组织开始形成并发挥作用。这也是二战以后出现的新的组织类型。它们在 NGO 全球化进程中发挥了重要作用。这类组织大多数在美国。其中最著名的有：美国基金会中心(Foundation Center)、美国独立部门(Independent Sector)、亚太经济合作理事会，欧洲基金会中心等。这些组织都是成员组织，但其目的都不仅仅是为了组织的成员，而是着眼于促进全球性非政府组织事业发展的广阔前景。

总的来说，在这个阶段上国外非政府组织的核心趋势就是扩张和国际合作。在世界大战这个人类灾难及其结束这个历史性的事件影响下，在此后几十年当中，非政府组织的发展都呈现出与过去极为不同的若干特征：

第一，其活动领域以国际性议题为主。在漫长的初期自然发展阶段，社会民间组织主要是以人的基本生活需求出发，来开展自发的活动。但第二次世界大战的震撼，使那些关乎人类命运的问题成为人们不得不关注和对待的共同主题。这就导致了在这个阶段中，非政府组织开始走上国际舞台，参与战后重建和社会改革，开展人权保障运动，致力于和平与发展事业，涉足环境与自然资源的保护等新的领域。这是与过去传统的社会民间组织活动相比，出现的一个明显变化。

第二，其活动方式以国际合作为主。由于世界大战是人类经历的共同灾难，而灾难之后的问题又是人类共同的问题，仅仅靠某一个组织甚至是局部的合作都无法解决。比如和平问题、人权问题、环境问题等，都得靠全球各个国家政府和非政府组织的共同携手努力。所以，这个阶段的国外 NGO 组织活动大部分从自然的狭小的活动范围，走向国际化的合作。这是与过去相比出现的又一变化。

第三，其发展已经受到自觉意识的主导。在第二次世界大战之前，不能说人们对民间组织自己的性质和使命完全没有认识，但起码可以说即便有也是比较模糊，有人大概主要将其作为公民社会的一个政治概念来对待，而不会将其与社会事务处理结构联系起来。而在战争之后，情况就不一样了。从 1945 年开始，民间组织活动被联合国正式冠以"非政府组织"的称谓，从此树立了它在国家和国际社会中的形象和地位。而一些专门从事对 NGO 现象的研究并以此促进全球性非政府组织事业发展的组织也开始产生。这些都意味着国外非政府组织的发展已经从自发意识，开始上升到自觉意识的理性高度。这是第三个变化。

第四，其影响已经由地域扩展到全球。由于这个阶段的非政府组织活动，已经得到联合国的正式承认，有了身份；因为所从事的事业大都是人类共同关心的重大主题，因为围绕这些主题的工作，将各类非政府组织引向新的机制和国际范围的联合，因为这些工作实际上给世界上相当多的人口的生活带来了改变，所以，它的影响也相应从传统时代的偏于一寓，而发展到二战以后扩大到全球范围内更大的空间。这是第四个变化。

三、全球普遍发展阶段

这个阶段从 20 世纪 80 年代一直到现在。所谓全球普遍发展，是说非政府组织的生长和发展从以工业化发达国家为主，走向发展中国家的全球景观。

1. 导致 NGO 全球发展的时代因素。这里的因素主要有三个。

（1）全球化对 NGO 全球发展的影响。在当今人类社会所有方面，也包括非政府组织发展的影响因素中，不能不提及全球化。全球化是一个已经至少经历了 500 多年的积累过程，而且还要继续下去。虽然全球化的原初动因是经济的，但发展的结果却大大超出了这个影响范围。就今天来看，"全球化"的特征主要包括四个方面：即全球范围的市场化、全球范围的信息化、全球范围的组织化和全球范围的价值重组。⊖这里所以要把全球化与 NGO 联系起来，是因为在二战以后的以计算机技术和互联网技术为内容的信息技术革命，对于人类生活中时间和空间概念的改变是如此之显著，以至于人们思维的方式和交往的方式为此而发生了巨大改变。"地球村"的预测正日益成为一个现实，使比较之下的人文价值选择与追求成为可能。从 20 世纪 80 年代互联网的普及开始，全球化以前所未有的规模和速度改变着世界的生活，改变着人类的交往方式，对 NGO 发展形成了一定的影响。

（2）世界性公共行政改革的影响。首先是，从 20 世纪 80 年代开始，逐渐形成了一个声势浩大、方兴未艾的全球行政改革浪潮，即公共管理运动。它是在对全能主义政府管理弊端的反思，在对新自由主义社会实践的怀疑基础上，进行的一种介乎中间价值的社会治理方式的选择。英国前首相布莱尔在英国强调"第三条道路"，德国前总理施罗德在德国强调"新型中间道路"，法国前总理若斯潘强调"走向市场经济，但不是走向市场社会"，都是这种选择的反应。于是，非政府组织由于它们在市场和国家之外的独特地位而备受人们关注。从而为"全球结社革命"的出现准备了基础。无论是哪个政府，在职能改革和国有机构私有化中，都需要选择可以承接这些公共职能的民间机构。

其次，产业结构和产业形态的转变，也促成了 NGO 队伍的扩张。知识经济使传统产业式微，最适宜 NGO 发挥作用的服务业获得扩展，志愿投入时间和精力为 NGO 服务的公民越来越多。人们在志愿工作中看到了通往成就、效能、自我实现，以及通往实现公民权的途径。

再次，全球化进程的加快，致使公共事务、公共行动的舞台越来越大。在这个舞台中，NGO 由于组成网络和利用传媒的能力相对较强，而且所讨论和实践的主题如可持续发展、消除贫困、环境保护、儿童保护、妇女保健等，都是各国政府和人民共同关心的问题，因而非政府组织以其重要的存在价值使自己的社会地位得到加强。

（3）发达国家 NGO 组织对发展中国家的援助。由于许多现代问题的解决超出国界，成为关系所有国家人民利益的共同问题，因而，国际社会尤其是发达国家政府和非政府组织都

⊖　"全球化"（globalization）一词系由美国学者布拉温·戴维斯在其 1944 年出版的《全球民主：科学人文主义及其应用哲学导论》一书中首先使用。作者在第 225 页这样说："不但科学，就连宗教、政治和经济，也必须社会化、人文化和普遍化，简言之，全球化。"参阅马庆钰. 全球化的四个纬度[J].《经济学消息报》，2001 年 7 月 6 日.

主动选择国际间合作与援助途径。比如发达国家的许多基金会，将发展中国家作为自己的工作重点，资助当地政府和有关机构制定发展计划，通过与本土民间组织的合作，来实现带有国际性主题的组织使命。

2. 发展中国家非政府组织的发展。由于主客观因素的促进，非政府组织在亚洲、非洲和拉丁美洲发展中国家的成长已成为公认的事实。在菲律宾，从 1984～1993 年，登记的非政府组织的数量增长了 148%，达到 58000 个。在肯尼亚，NGO 数量在 1978～1987 年间增长了 184%。到 20 世纪 90 年代初，巴西已有大约 110000 个非政府组织，印度位居第二，超过 100000 个。东欧国家 1989 年旧体制的垮台，导致第三部门获得了空前的发展。1992 年，波兰有几千个基金会在政府登记注册。匈牙利在 1992 年中有 6000 个基金会和 11000 个社团注册。中国的 NGO 组织在 20 世纪 90 年代也有了明显的发展。在马来西亚、菲律宾、印度等国，政府部门已经正式地与非政府组织建立联系了。例如，印度政府号召非政府组织通过组织互惠团体帮助穷人建立一支抗衡贫困的力量。20 世纪 90 年代，大约有 15000～20000 个非政府组织积极参与了农村的发展。在菲律宾，1993 年，拉莫斯总统要求与商业界、劳动界以及非政府组织达成战略联盟，以便推翻旧的经济秩序，并已经在土地改革、环境与自然保护和医疗保险、计划生育等方面尝试政府与非政府组织合作。在智利，政府的土地开发研究所通过与非政府组织的合作，使政府为农民提供技术资助和其他资助的原计划的效益整整翻了 4 倍。印度非政府组织一年的收入是 100 万卢比，相当于政府反贫困支出的 10%。这些收入中，大量是从国际 NPO 以及双边和多边援助中得来的。

发展中国家 NGO 的特点，一是往往将发展经济，摆脱贫困作为组织的目标；二是往往以社区作为自己活动的主要空间；三是往往与当地政府保持一定的关系。例如，印尼最大的非政府组织"社区自立发展机构"，到 20 世纪 80 年代末，已经直接或间接组织了 17000 个地方集团，从而加强了地方社区的自治性。不过，这些地方集团都与当地政府有着联系。类似的组织在印度叫做"福利与觉醒行动"，到 20 世纪 80 年代末为止，已经建立了近 2000 个农村组织，还动员了一支 25000 人的志愿者力量，对当地的土地主利益提出了挑战。⊖

3. "全球结社革命"时代的到来。约翰·霍普金斯非营利部门国际比较课题的研究人员，在 1990～1999 年分两个阶段对西欧、中欧、亚洲、拉丁美洲和北美洲的 42 个国家进行了大规模的调查。结果证实了伴随全球化、民主化和全球行政改革浪潮，的确存在一个"全球结社革命"或者"全球公民社会"的到来。这项调查研究获得了以下几个结论：⊖

（1）在世界上几乎所有的国家里，都存在非政府部门。它在国家的就业和支出中占有重要地位，形成了一支经济力量。根据 1995 年对 22 个国家的调查，即使排除了宗教团体，这些国家的非政府部门仍是一个高达 1.1 万亿美元的产业，雇用了近 1900 万名全职工作人员，其平均规模大约是：占各国 GDP 的 4.6%，占非农就业人口的 5%，占服务业就业人口的 10%，占所有公共部门就业的 27%。而如果包括志愿者，那么这些国家的非政府部门的就业平均占非农就业人口的 7%、服务业就业人口的 14% 和公共部门就业总数的 41%。

（2）第三部门在不同国家间的发展是不平衡的。从正式员工的规模来看，比重高的如

⊖ 杰拉德·克拉克. 发展中世界的非政府组织与政治. 治理与善治. 北京：社科文献出版社，2001：296.

⊖ ［美］莱斯特·萨拉蒙等. 全球公民社会——非营利部门视界［M］. 贾西津，魏玉等译. 北京：社会科学文献出版社，2002：9～37.

荷兰、爱尔兰、比利时等均占到非农就业人口的 10% 以上，低的如墨西哥、罗马尼亚、斯洛文尼亚等均不到 1%，美国、英国、日本分别为 7.8%、6.2% 和 3.5%。此外，在第三部门还有大量的志愿者，其规模大约占到该部门总就业人数的 1/3，其中西欧和拉美要略高于其他地区。

（3）在第三部门中，各个不同领域的发展是不平衡的。从就业比重来看，在美国、日本、澳大利亚和爱尔兰，最发达的三个领域依次是：保健（35%）、教育（29%）和社会服务（15%）；在西欧，这三个领域的次序为教育（28%）、社会服务（27%）和保健（22%）；在拉美则为教育（44%）、专业服务（12%）和保健（12%）；而在中欧国家，这个次序为文化休闲（35%）、教育（18%）和社会服务（12%）。

（4）从第三部门的资金来源看，占比重最大的是服务收费（49%），其次为来自政府的各种资助（40%），最低的是各种慈善所得（11%）。服务收费占比重较大的领域是专业服务（88%）、文化休闲（65%）和发展领域（52%）。政府资助占比重较大的领域是保健（55%）、教育（47%）和社会服务（45%）。

4. 非政府组织发展不平衡的原因。虽然非政府部门在这个阶段成为全球性的存在，但它在世界各地的发展很不平衡。其中一些规律性的原因是：

第一，政权性质。在带有传统色彩的管理制度中，政府对非政府组织往往持敌视的态度，因而就使 NGO 发展受阻；而在民主制度中，情况就会有所不同。这明显反映在一些政权性质发生过变革的国家中，如匈牙利、波兰等国家在集权时期，非政府部门规模非常小，而在政权改变之后则呈现迅速的增长。

第二，法律制度。在制度性质相同的国家，由于法律制度的不同，非政府部门的发展状况也很不一样。如在实行普通法的英国和美国，非政府部门规模比较大。普通法的判例性质，给民间组织的发展留下了很大空间；而大陆法的国家，如法国、德国的非政府部门规模就比较小。这是因为大陆法作为成文法，明确规定了组织发展的规则和框架，这样就在客观上限制了它们的发展。

第三，发展程度。既包括经济增长，也包括社会机构的多元化。社会越多元化，非政府组织的社会基础就越广。尤其是中等收入水平阶层的出现，对社会非政府部门的事业基础有显著意义。

第四，社会异质化程度。由于在高度异质性的社会，人群会因为文化、习惯、宗教、种族、语言、职业分工等的不同，而容易形成相互适应相互依赖的不同的社会组织。

第五，宗教慈善传统。有些宗教注重慈善捐赠，做善事，不仅给非政府事业提供更多的资源，且自身行动也有社会示范作用。比较起来，有宗教慈善文化传统的地方，NGO 的发展，要比缺少这种氛围的地方要好得多。⊖

第三节　非政府组织的国际事务参与

各类非政府组织的国际事务参与是和联合国体系连在一起的。早在 1945 年签订的联合

⊖ 王绍光. 多元与统一：第三部门国际比较研究[M]. 杭州：浙江人民出版社，1999：419～423.

国宪章中，就规定了一个关于联合国经济暨社会理事会（ECOSOC）与NGO之间的联系框架。宪章第 71 条规定：经社理事会得采取适当办法，与各种非政府间组织会商有关理事会职权范围内之事项。

一、国际非政府组织

伴随全球化的发展，非政府组织的国际化作用迅速扩大。有些困难和矛盾的解决超出了国家能力的范畴，而通过订立正式条约的途径又往往程序复杂。因而联合国倡导通过国际非政府组织介入的方式，来处理相应的国际问题，作为对联合国和国际条约功能的补充。

国际 NGO(INGO) 的定义由 1950 年 2 月 27 日 ECOSOC 的 288 号决议首次提出。它是指不通过订立国际条约的方式而成立的国际组织。国际非政府组织必须具备的基本条件，包括非营利、非暴力、非政党、非经政府间的协议而设立、以及不刻意干涉某国的内政。除此而外的具体标准是：1）该组织应具有国际性的目标；2）该组织会员中应至少有来自三个以上国家的个人或团体会员并拥有该组织内的完全投票权；3）该组织有既定的章程且其理事会成员由会员定期选举产生，该组织有固定的办公场所；4）该组织的理事会成员在一定期间内可由同一国家的公民担任，但在一定期限之后必须实行轮流制；5）该组织活动资金的主体部分应来自三个以上的国家；6）当该组织与其他组织建立隶属关系时，仍始终能开展独立活动且在其理事会中享有独立的席位；7）该组织开展的活动应是持续的。

二、具有咨商地位的非政府组织

经社理事会 1968 年通过理事会与国际非政府组织之咨询办法的第 1296 号决议，决议规定：具备一定条件经申请并得到联合国认可的非政府组织，有资格参加联合国经社理事会或其他相关国际会议，可提交提案、发言或者提交相应文件，从而获得相应的咨商地位而成为国际非政府组织。1996 年，联合国经社理事会通过了当年第 31 号决议，对 1968 年的决议作了一定的修改和补充，主要是扩大了对非政府组织的承认范围，允许各个国家和地区以及地方的非政府组织以自身的名义参加经社理事会的会议并发表意见，从而进一步扩大了非政府组织的参与平台。联合国在当今的政策是，鼓励国际的、国家的以及地方的各类 NGO 组织参与到国际事务的协商管理当中来。

在联合国经社理事会中，专门设有一个非政府组织委员会（Committee On NGOs），负责审核接纳非政府组织，认可它们在联合国的咨商地位。该委员会有权要求前来注册的非政府组织提交书面陈述和相应的书面材料，以及它们的预算和资金来源报告。申请注册联合国咨商地位的非政府组织，必须遵从联合国宪章的精神和原则，积极致力于有关国际问题的解决。同时，作为必要条件，一国的非政府组织要申请联合国咨商地位，须得到该国政府的同意，且该国政府须在联合国享有席位。具有联合国咨商地位的非政府组织，包括以下三类：

第一类：一般咨商地位。与经社理事会至少一半以上的活动有关，能够在总体上参与咨商并拥有具有相当广泛代表性的国际非政府组织。经社理事会对这类非政府组织能够进行一般问题的咨询，它们拥有提案权，能够出席经社理事会的所有会议并发言，能提交建议书。这类组织数量极为有限，在 1998 年时共有 41 个，其中包括国际红十字会(LRCS)、联合国协会(WFUNA)、国际商工联盟(ICO)等。

第二类：专门咨商地位。与经社理事会的一部分活动有关，能够在某一特定的领域参与咨商并且是国际上相当知名的非政府组织。经社理事会对这类非政府组织能够进行专门问题的咨询，它们能够出席经社理事会召开的有关会议并发言，能提交建议书。这类组织在

1998 年时共有 354 个，其中包括大赦国际、基督教青年会等。

第三类：注册咨商地位。是在经社理事会进行注册登记，并在必要时能够对经社理事会或其下属机构以及联合国其他机构提供必要咨询的非政府组织。这类组织并不能出席经社理事会所召开的一般会议，而在联合国讨论与其专业相关的问题时才可出席会议并提交建议书。这类组织在 1998 年时共有 533 个，其中包括中国的全国残疾人联合会、日本创价学会、亚洲太平洋青年联盟等。

联合国成立不久的 1948 年，联合国经社理事会给予 41 个国际非政府组织以咨商地位。1998 年这个数字增加到 1350 个。到 2002 年前后，全球范围内有约 2000 家 NGO 获得了这种地位。到 2004 年为止，我国在联合国享有咨商地位的组织主要有：中国联合国协会、中华全国妇女联合会、中国残疾人联合会、中国人权研究会、中国人民对外友好协会、中国光彩事业促进会、中国女企业家协会。

三、非政府组织的国际事务参与机制

各类非政府组织在国际决策事务中的主要参与机制，是在联合国召开国际会议的同时同地，召开同主题的非政府组织国际论坛。这种机制创始于 1972 年在斯德哥尔摩召开的联合国人类环境大会，后来成为惯例。如 1992 年里约热内卢的环境与发展大会，1994 年开罗的人口与发展大会，1995 年哥本哈根的社会发展大会，1995 年北京的世界妇女大会，1996 年伊斯坦布尔的第二次人居会议以及 2002 年 8 月在南非约翰内斯堡召开的新的环境与发展大会等。

1992 年 6 月，在巴西的里约热内卢召开了联合国环境与发展大会。170 个国家的代表团参加了会议，有 110 多位国家元首或政府首脑出席了会议。这次会议通过了《里约环境与发展宣言》（里约宣言）和《21 世纪议程》两个纲领性文件及《关于森林问题的原则声明》，并签署了《气候变化框架公约》和《生物多样性公约》。在整个会议的议程中和所有这些会议文件的起草过程中，都留下了非政府组织努力的印迹。来自全世界 165 个国家的 3 万多名非政府组织的代表出席了同时同地召开的全球非政府组织论坛，其中具有联合国咨商地位的 500 家国际非政府组织不仅参加了同期召开的规模浩大的全球非政府组织论坛，也自始至终参加了联合国环发大会及其筹备会议，对会议起草的所有文件施加了影响。各国非政府组织经过深入研讨，发表了全球非政府组织的共同行动条约——《地球宪章》。

除上述参与机制外，联合国体系内许多机构都设有与非政府组织联系与合作的专门机制，非政府组织通过这些机制，积极参与并影响着国际事务的决策。

第四章 中国非政府组织的发展

与世界上多数国家相比，中国非政府组织的发展有比较大的差距。因文化观念和制度环境所限，无论规模、规范、作用、影响，都一直处于比较初级的水平。但因为人类慈善、互助、自主、交往的共性，中国历史上也不乏民间结社的悠久传统。它与不同时代相结合，体现各不相同的面貌特征。经过漫长起伏波折的历史过程，非政府组织在20世纪80年代我国开放改革新时期到来以后，才又获得新机遇，得到新发展。但以规范标准衡量，其中仍然有诸多问题和矛盾需要解决，不断改革与完善将是中国非政府组织繁荣与发展的必经之道。本章主要从历史、现状、改革三个方面来介绍我国非政府组织的发展。

第一节 中国非政府组织的历史轨迹

在中国的文化传统中，也同样具有人类共有的交往、互助、慈善、自主、自由的追求和向往。因为社会公益等各种目的而结社成盟也不鲜见。先秦、战国之"会党"，东汉之"朋党"，宋代之"合会"、"义仓"、"义社"，明代之读书社、博雅会、经济会，一直到清末之"善堂"、"善会"以及志学会、教育会、公法学会、南学会、强学会等，都具有非政府组织的某些性质。到20世纪上半叶，在错综复杂、波澜壮阔的争取民族独立与自决的反帝反封建斗争中，民间形形色色各类结社此起彼伏，活跃异常。1949年以后的30年当中，囿于认识偏见和制度局限，民间组织受到抑制和排斥。直至20世纪80年代开放改革新时期的到来，我国民间社会组织才获得新的发展时机。

关于中国非政府组织这段绵长历史的阶段划分尚没有一致的结论。有的教科书将我国现代历史上的民间组织发展划分为三段，[一]有的研究则是将1949年以后的民间组织发展划分为四段，[二]本教程采用第一个方法，主要考察19世纪末20世纪初以来非政府组织发展情况，并根据实际情况，将其划分为跌宕起伏时期、低迷中断时期、引导发展时期这样三个阶段。

一、跌宕起伏时期

这个时期主要反映的是20世纪上半叶我国民间组织的总体状况。在传统中国，主要存在的是以家族和血缘关系为基础的初级社团，绝大多数情况下这类社团都与现代标准相去甚远。根据研究，[三]1895年9月康有为在北京发起成立的改良派团体——强学会，一般被认为是中国历史上第一个接近现代意义的社团。强学会仅仅生存了5个月，1896年1月被清政府取缔。但强学会的被禁却在知识分子当中掀起了一轮创建学会的热潮。接下的两年迎来了

⊖ 王名. 非营利组织管理概论[M]. 北京：中国人民大学出版社，2002：41~42.

⊜ 邓国胜. 1995年以来中国NGO的变化与发展趋势[A]. 范丽珠. 全球华下社会变迁与非政府组织[C]. 上海：上海人民出版社，2003：287~302.

⊜ 20世纪上半叶中国民间团体情况参阅王绍光和何建宇的文章《中国的社团革命》，载《浙江学刊》第149期，2004年11月。

中国现代历史上第一波结社潮。两年间共成立了 63 个类似的团体。

20 世纪的头 10 年中，志愿团体开始激增。台湾学者的研究⊖找到了成立于 1899 ~ 1909 年间的 733 个社团，其中包括 85 个改良性社团、65 个革命性社团、265 个商业社团、103 个教育社团、65 个学术社团、50 个外交社团、17 个文化社团和 83 个其他类型的社团。因为早期社团一般都很脆弱、短命，这时期任何时点上，社团总数都少于 733 个。

1911 年清王朝被推翻，中华民国建立。政治变革催化了另一波结社潮。在一年左右的时间里，全国就出现了近 700 个政治组织。稍后，商业社团也开始迅速发展。根据现在找到的数据，在 1912 年仅有 57 家商会，但到 1915 年增长到 1242 家。1916 年袁世凯之后，接下来的政治混乱和军阀混战暂时中断了社团发展。然而，在 1919 年五四运动发生，中国又开始了新的一轮结社运动。在 1920 ~ 1923 年间，成百上千个青年团体、学会、文学俱乐部和互助合作社等在各大城市出现，大学生和教授在结社中尤为积极。

20 世纪 20 年代中期，为了获得广泛政治支持，反对共同的对手——军阀和土豪劣绅，国民党和新成立的共产党都花了大量力气组建工会和农会。到 1927 年两党决裂前后，中国已经建立了 700 个工会，拥有 200 万会员，22000 个农会，拥有 9153093 个会员。国共分裂后，两党分别控制自己的工人和农民组织。南京政府宣称到 1938 年全国有 33000 个基层农民组织，拥有会员 34681000 人。

从 1937 ~ 1945 年的八年抗战时期，大部分国土沦陷。国民党政府迁都重庆。1942 年，国民党政府颁布《非常时期人民团体组织法》，规定社团必须在政府进行登记。当年登记团体共有 17250 个。两年后的 1944 年，登记数量达到了 26126 个。当然，日占区的社团并没有计算在内。全国的实际数据无从得知。1945 年日本投降后，即开始三年半的内战，直到 1949 年新中国成立，这期间社团数量也无法获得。

根据现有资料，这个时期的民间结社和互助组织至少包括了这样六类：⊖

第一类是行业协会。包括各种"会馆"、"行会"等，它们是由传统的手工业者、早期工商业者等组成的维护行业利益和行业秩序的民间非营利组织。其中一部分是传统商会、行会的延续，另一部分是伴随民族工商业的兴起而发展起来的新型行业组织。

第二类是互助与慈善组织。包括各种"互助会"、"合作社"、"协会"、"慈善堂"、"育婴堂"等，其中一部分是中国传统的互助组织和慈善组织的延续，另一部分则主要由外国传教士所建。

第三类是学术性组织。包括各种"学会"、"研究会"、"学社"、"书院"等，其中一部分产生于清末洋务运动时期，是思想启蒙和西学东渐的产物；另一部分产生于 20 世纪 20 ~ 30 年代，是五四运动和新文化运动的产物。

第四类是政治性组织。如学联、工会、妇联、青年团等，还有在抗战期间兴起的各种战地服务组织、救国会等，这类组织一般都具有很强的政治色彩。

第五类是娱乐性组织。如各种剧团、剧社、文工团、棋会、画社等，主要由文艺界人士创设。

⊖ 张玉法. 清季的立宪团体. 台北：中央研究院近代史研究所，1971：90 ~ 148.

⊖ 参阅贾西津的文章《历史上的民间组织与中国"社会"分析》，载《甘肃行政学院学报》2005 年 3 期。

第六类是"会党"或秘密结社。如哥老会、洪帮、青帮等，这类组织往往带有反政府的倾向，其中一部分为革命党人所利用。

在对民间组织管理方面，国民党政府曾于1932年10月公布过一部名为《修正民众团体组织方案》的法规。这大概是中国历史上第一部有关非政府组织的专门法规。此后，中国共产党领导的边区政府也曾于1942年颁布过《陕甘宁边区民众团体组织纲要》以及《陕甘宁边区民众团体登记办法》。

二、低迷中断时期

这个阶段包括从1949年到"文化大革命"结束之间大约30年的历史。

1949年新政权成立以后，国家政府根据自己的管理理念，对当时的民间结社组织进行了大规模清理整顿。这次政治行动大致持续了几年时间。在这个过程中，有两个措施对民间组织的发展带来了重大影响：

一个是"取缔"措施。将一部分不利于新政权稳固的民间组织解散。但其中既包括一大批封建组织，包括会党和一些政治团体，也包括一些互助组织和慈善组织，还有一大批宗教性的组织。另一个是"改造"措施。一些政治倾向明显的团体被定义为"民主党派"，转化为政党组织，如中国民主同盟、九三学社等。经过新政权清理以后，全国性社团组织在解放初期是44个，实际上，社团数字在这个时候已经没有什么实质意义。因为所有组织都已经带有浓厚的一致的政治色彩。如共青团、妇女联合会、工会、学联、侨联等组织，实际上是执行着国家机关的职能。这与非政府组织的性质是不相吻合的。

这个时期在立法上，曾经于1950年9月制定了《社会团体登记暂行办法》，采取类举法对社会团体进行了定义，规定了社会团体的登记管理办法以及相应的原则。1956年之后，社团事务不再由单个的政府部门统一管理。实际上，几乎所有党政机关（如文化部、国家体委、国家科学技术委员会、中国科学院以及宣传部门）都参与社团管理，每个部门都负责与自己业务相关的社团。社团无需集中登记注册。在此后国家局面比较平和的20世纪60年代中期，民间社会组织出现过一个发展迹象。社团数字1965年增加到100个；地方性社团增加到6000多个。

随即1966年"文化大革命"发生，在此后的10年当中，不仅原来意义上的民间社团的生长彻底中断，就连原有的那些不具有非政府组织性质的组织，也受到致命打击。"文革"前期遍布全国的"红卫兵"组织从性质上看，更是与非政府组织风马牛不相及。

三、引导发展时期

这个阶段从开放改革开始一直到今天。从过程状况看，这个时期可以说是总体发展，局部起伏。因此又有比较明显的"三个增长波"。

第一个增长波形成于"文革"结束到1989年之间，出现了非政府组织由恢复到迸发的长波。结束"文革"，国家进入开放改革开始。在拨乱反正、思想解放的新氛围当中，我国的民间社会组织获得了生机。在整个20世纪80年代，民间组织都出现了前所未有的活跃局面。先是恢复，接着是发展，社会团体数量增长速度呈现出空前势头。如浙江省萧山市社会团体在1978~1990年的12年间，数量增长了近24倍。萧山市的情况从一个局部反映了20世纪80年代全国社会团体的发展。当1989年民政部承担起社团管理职责时，据估计当时共有1600家全国性社团和20万家地方性社团。说明在这一时期，随着经济发展和社会政治环境变得较为宽松，中国的社会团体也有了一个良好的生长环境。

另一个变化是出现了针对民间组织的管理法规体系。1988 年 8 月和 1989 年 6 月，国务院先后公布了《基金会管理办法》和《外国商会管理暂行规定》。1989 年 10 月，国务院公布了《社会团体登记管理条例》。该条例共 6 章 32 条，是新中国成立后的第二部社会团体法规。目的是想将中国民间组织的宏观管理逐步纳入法制化的轨道。

条例委托民政部门作为惟一的登记注册机关。除了个别例外，所有民间社团必须在各级民政部门登记注册。为了注册，社团必须先找到一个政府机构作为业务主管单位。否则，就必须自行解散。双重管理体制便于国家控制社团的发展，但是也成为自下而上发起的社团登记注册的一大障碍。依据该条例在 1989～1991 年进行的社团清理整顿当中，大量社团无法找到业务主管单位。结果，注册社团总数从 1989 年 20 万家左右跌到了 1991 年的 11 万家。

第二个增长波是从 1991～1996 年，出现了我国民间组织发展的又一个长波。进入 20 世纪 90 年代以后的七八年间，中国经历了倒退与进步、保守与改革的较量。首先是 1992 年，邓小平南方重要谈话，影响我国政府摆脱了"姓资姓社"的羁绊，确立了朝向社会主义市场经济体制的路线，接着是在 1997 年召开的中共十五大，打破了"姓公姓私"的窠臼，实现了经济体制改革与现代企业制度建设的结合。市场经济体制改革的环境，使民间获得的自主资源相对增加，使民众获得的自由活动空间也越来越大。因而成为我国非政府组织再次活跃起来的环境条件。

此间的 1995 年，世界妇女大会在北京召开。我国很多人民团体、社会团体、学者和政府官员参加了大会的"非政府组织论坛"。这是我国首次有众多人员直接面对 NGO，参加 NGO，了解 NGO。会上，我国的有关组织机构与其中一些非政府组织进行了沟通，特别是与一些资助型的国外 NGO 建立了联系。这次大会的召开及媒体的报道不仅在中国推介了 NGO 的概念，传播了 NGO 的知识和价值，而且引发了一些人创办类似于国外 NGO 组织或对传统社团进行变革的冲动。世界妇女大会就成为一种适逢其时的催化剂。

与此同时，1995 年之后，除境外 NGO、联合国体系增大对我国发育中的 NGO 的资助力度外，发达国家的海外开发援助机构（ODA）和国际金融组织也开始参与援助我国草根组织，为它们提供了资金方面的支持。这也成为第三个高潮的外部因素。

正是因为这些因素的综合影响，刺激我国民间社会团体在 20 世纪 90 年代中期出现了一个新的发展高潮。公民个人以及其他社会力量投资兴办学校、医疗机构、社会福利机构、研究机构等非营利性社会服务组织的积极性迅速高涨。社会团体在 1991 年是 11 万家，到 1996 年，这个数字达到了 186666 家，仅低于 1989 年 20 万家的峰值。然而，随着法轮功事件的发生，民间社团活动出现第二次衰减。

第三个增长波是从 1997 年以后。出现了我国民间组织发展的又一个长波。法轮功事件后，我国政府对社团监督管理趋于更加严格。那些不能通过年检的组织停止活动。1998 年，国务院修改《社会团体登记管理条例》，新条例提高了注册资金门槛，并且要求业务主管部门对所属社团的行为担负起全面责任。这些措施导致了 1996～2001 年间注册社团数量的又一次下降。1997 年减少到 18 万个，1998 年减少到 16.6 万个，1999 年减少到 13.7 万个，2000 年减少到 13.1 万个，谷底在 2001 年，是 12.9 万个。但下降趋势很快又被扭转。从 2002 年开始，再次出现了持续增长的局面。到 2003 年底，中国共有 142000 家注册社团。

"民办非企业单位"的出现，是这个时期的新特点。它伴随我国市场经济体制而逐年发展，成为我国民间社会的新因素。这类新民间组织在 1999 年是 6000 个，2000 年增加到

2.3 万个，2002 年增加到 11.1 万个，2004 年增加到 13.5 万个。

发生在开放改革时期的上述三个民间社会团体的发展曲折和高潮，可以从下图得到直观反应。⊖

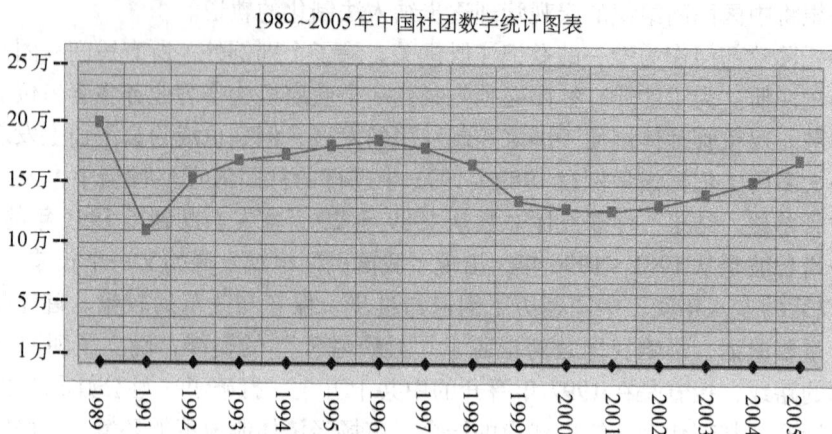

1989~2005 年中国社团数字统计图表

第二节　中国非政府组织发展与管理现状

在开放改革开始以后的时期中，得益于建国以来从未有过的社会持续进步和宽松的环境，我国民间非营利组织的规模和影响都在迅速扩大，在社会管理和公共服务中的作用也日益明显。但是以规范标准衡量，仍然存在阻碍非政府组织健康发展的各种矛盾和问题。

一、发展与管理的现状

（一）非政府组织的发展现状

在我国，政府主管部门将非政府组织称作"民间组织"。它包含了社会团体、民办非企业单位和基金会三类组织。1980 年以后，我国民间组织发展比较稳定，初步形成了门类齐全、层次有序、覆盖广泛、作用明显的民间组织体系。1989 年在民政部门登记的民间组织只有 4446 个，2005 年底，全国有民间组织 32 万个，包括社会团体 17.1 万个，民办非企业单位 14.8 万个，基金会 975 个。

截止 2006 年底，全国各类民间组织增加到 34.6 万个，其中社团 18.6 万个，比上年增长 8.8%；民办非企业单位 15.9 万个，比上年增长 7.4%；基金会 1138 个，比上年增长 13.9%。

这些组织的服务与影响范围涉及教育、科技、文化、卫生、劳动、民政、体育、社区、环保、公益、慈善、农村专业经济等社会生活的各个领域，成为我国构建社会主义和谐社会的重要力量。

但是值得关注的是，这个来自于政府登记管理部门的数字远远不是我国当前民间组织的全貌。在不包括 79947 个城市社区居委会和 62.9 万个村委会的情况下（2005 年底），在剔除参加中国人民政治协商会议的 8 个人民团体系统的组织、由国务院机构编制机关核定并经国务院批准的 25 个免予登记的组织、以及各机关团体企事业单位内部经本单位批准成立和内部活动组织的前提下，人们普遍估计还存在大量未在民间组织部门登记注册的非政府组织。这些

⊖　根据 1989～2005 年我国历年民政事业发展报告和民政统计年鉴数据制作。

"法外组织"，包括了通过工商注册的非营利组织、单位挂靠社团、农业经济合作组织、农村和城市社区的其他公益或互益组织等，它们的详细数据因没有确切统计而无法获得。

在此之外，还有为数众多的境外在我国大陆的非政府组织。这些组织在改革开放开始后陆续来到我国，与国内民间组织一道从事公益事业等各类活动，在农业生产，改善基本生活条件，帮助农民创收，社区发展，医疗卫生，扶助贫困，环境资源保护，基础和职业教育，机构能力建设，实用技术培训，紧急救灾及灾后重建，妇女权力等方面做了大量工作。长期以来，这些海外在华组织一直想通过管理登记手续，获得被认可的身份。但由于我国法规制度设计方面的原因，迄今也未能获得"浮出水面"的机会。根据民政部的口径，境外在我国大陆的非政府组织为2000家左右。清华大学NGO研究所提供的数据是，到2006年，境外在我国大陆的社团数目大约6000家左右，其中资助机构2000家，项目机构1000家，商会行业协会2500家，宗教社团1000多家。因没有办法获得确切统计，以上两组数据都仅为参考。

境外在我国大陆的非政府组织的组织类型有4种：国际非政府组织；跨国非政府组织；中介非政府组织；对华非政府组织。获得联合国咨商地位的非政府组织，属于国际非政府组织的类型；某国非政府组织的在华活动据点或代表机构，属于跨国非政府组织；中介非政府组织是某个非政府组织的中介或委托机构；对华非政府组织则是专为开展某项活动而成立的项目非政府组织。

他们在中国主要的活动类型有5种：资助型；合作型；网络型；本土型；互益型。资助型主要是提供资金援助；合作型主要与当地非政府组织或党政机关合作开展项目；网络型是以构建区域化乃至全国性资源网络体系为特征；本土型则是以培育当地组织或依托本土组织开展活动为特征；互益型是一些长期生活工作在我国境内的人员，大约有90000人，自发成立互益性组织，举办自己的学校和成立自己的互助组织。由丁我国登记法规方面的限制，所有上述组织基本没有获得正式身份。

（二）非政府组织的能力与作用

开放改革以后，尤其是在1992年确立市场经济体制的目标，和1995年"世界妇女大会"召开以后，我国非政府组织的力量得到增强，社会作用明显。这主要体现在以下几个方面：

1. 由凤毛麟角到群雄并起。在此之前，中国非政府组织中较为有影响的可谓凤毛麟角。在此之后，中国的NGO出现了群雄并起的局面。在官方背景的非政府组织中，如中国扶贫基金会、中国儿童少年基金会、中华慈善总会、中国人口福利基金会等组织迅速崛起，一些组织的年筹款额度已经由1995年前的不到1000万迅速增长到5000万以上；而民间非政府组织中，"地球村"、"北大妇女法律研究与服务中心"、"陕西省妇女婚姻家庭研究会"、"农家女百事通"等一大批民间组织，也从默默无闻变得日益活跃。

2. 由单打独奏到沟通联合。它们合作的形式：一是同行之间合作，例如，"自然之友"与"绿色之友"合作开展美境行动项目；二是跨领域非政府组织之间的合作，如中华慈善总会与中国民促会等几家单位联合召开国际会议；三是民间NGO与有官方与背景的NGO开展合作，如中国青少年发展基金会与"自然之友"合作的绿色学校项目、"地球村"与中国民促会等6家单位联合开展的"2000年地球日"活动等。交流与合作的原因不仅与现代信息技术的进步有关，更与非政府组织在发展过程中面临许多共同的问题、需要整合资源和降低成本有关，形成合力，增强与政府、企业、捐赠机构讨价还价的能力也是其中的一个因素。

3. 由随意而为到战略行动。在初期，很多非政府组织开展的活动琐碎，出手随意，缺乏规划。随着与境外 NGO 交流的增多，中国的这类组织开始引入境外的项目管理模式，建立了形象与品牌意识。在一些境外机构的帮助下，有少数非政府组织开始探讨和制定组织的发展战略，有的请境外机构帮助组织进行组织能力的评估和培训。这些新的动向意味着中国 NGO 能力意识进入了一个新的阶段。这个正规化的苗头与境外机构的帮助很有关系。近年来一些国外非政府组织和世界银行都非常关注中国这类组织的能力建设，并给予了大力资助。而中国非政府组织之间的竞争，中国非政府组织与某些境外非政府组织之间的竞争也迫使他们不得不尽快提升组织的核心竞争力。

4. 社会作用和影响逐渐扩大。根据清华大学 NGO 研究所于 2000 年开展的问卷调研的结果，[⊖] 非政府组织在我国社会、经济生活中的分布已经相当广泛，涉及活动包括：文化、艺术、体育、健身、娱乐、俱乐部、民办中小学、民办大学、职业教育、调查研究、医院、康复中心、养老院、心理咨询、社会服务、防灾救灾、扶贫、环境保护、动物保护、社区发展、物业管理、就业与再就业服务、政策咨询、法律咨询与服务、基金会、志愿者协会、国际交流、国际援助、宗教团体、行业协会、学会等。其中的主要活动领域依次是：社会服务（44.63%），调查、研究（42.51%），行业协会、学会（39.99%），文化、艺术（34.62%），法律咨询与服务（24.54%），政策咨询（21.88%），扶贫（20.95%）。

以扶贫开发领域和环境保护领域为例，可以看到我国非政府组织的迅速发展和日益活跃。在扶贫开发领域里，比较著名的非政府组织有：中国扶贫基金会、中国国际民间组织合作促进会、中国人口福利基金会、中国计划生育协会、中国青少年发展基金会、中华慈善总会、农家女实用技能培训学校、爱德基金会、世界宣明会、香港乐施会、救助儿童会、HPI（国际小母牛项目组织）、四川农村发展组织等。这些组织通过生存扶贫、技术扶贫、教育扶贫、合作扶贫、文化扶贫、实物扶贫等活动，为减轻落后地区人群的贫困做出了积极贡献。

而在环境保护领域，也同样成长起来一大批非政府组织。其中较为著名的有：自然之友北京地球村，绿家园志愿者，北京环境志愿者网络，中国小动物保护协会，中华环保基金会，北京环保基金会，中国野生动物保护协会，北京野生动物保护协会，中国绿化基金会，中国环保产业学会，北京环保产业协会，中国植物学会，中国自然资源学会，中国环境科学学会，上海市青少年环境爱好者协会，污染受害者法律帮助中心，辽宁盘锦黑嘴鸥保护协会等。长期以来，它们执著不懈地进行环境意识的普及教育和宣传、推动环境保护领域的公众参与、对环境保护资助和募捐、实施围绕环保项目、组织环保科研、推广环保产品、促进环保国际交流、以及对环境污染受害者的援助等多种活动，对于缓解伴随经济发展而产生的越来越严峻的生态环境危机，起到了政府、企业所起不到的作用。

（三）对非政府组织的管理制度

开放改革以后，我国针对民间组织的法规建设从 1988 年开始，此后经过 10 多年时间，一个体系初步形成。这个体系中最主要最直接的是，1998 年公布的新《社会团体登记管理条

⊖ 此次问卷采取多项选择的方式。调研中共向全国 10000 家非营利组织发放了问卷，回收 1564 份，回收率为 15.64%。具体结果见王名主编《中国 NGO 研究 2001——以个案为中心》，第 11 页，联合国区域发展中心，2001。

例》和《民办非企业单位登记管理暂行条例》，2004 年公布的《基金会管理条例》，1999 年 8 月颁布的《公益事业捐赠法》，1989 年的《外国商会管理暂行规定》，以及 2005 年 1 月实施的《非营利组织会计制度》。这些法规对各种不同类型的非政府组织作了分门别类的管理规定。

按照这个法规体系，我国对非政府组织的管理可以归纳为：双重约束、分级管理、限制竞争、适当优惠等几个主要特点或者原则。

1. 双重约束。所谓双重约束，指对非政府组织的登记注册管理及日常性管理，实行登记管理部门和业务主管单位（或者叫挂靠单位）双重责任体制。1998 年颁布的两个条例规定：

国务院民政部门和县级以上地方各级人民政府民政部门是本级人民政府范围内非政府组织的登记管理部门。登记管理部门负责非政府组织的成立、变更、注销的登记或者备案，对非政府组织实施年度检查，对非政府组织执行条例的情况进行监督检查，对违反条例的行为依法给以处罚。

国务院有关部门和县级以上地方各级人民政府有关部门、国务院或者县级以上地方各级人民政府授权的机构○，是有关行业、学科或者业务范围内非政府组织的业务主管单位。业务主管单位负责非政府组织筹备申请、成立登记、变更登记、注销登记前的审查；监督、指导非政府组织遵守宪法、法律、法规和国家政策，依据其章程开展活动；负责非政府组织年度检查的初审；协助登记管理部门及其他有关部门查处非政府组织的违法行为；会同有关部门指导非政府组织的清算事宜。

双重管理加强了政府在登记管理方面对非政府组织的监督、管理和限制，并通过分散责任回避了登记管理部门与非政府组织之间的直接冲突，使其在获得合法身份之前，必须首先成为某一政府业务部门或者获得授权管理部门的控制对象。这无疑加大了民间组织的难度。

2. 分级管理。就是对非政府组织按照其开展活动的范围和级别，实行分级登记、分级管理的原则。这项原则在 1998 年颁布的两个新条例中得到明确和完善。条例规定：全国性的非政府组织，在两个以上省、自治区、直辖市开展活动的非政府组织，其登记管理机关应当是国务院民政部门，相应地，其业务主管单位应当是中央一级的党政机关以及中央政府授权的机构；地方性的非政府组织，由所在地政府的登记管理机关负责登记管理，相应地其业务主管单位应当是所在地党政机关以及同级政府授权的机构；地方性的跨行政区域的非政府组织，由所跨行政区域的共同上一级政府的登记管理机关负责登记管理，相应地，其业务主管单位应当是所跨行政区域的共同上一级党政机关以及同级政府授权的机构。

3. 限制竞争。就是为了避免非政府组织之间开展竞争，禁止在同一行政区域内设立业务范围相同或者相似的非政府组织。条例规定：各级登记管理机关对于"在同一行政区域内已有业务范围相同或者相似的"社会团体和民办非企业单位，当作出"没有必要成立"的判断时，可不予登记。非竞争性的规定有利于管理者的管理和控制，也有利于保护已有的自上而下的带有准政府色彩的社会组织的垄断地位，却限制了来自基层的非政府组织的建立和发展空间。

4. 适度优惠。1999 年 8 月颁布的《公益事业捐赠法》，是第一部直接规范捐赠行为、涉

○ 在政府部门以外，根据条例及后来颁布的有关规定，获得授权成为全国性社会团体业务主管单位的，包括中国社科院、全国妇联、残联、文联、作协等 22 家组织。

及有关优惠政策的社会捐赠法规。该法明确鼓励对包括非政府组织在内的社会公益事业的社会捐赠，规范捐赠和受赠行为，保护捐赠人、受赠人和受益人的合法权益，促进公益事业的发展。根据该法有关规定，公司、其他企业、自然人和个体工商户捐赠财产用于公益事业，将依照法律、行政法规的规定享受企业所得税或个人所得税方面的优惠；境外向公益性社会团体和公益性非政府的事业单位捐赠的用于公益事业的物资，依照法律、行政法规的规定减征或者免征进口关税和进口环节的增值税。这部法律对我国非政府组织开展公益活动及其发展具有积极意义。

上述方面，构成了我国现行有关非政府组织法规体系的基本内容。这个初步体系框架的形成，是我国非政府组织在 1995 年以后迅速发展的结果，表明我国对非政府组织的管理开始纳入规范轨道。但也看到，这些法规在实践当中问题仍然不少。比如双重管理、非竞争性原则等，都不利于非政府组织的健康发展。

二、非政府组织发展中的问题

实际情况表明，无论在种类、数量，还是活动内容、活动能量上看，一方面，非政府组织在我国的快速发展已经成为一个大趋势；另一方面，它的发展又是一种紊乱无序、枝权横生、结构失衡、功能不全、鱼龙混杂、扭曲变形的状态。具体来说，发展中的主要问题表现在以下方面：

1. 发展不够充分。总体看来，和世界上大多数国家相比，我国非政府组织的发展还没有纳入正常轨道。说其快速发展只是相对而言。无论是数量还是规模，与国际比较还有很大的差距。仅从资金支出规模看就显见一斑。根据萨拉蒙通过调查提供的数据，早在 1995 年前后，芬兰非政府组织的年支出规模已经是 GDP 的 3.8%，支薪人员是非农就业人员的3%；德国此类组织的年支出规模是 GDP 的 3.9%，支薪人员是非农就业人员的 4.9%；英国此类组织的年支出规模是 GDP 的 6.6%，支薪人员是非农就业人员的 6%；日本此类组织的年支出规模是 GDP 的 4.5%，支薪人员是非农就业人员的 3.5%；美国此类组织的年支出规模是 GDP 的 6.9%，支薪人员是非农就业人员的 7.8%。而根据 2003 年的调查，我国非政府组织年支出规模则是 GDP 的 1% 左右。几乎有 90% 以上组织每年支出额在 50 万以下，5% 左右组织每年的支出额甚至在 1000 元以下，每年支出规模在 100 万以上的组织不到 2%。仅仅从数量和发展规模上就看出，中国非政府组织的筹资水平比较低，这也就决定了它们介入社会公益事业的能力比较弱，很难在政府之外真正胜任社会管理和公共服务的职能。

2. 角色功能混乱。角色功能混乱是指原本代表民间的非政府组织因为与政府权力千丝万缕的联系而存在鲜明"行政化"和"官方化"的问题。主要表现为：第一，相当一部分具有一定规模的非政府组织都是从政府机构转出来的，与行政主管部门实际是"一套人马两块牌子"。它们的领导基本来自于业务主管部门的任命，中层干部的任命也取决于业务主管部门，工作人员也是所属机关的干部；其二，部分非政府组织是由政府直接创立的，尽管后来从组织上脱离了创办者，但联系仍然密切，创办者仍然是主管单位，负责人一般也由本系统主要领导人担任；如因"希望工程"而闻名的中国青少年发展基金会与团中央的关系、中华慈善总会与民政部的关系；其三，许多组织由从现职退下来的党政干部担任领导职务，尽管是劳苦功高者"发挥余热"，但领导余威尤存，从日常管理到行为方式自觉或不自觉地与政府保持高度一致；第四，一些原本比较纯粹的民间组织，因为必须"挂靠"，也逐渐为官僚文化所浸染。例如，个体劳动者协会挂在工商局下，房地产协会挂在房产局下，燃气协会挂在技术监督局下，诸如此类。

1998 年，中央办公厅和国务院办公厅就下发《关于党政机关领导干部不兼任社会团体领导职务的通知》但由于有"因特殊情况确需兼任"的口子，所以仍有大量现职党政领导干部兼任社团领导职务。比如在协会系统，根据上海的调查，58.96% 的协会负责人由业务主管单位委托或兼职；湖北某市共有行业协会 177 家，党政机关干部在其中兼职的有 120 家，占行业协会的 68%，兼职干部达 244 人。客观普遍性的事实说明，全国范围内政社不分的程度相当严重。⊖

3. 行为不够规范。主要是指非政府组织偏离了非政府组织的本质，进行市场营利活动。这一问题主要存在于民办非企业单位当中。非营利性是民办非企业单位的一个重要标志。但实际情况是，在民办非企业单位中普遍存在着公益性要求与营利性动机共生的现象。一方面，一些民办非企业单位的公益性行为往往和较高的营利性动机交织在一起；另一方面，公众对民办非企业单位的公益性感受不明显，甚至有较多的负面评价。事实上，也确有不少民办非企业单位借"非营利"之名，谋"避税""营利"之实。非政府组织的营利问题主要可以归结为几个原因：

第一，产权不清。这表现在：一方面，公益产权与个人产权不清。公益产权根源于公益性，其特征是以社会整体利益为目的，而不是经营者的个人利益。非政府组织的产权应该是一种公益产权而不是个人产权。但相当多的非政府组织却并不这么认为，他们在享受着非营利组织税收优惠的同时却将组织所获利润用于个人分红；另一方面，集体产权与管理者产权不清。集体产权是指产权归非政府组织所有会员所有，因而其运作收益的使用也由全体会员决定；管理者产权是指一些非政府组织的管理者以组织的名义谋取其个人或日常工作人员的利益。他们热衷于进入市场搞实体，而不是满足会员的要求。

第二，被迫登记。现实当中，一个组织是否作为非营利性的民办非企业单位而存在，并非完全出于自己的选择或资金的来源，而是依据其活动领域。比如提供教育、医疗服务、职业培训的一些民办机构，在有的地方虽然勉强化为"民非"，但它们更希望成为企业。这种强行划归公益组织的做法，对各方都不一定有益。它既使政府失去了一部分税收来源，同时也为这些强划的民办非企业单位日后伺机营利埋下了隐患。

此外，广大公众对于非政府组织的"非营利性"还缺乏明确认识和理解。尤其是对于民办非企业单位，很多人并不知道它们是非营利性组织。在不少"民非"负责人心目中，"民非"也可以有营利要求，且具有企业化性质。这些错误认识也导致了许多民办非企业单位的"营利化"的违规行为。

4. 自身能力欠缺。目前我国非政府组织培育和发展中普遍存在的问题是：经费紧张、人才缺乏、能力不足、社会支持欠缺、管理混乱。经费紧张是非政府组织普遍遇到的首要问题，并直接导致其缺乏足够的活动场地和办公设备，难以有效地开展工作；人才缺乏表现为缺乏从事非政府组织工作的专职人员，缺乏年轻人才和高学历人才；能力不足是现有的非政府组织还非常弱小，难以承接好政府转移的职能，难以完全担当起现代社会非政府组织应当承担的社会责任；社会支持欠缺主要是非政府组织的资金来源中社会捐赠所占比重很低；管

⊖ 国家行政学院课题组. 发展与规范非政府组织，促进社会稳定与社会和谐研究报告. 2006(8).

理混乱是非政府组织内部缺乏规范机制。1)组织章程形同虚设：领导人包括会长、理事长、秘书长等一般由主管单位指定，民主选举只是做形式走过场。理事会形同虚设，会员大会职责和会员权利、义务成为"官样文章"；2)非政府组织受官僚行政风气影响深刻，家长制现象突出，重大事项不召开会员大会或会员代表大会表决，许多决定领导者一人说了算。3)民间组织还存在着内部管理不规范、自律机制不健全、财务管理制度、人员录用和考核奖罚制度、自我评估和监督机制不完善等管理弊端，导致有些非政府组织名不副实或者名存实亡。例如，有的非政府组织负责人的年龄和知识结构老化，处于死气沉沉的状态。有的组织涣散，纪律松弛，使工作陷于瘫痪；有的非政府组织是从设立的时候就不符合非政府组织的基本条件，完全属于挂名组织，实际上基本无法在自我组织、自我管理、自我发展基础上兑现自己对社会公益事业的承诺。

5. 结构不够合理。从发展方面看，我国非政府组织还存在结构不平衡的问题。主要表现是四强四弱：

第一是与政府有联系的组织强，纯粹的民间组织弱。在全国正式登记的 32 万个民间组织、民办非企业单位和基金会中，至少有 70% 左右的组织与党政机关机关在人、财、物等方面有密切联系，在抑制了民间性、独立性、自主性的同时，这些组织借助党组织以及公共权力的影响，在资源获取方面处于优势地位。而几百万基层的草根组织，却不能得到与"准政府"组织相同的地位、身份和资源筹集能力，这种政社不分实际上成为非政府组织整体健康发展的障碍。

第二是城市的非政府组织强，而农村的弱。由于受到我国城乡二元制的辐射影响，非政府组织的发展成为"强势群体的游戏"，进一步说就是城里人、官员群体的游戏。而农村地区无论在规则、资源等方面都处于边缘地带。虽然城市的民间组织也有为数众多的困难例子，但农村的民间组织更窘迫。如安徽省的以村为单位成立的专业经济协会，多数是无资金、无场所、无专职人员的"三无"组织，综合实力差，服务质量低，有的虽具有社团特征，但不具备登记条件，经全省各级民政部门登记的农村专业经济协会仅达 12%。协会由于自身元气不足，缺乏抵御市场风险的能力，一些协会是随着市场变化而变化，有的举步维艰，处于瘫痪或半瘫痪的状态。

第三是东部的民间组织强，而中西部的民间组织弱。比如，山东省农村民间组织已经有 4 万个，而西藏自治区才只有 4000 个。

第四是行业协会性质的组织强，而基金会、公益性以及学术性组织弱。从现有统计来看，在各类性质的组织中，行业协会一枝独秀，在每年新增加的社团中，行业协会占取了总数的 40%，2005 年已经增长到 53004 个。相比较之下，学术性的社团不增反减，只有 39640 个。基金会只有 975 个，民间纯粹的公益性组织几乎没有。从服务范围说，行业协会是互益组织，受益范围仅仅局限于行业组织内部；而学术性社团在人文和自然科学领域的创新、基金会对社会事业的支持、以及纯粹公益性组织的社会服务，受益范围要比行业协会广泛得多，与社会各利益群体的相关度要高得多。所以，理应得到更快增长。

"四强四弱"，说明我国非政府组织还不能说已经进入健康发展的轨道。其发展结构中的问题将不利于我国广泛动员全社会人力、财力、物力资源，构筑抵挡社会各类风险的保护网。

三、非政府组织管理中的问题

上述发展中的问题又与政府对非政府组织的认识态度、管理制度、管理方式等有关。具体来说，我国非政府组织管理当中存在如下突出问题。

1. 在管理的微观层面过分偏重控制。从总体上说，改革开放以后，中国出现了一个有利于民间组织生长的宏观环境。首先，1982 年颁布的新宪法，把结社自由作为公民的基本权利确定下来；推行社会主义市场经济，进行农村和城市管理体制改革，推进村民自治等基层民主，建设社会主义法治国家和政治文明等，都为民间组织的发展创造了客观环境。而历次政府改革都强调政府转变职能，这也为民间组织发展并承担政府转移的职能留下了空间。

但在宏观制度环境对非政府组织发展予以鼓励的同时，我国微观制度环境却体现了以控制和约束为主的特点。1）政府有关部门直接针对民间组织的法律、规章、条例等，其基本导向就是对民间组织进行控制和约束。例如，从中央到地方各级民政部门单独或联合颁布的相关法规，绝大多数都是管制性规定，很少有鼓励性的条款。2）政府管理部门对民间组织的管理，把入口作为重点，为民间组织的登记和成立设定了过高的门槛。例如，对民间组织的名称、机构、场所、人数、经费、章程、主管部门等，都有极为严格的规定。3）对民间组织实行双重管理。按照相关法规，登记在册的所有民间组织，除了接受政府民政部门等主管机关的监管外，还必须接受其业务主管机关的领导，而且业务主管部门通常还承担着主要的管理责任。4）对民间组织的活动经费、范围和内容实行严格的限制。5）正像对经济发展一样，国家对民间组织也实行宏观调控。党中央、国务院和政府主管部门经常发布文件或政策，对民间组织进行清查和整理。例如，党中央和国务院分别在 1984 年、1989 年、1996 年、1998 年、1999 年、2004 年等，针对当时国内民间组织的实际情况，发布重要文件，对非政府组织发展进行调控和制约。⊖ 从这种宏观制度环境与微观管理现实的矛盾中，所体现出的理念倾向是求稳怕乱。从长远看，这种管理策略不利于和谐社会建设和政治文明建设。

2. 管理中的定性与分类存在不确定性。对民间组织的性质和地位做出明确的界定，既是对有关法规的基本要求，也是制定相关政策的前提，而现行法规在这方面有某些缺陷。现行的主要法规将我国称为"民间组织"的非政府组织分为三大类别，即社会团体、民办非企业单位、公益性基金会。这里在体现其群众性、志愿性和非营利性的同时，却没有强调社会团体的非政府性。即它们不应当属于党和政府的组织系统。这样一种界定和分类，至少产生以下问题：

（1）自相矛盾。按照法规界定，工会、青年团和妇联都是社会团体，但《公务员法》却明确规定，将工、青、妇机关干部纳入国家公务员管理系统。法规规定，社会团体应当是公民的自愿组织，所有组织没有上下高低之分，身份是平等的，不应具备政府机关的等级性，其领导成员当然也不应具有行政级别。但党和政府的政策同时规定，不少社会团体及其领导完全享受相应的行政级别待遇，如国务院规定免于登记的包括中国科学技术联合会、中国作

⊖ 参阅中央办公厅法规室、中央纪委法规室、中央组织部办公厅编. 中国共产党党内法规选编，北京：法律出版社，1997，2001；山东省民间组织管理局编. 民间组织管理文件资料汇编，济南：山东大学出版社，2005.

家协会、中国法学会、中国行政管理学会等，都是副部级规格。

（2）定位模糊不清。根据法规，难以划清民办非企业单位与基金会的界限，不少民办非企业单位也是利用"自然人、法人或者其他组织捐赠的财产"从事公益活动的"非营利法人"。又如，根据法规，社会团体与民办非企业单位的区别是，前者是会员制的互益型组织，后者是非会员制的公益型组织。这样的划类显然是模糊的，因为社会团体既有互益性的，也有公益性的，如中华慈善总会、中国红十字会等就是公益性的。还有归属于社会团体名下的许多行业协会，它们并非是公民自愿组成的组织，而是政府根据职能转变的需要而设立的。

（3）直接对民间组织的分类带来了困难。根据法规，民间组织分为社会团体、民办非企业单位和基金会三大类。这种分类既不能穷尽现存的各类民间组织，三类民间组织之间又交叉重叠，难以分清。例如，大量的民间组织事实上并未在民政部门登记注册，而是在工商部门登记注册。按照法律规定，凡在工商部门登记注册的组织，就不是民间组织，而是企业组织。还有广泛存在而且社会作用极其重要的公民自治组织，也难以按照上述标准进行归类。

这样带有不确定性的划分，对非政府组织管理和服务造成一系列问题。首先是管理口径不能统一，无法建立全国范围内民间组织或者社会组织的数据库，妨碍管理部门掌握全面完整的非政府组织信息，现在管理中的被动无序与此不无关系；其次是人为制造了民间组织国民待遇不统一的问题。虽然都是非政府组织，但却有出身贵贱、身份高下之分，在资源获得中有区别待遇。结果是制造了不应有的社会的矛盾；再次是法规政策的自相矛盾，降低了法规政策的可信度和权威性，使党和政府在社会公众中留下了人治高于法治的印象。

3. 在管理中存在人治对法治的干扰。就非政府组织或者民间组织规制而言，我国实施了6部有直接相关性的法律法规。这是法治的根据。而在这些正式法规之外，还有由各级党委的正式文件、指示、通知、公告、规定、办法、意见、条例、准则、决定等构成的文件管理体系。纵向看，从中央到地方各级党委都有一系列关于规范和管理民间组织的政策文件；横向看，党委的重要部门，如党委办公厅、组织部、宣传部、统战部等，根据各自的职责，也有权制定相关的文件规定。这是人治表现。

在法规、政策、文件表面上存在规制过滥的同时，民间组织管理实际上却是规制不足。主要体现是：1）缺乏管理民间组织的一般性法律。目前的几个《条例》还不是正式的国家法律。仅有的几个涉及民间组织管理的正式法律，如《工会法》等，也多半是专门法，中国至今没有一部管理民间组织的基本法。2）缺乏针对性和操作性的法规。例如缺乏针对行业协会、专业性社团、学术性社团和联合性社团以及志愿者工作的分门别类的管理法规，在人员编制、职称评定、医疗保险、养老保险、税收减免等方面也缺乏具有针对性和操作性的法规。3）中国政府对境外在华非政府组织管理方面，除了《外国商会管理暂行规定》简单涉及外，规制也极度缺乏。这些境外来华非政府组织在我国现行登记制度下，基本无法获得正式认可的身份，为了开展活动，它们或者到工商部门注册，或者以个人的名义设立账户或办公室，或者以商会的形式注册。这不仅对外来非政府组织开展工作带来不便，而且也使中国政府自己无法通过登记环节全面了解这些组织的信息，致使我国的管理限于被动。

法规与文件并存的格局，反映了当代中国政治中党与政府、法律与政策、人治与法治的博弈关系：一方面，建立法治国家既是党章的追求，也是宪法的目标，人治正逐渐被法治取代，政策正日益让位于法律；另一方面，人治在社会政治生活中仍然起着极其重要的作用，政策的作用在许多情况下甚至超过法律。现实当中围绕对非政府组织管理出现的规制过滥和规制不足，就是在这种背景中形成的。

4. 因为双重约束导致多头管理的弊端。从 1989 年开始，我国在民间组织管理上逐渐形成了登记管理机关和业务主管单位分别负责的双重管理体制，这种管理体制经过多次清理整顿和 1998 年相关法规的修订完善而进一步强化，成为目前我国民间组织登记管理的基本体制。在这种体制下，民间组织的登记许可实际上面临双重门槛。这是大多数非政府组织无法获得民间组织登记注册的最主要的体制原因。

"双重管理"的体制必然导致民间组织的多头管理格局。"双重管理"规定，每个民间组织都必须同时接受政府主管机关即民政部门和业务主管部门的双重领导，而且其日常业务活动主要受主管单位的领导。但《条例》只是一般性地规定，实际当中，县级以上的相关党政机关及县级以上政府的授权机构，均可成为民间组织的业务主管机构。由此而来的必然结果就是，民间组织的业务主管单位呈现出五花八门的局面。事实证明，党和政府不同的职能部门往往成为其所管辖行业的民间组织的主管部门，如各级党委组织部通常是同级党建研究会的主管单位、统战部是同级统战理论研究会的主管单位、政府的文化厅局是各种民间文化团体的主管单位、体育局或体委是各种民间体育团体的主管单位、科委或科技厅局则是各种群众性科技团体的主管单位，如此等。

不仅每个党政职能部门纷纷成为自己职权所及范围内的各类民间团体的"婆婆"，而且许多民间组织出于种种原因还自己四处寻找合适的"婆婆"，有些"婆婆"往往与其所主管的民间组织的业务活动没有直接关系。例如，政府的文化局"主管"民间健身协会，而政府的体委则"主管"民间艺术协会；政府的科委可以"主管"民间培训组织，而教委则可以"主管"民间科技服务团体；等等。对于一些资源比较丰富的民间组织，尤其是对于那些经费比较富裕的行业管理组织，不仅要接受行业主管部门的领导，而且通常还要直接或间接地接受其他重要党政权力部门的领导，可以有好几个管着它的"婆婆"。在我国的党政系统中，除了登记管理机关和业务主管单位的双重管理外，还有多达十多个党政部门或政府授权的人民团体在行使一定的认可及监管的职能。这在无形中形成了复杂混乱的管理格局，造成了非政府组织信息了解、汇总、掌握的困难，在非政府组织发展和政府监管两方面形成了障碍。

第三节　中国非政府组织管理创新与发展

在全球公民社会的大背景和世界行政改革潮流中，随着我国市场经济体制的不断完善和公共行政体制的逐步形成，以及我国政治管理体制改革的展开，我国非政府组织正面临着良好的发展机遇。事实证明，中国非政府组织繁荣与发展的决定因素，次要在自身素质能力提高，主要在外部管理环境优化。因此，中国非政府组织管理创新，确切说就是指以官方管理为对象的创新。针对我国实际情况，非政府组织的外部管理者也就是执政党和政府，需要采取的改革主要涉及观念、制度、行为三个方面。

一、管理观念变革与非政府组织发展

1. 调整思维理念。从 20 世纪 70 年代末 80 年代初开始，至今仍然方兴未艾的全球范

围内的行政改革，引领各国政府在观念上发生的重要变化，就是将传统的"政府管理"发展为"公共管理"，其实践层面的追求就是从原来政府的"一元管理"模式，发展为在政府主导下，由政府、市场、非政府组织共同参与的"多元管理"格局。过去那种政府独自负责制定公共政策同时又独自负责生产提供公共产品、掌舵与划桨不分的做法被证明正在过时。

（1）非政府组织是政府的合作伙伴。在这个重视社会管理和公共服务的时代中，非政府组织以其独特个性和优势，成为三足鼎立的公共管理新格局中不可缺少的重要一员，成为政府优化管理的合作伙伴。世界经合组织指出，非政府组织作为政府合作伙伴的五个原因是：它能够提高公共政策制定的质量；它适应信息时代的挑战；它成为汇总和整合公众选择意向的载体；它促使政府更加透明和负责；它提升了社会公众对政府的信任程度。新时代新追求，创造新的角色关系内涵，即政府与包括非政府组织在内的社会各类组织不再是"主从关系""主次关系"和"上下关系"，而变成各有侧重、相辅相成、相互支持、相互倚重的合作伙伴关系。政府应了解这种客观变化趋势，认识非政府组织的功能，自觉调整心态和关系处理方式，发挥它们在社会管理和公共服务中的特殊作用。

（2）"政府与志愿及社区组织合作框架协议"。世界上一些国家有不少政府与非政府组织之间进行有效合作的经验，对于我国很有启发和借鉴意义。如，几乎所有福利国家从20世纪70年代起改弦更张，大力裁撤那些提供社会福利和社会服务的公共部门。然而这个收缩的大潮中，国家的社会支出却不见相应削减，而是改换途径和方式，经由民间非营利组织支出后变成了社会福利和服务。在英国，政府为推动民间公益事业的发展，每年投入约30～40亿英镑直接资助非政府组织进行社会管理，他们通过各级政府与非政府组织之间签署的"政府与志愿及社区组织合作框架协议"，形成了两者之间富有效率的平等合作机制。这个合作框架形式主要包括的原则是：第一，政府对非政府组织提供社会服务资金支持；第二，政府在支持非政府组织的同时确保其自主性、独立性；第三，政府与非政府组织在制定公共政策、提供公共服务上共同协商和协作；第四，非政府组织在使用包括政府资金在内的公益资源时必须保证公开性、透明性；第五，政府保障各种不同类型的非政府组织有公平机会获得政府资助。为推动政府与非政府组织的合作，英国内政部拨款设立轮值性的协议指导工作组，从全英主要的非政府组织推荐20名负责人轮流担任工作组委员，具体负责COMPACT协议各项主要原则的落实。

借鉴国际经验，我们建议可以鼓励地方各级政府或政府相关部门与有关的民间公益组织之间签署合作协议，促进各级政府和非政府组织之间构建合作伙伴关系，努力规范政府的行为，同时推进各级政府逐步在更多领域的公共服务上通过政府采购或委托，与非政府组织之间开展广泛的合作，为它们提供更多的资金并给予必要的税收优惠，同时逐步建立健全相应的公益评估和社会监督体系。

2. 务实开放合作。自改革开放以来，境外一些非政府组织陆续进入我国开展活动。

（1）对境外来华非政府组织作用的估计。根据中国扶贫办、中国国际民间非营利组织合作与促进会、中国红十字会等半官方民间非营利组织发布的资料，大体计算，境外在我国大陆的非政府组织每年在我国投入的经费近2亿美元。所从事的活动分布在从民主、司法改革到动物福利、科技推广、艾滋病防治、扶贫、贫困儿童教育、环保、救灾重建等社会问题集中的22个领域。如美国"援助之手"基金会一行18名义工于2005年7月来到新疆伊犁哈萨克自治州，为 54 名孤儿进行服务，并在此后 6 年中为他们提供每人每月 240 元人民币的生活抚养补贴费。总的来看，它们在我国公益事业的发展中发挥了积极的作用。尤其是在各国政府因为中国国力迅速提升而开始缩减对我贷款的情况下，境外来华非政府组织就成为外来援助资源的一个主要输入渠道。

（2）对境外在我国大陆的非政府组织的管理原则。鉴于这类非政府组织有自己的特殊性，管理部门在对待他们的关系上也就产生了不同的态度，一种是保守僵化、对立排斥的敌视态度，一种是放任自流、信马由缰的放任态度，一种是被动消极、无所作为的应付态度，一种是积极有为、张弛有度的合作态度。在这当中，最后一种可以说是比较务实比较理性的涉外管理策略。体现在具体工作中，就是既有合作又有管理，既有开放又有节制，既有鼓励又有监督。

首先，必须明确在华非政府组织的活动界限。应当根据中国国情和参照国际惯例，无论是通过法律法规还是规章条例的形式，要明确规定我国予以鼓励、限制和禁止的界限，即，鼓励对我国社会和公众有益的一切公益活动；限制通过公众集会、公开辩论、以及运用传媒工具推动和诱导某类主张的活动，限制其在中国境内的筹资活动；禁止其从事危害我国国家安全和国家利益以及政权稳定的各种政治活动。这是约束其合乎在华行为规范的前提，也是我们监管的依据。

其次，应针对境外来华非政府组织建立专门且统一的管理与服务机构。可以建立一个境外来华非政府组织管理部门及监督管理网络系统，专门负责他们进入大陆的申请受理、审批登记、信息整理、监督协调工作。只要符合规定，就予以准入，提供有关服务并纳入相应的监督视野。现有的登记管理办法过于僵化以至于失去了管理作用，造成了"有规定、无登记"，消极管理，被动应付的局面。一方面使双方都陷入尴尬境地，且无法阻挡境外组织的进入；另一方面，也使管理者对于外来组织的情况不能全面掌握，以至于陷入信息黑幕，从而大大降低了管理效率。因此，无论是从方便对方来华开展公益活动的角度，还是从有利于为有效管理而建立准确完整的数据库的角度看，这一方式创新都有很强的针对性。

再次，加强对境外在我国大陆的非政府组织的依法监管。在改进准入环节以后，接下来就是要避免重登记轻监督和放任自流。应当一改随意监督、无法可依的传统做法，将对境外来华非政府组织合乎我国利益要求的标准和规范形成法规，有以为据。比如，境外来华非政府组织应依法承诺在中国的财务往来透明化，要按我国政府规定的形式和期限向审批登记机关通报从国际组织和外国组织、外国公民以及无国籍人士那里收到的资金和其他财产数额、它们的使用目的及实际使用情况；又比如，他们要依法承诺在中国活动的公开化。包括活动性质、类型、合作伙伴、资金数额、时间地点、以及活动效果与评价等，除了定期向政府监管部门提交文字报告外，还须向社会公开和备查；再比如，凡在中国境内活动的国外非政府组织，必须取得我国监管当局的授权证明书，从事相关业务活动必须被授权，未被授权而从事业务活动，要承担相应的法律后果。

只有采取积极有为的开放态度，中国才有可能最大限度地利用和发挥外国非政府组织在中国经济与社会发展，尤其是在社会管理与服务领域里的积极作用，也才有可能将外国非政府组织在中国的活动可能带来的危害与威胁减少到最低程度。

二、管理制度创新与非政府组织发展

1. 实行科学分类。针对现行登记制度中存在的区分模糊、方法落后的缺陷，国家需要从科学管理和方便服务的原则出发，改进民间非营利组织的登记制度。改进登记的前提是有合理的分类，为此至少应考虑三个标准：一是活动性质，二是利益导向，三是法律地位。

根据活动性质，将比较符合非政府组织客观标准的所有组织，区分为：行业组织、学术组织、慈善组织、社区和农村基层服务组织、社会公益组织、公民权益保护组织、非营利性咨询服务组织、同人团体、境外在华组织等类别。

根据法律地位，将上述各类非政府组织分为法人团体与非法人团体，法人团体具有独立的法人资格，其权利责任要大于非法人团体，对其审批、登记、监管应当更加严格，而政府在财政和税收等方面对它的支持力度也应相应提高。

根据利益导向，将各类非政府组织分为公益性团体与互益性团体，公益性团体的宗旨是增进社会的公共利益，互益性团体的宗旨是服务于会员利益。比较而言，国家当然要有对于公益性团体的倾斜扶持规定。

2. 改进登记方法。在上述合理分类基础上，构建三个登记平台。即，一个从普遍备案的"初级平台"，到强制登记的"中级平台"，再到严格审批的"高级平台"，这样一种区别性质、梯度管理的制度安排：

初级登记平台，可保证所有类型民间非营利组织，经备案注册即可获得正式的、合法的身份。管理部门则普遍备案，汇总基本信息，建立全国非政府组织数据库。

中级登记平台，是对于需要特定条件的一类组织，实行登记许可制度，所谓特定条件包括：限定活动领域、限定资金规模、限定会员人数、限定活动地域等。针对此类组织，应由国家授权的监管机关根据相关法规进行受理、分类、登记并予以许可，通过这个许可平台的非政府组织法人，即获得相应的法律保障并享有相应的政策优惠，同时当接受监管机关较为严格的监督。

高级登记平台，是对于从事特定公共服务或政策鼓励的社会公益活动的民间非营利组织，在登记许可基础上，进一步实行更加严格的公益法人认定制度，相关法规在对公益法人的认定上设立严格的标准，对于通过这个平台的公益法人民间非营利组织，国家在给予其财政和税收等方面最大限度优惠待遇的同时，将依法进行更为严格和规范的行政监管。

这种类似于英国对非政府组织的认定、登记和监管的分级准入制度安排，其好处在于：一是能解决困扰许多民间非营利组织的身份认定问题；二是通过普遍备案，可以在全面汇总信息基础上，建立非政府组织的数据库，为方便监管和服务打下基础；三是能够鲜明地体现政府的政策鼓励导向，为公益性民间非营利组织的活动创造更好的条件。

3. 排除准入障碍。○国内一些政府部门，对于上述因为涉及社会管理和公共服务而需要特定条件的两类组织，要改变条件过多、要求过严、手续过繁的规定。为了使那些有利于服务经济建设的行业协会、有利于解决"三农"问题的农村专业经济协会、有利于服务居民的社区民间非营利组织、有利于发展慈善公益事业的非公募基金会，以正式身份服务于公众，就必须降低准入门槛。

（1）放宽准入条件。现行法规规定，申请成立社会团体要具备五个条件，其中包括必须要有30个以上团体会员或50个以上个人会员，必须有注册资金3万元。相比之下，欧美一些国家和地区，准入条件要宽松得多。如在首批会员数量上，匈牙利只要求10人，德国

○ 方向文. 浅谈民间组织发展的创新问题. 北京：全国民政论坛，2006(6).

只要求 7 人，许多国家仅要求 2 人以上。在注册资金上，多数国家和地区的收取只具有象征意义，如中国台湾地区，仅缴纳申请费用新台币 135 元及 21 元邮票三张即可成立。为鼓励基层群众成立有利于构建和谐社会的非政府组织，可借鉴国外做法，对城乡基层小规模的民间非营利组织，放宽准入条件。如 2005 年广东省开始在农村尝试新标准，规定只要达到 20 个以上会员，就允许农村专业经济协会申请成立。仅半年时间，全省就增加 100 多个农村专业经济协会。对社区非政府组织和一些经济欠发达地区的民间非营利组织，也应降低准入条件。这种做法对于为农村落后地区排忧解难、化解矛盾，弥补政府社会管理和公共服务的不足很有好处。

（2）简化登记程序。国际上多数国家对社会团体的登记程序，基本上是"一次申请"，有关部门审批时间也较短，日本最长，在收到成立申请材料后两个月内进行审查。我国对社会团体的成立登记程序要求比较严格，规定必须经过申请筹备和申请成立两个阶段，其中申请筹备的时间为 60 日，申请成立的时间为 30 日，这对县级以上民间非营利组织是必要的。但城乡居民特别是山区农民普遍反映手续繁琐，费时费力又费财，希望能简化程序。从方便基层民众考虑，有必要简化基层民间非营利组织的登记程序。首先，可把"两次申请"改为"一次申请"，即免去申请筹备的手续，只要达到成立的条件，就可直接申请成立登记；其次，缩短审批时限，由过去批准筹备需 60 日、批准成立需 30 日，改为批准成立 30 日；再次，把注册资金必须由会计师事务所出具验资报告，改为只需银行出具存款证明即可。

（3）减少审批关卡。国际上非政府组织成立的审批程序，大体上有"一步"和"两步"之分。西方传统的国家，普遍采取"一步"程序，即非政府组织到某个政府部门进行登记就可，这个部门通常是司法或执法部门、内务部门。我国对民间非营利组织审批是"两步"程序，即申请成立民间非营利组织，必须找到一个业务主管单位并获得同意，才能到登记管理机关申请筹备和成立。这种程序实际上对非政府组织的发展有不利影响。它使一些非公募基金会、行业协会因为找不到挂靠单位而不能申请成立，因而对慈善公益事业的社会捐赠渠道形成堵塞。而对于境外来华非政府组织来说，通过规定程序获得正式身份更是不可企及。为促进非政府组织的发展，应进行创新和变通。如，对行业协会等经济类社团，可直接向登记管理机关申请筹备和成立，由登记管理机关征求有关业务部门的意见，经登记管理机关批准成立后，接受有关部门的业务指导；对非公募基金会等公益性民间非营利组织，只要其宗旨和业务范围中含有扶贫济困、社会福利等内容，可直接到相应民政部门申请成立，由其履行业务指导和登记管理的职能。

4. 创新管理体制。我国在非政府组织管理上是双重管理的体制，多头管理的现实。"双重管理"的体制必然导致民间非营利组织的多头管理格局。"挂靠"本身造就无序管理，"挂靠"再与我国党政关系体制结合，又进一步使管理关系复杂化。再加上还有十几个党政机关以及特殊人民团体都有资格行使认可及监管职能。这就形成了对非政府组织管理的混乱局面。

要改变这种体制，除了上述对登记许可制度的创新之外，还需要从现行政府管理的体制和机构设置上做出必要的调整。

首先，应将这些分散在各个不同的党政领导系统及人民团体中的登记、许可和监管职能统一起来。鉴于已有的民间非营利组织管理部门虽已形成体系但难于统一协调和监管，可参照"全英慈善委员会"的组织模式，建立直接隶属于中央政府的民间非营利组织监管委员会，将由业务主管单位行使、以及由相关部委和单位分散行使的各项行政职能统一到民间非营利组织监管委员会中来，由其统一行使对非政府组织的备案、登记和监管职能。

其次，考虑到一部分从事教育、卫生、环保、社会福利等公共服务的民间非营利组织具有很强的专业要求，应由相应的业务部门或政府授权的中介组织，进行资质认证和必要的业务指导，原主管单位如果具备这种条件，可以承担对某特定领域民间非营利组织的资质认证和业务指导职能。

5. 建立激励机制。○民间非营利组织管理中的一个缺陷就是缺乏竞争的刺激机制，导致无所事事、平庸无为的组织大量存在。可通过建立激励机制，来激活整个领域主动性和创造的潜能，利用竞争的压力来形成非政府组织自我约束、自我完善的良性环境。

（1）建立等级评估制度。主要是建立一套衡量民间团体组织管理和社会绩效的标准。可根据发展现状，把民间非营利组织分为好、中、差三个等级，实行等级评估、等级管理。

首先是制定等级标准。根据民间非营利组织的特点，将评估标准分为遵纪守法、内部管理、发挥作用、社会形象等几大项若干小项，实行逐项打分，80 分以上的为一级，60～79 分的为二级，60 分以下的为三级。

其次是确定等级评估方法。采取民间非营利组织自评、民间非营利组织互评、登记监督机关单位综合评估相结合的方法。

再次是确定等级评估时间。每年由民间非营利组织结合年检进行一次自评，每三年由登记监督管理机关组织一次互评和综合评估，确定评估等级。

然后是实行等级管理。对三个等级的民间非营利组织，由登记管理机关发给等级牌匾，并在媒介公布。政府有关部门对一级民间非营利组织，要多委托承担公共服务项目和社会管理职能，充分发挥其示范作用；对二级民间非营利组织，要加强指导和扶持，帮助其全面发展；对三级民间非营利组织，要加强监督和引导，推动改进提高。通过这个制度，使非政府组织认清自己位置，明确努力方向，增强发展的压力感。

（2）建立退出机制。一直以来，非政府组织只能进、不能出的问题比较突出。一些社会团体只收会费，不发挥作用，或发挥作用差，但只要不违法违规，登记管理机关就难以对其撤消。它们占着位置，在现有规定下别人也不能成立同类民间非营利组织，这样就丧失了自我规范、自我约束的动力。应当以法规政策形式尽快建立非政府组织的退出机制，对在等级评估中被定为三级且限期不能有所改进的组织应当予以注销，由有影响、有实力、有威望的人士发起成立新的类似团体。同时，对定为三级但还能总结改进发挥一定作用，可以免于注销的社会团体，允许行内人士申请成立同类不同名的社会团体。通过打破民间非营利组织的终身制，实行优胜劣汰，增强民间非营利组织不进则退的危机感。

（3）建立个人责任追究制度。对民间非营利组织工作人员的法律责任规定模糊不清，是现行管理法规的又一个缺陷，导致对一些违纪违规以及轻微违法的社团工作人员，因缺乏法律依据而难以实施处罚。在现实当中，此类情况并不罕见。这种无法可依、违规难纠现象的存在，不仅使民间非营利组织管理陷于尴尬，而且也使非政府组织的社会尊严失去了所需要的起码的正规性和严肃性。这种状况不改变，将会严重影响非政府组织的队伍素质建设和

○　方向文. 浅谈民间组织发展的创新问题. 北京：全国民政论坛，2006（6）.

社会公益形象的树立。应当以法规政策的形式，规定对非政府组织工作人员的责任追究制度。比如，对有经济问题的责任人，由民间非营利组织自身通过法律途径解决；对违纪违规开展非法活动的，由登记监督管理机关会同公安和司法机关处理；明确规定因严重违纪违规的责任人，被辞退后在确定的年限内，其他民间非营利组织也不得聘为工作人员。以此推动民间非营利组织纯洁队伍，提高素质，促进民间非营利组织健康发展。

三、管理行为改进与非政府组织发展

1. 实现政社分开。现实当中政社不分的问题不彻底解决，非政府组织就无法进入自主发展和平等发展的轨道。需要在 1998 年中办和国办《关于党政机关领导干部不兼任社会团体领导职务的通知》的规定的基础上，将有关约束提升到法规的高度，切断公共权力机关对非政府组织的控制和影响。

（1）坚决杜绝现职党政机关干部兼任非政府组织的领导职务。国际上的一般做法是，政府官员不担任非政府组织的领导职务，比如英国有的社团负责人被选为议员，其工作关系、工资福利也在社团。而我国情况是，官员在民间组织任职成为相当普遍现象。要解决这个问题，首先是明确规定非政府组织负责人的任职资格和条件，各类民间组织凡秘书长以上负责人，必须由组织成员认可的非官方人士担任；其次是严格控制确需由现职党政机关工作人员兼任领导职务的社会团体类型，除警察学会、法官学会等具有官办性质的团体外，其他各类民间组织都不在现职党政人员可兼任领导职务之列；再次是严格规定现职党政机关工作人员兼任民间团体领导职务的审批手续，有关任免机关在审批此类情况时，要征求登记管理机关的意见。

（2）民间组织的人财物和办公场所要与政府部门脱钩。政府部门直接掌控民间组织的内部管理事务不在少数。比如社会团体聘任工作人员，要报业务主管单位审批，甚至由业务主管单位指派；社会团体财务开支，由业务主管单位统一管理；一些社会团体的办公场所，也与主管单位合署办公，束缚社会团体的自我发展。民间组织具有独立法人地位，不是政府部门的直属单位，其人财物和办公场所必须与政府部门脱钩。社会团体的工作人员，应由社会团体按章程规定自主聘任；社会团体的财务，应设立独立账号，实行自主运作；社会团体的办公场所，也必须与政府部门分离，实行独立办公。对自身能力较弱的民间组织，政府部门在其脱钩时，要帮助扶持其解决办公场所、办公设备等方面的困难，为其发展创造条件。

（3）加快政府职能转变，为民间组织自我发展创造条件。政府要摆正自己与非政府组织之间的关系，不再把非政府组织看成是自己管理的对象，而当作与自己共同进行社会治理的平等主体。要加快政府职能转变的步伐，通过政府与社会组织分开的具体举措，从纷纭复杂事无巨细的各类社会组织的管理事务中摆脱出来，在公共事务管理中真正实现政府主导与社会组织和公民参与相结合。而对公民个人和民间组织等法人能够自主解决的事项，政府就不再干预。政府职能转变，要做到政府部门职能转移的范围和事项明确，政府职能转移的时限明确，对社会团体承担政府转移的职能的具体要求要明确。在政府与社会组织职能分开和取消非政府组织"挂靠制"的情况下，才能有望逐步实现社团组织的章程自定，领导自选，人员自定，经费自筹，活动自主的目标；才能有望逐步取消社团的行政级别和身份区别，使社团在机构设置、职务称谓、职能职责、行为方式上，与党政机关区别开来；才能有望获得自我管理自主发展的空间，逐步摆脱"二政府"形象，成为真正的非政府组织。

2. 减少人治色彩。如前节所述，在我国的民间组织管理上面，存在"规制过剩"与

"规制匮乏"并存现象。[○]规制过剩是假的，而规制匮乏则是真的。所以本质上反映的是，在非政府组织管理中人治浓于法治。

"规制过剩"的表现是，围绕管理，除了没有法律以外，几乎什么形式的管理规定方式都有。在《社会团体登记管理条例》等四个主要法规和另外多个相关规定之外，又有各级党委制定和发布的为数众多的指示、通知、公告、规定、办法、意见、条例、准则、决定等针对非政府组织的管理文件，甚至还有不少领导人的指示和讲话等。这叫做"规制过剩"。

"规制匮乏"是指，虽然有关的法规和相关规定不少，但都是正式法律形式下的层次，它们除了"条例""规定"，就是"办法""制度"。少数几个叫做"法"的又都不直接相关。立法层次低、政策文件多。有关管理规定不可谓不多，但却露出鲜明的以人代法、以政策文件代法的特征。管理规定的繁多、杂乱、位低、随意，不仅无助于管理质量，反而造成了管理的混乱。这叫做"规制匮乏"。

改变这种状况，一是需要订立一部针对非政府组织管理的基本法，确立并保证政府管理部门的管理主体地位；弱化政策性文件的管理效率。在这个基础上，再针对行业协会、专业性社团、学术性社团和联合性社团以及志愿者工作等，分门别类订立法规，解决在人员编制、职称评定、医疗保险、养老保险、税收减免等方面无法可依的问题。从建构法规体系和强调机关依法管理这样两个方面，来减少和杜绝"文件管理""人治管理"的传统习惯做法。

3. 依法进行监督。我国在现行社会团体登记管理条例中辟有专章，对监管主体、监管职责、财务监管与审计、资金来源与使用的公布、年度检查等予以规定。但太过于笼统和概括，执行空间余地太大。如果要避免和防止非政府组织违背社会公益，脱离健康发展轨道，就需要强化依法监督。

（1）严格信息披露规定。政府有关部门要明确规定民间组织信息披露的内容和时间，指定信息披露的媒介，加强信息披露的检查，促使民间组织对自身组织机构、宗旨和业务范围，对社会捐助、政府捐助资金使用，对涉及与公众切身利益密切相关的大事，必须按规定程序和要求向社会公开，接受社会监督。

（2）严格重大活动报告规定。自觉接受业务主管单位和登记管理机关的监督管理，是法规对民间组织的基本要求。这个要求决定民间组织开展重大活动，必须事先报业务主管单位和登记管理机关备案。为了保证非政府组织在自己应有的业务范围内开展活动，避免越轨行为损害公共利益和影响社会稳定，可以用法规细则的方式明确民间组织必须报告的活动事项性质、报告的时间和要求，明确主管部门受理和处理报告的责任与程序以及反馈要求，明确民间组织重大活动不报告和政府有关部门受理后不作为应负的责任。

（3）实施现场检查措施。鉴于年度检查因为周期过长会给监督效率带来局限性，应当借鉴日本经验结合年度检查实行现场检查，根据需要对国内的和境外来华各类非政府组织进行定期或不定期现场检查。其主要内容和形式是：听取法人代表报告工作、进行财务审计、召开非政府组织内部工作人员座谈会、征求有关部门和社会各界人士意见等。以保证及时、

○ 俞可平. 中国公民社会：概念、分类与制度环境(J). 《中国社会科学》，2006(1).

到位、有效地监督。

（4）促使建立诚信自律制度。首先是，政府主管部门在法规规定基础上，督促各类非政府组织推行诚信承诺制度，所有国内和境外来华组织都要在新闻媒介和办公场所宣传张贴诚信承诺规定，接受社会监督；其次是建立违法违规处罚制度，明确规定对违法违规的民间组织责任人进行处罚的办法；再次是试行民主罢免民间组织负责人制度，有1/3以上理事或会员提名，可按合法程序罢免违法违规或不称职的非政府组织负责人。

第五章 非政府组织的登记管理

非政府组织需要规范的管理、宽松的环境和政府的支持才能健康发展，而登记管理是基础性工作。非政府组织需要通过注册登记的形式，一方面取得社会的承认和得到法律的保护。另一方面又使政府得到一个依法管理和依法约束的基本依据。虽然各国对非政府组织的注册登记形式各不相同，但依法登记已成为各国的一般做法。在这个环节上，既要防止因为缺乏必要管理而导致非政府组织失控与混乱，又要防止因为政府过分管理而压抑非政府组织正常发展。

第一节 登记管理概说

一、登记管理的制度设计

1. 非政府组织管理的类型。从世界范围看，针对非政府组织的管理制度设计分为两类，即预防制管理和追惩制管理。

（1）预防制管理。预防制管理就是设立组织必须经过政府有关部门按照法律法规的标准，进行资格审查和办理登记批准手续，不批准不得设立和开展活动。⊖这个准入界限的设定，是担心民间组织过多过乱以至于日后难于管理和控制。总的来看，大陆法系国家一般会有专门的非政府组织管理法律，所以，体现了较多的预防制色彩，比如中国、新加坡、越南等都属于此类。

（2）追惩制管理。追惩制管理就是设立社团不需要进行严格的资格审查和审批手续，只要最基本的申请资料齐全，就可以注册设立。有地方甚至不必事先到登记管理机关登记即可开展活动。组织活动如果违反了法律和有关规定，再按照法律进行追查处理。

普通法系的国家，一般没有专门适用于登记管理的法律。在一些国家的民法中（例如，玻利维亚、巴西、意大利、荷兰）允许设立法人非政府组织时不需在任何政府机构备案。但几乎没有一个国家的法律，允许一个未在税务部门或其他有关政府机构备案的非政府组织享受税赋优惠。

2. 非政府组织登记方式。与上述管理类型相对应，注册形式也有两种，即注册登记制和审批登记制。

（1）注册登记制。注册登记制是指非政府组织向政府主管机构或者专门的管理机关申请设立时，登记管理机关只对其进行形式审查，只要非政府组织提供的材料文本符合法律的规定，就对其进行注册登记，赋予其法人的身份，不需专门对其进行资格审查。

在美国，一个非政府组织可以自由选择注册，也可以选择不注册。但是不注册的不具

⊖ 在习惯法系中，使用"组成"（incorporation），而不采用大陆法系中常用的"登记立案"（registration）一词，本书用"设立"来通称两种过程。即依据规定程序和认证过的文件，向指定的政府办公室或机关，或向法院申请的过程，以及非政府组织申请被批准后成为法人的过程。

有法人资格，因而也就无法申请税赋优惠。所以它们一般会选择注册为法人。注册由州务卿办公室批准，然后由州司法部进行注册登记，颁发法人证书。州务卿办公室对非政府组织的章程进行审定，要求章程载明：1）所有经营服务收入全部用于宗旨相关的事业；2）机构终止时将全部剩余财产转交同类组织；3）机构董事长、秘书长的产生方式，举行会议的时间、地点及方式。美国的非政府组织一般是采取非营利公司、非公司社团以及信托组织三种形式。任何一种形式的非政府组织，只要宗旨合法，章程符合上述规定，一般都可以注册。

加拿大的非政府组织分为运作型慈善机构和慈善基金会两类。其中，运作型慈善机构又有非公司社团、公司和信托组织三种形式；慈善基金会有信托组织和公司两种形式。非公司社团不需要具有法人身份，因此不需要注册，但必须有章程和细则。设立公司性质的非政府组织必须向政府有关部门提出申请，各省的负责部门不尽相同，通常由专门负责非营利公司设立事项的部门管理。注册时须确认组织章程和细则达到了企业组织法中有关成员、董事和其他方面的最低规定。

注册成为法人的非政府组织，如果愿意，可以向联邦税务局申请免税资格，此时联邦税务局将根据有关税法对申请者的资格进行审查和审批。这个过程和环节，要比注册成为一个法人要复杂和严格得多。在英国，信托或社团不会被视为慈善机构，除非其向慈善委员会正式注册为法人。在美国，要想获得美国税法第501（C）（3）条款下的公益慈善团体，也得首先以法人身份向税务署申请并接受为期三年的测试合格，该团体的身份才会由暂时状态变为固定。

（2）审批登记制。审批登记制是指非政府组织在向登记管理机关申请登记注册之前，先要得到有关机关的批准，登记管理机关只有在审查有关机关的批件和非政府组织自身的条件后，才能决定是否给予登记注册的一种登记管理制度。大陆法系国家一般采用审批登记制的形式。

3. 非政府组织的存在形式。

（1）法人非政府组织。法人非政府组织不仅是有宪法作为依据，而且是依据国家相关法律、经过规定程序的认定，获得合法身份，成为具有民事权利能力和民事行为能力，依法独立享有民事权利和承担民事义务的法人。非政府组织成为法人，这表示它可用自己的名义，和自身的账户来服务其宣称的目的；它有权从事签订契约、雇用员工、租赁设备、租借办公室、开立银行账户和其他事项。只要该行为与组织的目的和权力一致，如同其他法人一样，非政府组织应可加入合伙关系或合资事业。这些是在任何一种法律系统中，法人所享有的权利。取得法律人格通常意味着，非政府组织要为其自身签署的契约、租约、雇用关系或其他事项负责；非政府组织不再是一群要为其本身的法律义务负责的个人的集合。换言之，这个新的法律实体取得了"有限的责任"，现在是新的法人非政府组织，而非其创立者、干部职员、董事、员工，要为组织的法律保证与责任负责。

（2）非法人非政府组织。尽管一个组织可以根据宪法结社自由权利而存在，尽管它也可能有自己的财产和经费，有组织机构和场所，但是，凡是没有经过注册登记或者审批登记法律程序而获得法人身份的非政府组织，它就不能独立承担民事责任，因此就是非法人的非政府组织。这种形式的非政府组织比法人非政府组织在设立上要容易得多，程序也简单得多。但却无法享受到法人非政府组织所享受的比如在纳税方面的优惠待遇。在毛里求斯，个人可不经政府许可组成社团，但此种组织不具有和其创始者分离的法人身份。在法国，无须正式书面文件和设立程序，即可组成民间组织，但这种组织并不被视为法人。虽然具备法律人格有许多好处，但许多小型的非政府组织为了避免每年向政府报告的负担和免受法律的约束，不选择正式设立和法人资格。有些非政府组织可能根据自己的情况，选择登记为私人公司、合作社或其他法律实体。当他们如此做时，就是放弃正式设立可享有的特权以及同时带来的麻烦。

二、登记管理的一般原则

对于非政府组织的态度，决定了一个国家登记管理的动机或者目的。将它看作是消极社会力量的政府，那里与登记管理相关的法律法规的出发点，可能就是担心、害怕、限制和阻挠；将它看作是社会积极力量和公民自由权利的地方，那里的相关法律法规的出发点，就会是欢迎、鼓励、支持和促进。随着社会进步，非政府组织无论在国际社会还是在国内社会中，影响越来越大，认可度越来越高。所以，对它的存在与发展持公开反对立场的政府已经越来越少。从登记管理看，已形成了为国际社会所认同的一些基本原则。

1. 自由注册原则。所有非政府组织法规背后的假定，应是承认个人、团体与法人，都有权因合法且属非营利性质的目的结社。非政府组织的设立，应是自愿而非强制性的。社会中的所有自然人与法人都可通过简便途径，成立非政府组织。法律应明白宣示，成立非政府组织乃是自愿性的行为，即不能阻挠，也不能强迫。国家因为税赋优惠政策会设定明确而严格界限，以保证相应的资质和条件。但这和自由成立或者自由注册成为一个非政府组织是两个层面的事情。

2. 简便快捷原则。法律应当保证在简便易行和无需昂贵手续费用的前提下设立一个非政府组织；法律也应当准许非政府组织成立国内外的分支机构。

申请规定与处理过程应该简捷明了，而且审理的层级愈少愈好。审查过程中，应尽量避免官员个人的主观臆断和过多过滥自由裁量的行为。负责非政府组织设立的政府部门或机关，应公布规则、条例与表格，来解释设立的过程。该机构应提供协助那些试图申请正式法人资格的非政府组织，且必须以书面形式，解释其拒绝一个组织设立申请的理由。

设立规则应明确规定一个申请手续办结的时间期限。在期限内，政府机关必须做出结论。若政府机关在规定时间内没有任何回应，那就被当作已准许该组织申请的批准。这样的规定能避免掌管设立程序的官员的任何官僚作风，或者以拖延来作为拒绝他们不赞同的组织设立的方式。

3. 最少限制原则。非政府组织申请设立时，主管机关应只要求申请者缴交为数最少且有清楚定义的文件，在非政府组织法的规定范围内，管理文件一般应标示组织的性质与目的、管理结构、组织的权限、创立者、董事与职员的姓名、主办公处的地点，并指定一法律代表人。除此而外，政府管理部门不应当要求其他文件表格信息。

在资金方面，通常也不应要求非政府组织证明其有足够的财力，来完成其宣称的使命目的。若没有足够的经济来源，一个组织自然会失败。如果设立之后，能筹到足够的资金，则当会成功。政府部门官员毋须决定一个组织是否有存在的必要，若该组织能募到款，并提供其宗旨所列的公共物品与服务，就证明其有必要存在。若没办法做到宗旨所说的事情，就会失败。大致来说，非政府组织与其资金的"市场区域"，会决定一个新组织是否有存在的必要，政府官员不必也不应有权做这些方面的干预和决定。

4. 无歧视原则。这个原则要求在非政府组织的登记管理当中，法律应当在对待互惠型与公益型组织、自然人和法人组织、国内和国外组织的设立愿望一视同仁。政府经办的非政府组织和民间非政府组织之间的机会应当一律平等。

互惠型与公益型组织都应被允许存在。虽然人们感兴趣的非政府组织，主要是那些因公众目的而成立，如脱离贫穷或改善增进环境的团体，但在现代社会中，主要从事和其成员相互利益有关的议题与活动的非政府组织也可以存在。

自然人与法人皆应可创立非政府组织。大多数的非政府组织法允许个人成立非政府组织，但不允许其他法人，如公司或社团成立非政府组织。实际上这样做可以使有相同理念的非政府组织，组成伞型团体，来追求和其共同利益有关的事务。例如，由各非政府组织联合设立的协会可对其成员提供有用的服务与训练，以及能主张整个团体的利益。

法律应允许外国的非政府组织成为法人。只要该组织的行为符合"地主国"的公共秩序，便应享有和国内非政府组织相同的权利、权力、与相应豁免。适用于外国非政府组织设立的规则，应大致和规范本国非政府组织设立的法律相同。同样的，也不应对外籍人士加入本土非政府组织的董事会或幕僚群，设定特别的规则或限制。

在有些国家，准政府组织（QUANGO）或政府非政府组织（GONGO）是一种普遍现象。只要对社会公益有所促进，并能透明与公正运作，就应承认其存在价值。需要注意的是，法律规范要保证政府举办的非政府组织和民间非政府组织之间在机会面前一律平等：所有政府对物品、劳务或资产的补助、购买或合约，均应通过公开、公平、公正的招标投标或采购程序来决定。

5. 信息透明原则。请求财政资源支持，参与投标竞争公共项目委托、请求税赋优惠的非政府组织，必须要求登记在册，如此，政府机关才可以判断哪些非政府组织已获准设立，且知悉他们的目的、能力和限制；任何对非政府组织有租屋、销售产品、或受雇工作等关系的个人或商业组织，可以有判断其是否为一个合法法人的依据；而提供支持的社会公众，也能有据以采取相应行动的信息来源。比如，民众在捐款或作其他支持前，需要能查询该组织是否已合法立案。并且，若大众能查阅非政府组织的登录名册，便可形成另一种有效的监督机制，且可能发掘出主管机关忽略的问题。

为此，不论非政府组织的成立地点是集中还是分散，除了有地区性的登记名册外，若有可能应有全国性的完整登录名册，以供大众查阅。应定期将所有地方性非政府组织设立与终止的数据及时更新整理。通过全国或地区性的登录档，不仅可取得已注册登记组织的名称与地址，也可了解组织的管理章程和其申请设立时的有关文件。

6. 权利义务对等原则。所有登记在册的非政府组织，与遵守国家相关法律，履行组织章程的义务，同时也获得相应的权利。在一些国家和地区，或多或少存在强调履行义务多，而保障其权利的规定少的情况。并非所有的法律系统都有独立的司法制度，也并非所有的系统都有良好的行政法体系，允许自然人和法人上诉由政府部门、机关与法院所做的裁决。这是一个普遍的情形。一个好的法律环境应当是确保义务与权利的对等。在这些权利当中，最重要的是在非政府组织与政府主管部门之间出现争执时，前者有上诉的途径。也就是说，所有影响非政府组织的行动和决定，应受一般适用于其他法人的行政与司法审查权的规范。当非政府组织遭遇设立申请被驳回、被课以罚款、税额或其他制裁或被判以解散、终止组织的处分时，应可向独立的法院上诉。

三、登记管理的机构设置

非政府组织的设立在各国都有登记或者备案规定。由于对于非政府组织的管理体制不一样，因此，各国负责非政府组织登记的机构及其职能也各不相同。有的国家采用业务部门分散登记的方式，有的国家由法院登记，有的国家通过一个统一的机构登记管理，还有的国家是通过双重机构来进行登记管理。

1. 业务部门分散登记管理。在某些国家中，需取得政府相关业务主管机关的允许后，非政府组织才可成立。因此，保健性的非政府组织须先经卫生管理部门核准，而文化性非政府组织则须先经文化管理部门核准等。这种系统至少有三个缺点：第一，不同的政府部门倾向发展不同的审核标准，有些相当宽松，有些则非常严格。第二，因为审核非政府组织的责任分散于许多部门，没有一个部门能发展出处理非政府组织事务的专长。对各个部门而言，处理非政府组织事务只是个副业。第三，某些政府部门可能会反对那些属于其管辖范围，但立场和倡导的政策与自己不同的非政府组织成立。第四，有些组织可能找不到一个管辖自己所从事活动的挂靠政府部门。

2. 法院的登记管理。一些国家，特别是那些对政府机构有不信任传统的国家，则将裁决责任赋予法院。法官将公正地执法，并且避免将个人或政治性判断带进有关设立非政府组织的决定中。但问题是，法院人力可能不足，而且法官也没有受过管理非政府组织的专门训练。所以，让法院又管非政府组织的设立，又负责监督非政府组织相关法律执行，就有些勉强。

3. 统一机构的登记管理。有些国家考虑设立一个机构，专门掌管非政府组织的设立、监督的职责，并提供其教育、训练和协助。此机关可由来自各行政部门的官员、来自议会或者国会的代表、来自非政府组织部门的代表、以及来自非政府组织捐助者与大众中选出的代表，所共同组成的委员会来领导和负责，以确保能够反映不同的观点。英国慈善委员会可以说是这种登记管理的典范。在肯尼亚，非政府组织的设立与规范由非政府组织协调委员会负责，在其 23 位成员中，有 7 位是来自非政府组织部门的代表。行政单位若要推翻该委员会的决定，需经过行政诉讼与司法上诉的裁决。保加利亚、萨尔瓦多、塞内加尔与南非等国也在积极考虑和探索成立单一专责管理单位的可能性。

单一专责机关的存在，有利于专业才干能力的培养和发展，有利于各机关间不同观点的协调，它的经验积累可用于对相关规则与程序的改进，它举办的进修课程与训练可帮助增进非政府组织的专业水平。但是消极的情况仍然存在，如肯尼亚和乌干达的委员会，对非政府组织行使过度的官僚掌控；印度的玛哈拉西察州慈善委员会每年向非政府组织收取费用，却连非政府组织的完全名册都没有；即使英国的慈善委员会，也被许多非政府组织认为，过度拘泥于形式且与非政府组织部门缺少经常的工作接触。所以，为了避免单一管理机关可能发生过与不及的潜在危机，可由法院来担任该机关决策的审核和一些争议裁决。

4. 双重机构登记管理。中国是这类形式的代表。按照现有"双重约束"的制度，国务院民政部门和县级以上地方各级人民政府民政部门是本级人民政府的社会团体登记管理机关。国务院有关部门和县级以上地方各级人民政府有关部门、国务院或者县级以上地方各级人民政府授权的组织，是有关行业、学科或者业务范围内社会团体的业务主管单位。按照"分级管理"规定，全国性的社会团体，由国务院的登记管理机关负责登记管理；地方性的社会团体，由所在地人民政府的登记管理机关负责登记管理；跨行政区域的社会团体，由所跨行政区域的共同上一级人民政府的登记管理机关负责登记管理。登记管理机关、业务主管单位与其管辖的社会团体的住所不在一地的，可以委托社会团体所在地的登记管理机关、业务主管单位，负责委托范围内的监督管理工作。这种方式对于非政府组织而言所存在的缺陷，已经在第四章的第二节中进行了分析。

第二节　设立、变更与注销的一般规范

一、非政府组织的设立登记

非政府组织的设立登记主要包括：遵守成立的法律规范、满足相关条件要求、提交相关申请材料、经过法定的登记程序。

（一）法律法规依据

各国政府对非政府组织的登记注册的法律法规情形各异，有的要求非政府组织自愿注册，有的强制非政府组织注册。

在亚洲，各个国家都有不同的法律规范，有的严格一些，有的则宽松一些。例如，在泰国，所有非政府组织都要按照国家文化法案进行强制注册。该法案作为一项社会控制准则，于1942年颁布实施，负责协会和基金注册的是国家文化委员会。在越南，现行协会法律是在1957年越南"百花运动"垮台时期开始执行的。该法律作为一项准则，对非政府组织的形成起到了严格的限制作用。但在过去的十几年中，由于政府鼓励协会的活动，数以千计的未经正式登记的非政府组织十分活跃。在新加坡，法律规定所有的非政府组织均须按社团法案进行登记注册，该法案1889年由英国殖民地政府开始实施，用以控制秘密组织及团体，现在仍然有效。任何10人或10人以上不以商业活动为目的的协会都要登记注册。与越南不同的是，新加坡强化注册法的实施工作，在该国几乎不存在未注册的非政府组织。在日本、韩国和泰国，占主导地位的非政府组织的法律形式主要是协会和基金会。

加拿大和美国都没有专门的非政府组织管理法典，它们所依据的主要是宪法、公司法和税法。在美国，联邦宪法明确了公民享有言论、结社、宗教等方面的自由，政府保证这些自由不受侵犯。加拿大宪法主要由各个不同历史时期的宪法性文件构成，其中包括1982年加拿大议会通过并由女王批准的《加拿大宪法法案》，其重要组成部分"权利与自由宪章"将结社与和平集会的自由同言论自由、宗教信仰自由一起列为公民的基本自由，其非政府组织登记和管理所依据的也是公司法和税法，经有关部门注册的非政府组织可以取得法人资格，并有权向联邦税务部门申请免税资格。

中国对非政府组织登记管理的直接依据是《社会团体登记管理条例》、《民办非企业单位登记管理暂行条例》和《基金会管理条例》。三个登记管理条例实施后，全国对非政府组织进行了重新登记，对非政府组织情况的管理控制有所增强。近年来登记在册的新增非政府组织并不像人们想象的多，这和严格的登记制度有直接的关系。部分非政府组织由于规模小、活动范围有限，不去进行登记；部分非政府组织由于找不到主管部门而无法登记，被迫处于未登记状况；部分非政府组织则作为企业登记，无法享受应得的税赋优惠等。

（二）登记的要求

1. 申请材料的准备。拟成立的非政府组织具备了法律规定的条件后，应由非政府组织的发起人或者筹备组织的负责人向登记管理机关提出申请，并提供必要的材料。申请材料通

常包括：1）非政府组织发起人或筹备组织的负责人签署的登记申请书；2）业务主管单位的审批或审查文件（适用于审批登记制）；3）验资报告、场所使用权证明；4）发起人和拟任负责人的基本情况、身份证明；5）非政府组织的章程草案等。其中最主要的材料是非政府组织的章程。

2. 章程的内容要求。章程是指能够反映其成员共同意愿，规定了自身成立目的、组织机构、活动形式和行动准则等具有约束力的文件。其内容主要有：

（1）非政府组织的名称和住所。组织名称反映自身的特征，在使用中应符合规范的要求，并包括英文名称、缩写。住所是组织主要办事机构所在地，一个非政府组织的住所只能有一个。

（2）宗旨、业务范围和活动地域。宗旨是指组建非政府组织的主要目的和意图。它是非政府组织的工作原则和行动的根本出发点，决定着非政府组织的发展方向。业务范围和活动地域是非政府组织成立以后的服务业务边界，根据其宗旨应当承担的工作和责任。活动地域是指社团可以在哪一个行政区域内活动。

（3）会员资格及其权利和义务。会员资格是公民加入某社会团体的条件。一个会员加入一个社会团体，即享有相应的权利，承担相应的义务。如选举权、被选举权和表决权、对本团体的工作的批评建议权和监督权，遵守组织的章程，奉献于组织的宗旨和使命等。

（4）组织管理制度和执行机构的产生程序。组织机构是非政府组织的基本要素和组织形式。主要包括：会员大会或会员代表大会；理事会或常务理事会；日常运行执行机构；分支机构和代表机构等。

（5）资产管理和使用的原则。非政府组织的资产包括货币和实物两种形式。在这方面要注意：资产来源必须合法；资产的使用必须符合本团体宗旨；经营所得只能用于组织事业的扩展，不得在会员中分配；应强调公益性组织解散后的财产去向，明确规定收缴给政府，或转移给同类非营利组织。必要时，接受登记管理机关和业务主管单位的财务审计。

（6）章程的修改程序。非政府组织可以对其章程的非法定部分及条文进行修订与更正。当修正的内容涉及重要的事项，必须经过业务主管单位核准。

（7）终止程序和终止后资产的处理。社会团体终止后的剩余财产应在章程中明确，用于与本组织宗旨相关的事业，或者转给政府用于公共目的。

（8）应当由章程规定的其他事项。

（三）登记的一般限制

对于非政府组织的成立登记，各国也都有一些条件限制，主要有：

（1）活动内容的限制。世界上大多数国家和地区对非政府组织的活动范围都进行了规范，在一些实行审批登记制的国家，非政府组织必须通过相应领域政府部门批准，该部门有权决定非政府组织的活动范围。非政府组织选择在哪个部门申请批准，取决于非政府组织的业务范围。比如：一个致力于公共环境卫生，促进农业发展及经济可持续发展的非政府组织可能在下列之一的部门申请批准——教育部门、卫生部门、环境部门、农业部门或经济部门。具体限制有：禁止初级商业目的或商业活动（菲律宾）；禁止与非营利目的无关的商业活动（新加坡）；允许商业活动，但商业活动所得必须用于更广泛的非营利目标（澳大利亚、泰国、越南）；允许商业活动，但商业活动所得必须用于更广泛的非营利目标，而且事先要获得相关政府部门批准（韩国）；允许合法行为的商业活动不受限制（印度尼西亚）；允许商业活动，但不与营利企业竞争，同时保证商业支出少于50%，公益性支出至少为50%（日本）。

（2）个人不能有额外的经济利益。除印度尼西亚之外，亚太地区所有国家，无论是从法律或从实践方面而言，均禁止非政府组织对其成员的服务及捐赠给予过多报酬。

（3）特定活动范围的要求。比如，韩国公益性非政府组织有五类：扶持教育、研究、艺术、科学及慈善事业。在新加坡和多数普通法系国家，"慈善目的"一词的定义源于1891年英格兰所得税特殊目的委员会531法案。慈善目的可归为四类：脱离贫困，改善教育，改善宗教，及其其他利他的社会活动。"公益"这一被多数大陆法系国家使用的词，其实是"慈善"的同义词。公益慈善是一些国家对非政府组织特定活动范围的要求。

（4）成立的必要性要求。作为注册条件，一些国家要求论证注册非政府组织的必要性或证明其与现有非政府组织的不同，也就是提出新组织成立的正当理由。

（5）资金要求。作为注册的条件，除亚太地区外，其他国家没有限制非政府组织资金的数额。而目前在亚太地区，非政府组织注册登记制度在这方面要求也不是很明确。也就是说，各个国家在审批登记时，对非政府组织资金额度并没有一致的要求。

二、非政府组织的变更登记

非政府组织变更是指在非政府组织存续期间内所发生的法律人格、组织机构、活动方式和范围、宗旨等方面的重大变化以及其他登记事项的变化。

1. 变更登记范围。非政府组织成立后，在运作过程中，由于内部和外部的各种原因，其原登记注册的事项可能会发生变动。尤其是其章程和活动方式变动时，登记管理机关就需要对其变动情况进行审查并办理变更登记。对非政府组织的变动情况，并非事事都要登记，仅对登记注册的主要事项进行登记，如名称、住址、法定代表人和主要负责人、宗旨、组织机构等。当然，对一些成立时仅在登记管理机关备案的非政府组织，备案的主要事项方式变更时，登记管理机关也仅进行备案。

2. 宗旨变更。非政府组织宗旨的变更被各国公认为是主要变更内容。宗旨是非政府组织的根本，宗旨变更也称目的变更，即非政府组织所从事的事业发生本质改变。宗旨变更主要有两种做法，一是把宗旨的变更作为章程变更的一种，按照章程变更的一般程序变更法人的宗旨，但是不同意变更宗旨的会员，可自行退出；另一种做法是法人宗旨的变更，必须经过全体会员的同意。非政府组织法人宗旨变更的程序各国有所不同：在实行注册登记制的国家，法人宗旨的变更只要经过会员同意，并对章程作相应修改，即可申请变更登记；实行审批登记制的国家，其宗旨的变更需要经过有关行政机关的许可。例如，德国民法典第33条规定："社团权力如由州的许可而取得，其章程的变更须经州的许可"。

非政府组织中财团法人宗旨的变更与社团法人有较大的区别，由于财团的设立是以财产的集合为基础而不是以会员为基础，因此财团宗旨的变更是由主管机关决定。在财产目的不能完成时，或危及社会公共利益时，主管机关可为财产另行决定目的。变更财团的宗旨时，应尽可能考虑捐助人的本意。

3. 法人变更。非政府组织法人变更后，其法人资格是否发生变化，有两种情况。情况不同，处理也不同：一种是同一行业的转换，不影响其主体资格的存在。不同行业的转换，应终止原法人，而产生新的法人；第二种是法人宗旨变更，不影响法人资格。有些国家，例如，日本、尼泊尔等国家不允许非政府组织变更宗旨。也有些国家对组织任意改变宗旨作一定限制。例如，有的国家法律授予某类公益组织特殊优待，它就会阻止其他组织将其宗旨向该类组织转换。为了确保来源于税收优惠或公众捐赠的财产不为私人所有，各国政府都不允许非政府组织向营利性组织转换。

三、非政府组织的注销登记

非政府组织的注销登记，是非政府组织因法定原因终止时由登记管理机关经过法定程序取消其法律资格的程序。注销非政府组织，一方面可以使非政府组织的民事责任得到解除，另一方面可以使社会各方面和政府管理部门清楚掌握非政府组织的变动及其趋势。非政府组织注销登记主要有自愿解散和强制解散两种情况。

（一）自愿解散

1. 因非政府组织的目的达到、事业完成或无法完成而解散。建立一个非政府组织是为达到一定的目的，如果目的已经达到或因某种原因该目的根本不可能达到时，非政府组织就丧失了其存在的意义。故各国法律均允许非政府组织在其目的完成之后或根本完不成时解散。例如，日本民法典第58条规定："法人的事业成功或不能成功为当然解散的原因。"在具体实施方式上有两种：一是只要非政府组织法人认为自己的目的已完成或无法完成，即可确定解散，无需履行其他审批手续，日本、瑞士均采取此种方式；另一种是经过向登记管理机关或法院申请，认为其目的已完成或不可能完成而解散，德国采取此方式。

2. 因非政府组织章程所规定的解散事由出现而解散。例如，社团法人成立时，其章程规定存续期限为五年，五年届满即解散。在章程所规定的解散事由发生前，可以通过修改章程对有关解散事由的规定进行调整，并报经登记管理机关批准。

3. 因非政府组织内部管理机构的决议而解散。那些基于会员共同意愿而成立的会员制组织，可以因会员的决议而解散。决定解散的决议比决定一般事项的决议条件更为严格。一般事项的决议通常只要参加表决成员过半数同意即可通过，解散的决议往往要由出席会议成员的2/3或3/4同意才可通过。

4. 社会团体法人因会员不足法定人数而解散。社团是以社员（会员）的集合为基础而成立的法人。各国法律对各种社团的最低人数大多有强制性规定。日本民法典第66条规定法人未足法定人数为社团法人解散的当然事由，具体的数目限制由各部门法具体规定。

5. 法人破产。即法人因宣告破产而确定解散。各国法律均把法人的破产作为法人终止的原因之一。例如，日本民法典第68条、德国民法典第41条等。但是在孟加拉、厄瓜多尔、巴基斯坦及斯里兰卡等一些国家，非政府组织不能不经政府的允许而终止。

（二）强制解散

强制解散（又叫非自愿解散），即由政府机构或法院依法宣告对非政府组织的解散或决定对其撤销。当非政府组织的目的和行为违反法律、公共秩序和有伤社会道德时，可依法律的规定将其解散。如瑞典民法典第78条规定："社团的宗旨违法或违背善良风俗时，法官须依照主管官厅或利害关系人的起诉，宣告其解散。"

强制或非自愿解散法规赋予政府机构广泛的行政处置权。目前多数国家的法律赋予政府机构权力以终止非政府组织的存在。终止原因主要包括：从事超越许可经营范围的业务；完成任务或变更宗旨；注册期限到期；滥用或未使用特许权；无法清偿债务；违反登记管理条例等。

不少国家注销（或解散）方面的法律，还包括授予政府官员广泛自由裁量权的各种规定。

比如，非政府组织因从事损害或违背公共利益、国家利益的活动(在韩国、越南)，或由于经营方式有悖于社会公共秩序、公德或国家安全(泰国)，或因为发生危害社会秩序而被解散。许多大陆法系国家的司法体系中，对非政府组织的行政处置权不受法院或行政法庭的监管，政府部门行使行政处置权来解散非政府组织不受限制。即使上诉，也只限达于本辖区内非政府主管部门的上级。

非政府组织办理注销登记前应完成清算事宜。清算是清理被解散的非政府组织的财产，了解其作为当事人的法律关系，从而保证其顺利结束的程序性环节。非政府组织清算时，如果有剩余财产，一般要按照章程规定转入宗旨相同或相似的组织，或收归国有，不得在成员间分配。例如，南非的法律规定，如果非政府组织接受过政府基金、公共捐助或者税赋优惠，一经终止或解散，该组织的剩余资产必须转至另一目标相同的非政府组织或转至政府，严格禁止资产转至其创立者、高级职员或董事名下。如果已解散的非政府组织享有免税资格，那么接纳其净资产的非政府组织也应当具有同样资格。非政府组织的注销登记经登记管理机关核准后，收缴其证书、印章和有关票据等，并由登记管理机关进行公告。

第三节　中国非政府组织登记管理

一、社会团体的登记管理

根据1998年修订的《社会团体登记管理条例》，社会团体是指中国公民自愿组成，为实现会员共同意愿，按照其章程开展活动的非营利性社会组织。国家保护社会团体依照法律、法规及其章程开展活动，任何组织和个人不得非法干涉。国务院民政部门和县级以上地方各级人民政府民政部门是本级人民政府的社会团体登记管理机关。国务院有关部门和县级以上地方各级人民政府有关部门、国务院或者县级以上地方各级人民政府授权的组织，是有关行业、学科或者业务范围内社会团体的业务主管单位。

成立社会团体，发起人先要取得业务主管单位的批准文件，登记管理机关在审查业务主管单位批准文件和自身的一定条件后，才决定是否给予登记注册。据此认为，我国社会团体成立登记采取的是审批登记制。

1.关于社会团体登记的范围。《社会团体登记管理条例》第三条规定，成立社会团体，应当经其业务主管单位审查同意，并依照本条例的规定进行登记。社会团体应当具备法人条件。但下列团体不属于社会团体登记的范围：

(1)参加中国人民政治协商会议的人民团体，包括中华全国总工会、中国共产主义青年团、中华全国妇女联合会、中国科学技术协会、中华全国归国华侨联合会、中华全国台湾同胞联谊会、中华全国青年联合会、中华全国工商业联合会等共8个组织。

(2)由国务院机构编制管理机关核准，并经国务院批准免予登记的团体，包括中国文学艺术界联合会、中国作家协会、中华全国新闻工作者协会、中国人民对外友好协会、中国人民外交学会、中国国际贸易促进会、中国残疾人联合会、宋庆龄基金会、中国法学会、中国行政管理学会、中国红十字总会、中国职工思想政治工作研究会、欧美同学会、黄埔军校同学会、中华职业教育社、中国戏曲家协会、中国电影家协会、中国音乐家协会、中国美术家协会、中国曲艺家协会、中国舞蹈家协会、中国民间文艺家协会、中国摄影家协会、中国书法家协会、中国杂技家协会等，共25个组织。

（3）机关、团体、企业事业单位内部经本单位批准成立，在本单位内部活动的团体。

2. 成立社会团体应具备的条件。1）有 50 个以上的个人会员或者 30 个以上的单位会员；个人会员、单位会员混合组成的，会员总数不得少于 50 个；2）有规范的名称和相应的组织机构；3）有固定的住所；4）有与其业务活动相适应的专职工作人员；5）有合法的资产和经费来源，全国性的社会团体有 10 万元以上活动资金，地方性的社会团体和跨行政区域的社会团体有 3 万元以上活动资金；6）有独立承担民事责任的能力。

3. 社会团体成立登记的程序。业务主管单位对成立社会团体的审查和批准，是社会团体成立的必经法定程序。1998 年《社会团体登记管理条例》第 3 条规定："成立社会团体，应当经其业务主管单位审查同意，并依照本条例的规定进行登记"。具体而言，社会团体申请成立登记，首先要由该社会团体的发起人正式提出申请，经其业务主管单位审查同意并出具批准文件后，再到相应登记管理机关办理申请成立登记。

申请成立社会团体的发起人，应当在其业务主管机关审查同意后，及时向相应的社会团体登记管理机关申请筹备。根据《社会团体登记管理条例》第 11 条，申请筹备成立社会团体，发起人应向登记管理机关提交下列文件：筹备申请书；业务主管单位的批准文件；验资报告、场所使用权证明；发起人和拟任负责人的基本情况、身份证明；章程草案。

登记管理机关审核登记的程序是受理、审查、核准、发证、公告。

4. 社会团体变更与注销登记程序。社会团体变更登记内容包括：1）名称变更；2）住所变更；3）业务范围变更；4）法定代表人或单位负责人变更；5）活动资金或开办资金变更；6）业务主管单位变更；7）章程修改。这些事项需要变更时，应当自业务主管单位审查同意之日起 30 日内，向登记管理机关申请。社会团体修改章程，应当自业务主管单位审查同意之日起 30 日内，报登记管理机关核准。社会团体或民办非企业单位变更登记的程序，包括业务主管单位审查同意、申请、登记管理机关核准等。

社会团体当出现 1）完成社会团体章程规定的宗旨的；2）自行解散的；3）分立、合并的；4）由于其他原因终止等情形时，应在业务主管单位审查同意后，向登记管理机关申请注销登记、注销备案。社会团体注销登记的程序是：

在办理注销登记前，应在业务主管单位及其他有关机关的指导员下，成立清算组织，完成清算工作。清算期间，社会团体不得开展清算以外的活动；

社会团体应当自清算结束之日起 15 日内向登记管理机关办理注销登记，办理注销登记，应当提交法定代表人签署的注销登记申请书、业务主管单位的审查文件和清算报告书；

登记管理机关准予注销登记的，发给注销证明文件，收缴该社会团体的登记证书、印章和财务凭证；

社会团体撤销其所属分支机构、代表机构的，经业务主管单位审查同意后，办理注销手续。社会团体注销的，其所属分支机构、代表机构同时注销。社会团体处分注销后的剩余财产，按照国家有关规定办理。

5. 公告。社会团体成立、注销或者变更名称、住所、法定代表人，由登记管理机关予以公告。

二、民办非企业单位的登记管理

根据 1998 年《民办非企业单位登记管理暂行条例》，民办非企业单位，是指企业事业单位、社会团体和其他社会力量以及公民个人利用非国有资产举办的，从事非营利性社会服务活动的社会组织。

从行业的角度，民办非企业单位可以划分为若干类。如1）教育类，包括民办幼儿园，民办各类学校、民办培训机构等；2）卫生类，如民办诊疗机构和各种类型的医院和保健康复中心等；3）文化类，包括民办艺术表演团体、文化活动中心、图书馆、博物馆、美术馆、画院、纪念馆、收藏机构、艺术研究院等；4）科技类，包括民办科技研究机构、民办科技传播组织、科技服务中心等；5）体育类，包括民办体育俱乐部、体育场所等；6）劳动事业类，包括职业学校和职业介绍所等；7）民政事业类，包括民办福利院、老年公寓、民办婚姻介绍所、民办社区服务中心等；8）社会中介服务类，包括民办信息咨询调查机构、民办人才交流机构等。

（一）民办非企业单位登记条件

根据1998年《民办非企业单位登记管理暂行条例》第五条规定，国务院民政部门和县级以上地方各级人民政府民政部门是本级人民政府的民办非企业单位登记管理机关。国务院有关部门和县级以上地方各级人民政府的有关部门、国务院或者县级以上地方各级人民政府授权的组织，是有关行业、业务范围内民办非企业单位的业务主管单位。申请登记民办非企业单位的条件是：

1. 经业务主管单位审查同意。"经业务主管单位审查同意"是社会团体和民办非企业单位申请设立当中都需要具备的条件之一。略有不同的是，社会团体的登记在列举条件之外另有专条予以强调，而民办非企业单位是将其直接列举为5个条件之一。两者实际上没有实质性差别。都体现出我国对民间组织进行双重管理的谨慎和严格的特点。

2. 有规范的名称和必要的组织机构。《民办非企业单位登记管理暂行条例》第8条第2款规定，民办非企业单位的名称应当符合国务院民政部门的规定。根据民政部1999年12月28日印发的《民办非企业单位名称管理暂行规定》，民办非企业单位名称应当由字号、行业（事业）或业务领域、组织形式等部分依次组成；民办非企业单位名称应当冠以民办非企业单位所在地省（自治区、直辖市）、市（地、州）、县（县级市、市辖区）行政区划名称或地名；民办非企业单位应当根据其业务，依照国家行（事）业分类标准划分的类别，在民办非企业单位名称中标明所属行（事）业或者业务特点；民办非企业单位名称中所标明的组织形式必须明确易懂，一般称学校、学院、园、医院、中心、院、所、馆、站、社、公寓、俱乐部等，不得使用"总"字。

民办非企业单位名称应符合法律、法规的规定，不得含有下列文字和内容：1）不得冠以"中国""全国""中华"等字样；2）有损于国家、社会公共利益的，违背社会道德风尚，带有封建迷信色彩的；3）可能对公众造成欺骗或者误解的；4）政党名称、党政军机关名称、人民团体名称、社会团体名称、事业单位名称、企业名称及宗教界的寺、观、教堂（佛、道教的寺、观，伊斯兰教的清真寺，天主教、基督教的教堂）名称；5）已被撤销的民办非企业单位的名称；6）其他法律、行政法规规定禁止的。

关于民办非企业单位应具备的"必要的组织机构"，《民办非企业单位登记管理暂行条例》未作规定，实际上，由于民办非企业单位的种类众多，形式各异，也难以具体规定。但在其他有关民办非企业单位的法律中，有少量笼统的规定。如按照《民办教育促进法》的规定，民办学校（包括依法举办的其他民办教育机构）应当设立学校理事会、董事会或者其他形式的决策机构。并规定民办学校参照同级同类公办学校校长任职的条件聘任校长，年龄可以适当放宽，并报审批机关核准。民办学校校长负责学校的教育教学和行政管理工作。

3. 有与其业务活动相适应的从业人员。《民办非企业单位登记管理暂行条例》对从业人员未作规定。但在其他有关民办非企业单位的法律中，有少量规定。如按照《民办教育促进法》的规定，民办学校校长行使的职权中，包括聘任和解聘学校工作人员，实施奖惩等。民办学校聘任的教师，应当具有国家规定的任教资格。《民办高等学校设置暂行规定》则对校长的资格和教师配备等有比较具体的要求。

4. 有与其业务活动相适应的合法财产。由于民办非企业单位的种类众多，《民办非企业单位登记管理暂行条例》未对其应拥有的合法财产作统一的规定。根据有关部门的释义，[○]所谓"与业务活动相适应的"，是指申请成立登记民办非企业单位应具备与其规模、业务活动范围和业务量相适应的合法财产；资金数额必须达到行业所规定或要求的注册资金的最低限额。所谓"合法"，是指民办非企业单位财产的来源必须是来自正当渠道并且不违反国家法律、法规和有关政策。接受境内外个人或组织所捐赠的附带有危害国家主权、安全和民族团结要求的或附带的条件将会对社会稳定产生不安定隐患的资金等非法财产，不能作为申请成立民办非企业单位的合法财产。而根据《民办非企业单位登记暂行办法》，民办非企业单位合法财产中非国有资产份额，不得低于总财产的 2/3。开办资金必须达到本行(事)业所规定的最低限额。

5. 有必要的场所。民办非企业单位是实体性组织，因此法律上要求成立民办非企业单位必须要有必要的场所。《民办非企业单位登记管理暂行条例》第 9 条要求申请民办非企业单位登记，举办者应提交的文件中包含场所使用权证明，表明有必要的场所是申请登记民办非企业单位的条件之一。

登记管理机关对有下述情况的申请将不予登记：1)申请登记的民办非企业单位的宗旨、业务范围中有不符合条例禁止性规定的；2)在申请成立时弄虚作假的；3)在同一行政区域内已有业务范围相同或者相似的民办非企业单位，没有必要成立的；4)拟任负责人正在或者曾经受到剥夺政治权利的刑事处罚，或者不具有完全民事行为能力的；5)有法律、行政法规禁止的其他情形的。

（二）民办非企业单位登记的程序

1. 设立登记程序。申请成立民办非企业单位的发起人，应在其业务主管单位审查同意后，及时向登记管理机关申请登记。根据《民办非企业单位登记管理条例》第 9 条，申请民办非企业单位登记，举办者应向登记管理机关提交下列文件：

（1）登记申请书。包括举办者单位名称或申请人姓名；

（2）拟任法定代表人或单位负责人的基本情况。包括姓名、性别、民族、年龄、目前人事关系所在单位、有否受到剥夺政治权利的刑事处罚、个人简历等(拟任法定代表人或单位负责人的身份证明为身份证的复印件,登记管理机关认为必要时可验证身份证原件)，对合伙制的民办非企业单位，拟任单位负责人指所有合伙人；

（3）业务主管单位的批准文件。包括对举办者章程草案、资金情况（特别是资产的非国

○ 国务院法制办政法司，民政部民间组织管理局编著.《〈社会团体登记管理条例〉〈民办非企业单位登记管理暂行条例〉释义》. 中国社会出版社 1999 年版. 第 125～126 页.

有性)、拟任法定代表人或单位负责人基本情况、从业人员资格、场所设备、组织机构等内容的审查结论；

（4）场所使用权证明。即须有产权证明或一年期以上的使用权证明；

（5）验资报告。应由会计师事务所或其他有验资资格的机构出具；

（6）章程草案。合伙制的民办非企业单位的章程可为其合伙协议，合伙协议应当包括有关规定的内容，民办非企业单位须在其章程草案或合伙协议中载明该单位的盈利不得分配，解体时财产不得私分。

民办非企业单位的登记事项为：名称、住所、宗旨和业务范围、法定代表人或者单位负责人、开办资金、业务主管单位。经审核准予登记的，登记管理机关应当书面通知民办非企业单位，并根据其依法承担民事责任的不同方式，分别发给《民办非企业单位（法人）登记证书》《民办非企业单位（合伙）登记证书》或《民办非企业单位（个体）登记证书》。对不予登记的，登记管理机关应当书面通知申请单位或个人。

民办非企业单位可凭据登记证书依照有关规定办理组织机构代码和税务登记、刻制印章、开立银行账户，在核准的业务范围内开展活动。

对核准成立登记的民办非企业单位，由登记管理机关发布成立登记公告。成立登记公告的内容包括：名称、住所、法定代表人或单位负责人、开办资金、宗旨和业务范围、业务主管单位、登记时间、登记证号。

2. 变更登记的程序。民办非企业单位申请变更登记事项时，应向登记管理机关提交下列文件：法定代表人或单位负责人签署并加盖公章的变更登记申请书。申请书应载明变更的理由，并附决定变更时依照章程履行程序的原始纪要，法定代表人或单位负责人因故不能签署变更登记申请书的，申请单位还应提交不能签署的理由的文件；业务主管单位对变更登记事项审查同意文件；登记管理机关要求提交的其他文件。

民办非企业单位的住所、业务范围、法定代表人或单位负责人、开办资金、业务主管单位发生变更的，除向登记管理机关提交规定的文件外，还须分别提交下列材料：变更后新住所的产权或使用权证明；变更后的业务范围；变更后法定代表人或单位负责人的身份证明及其他材料；变更后的验资报告；原业务主管单位不再承担业务主管的文件。

登记管理机关核准变更登记的，民办非企业单位应交回民办非企业单位登记证书正副本，由登记管理机关换发新的登记证书。

民办非企业单位修改章程或合伙协议的，要报原登记管理机关核准。报请核准时，需要提交下列文件：法定代表人或单位负责人签署并加盖公章的核准申请书；业务主管单位审查同意的文件；章程或合伙协议的修改说明及修改后的章程或合伙协议；有关的文件材料。

民办非企业单位变更业务主管单位，须在原业务主管单位出具不再担任业务主管的文件之日起 90 日内找到新的业务主管单位，并到登记管理机关申请变更登记。

登记管理机关应在收到民办非企业单位申请变更登记的全部有效文件之日起 60 日内，做出准予变更或不准予变更的决定，并书面通知民办非企业单位。

对核准变更登记的民办非企业单位，由登记管理机关发布变更登记公告。变更登记公告的内容除变更事项外，还应包括名称、登记证号、变更时间。

3. 注销登记程序。民办非企业单位有下列情况之一的，必须申请注销登记：章程规定的解散事由出现；缺少或者不再具备条例第八条所规定的登记条件的；宗旨发生根本变化的；由于其他变更原因，出现与原登记管理机关管辖范围不一致的情况的；作为分立母体的民办非企业单位因分立而解散的；作为合并源的民办非企业单位因合并而解散的；民办非企业单位原业务主管单位不再担当其业务主管单位，且在90日内找不到新的业务主管单位的；有关行政管理机关根据法律、行政法规规定认为需要注销的；其他原因需要解散的。

民办非企业单位申请注销登记时，应向登记管理机关提交下列文件：法定代表人或单位负责人签署并加盖单位公章的注销登记申请书，法定代表人或单位负责人因故不能签署的，还应提交不能签署的理由的文件；业务主管单位审查同意的文件；清算组织提出的清算报告；民办非企业单位登记证书(正、副本)；民办非企业单位的印章和财务凭证；登记管理机关认为需要提交的其他文件。

登记管理机关应在收到民办非企业单位申请注销登记的全部有效文件之日起30日内，做出准予注销或不准予注销的决定，并书面通知民办非企业单位。

4. 公告。民办非企业单位成立、注销以及变更名称、住所、法定代表人或者负责人，由登记管理机关予以公告。

三、基金会的登记管理

根据2004年修订的《基金会管理条例》，基金会是指利用自然人、法人或者其他组织捐赠的财产，以从事公益事业为目的，按照本条例的规定成立的非营利性法人。基金会分为面向公众募捐的基金会(简称公募基金会)和不得面向公众募捐的基金会(简称非公募基金会)。公募基金会按照募捐的地域范围，分为全国性公募基金会和地方性公募基金会。

（一）登记管理责任范围

国务院民政部门和省、自治区、直辖市人民政府民政部门是基金会的登记管理机关。国务院民政部门负责的登记对象范围包括：1)全国性公募基金会；2)拟由非内地居民担任法定代表人的基金会；3)原始基金超过2000万元，发起人向国务院民政部门提出设立申请的非公募基金会；4)境外基金会在中国内地设立的代表机构。省、自治区、直辖市人民政府民政部门负责本行政区域内地方性公募基金会和不属于上述情况的非公募基金会的登记管理工作。

国务院有关部门或者国务院授权的组织，是国务院民政部门登记的基金会、境外基金会代表机构的业务主管单位。省、自治区、直辖市人民政府有关部门或者省、自治区、直辖市人民政府授权的组织，是省、自治区、直辖市人民政府民政部门登记的基金会的业务主管单位。

（二）基金会的设立登记

1. 国内基金会的设立登记。根据《基金会管理条例》规定，申请登记民办非企业单位的条件是：1)为特定的公益目的而设立；2)全国性公募基金会的原始基金不低于800万元人民币，地方性公募基金会的原始基金不低于400万元人民币，非公募基金会的原始基金不低于200万元人民币；原始基金必须为到账货币资金；3)有规范的名称、章程、组织机构以及与其开展活动相适应的专职工作人员；4)有固定的住所；5)能够独立承担民事责任。

申请设立基金会，申请人应当向登记管理机关提交的文件包括：1)申请书；2)章程草案；3)验资证明和住所证明；4)理事名单、身份证明以及拟任理事长、副理事长、秘书长简历；5)业务主管单位同意设立的文件。

基金会章程应当载明的事项包括：1)名称及住所；2)设立宗旨和公益活动的业务范围；

3）原始基金数额；4）理事会的组成、职权和议事规则，理事的资格、产生程序和任期；5）法定代表人的职责；6）监事的职责、资格、产生程序和任期；7）财务会计报告的编制、审定制度；8）财产的管理、使用制度；9）基金会的终止条件、程序和终止后财产的处理。在基金会章程中，必须明确基金会的公益性质，不得规定使特定自然人、法人或者其他组织受益的内容。

登记管理机关应当自收到所列全部有效文件之日起 60 日内，做出准予或者不予登记的决定。准予登记的，发给《基金会法人登记证书》；不予登记的，应当书面说明理由。基金会设立登记的事项包括：名称、住所、类型、宗旨、公益活动的业务范围、原始基金数额和法定代表人。基金会登记后，应当依法办理税务登记。

基金会拟设立分支机构、代表机构的，应当向原登记管理机关提出登记申请，并提交拟设机构的名称、住所和负责人等情况的文件。登记管理机关应当自收到前款所列全部有效文件之日起 60 日内作出准予或者不予登记的决定。准予登记的，发给《基金会分支（代表）机构登记证书》；不予登记的，应当书面说明理由。基金会分支机构、基金会代表机构设立登记的事项包括：名称、住所、公益活动的业务范围和负责人。基金会分支机构、基金会代表机构依据基金会的授权开展活动，不具有法人资格。

基金会凭登记证书依法申请组织机构代码、刻制印章、开立银行账户，并将组织机构代码、印章式样、银行账号以及税务登记证件复印件报登记管理机关备案。

2. 境外在华代表机构的设立登记。境外基金会在中国内地设立代表机构，应当经有关业务主管单位同意后，向登记管理机关提交下列文件：1）申请书；2）基金会在境外依法登记成立的证明和基金会章程；3）拟设代表机构负责人身份证明及简历；4）住所证明；5）业务主管单位同意在中国内地设立代表机构的文件。

登记管理机关应当自收到前款所列全部有效文件之日起 60 日内，做出准予或者不予登记的决定。准予登记的，发给《境外基金会代表机构登记证书》；不予登记的，应当书面说明理由。

境外基金会代表机构设立登记的事项包括：名称、住所、公益活动的业务范围和负责人。境外基金会代表机构应当从事符合中国公益事业性质的公益活动。境外基金会对其在中国内地代表机构的民事行为，依照中国法律承担民事责任。

境外基金会代表机构，凭登记证书依法申请组织机构代码、刻制印章、开立银行账户，并将组织机构代码、印章式样、银行账号以及税务登记证件复印件报登记管理机关备案。

（三）基金会的变更与注销登记

1. 变更。基金会、基金会分支机构、基金会代表机构和境外基金会代表机构的登记事项需要变更的，应当向登记管理机关申请变更登记。基金会修改章程，应当征得其业务主管单位的同意，并报登记管理机关核准。

2. 注销。基金会、境外基金会代表机构有下列情形之一的，应当向登记管理机关申请注销登记：1）按照章程规定终止的；2）无法按照章程规定的宗旨继续从事公益活动的；3）由于其他原因终止的。

基金会撤销其分支机构、代表机构的，应当向登记管理机关办理分支机构、代表机构的注销登记。基金会注销的，其分支机构、代表机构同时注销。基金会在办理注销登记前，应当在登记管理机关、业务主管单位的指导下成立清算组织，完成清算工作。

基金会应当自清算结束之日起 15 日内向登记管理机关办理注销登记；在清算期间不得开展清算以外的活动。

3. 公告。基金会、基金会分支机构、基金会代表机构以及境外基金会代表机构的设立、变更、注销登记，由登记管理机关向社会公告。

第四节 国外非政府组织登记管理

为了规范非政府组织的活动与发展，维护社会公众的利益，各国都普遍通过登记环节来加强对非政府组织的约束。本节以菲律宾、澳大利亚、印度作为考察对象，来了解国外在非政府组织登记管理方面的经验。

一、印度非政府组织登记管理○

印度有一系列相关各种类型非政府组织的法律，最主要的包括以下几种：《社团登记法》(1860 年)，《印度信托法》(1882 年)，《印度公司法》(1956 年)第 25 节，《合作社法》(1904 年)，《工会法》(1926 年)，《宗教捐赠法》(1863 年)，《慈善和宗教信托法》(1920 年)，《教区法》(1954 年)，《伊斯兰教区法》(1923 年)，《公共教区法》(1959 年)，各邦的《公益信托法》如《孟买公益信托法》、《拉贾斯坦邦公益信托法》等。其中，前三个及邦《公益信托法》主要适用于更多面向公共物品的组织，《合作社法》和《工会法》针对会员互益性的非政府组织，《教区法》针对具有某种特定宗教的一个社区的人们，其他几种则主要涉及宗教捐赠和宗教行为。

印度的非政府组织可以依法登记为五种类型：依据 1860 年《社团登记法》登记为社团；依据各邦的《公益信托法》登记为公益信托；依据 1956 年的《印度公司法》登记为公司；依据 1904 年的《合作社法》登记为合作社；依据 1926 年的《工会法》登记为工会。

1. 社团类非政府组织。1860 年生效的《社团登记法》效仿了英国 1854 年的《文艺与科学机构法》。该法案在第 20 条中说明了适用于该法的社团包括：慈善援助；战争孤儿基金或社团；由历届印度总统建立的社团；为促进以下目的建立的社团——科学、文学、美术、有用知识的传播或教育、政治教育的传播、图书馆或阅览室的创建或维持、公共博物馆和美术馆、艺术作品、自然史收集、机械或哲学上的新发现、新器具，以及新设计等。各邦政府还依据自己的特色对上述目的有所修订和拓宽，如德里增加了社会福利、自然环境保护的条目，比哈尔邦增加了工业和农业，古吉拉特邦增加了体育，马哈拉施特拉邦增加了公益或宗教等。可见，《社团登记法》涉及的组织范围非常多样，只要是以文学、科学和慈善为目的，无论会员制的组织，还是研究所、大学、服务机构等，均可以在该法案下进行登记。并且，该法案不仅适用于公益或慈善性质的社团，对符合法案规定目的的私人社团也可以适用。

《社团登记法》的目的是："改善为促进以下事业而设立的社团的法律地位：文学、科学、美术，或有用知识的传播、政治教育的传播，或为了慈善的目的。"其中，"慈善的目

○ 参考贾西津：《印度非营利组织及其法律制度环境考察报告》2005，原文见中国民间组织网。

的”在1890年的印度《慈善捐赠法》中被首次做了界定，即“救助穷人、教育、医疗救助，以及对其他任何公用事业目标的提升，但是不包括与特定宗教传教或宗教崇拜相关的目的”。事实上，判断一个组织是不是慈善团体的最核心标准是有没有私人收益，一个以会员互益为目的的组织，即使它间接地提升了公共福祉——比如通过提高会员的教育水平等，也不能被认为属于慈善目的。

《社团登记法》是印度联邦法案，不过许多邦在实施时还颁布了自己的《社团登记法》，特别是对于政府的监管职能范围，各邦的规定具有较大差异。一个社团可能在全国的法律或者邦的法律下登记，在马哈拉施特拉邦和古吉拉特邦，所有在全国《社团登记法》下登记的社团必须同时在1950年的《孟买信托法》下登记。

任何7个或7个以上的人为了法案规定的目的都可以申请登记社团，需要提交的文件包括：申请书，两份包括社团治理机构和发起成员名单的备忘录，两份社团章程（应当包含社团名称、社团目标、主管人员、顾问班子、董事委员会的名称、地址和职业，或根据社团规则，因事务管理而委托的其他理事机构），社团主席或者秘书长签署的关于社团名称的文件，所有发起成员的住所证明，办公场所所有权证明。

值得一提的是，《社团登记法》总共20条，从第6到第11条近1/3的条款都是有关社团的诉讼问题，它规定了社团作为起诉者或应诉者的身份、诉讼的延续性、针对社团判决的执行、罚款补偿、应当作为第三者起诉和可作为第三者犯罪被惩处的会员条件等。如此多的条款涉及社团的诉讼问题，说明了纠纷解决机制是社团法案的一个重点。

2. 公益信托类非政府组织。一个非政府组织还可以登记为公益信托的形式。登记为信托的条件是：有确保目的的一笔资产，有一个可以接受和运作资产的对象（受托人），有一个目标受益对象（受益人）。信托又根据目的分为私人信托和公益信托。规范信托的法律最重要的是1882年的《印度信托法》和1950年的《孟买公益信托法》。其中，《印度信托法》只规范了私人信托，在公益信托方面，它只适用于对于“信托人”和“受托人”等基本概念的界定，而1950年的《孟买公益信托法》往往成为各邦效法的一个范本。信托设立在有慈善委员会的邦必须在该委员会进行登记，在没有慈善委员会的邦则需要在邦的注册部门下面进行登记。《印度信托法》对于私人或家庭实体登记为信托形式少有涉及。

3. 非营利公司类非政府组织。《印度公司法》是印度全国性的法律，任何邦对它没有权限，该法案第25节予以中央政府批准成立“非营利公司”的权限。登记为非营利公司需要向地区长官或地区公司法理事会申请，登记成功后在法人地位上享有有限责任公司的一切权限。该条目下第4小款规定了伙伴企业可以成为非营利公司的成员，但是企业解散则会员关系自动失效。

4. 合作社类非政府组织。许多邦都有自己的《合作社法》，不过它们大体有一些共同的原则，可以称之为“合作社原则”，主要包括：在不违背联邦宪法和邦的政策所设定的公共道德、规范和相关指导性原则的前提下，为了提升会员的共同旨趣或者共同经济利益设立；规范和限制营利目的；促进节俭、互惠和自助；会员资格基于资源原则；社团的章程符合民主原则。其中，共同的旨趣或者共同经济利益是核心的原则，不过由于对共同利益或合作的内容没有确切界定，因而批准设立合作社的决定权很大程度上被赋予了登记者。原则上登记官的决定应该在与申请者充分沟通的基础上做出。1960年的《德马德哈雅普瑞德斯合作社法》将各种合作社区分为以下类型：农社、生产者社、加工社、资源社、行销社、消费者社、宅居社、联邦社、中央社、复合目的社、综合社。

5. 工会类非政府组织。印度最早期成立的工会包括 1890 年的孟买米尔汉协会、1897 年的印度和缅甸铁路工人联合会、1905 年的加尔各答印刷工人工会、1907 年的孟买邮政工会，以及 1910 年的孟买坎格辛瓦德氢克团体。1921 年，印度各个工会要求立法院为工会立法，从而促成 1926 年的《工会法》出台。《工会法》是印度的全国性法案，其框架指导着除了个别边境城市外的全国各地的工会的登记。《工会法》对于工会的界定是："任何暂时的或者持久的，主要基于调节工人和雇主关系的或者工人与工人关系的联合，包括两个或以上工会的联盟。"任何 7 个或以上的工会成员签署同意遵循《工会法》和工会规章，就可以申请成立工会。工会登记后可以建立独立基金，用于提升会员的社会和政治利益。

印度是一个联邦制国家，宪法将非政府组织立法权限交由联邦和邦两级政府共享。但是对于宗教慈善和国外捐赠的非政府组织资产，联邦政府有着较严格的法律。在宗教信托方面，有 1890 年的《慈善捐赠法》，1920 年的《慈善和宗教信托法》，以及 1995 年为统一全印度境内伊斯兰宗教公产（卧各夫，穆斯林内部的捐赠）而制定的《伊斯兰宗教公产法》等。此外，1976 年的《外国捐赠管理法》对所有的外国资金实行严格监管。

二、菲律宾非政府组织登记管理

根据菲律宾新税法，菲律宾规定国家证券委员会为专门的非政府组织的鉴定机构，要求所有非政府组织到国家证券委员会登记注册。经正式登记的非政府组织，才有权享受税收优惠和政府资助的待遇。捐款人可以通过证券委员会颁布的信息，从非政府组织中选择自己的捐赠对象以及捐赠项目和规模。

1. 登记与认可制度。总体看，菲律宾对非政府组织法律登记制度比较宽松。它对非政府组织实行登记和认可两种制度，登记和认可具有不同作用。登记是在非政府组织符合法律的规定后，以法律的形式授予非政府组织法人地位。而认可则是对非政府组织符合以提供某种特殊服务为目的的组建标准而给予的官方承认。

与不少国家相同，菲律宾允许非政府组织不进行注册登记。登记与不登记，完全取决于非政府组织自身的意愿。不登记的非政府组织（包括人民团体），虽然它们也有负责人、办公室和资金，但却无法拥有法人地位；虽然可以在不受政府的干预下开展活动，但不能享受免税待遇；虽然为社会提供了各种公益服务，但很少能获得社会的承认。它们基本上得不到政府的资助。政府允许未经登记的非政府组织参与地方政府部门举办的一些活动，其目的是促进政府与非政府组织的对话与合作，建立伙伴关系。只有在希望获得法人资格以便享受到法定优惠待遇在情况下，非政府组织才会进行正式登记。不登记的非政府组织事先要准备好应付民事责任。不登记的非政府组织如果以正式组织的名义行使权力就会受到政府部门的起诉，并通过检察长和诉讼官员在相关级别的法院对该组织成员提起诉讼。如果法院做出其侵犯正式组织的判决，这些成员将被驱逐出非政府组织。

2. 登记基本步骤。菲律宾证券委员会是管理非政府组织的政府职能部门。依据法律，该机构拥有对非政府组织的监督权、管理权。在行使权力时，该委员会可得到政府其他机构，如卫生、教育等部门的支持，并可委任有关政府机构代为行使管理权和监督权。证券委员会负责登记注册非政府组织，同时也登记注册有限责任公司。向证券委员会申请注册登记非政府组织，可选择快捷程序或普通程序。与一般要求不同的是，菲律宾非政府组织的申请者还需递交名称的说明以及遵守非政府组织有关管理制度的承诺。成立基金会事先需有

50000 比索[⊖]的本金。如果是基金信托组织，还需公证人员的公证。公证人员对非政府组织拥有监督权。如果成立教育类的非营利组织，还必须获得政府教育部门的许可证，然后到证券委员会注册登记。

证券委员会在收到申请者的全部文件后，对其进行审查以确定这些文件是否符合法律的规定。主要看目标宗旨、组织结构、董事会、资金管理办法、财务人员、办事程序、员工社会保障、监事会、是否加入网络等。如果不符合，证券委员会将通过与该组织的代表召开会议的形式，向申请人提出改进意见。对不符合上述条件，宗旨明显不符合国家宪法、法律、法令和社会道德标准的非政府组织申请者，证券委员会拒绝批准登记。不服的申请者可提出复议和行政诉讼。

申请者被批准后即获得法人资格。在证券委员会登记注册的非政府组织并不能享受免税待遇。需要免税的非政府组织，还需向税务部门申请。税务部门负责审查非政府组织的免税资格。基金会在国家税务局登记注册。

3. 登记制度的改革。为了严格登记管理工作，使非政府组织取信社会，更好地服务社会，菲律宾政府于1998年成立了菲律宾非政府组织登记注册委员会，专门负责享受免税待遇的非政府组织的登记注册。主要任务是：调动非政府组织的积极性，提高其服务水平，促进其健康发展；加强非政府组织与政府的合作伙伴关系；建立相关认证制度，受理注册申请，并对其进行评估，合法的非政府组织将获得该委员会颁发的证书；鼓励个人和私营业通过减免税收，向非政府组织捐赠财产，参与社会发展；简化非政府组织的登记手续和办理税收手续，提高工作效率和审批的准确性。

新成立的登记注册委员会属非政府组织性质，主要承担非政府组织登记注册的职能和负责非政府组织减免税的审查。这个机构实行垂直领导体系，在地方有派出机构，代表国家行使管理权。从中央到地方，有100名左右的志愿工作者。除交通与差旅费外，这些工作人员所有其他费用均自理。

改革方案规定，新成立非政府组织的一般步骤是：如果成立全国性的非政府组织，要向菲律宾非政府组织登记注册委员会递交申请和有关材料，说明组织机构和董事会、章程、资金来源渠道、资金管理方式。如果成立省一级的非政府组织，要递交两封申请书，一封申请递交给菲律宾非政府组织登记注册委员会，另一封申请递交给省发展委员会，并附上有关材料。这个委员会设在省长办公室里。给发展委员会递交申请，目的是让发展委员会知道在哪些地方开展项目。发展委员会在收到非政府组织的申请信和全部材料后，回信确认材料齐全。

随后，非营利组织登记注册委员会派出认证工作3人小组，进行为期3天的实地考察，与社区服务对象、董事会成员座谈，主要了解拟成立的非政府组织的宗旨、任务、组织结构、资金来源、非营利性、公益性、公众可信度、财务管理方式以及项目可行性。通过实地调查，认证小组做出是否登记的决定。认证官员独立工作。认证官员在下去检查前先看申请材料，然后到申请者所在地检查核实，写出调查报告。报告要分析申请者的优势和存在的问题，并首先在报告上打出分数，提出初步意见。不同意成立的，要说明原因，并提出改进建

⊖ 2004 年，1 元人民币相当于 6.6 个菲律宾比索。

议。这份评估调查报告要递交给非政府组织登记注册委员会的董事会，最后由董事会决定是否批准申请者登记。董事会一般由9人组成。每个月至少开一次审批会议。表决时要有网络组织、非政府组织的代表和税务局的代表参加。董事会表决实行投票制，每个董事会成员根据认证检查小组报告的情况打出分数，采取5分制。得4~5分的申请者，可获得3~4年的活动期；得3~4分的申请者，可获得3年的活动期。获得3分以下的申请者，委员会不予批准登记。非政府组织获得准许登记后，必须在6个月内开展活动，否则将被注销。董事会同意后，将签署书面文件，委员们要在书面签字，然后将这份文件送税务局。不享受免税待遇的不在规定之列。非政府组织注册登记时要交纳10000比索的登记费，规模小的非政府组织可以交3000比索。此经费用于支付认证官员（3人小组）的车旅费。全国有600个经培训的认证官员。

三、澳大利亚非政府组织登记管理

澳大利亚非政府组织的主要形式包括：正式登记的非政府组织、不登记的非政府组织、慈善信托组织、有担保的有限公司。这些形式的非政府组织在政府哪个部门登记取决于非政府组织的组织形态。不同的组织形态有不同的登记管理方式。

1. 正式登记的非政府组织。正式登记的非政府组织具有法人资格。澳大利亚政府由联邦、州和地方政府组成。联邦没有全国统一的非政府组织登记法规，各州和地方都有专门的成立登记法律对此予以规定。

每个州和地方都有一个登记机关，一般设在司法部内，通常由一位部长负责这个部门的工作。大多数法规对会员的最少数量、登记费、宗旨和章程有明确要求，同时还要求填写完备的申请书等。登记机关有权拒绝非政府组织的成立申请，不过很少发生这样的事。

在政治方面，澳大利亚各州的法律都规定，非政府组织不得为非法目的成立，有的地方还特别规定不得成立以政治为目的的社团。在经济方面，各州和地方都规定，非政府组织不得以营利为目的，禁止在会员中私分财产，全部利润要用于与宗旨相符的事业。也有的州不允许非政府组织参加任何经营活动。

澳大利亚的非政府组织内部设理事会。理事会由年度的会员大会选举产生，但也有的州规定可以由外部的机构派代表组成。理事会成员任期一般为一年，许多地方允许理事会成员延期担任。理事会对本团体的工作负责。大多数州和地方规定非政府组织每年要向政府有关部门报送财务审计报告，但不同的是，有的州还要求非政府组织将审计过的账单交政府有关部门保管，以便公众检查。澳大利亚非政府组织的章程中，普遍规定了会员的权利，以及会员权利受到侵害时的解决办法。如果发生争议，会员甚至可以要求法院强制执行。有的州制定了非政府组织的会计和审计的标准，这对于非政府组织的财务管理是非常有用的。正式登记的非政府组织要在章程中明确规定理事会和全体大会的次数、时间和形式，还要规定选举办法，参选理事会成员需2~3人提名。变更理事会成员必须在一个月内向州司法局备案。

澳大利亚的非政府组织可以自行解散。各州规定，财产清算标准可参照公司法的规定执行。每个州的法律对剩余财产的规定是极不相同的。在昆士兰州和维多利亚州，可以按照团体章程规定或者会员通过的专门决议来处理剩余财产，而在其他州，任何处置方案，都要得到法院批准，而且有些情况下政府要严格管理。非政府组织注销或兼并前，由指定注册会计师进行财务审计，剩余财产由法院判决移交同类非政府组织，然后收回法人证书。如资不抵债，由指定注册会计师向法院起诉，由法院判决。如果营利组织兼并非政府组织，非政府组织的财产不得私分,需用于与其宗旨相同的事业,或存入银行。为了取得免税资格,大多数非政府组织在章程中规定,解散时将剩余财产移交同类具有免税资格的非政府组织。

2. 不登记的非政府组织。所谓不登记非政府组织属非正式结社的非政府组织,是指人们为实现某个目的,自发地成立社团组织,不需要任何法律依据,只要意见一致即可以建立。

不登记的非政府组织不具备法人资格,可以用全体成员的名义签订合同,但要由个人承担法律责任,还可扩大到民事侵权责任。不登记的非政府组织其活动和组织形式的范围很广,大多数是互益性团体,从非正式的消闲俱乐部到大型的宗教和政治组织。

不登记的非政府组织大量存在的主要原因,是法律没有明确规定成立组织一定要注册。由于这种组织具有成立容易、运作费用低、不受专门法律约束的特点,于是自由建立不登记非政府组织也就成为普遍现象。政府允许不登记的非政府组织的存在,给公民结社提供了灵活的、便利的途径,满足了公民一般结社的需求。但是在任何法律中,如宪法和权利法案中都没有明确记载它的地位,在财产权、民事权等方面不受国家法律的保护。所以,近年来不登记的非政府组织有向登记组织变更的明显趋势。

不登记的非政府组织不得以非法目的和营利目的成立。它也可以从事商业活动,但如果将红利分配给其成员,就有变成营利组织可能,那么就要受到相应的处理。

不登记的非政府组织按照其章程的规定,可以参与以影响立法和以选举为目的的活动。选举活动和候选人员要遵守选举法。

不登记的非政府组织由于不受法律的管辖,所以往往特别需要自律,建立健全各项规章制度。但这种自律并不是个个不登记的非政府组织都做得好的,如有的就不向公众提供所得税报告,有的内部管理混乱,争议不少,有的理事会缺乏责任等。

澳大利亚公司法对不登记的非政府组织有限制措施,禁止成立多于20人和为团体或其成员谋取利益的不登记非政府组织。是否为成员谋取利益,澳大利亚证券委员会有标准,主要看其资产、年收入和雇员的多少。不登记非政府组织,如果需跨州开展活动,需向公司法协调机构和澳大利亚证券委员会办理登记手续。这些限制性条款,迫使不登记非政府组织开始采取法人登记形式。

法律没有规定不登记的非政府组织的资金使用方式,但一般地都将其资产的一定比例用于本社团的目标等。不登记的非政府组织内部管理也没有法律规定。

不登记非政府组织的领导成员,通常是通过会员会议投票选举出来的,任期一般1~3年。也有的会员是终生的。理事会以上成员如果不能胜任,通常会受到章程的制裁。全体会员可以在会员大会上,予以罢免。如需要复议,法院一般是不会介入的。不登记的非政府组织一般都在其章程中规定了解散的程序。如果不登记的非政府组织的成员一致同意解散,他们还可以制定解散的程序。如果解散的决定是由多数表决通过的,且章程中规定有解散程序,则必须按该程序办理。

3. 慈善信托组织。慈善性信托组织是一种要求受委托者公正地管理所托管的财产并实现捐赠者提出的用于慈善目的的非政府组织。通常情况下,慈善信托形式常常是基金会。慈善信托与社团法人不同,但是,可以采取社团实体的形式管理这笔财产。

慈善信托组织不必向任何州的行政部门登记。但是由于其他原因,如为了纳税和募集公众资金,它们可能被要求到不同的权威部门去登记。成立慈善信托比成立非正式结社的团体在法律上要求更严格。大多数涉及不动产的慈善信托，都必须以书面的法律文书登记。从法律的角度看，如不按正规手续办理成立登记手续，慈善信托很难开展活动。澳大利亚的法律允许慈善信托进行投资，可以从事与其宗旨有关的商业活动，例如，一个托管的学校可以收取教育费，一个托管保护历史建筑的组织可以收取门票费，但是这些受委托者不得从中谋取私利。

受委托者在办理受托关系后，可成立慈善信托管理机构。受委托者可以终生从事信托工作，但必须对受托工作负责。受委托者可以在托管资金中报销工作费用。任何个人均可对受委托者的行为提出质疑，但必须得到州检察总长的批准。

慈善信托在澳大利亚是非政府组织中最保密的形式，责任制度几乎完全落在了受委托者身上。这种个人资产的隐私性处理方式，更能被不愿声张的富人所接受。加上慈善信托管理不严格和不规范，管理慈善信托组织最难的是如何保证它的活动符合慈善的目标，许多澳大利亚人认为，慈善信托存在着危险。正因为此，澳大利亚政府对税法进行修改，以杜绝某些拥有高额财富的人将慈善信托作为逃税的工具。

4. 有担保的有限公司。有担保的有限公司是澳大利亚非政府组织的特色。澳大利亚社团是在公司法下成立的，联邦政府规定在公司法下允许非营利社团注册，并且通常采取有担保的有限公司形式。这种形式是从英国的公司法中继承下来的，其成员要提供一定数量的担保金，以便在社团解散时偿还债务。一旦该组织解散并无力偿还债务时，其成员要保证缴纳一定数量的资金。保证金的数额一般很少，是象征性的，在 2~100 澳元之间。许多老一点的非政府组织都采取这种组织形式。

成立有担保的有限公司需作全国性非政府组织注册，向澳大利亚证券委员会提交申请。澳大利亚证券委员会为联邦财政部所属，该委员会在各州设有机构，负责执行公司法，是负责全国性非政府组织登记的政府部门。注册成立有担保的有限公司，需有名称、章程、办公地点、5 个发起人、3 个负责人（其中有 2 个人是澳大利亚本土的居民），还要填写有关表格，缴纳公司登记费。没有注册资金的限制。名称不能含糊不清，章程需 3/4 以上的成员通过，秘书长和司库必须专职，秘书长的国籍不限，但需在澳大利亚长期居住。董事长（会长）必须具备以下条件：自然人；18 岁以上；非破产、非无力偿还债务、非被救济者；非被法庭传讯过或有澳大利亚证券委员会禁止情形；无违宪行为。有担保的有限公司由董事会管理。其董事会产生的选举程序，比许多结社团体的规定灵活得多。通常董事由公司的成员提名，并在年度大会上投票选举产生，董事的任期 3 年。也可以多数票撤销董事。董事会的成员对组织负责，承担个人责任。如有违法，董事们可能受到民事和刑事的处罚。有担保的有限公司要将年度报告和经审计的财务文件上报澳大利亚证券委员会，由该委员会将此信息提交公众监督检查。

第六章　对非政府组织的税赋管理

税收是一个国家政府促进社会公平的根本依赖和工具。根据税法的一般规定，直接负有纳税义务的自然人、法人和非法人组织体，以其取得的商品、所得和财产作为征税对象或者标的。非政府组织作为一类法人，它也有支持其履行职能的资金和财产收入，主要包括社会捐赠、政府补贴，以及服务收入等。但由于非政府组织所具有的非营利和公益服务的特别性质，世界各国的通例是豁免符合条件的非政府组织的纳税义务，并使非政府组织的捐赠者也享受税赋优惠。这是一个复杂的法规政策制定与实施过程。为了保证公平、效率和秩序，无论是相关主体的资格确认，还是税赋免除和优惠的标准设定，还是具体的执行实践，都要求政府管理者要应具备良好的法规、制度、机制和程序。

第一节　非政府组织税赋优惠的基本问题

与非政府组织税赋相关的基本问题，主要包括税赋优惠的原因、税赋优惠的管理原则、税赋优惠的税种和额度，税赋优惠的管理程序等。这是各国在对这类组织的税赋管理中都要关注和研究的问题。

一、税赋优惠的原因

作为实现财富再分配的重要手段，税收不仅是社会公平的调节器，而且它自身也必须首先满足公平的要求。公平是税收的核心价值。这就要求在实践当中，不同条件的纳税人应负担不同的税负；相同条件的纳税人应负担相同的税负。世界各国在围绕非政府组织的税收管理上，通常的做法，一是对非营利的公益性组织实行不同程度的免税政策，二是对向非营利组织捐赠的组织和个人给予税赋优惠。这与税收公平的价值准则是一致的。但尽管这样，人们还是愿意知道对这个问题的解释。对非政府组织和相关捐赠者实行税赋优惠主要考虑以下原因：

1. 目的方面的原因。在国家的各类组织中，政府是因为公益目的而存在的法定组织，它承担着为所有共同体公民提供共同需求消费品的职能。因此，政府不纳税就是天经地义的。在政府组织之外，还有非政府组织，这类组织中的公益性组织，存在目的在某些方面与政府非常相似，即也是追求社会公共利益。比如这些组织所从事的生态环保、救灾扶贫、教育启蒙、就业培训、消除贫困、人道救援、科学技术、社会凝聚、权利保障等事业，都属于社会管理和公共服务的范畴。政府的税收，作为二次分配的工具，最终是服务于社会共同需求消费品的提供，其中就包括非政府组织在各个领域内所从事的公益服务工作。这就意味着那些非营利公益组织实际上是在代替或补充政府的职责。那么对于履行这种职责的主体再加以收税，就是加重这类公共服务供给者的负担，降低它们的公益服务能力，这在逻辑上是自相矛盾的。而对捐赠者实施税收优惠，实质上也是鼓励社会各类主体主动奉献自己的劳动成果，支持和参与由公益组织进行的公共产品的生产与提供活动。鉴于他们的公益性实践目的，自然应当享受国家的税赋优惠。

2. 成本方面的原因。政府对税收资源的管理，包括了征收、分配和使用的若干管理环节。在各个环节，政府都要为此付出成本。比较有效的管理，成本大概在5%左右，而效率比较差的管理，成本甚至会高达40%~50%的样子。这就意味着，且不说在税收资金在使用环节的效率，仅仅在征收过程，就有差不多一半的税收资金无法用于社会公益服务目的。这样就显示出了非政府组织直接支配社会资源用于社会共同需求品的价值所在。作为非营利的公益组织，首先，所需要的资源主要来自项目服务、社会捐赠和政府补贴，这个聚集过程比较简捷，几乎不需要成本；其次，它们的使命是奉献性的社会服务，不能进行营利活动，也不能进行剩余的内部分配，宗旨所规定的工作领域比较清楚，在人力资源上还有大量志愿者的参与，这些因素使的它们的运作过程的成本相当低；再次，由上述情形决定了，非营利组织提供的公共服务的价格会比较低，至少不会高于总体成本，而服务的针对性和质量会更有保证。因此，这种成本低廉的公共服务组织和机制，理应享受政府减免税的政策关照。若对这类非政府组织的活动征税，若对支持它们的捐赠者不给予税赋优惠，则在客观上相当于提高了其服务的成本，等于迫使公益组织提高其服务价格，实际就增加了受益人的负担。这与政府的公共利益追求是背道而驰的。

3. 公平方面的原因。社会财富的分配有三次。第一次分配的主体是市场机制，原则是竞争和效率，是按照竞争能力分配，实行多劳多得；第二次分配的主体是政府，它通过税收杠杆，来对社会的强弱差别和贫富差距进行调节，其性质是强制，原则追求是社会的公平公正；第三次分配的主体是非营利性社会公益组织，它依靠自己的特殊使命，吸引社会方方面面自觉自愿地将自己的私有财产贡献出来，帮助社会的弱者，促进公共需求品的供给和社会公共利益的实现。正是由于三个主体、三次分配的相互补充，才使社会能够有一个平衡机制，获得健康发展的基础。作为第三次分配的主体，公益组织以低于成本的价格甚至是免费，为社会提供了服务产品，它不能追求利润积累，其工作人员不能获得高工资和高福利。如此，对它们像企业一样予以征税，那是不公平的，其事业会很快难以维持。同样，作为非营利组织支持者的各类捐赠主体，他们所奉献的，是企业、自然人经营劳动成果的一部分，捐赠实际上是帮助公益组织帮助国家政府履行社会管理和公共服务职能，为此也就相应减少了捐赠者的财产占有和消费份额。在这种情况下，如果捐赠者不能享受从应税所得中扣除的优惠，那就相当于双倍的财产付出。这对捐赠者来说显然也是不公平的。将极大损害非政府组织公益事业的发展。这几方面的原因，就决定了政府要对非营利组织和相关捐赠者实行税赋优惠政策。

二、税赋优惠管理的原则

公益组织所从事的公益活动，使其有资格获得政府的税赋优惠。但在实际操作中，一些复杂情况的存在，形成了对税赋公平性的挑战。这就要求管理者要确定基本原则，严格而精准地确定税赋优惠的主体，避免由于管理疏漏而造成的任何负面影响。

1. 区分营利性组织和非营利性组织。不以营利为目的，是非政府组织的主要特征之一。也是此类组织有别于企业商业组织的根本之处。但在实践当中，有不少所谓的非政府组织实际上都在从事着各种营利性的活动并且分配利润，有些甚至以营利为主要目的，比如，中国的一些有关法规甚至明文规定允许一些非营利组织从事营利性的活动，并可以取得一定的回报。此外有些非营利组织接受营利性企业和个人的投资，投资者则期待获得投资回报。这些做法改变了非政府组织的基本性质。

在世界上的任何国家，不分配利润是非营利组织的一个关键标志。尽管这些国家的税法允许非营利组织可以获取利润，但规定这些利润必须全部用于非营利目的。无论在存续期或清算解散时，它的创始人、投资人、管理者和员工等，都不允许分配利润和资产。因此，任何以营利为主要目的或允许分配利润的组织，都不是真正的非政府非营利性公益组织，都应当作企业法人进行登记和管理，相应地，这类组织也就不能享有税赋优惠的资格。总之，分配利润与否，是区分营利组织和非营利组织的一个基本特征，这个特征应当成为管理者辨分非政府组织的真假，确认其能否享有税赋优惠资格的基本依据。

2. 区分公益组织和非公益组织。非政府组织的范围比较大，其中有的非政府组织仅仅为特定群体利益服务，比如协会、联谊会等组织。人们有时候也将其叫做一般性非营利组织或者互益组织；另一种非政府组织则以增进社会整体利益为目标，比如环境保护组织、扶贫救济组织、慈善基金组织等。人们有时候将这类组织叫做公益组织。当涉及到税赋优惠时，将这两类不同的非政府组织区分清楚，是一个必需的前提。

尽管非政府组织很多活动都是对政府职能的有益补充，但是，这两类组织所提供的服务或从事的活动，在造福公众的程度上存在着很大差异。公益组织对社会管理和公共服务以及社会福利都有益处。而互益组织虽然跟社会有关系，但是它更多的是与一定范围内的利益主体有关，它并不面向社会公众开展活动，而仅仅服务于特定的人群或成员，这些组织尽管也不以营利为目的，也不允许分配利润，但他们的活动是互益性的，只是对少部分人有益处。不属于公益性的法人组织。因此，在税赋优惠上面，不给予互益组织与公益组织等同的待遇。这里，有必要归纳和确认公益组织主要特征和公益活动的主要范畴。

公益组织主要特征。1)属于依据相关法律经过专业管理部门资格认证和注册登记的非政府组织；2)组织使命与宗旨明确不以营利为目的且以此为准则从事公益性活动；3)组织不进行利润分配，也不为组织的管理者、工作人员以及其他与组织有关联的个人或法人谋求与同业人员相比不合理的报酬或其他特殊利益；4)组织的受益者，或是社会全体成员，或是某些特殊群体，如弱势生活群体，或者是需要特别关注和帮助的边缘性专业群体等。提供公益性援助给此类群体，将促进社会整体利益；5)组织以成本价或低于成本的价格提供物品和服务；6)表明非营利组织建立和运行主要是为了从事公益性活动的其他指标。

公益活动的主要范畴。公益活动是指活动结果最终有助于增进社会整体利益的活动。被世界各国视为公益活动的范畴包括：1)志愿者服务；2)慈善活动；3)关于健康促进、医疗卫生服务；4)人道主义灾难援助和减少贫困；5)公共教育和就业培训；6)社区营造和社区发展；7)边缘性和基础性学术、文化、艺术、科学、体育的促进；8)生态、资源与环境保护；9)国际交流合作与促进和平；10)公民权保护；11)儿童、妇女以及弱势群体保护；12)社会改革倡议和政策倡导；13)信息提供或能力建构；14)促进经济或产业发展；15)关于其他增进公共利益的活动事项。

3. 区分免税经济活动和应税经济活动。非政府组织不以营利为目的，并不意味着它不能进行经济活动。从对各国的了解看，经济活动收入是非政府组织主要收入来源之一。这就出现了一个矛盾：一方面公益组织要享受税赋优惠；另一方面它们又可参与经济活动。这样对同类企业是否公平。所以，在税赋优惠管理中，必须要区分免税经济活动和应税经济活动。区分的办法一般采用宗旨检验法和比例限制法。

宗旨检验法。可用以发现一个非政府组织的经济活动与其公益宗旨的关联度。以公益组织在进行服务中的收费为例：如果一个医院向有负担支付能力的病人收取费用，同时为贫困病人提供免费服务，这样的收费应属于"相关使命"的经营活动。同样，如果大学为贫困的学生提供奖学金，而向有负担经济能力的学生收取学费，这样的收费也应属于"相关使命"的经营活动。反过来，如果医院既向有支付能力的病人收取医疗费，又通过向公众销售加含了所谓"医院管理费"的药物和医疗器械来获利；或者一个高中既在常规时间为学生上课，同时又强制性在周末给学生开办收费"补习"班，这些做法应属于"无关使命"的经营活动。所获得的利润，应该缴纳所得税。如果公益组织将不急需的基金存放在计息银行账户里，或者在企业购持少数股权，所获股息、利息、租金、专利特许权使用费和资本利得等，属于"被动"收入性质。由于这关系到组织的生存和服务宗旨，一般不被看作是商业活动。还有，公益组织从事募集资金的抽奖销售、慈善拍卖等活动，或者出租自己拥有的房屋给其他组织机构，一般也不属于商业活动。均不征收所得税。

比例限制法。可用以衡量和观察公益组织公益性的体现程度。当用宗旨检验法确定一个组织的活动的使命相关性遇到困难时，业内专家会使用一个机械标准：在一个确定的比较长的时期内，如果一个不是公益性的非营利组织50%以上的活动与其非营利目的无关，那么这个组织就应当被看作是经营实体，所获得收入要缴纳所得税。但是，对于一个公益组织来说，无关公益目的经营活动，如果超过5%，那就应取消它享受免税待遇的资格。

国际社会对公益组织经济活动有五种税收政策。1）对公益组织一切经济活动的获利实行全面征税。如在保加利亚、印度、菲律宾等不发达国家。该规定虽确保了组织的非营利性，防止了国家税收的流失，但使组织缺乏独立性和适应能力，抑制了组织发展。2）对公益组织一切经济活动的获利全面免税，比如在英国、澳大利亚、波兰等国，但前提条件是所有收入必须用于非营利目的。与全面征税制相比，全部免税会使大量资金流向营利领域，造成不公平竞争并助长逃税漏税风气。3）只对无关公益使命的经营收入征税。比如美国税法将公益组织的收入分为免税收入、与免税目的无关而免税的收入（包括红利、利息、租金和使用费这类"投资收入"）以及与免税目的无关而征税的收入。这避免了不公平竞争及国家税收的流失，同时也使公益组织的活动范围受到限制。4）对公益组织超过规定限额的营利收入纳税。如匈牙利，经济活动收益可获得总收入的10%的免税，其余部分则须缴税。5）公益组织经营收入可享受低于企业所得税率的税收优惠。如日本法律规定，虽然对公益法人从事33种行业的营利活动收入仍需课税，但相对于营利法人30%的税率，公益法人税率减轻为22%。[○]这种设计既允许公益组织部分从事营利活动，以促进公益组织自身能力建设和公益事业的发展，又体现税收制度的公平性，操作性比较强。

4. 强调税赋的公平和公正。按照税收原则，同样性质的公益组织应该得到相同的对待，不同性质的非政府组织，比如公益组织和互益组织，应该不同对待。所有捐赠的企业或自然人，都应获得相应法规下税赋优惠的同等对待。比如：所有非营利组织无论从事何种活动，投资所得都须缴纳所得税，而公益组织则相反，其投资所得应予以免税；对非营利组织的捐赠不应给予税收优惠，而对公益组织的捐赠应当享受税赋优惠；所有企业，无论是本国企业还是在地主国的外国企业，只要捐赠，它们所享受的应税扣除比例的税赋优惠应当相同；对

○ 文国锋．"日本NPO法律制度研修考察报告"．（民政部内部工作报告），2006（8）．

任何公益组织的公益捐赠都应给予税收减免，而不应当划定或者列举享有该项税赋优惠的组织范围或者名单；等等。公平公正地规范和统一税制将有利于避免漏洞和弊端。

5. 严格对公益组织的税收管理。因为公益组织得到更多的税赋优惠，当然应接受比其他非营利组织更严格的管理。无论税赋优惠身份的申请程序，还是资格的审查把关；无论是档案管理，还是绩效评估；无论是日常检查，还是报告制度；无论是鼓励还是惩罚，都应当建章立制，有法可依。并且在此基础上，将享受税赋优惠的公益组织置于政府专业管理部门和社会公众的严格监督之下。

三、税赋优惠的税种和标准

围绕非政府组织的税赋优惠涉及两个方面：一个是有关非政府组织自身的税赋优惠；一个是有关非政府组织捐赠者的税赋优惠。

（一）对非政府组织的税赋优惠

对于一个非政府组织而言，真正在日常活动中具有相关性的税种是所得税、营业税、增值税、房产税、土地使用税等。综合各国的做法，主要优惠税种和标准如下。

1. 企业所得税。企业所得税的免税政策对非政府组织非常重要，因为他们通常从各种来源取得收入。非政府组织的一般收入来源包括：1）赠予、资助和会员缴费；2）投资行为（股票、债券、银行存款、租金、特许权使用费和资本利得的收入）；3）与活动有关的贸易和经营活动，扩展公共组织非营利活动的收入；4）无关的贸易和经营活动（例如，商业活动，或向非会员销售货物或服务），利润用于支持非营利目的。

国际上通行的做法是：1）对所有类型的非政府组织获得的捐赠、各类资助和会员会费不征税。2）其他收入来源的税收政策，则不同性质不同对待——非公益性的非政府组织为会员服务虽然也有利于社会，但是没有直接服务于公益目的，所以对其他收入来源征收企业所得税；公益性非政府组织应该仅就无关公益宗旨的贸易和经营活动征税。

2. 营业税和增值税。增值税和营业税是公益组织承担的最主要的单一税收负担。对公益组织销售商品征收的增值税或服务征收的营业税实行零税率，往往在很大程度上是无效的，因为容易引起销售方提高价格，抵消了免税的收益。允许对公益组织缴纳的增值税按一定的比例退税，只要是限制在合理的水平，就可以大大减轻公益组织的税收负担，同时不会增加管理的难度和引起滥用退税。而对于非公益性非政府组织，则不可以免营业税，也不实行增值税返还。

3. 关税。根据国际通例，应该在平等的原则下免征所有公益组织为了公益事业接受捐赠的进口物资的关税和进口增值税。为避免恶意避税行为，应要求相关公益组织提交证明该组织资格的相应证据，并且要求它在此后3年内每年提供年度报告，证明它在开展公益活动的过程中对该免税物品的使用情况，证明该免税物品使用与组织公益宗旨的关联性。如果公益组织在3年内出售或以其他方式处理这些物品或设备，必须按其原值缴纳海关关税和进口增值税。对非公益性非政府组织接受与公益性活动无关的货物，不应免除关税和进口增值税。

4. 房产税。根据公益组织拥有的房产类型和用途来决定免税与否。如果用作非营利目的，当减半免除非公益性非政府组织应该缴纳的房产税，全部免除公益组织的房产税。但无论哪一类非政府组织，如果利用房产从事营利活动，如收取房租，就都应全额缴纳房产税。

5. 车船使用税。对于公益组织所拥有的用于公益性活动的自用车辆，都应给予免税待遇；对于互益性的非政府组织，则可实行税收减半的政策。

6. 耕地占用税。耕地占用税是对占用耕地用于非农目的的行为征收的税种，目的是保护耕地资源。对于中国这样的耕地资源稀缺的国家，无论哪一种非政府组织，占用耕地用于非农业目的，都应缴纳耕地占用税。

7. 城镇土地使用税和契税。公益组织可享受城镇土地使用税和契税的免税政策；对其他非公益性非政府组织，可以实行减半征收。

（二）对捐赠者的税赋优惠

1. 捐赠的税收优惠标准。政府一般不对给予互益性组织的捐赠实行应税抵扣政策，因为它们并不服务于普遍的公益目的。而对公益组织捐赠则实行应税抵扣优惠，但必须是有比例限制。就企业而言，很少有企业在 1 年内向公益组织进行大宗捐赠。但仍然有必要有一个抵扣上限，这可以满足大宗捐献企业的要求。比如，一个公司可能捐赠一栋楼给公益组织用作学校或诊所。为公益事业捐赠应当得到鼓励。但是，如果对这类捐献允许的抵扣没有限制，有的富人就有可能通过这个途径规避缴纳税款。因此，各国对向公益组织捐赠者都实行应税抵扣优惠，抵扣优惠的比例高限，一般是企业应纳所得税的 10%；个人应纳所得税的 50%。

2. 实物捐赠。公益组织的实物捐赠者可享受应税抵扣。但国际社会的经验是，能够获得公平市场价格的财产没有什么问题，如公开上市交易的股票。但在某些情况下，捐赠物（如房屋、土地、股票或艺术珍品）的价值比较模糊。这种情况有可能使实物捐赠被不道德的纳税人滥用，他们夸大所捐赠物品的价值。因此，对不容易获得确定价格的财产捐赠，只有在经过国家税务机关或者其他专业管理机关事先批准和书面同意，并经权威机关或独立评估师认定捐赠物价值的情况下，才应允许抵扣。

3. 递延抵扣。允许个人或企业当年超过所得税抵扣限额部分的公益捐赠递延至下一年度进行抵扣。比如，一个纳税人也许想在一年里为一个公益组织做一笔大宗捐赠，而不是把捐赠分成几年。他可能希望捐赠一批公开交易的股票或一栋楼房给公益组织，此捐赠等于其 100% 的收入。但假如没有递延抵扣条款，他只能分年捐赠。如果实行递延抵扣政策，他可以一次性把所有股票或整栋楼房都捐赠出去。然后根据递延抵扣政策，将他当年因为大宗捐献而超过所得税抵扣限额部分的公益捐赠，递延至下一年度进行抵扣，使他应当享受的抵扣优惠不会因为超限而受损。

上述针对非政府组织自身的税赋优惠所列举的税种和标准，针对捐赠者税赋优惠所归纳的做法，只是大概的情形，而且也在各国政府的相互学习和借鉴中发生着不断调整。但毕竟反映了国际社会的一种价值认同和发展趋势。

四、税赋优惠的管理要件

为了保证非政府组织税赋优惠制度的公平、公正和促进公益目的的效率，需要有一套科学而严密的程序要件作为管理操作的手段和依托。

1. 统一捐赠收据。非政府组织必须使用证明从捐赠人获取捐赠的专用收据。避免捐赠收据制式混乱，印制粗糙，各自为政，随意而为的现象，同时更要杜绝有些获得捐赠的非政府组织甚至根本不签发收据的情况。这些做法不仅对规范捐赠运作造成困难，而且也在执行和兑现应税所得扣除的优惠政策中，失去了必需的证明和依据。对于向一个公益组织做出捐赠所要求的每一笔扣除，都需要有一份规定格式的收据，这是国际社会公认的良好惯例。国家的税务管理部门应当设计和制作制式统一的收据，专门用于公益组织接受的捐赠。如果个人或企业没有获得公益组织认定捐赠提供的专用收据，就不能享受与捐赠相应的应税抵扣。

2. 统一纳税申报制表。因为非政府组织与企业的性质不同，应当避免将二者使用的纳税申报表混同使用。要根据各类非政府组织的活动特点统一制作专用纳税申报表。无论与宗旨相关与否，表格都需反映和包含对一个非政府组织全部投资活动及经营活动的利润征税，而对其中的公益组织，则仅从无关公益宗旨的经营活动中所取得的利润征税。这样做将会简化并加快办理登记和申报的手续，不仅有利于各类非政府组织，还有利于负责办理非政府组织事宜的税务管理人员。尽管对于非政府组织的年度申报要求可以简单，但应该要求公益组织填报详细的财务状况和活动报告，并提供足够的资料，使税务部门得以确定其是否遵守全部法律要求。为非政府组织和其公益组织设计专用的登记和申报表格及程序，将会使执法更为有效和简便。

3. 采用相应的会计标准。制定符合非政府非营利组织和公益组织特点的财务会计制度，否则将会阻碍这类组织健康发展，使相应的税收执行陷于困境。比如我国已经参照国外一般经验，制定了标准化的专门会计标准。这套从 2005 年 1 月 1 日开始执行的《民间非营利组织会计制度》具有一系列新特点：1) 新制度将满足捐赠人、会员、服务对象、债权人、监管部门等会计信息使用者的决策需要作为非营利组织的会计目标；2) 新制度设置了资产、负债、净资产、收入和费用五个会计要素；3) 新制度在坚持以历史成本为计量基础的同时，对于一些特殊的交易事项，如捐赠、政府补助等，引入了公允价值等计量基础；4) 新制度将民间非营利组织的净资产分为限定性净资产和非限定性净资产两类进行核算和列报，以更加如实地反映民间非营利组织净资产的构成和性质等情况；5) 该制度将民间非营利组织的收入区分为交换交易形成的收入和非交换交易形成的收入，分别界定其确认标准；6) 新制度要求在对费用的会计核算中严格区分业务活动成本和期间费用，其中，期间费用包括管理费用、筹资费用和其他费用；7) 新制度要求民间非营利组织的财务会计报告至少应当包括资产负债表、业务活动表、现金流量表三张基本报表以及会计报表附注等内容。这种沿循国际惯例的会计制度设计，是对非营利组织进行税赋管理不可缺少的基础。

4. 实行记录和存档制度。应当明确规定对非政府组织和公益组织实行记录和存档。作为以公益服务为目的和使命的特殊组织，因为享受纳税义务豁免和为捐赠者提供税赋优惠资格，税务监督部门有理由要求公益组织和非营利组织全面而完整保存组织运行的账簿和记录，随时供相关的专业管理部门、组织的会员、董事会以及利益相关者查考。此外，应明确规定各种记录和文件(例如年会会议记录、财务记录等)必须保留的时间长度。规定并不要求组织永远保留全部记录，但应保证将必需的文件和记录保留到足以使法律有效执行，并实现有效的内部治理。

5. 提供规范的年度报告。年度报告是确保公益组织透明度和问责的基本工具。税务部门应有一支经过培训的有经验的员工队伍，能够有效地审阅年度报告，并在需要的情况下进一步追踪调查。因此，提交年度财务和活动报告是对一部分公益组织的规定性要求。"一部分"的意思，体现的是税收管理对年度报告必要性和有效性的追求。正确的理念是，小型公益组织(如营业额少于 5 万元人民币)应免予提交年度报告；中型公益组织(如营业额在 5~100 万元人民币之间)应要求提交财务和工作报告；大型公益组织(如营业额超过 100 万元人民币)还要求其财务报表要经独立注册会计师的审计。税务管理者应利用这些报告，以及取得的其他可靠资料，作为对公益组织活动进行检查和审计的依据。

6. 通过公告披露运营信息。为确保公益组织满足公众的需要，并使公众相信特定公益组织运行有效且无腐败行为，除了商业秘密外，公益组织的报告内容应向社会公开。应允许公益组织保留保密信息或商业秘密。相关管理部门设立的公共阅览室应公开这些报告，允许公众查阅和复印公益组织的报告；年度财务及活动报告也要向公益组织总部的任何成员公开，并应提供全部或部分报告的复印件。另外，公益组织可以将其报告以可下载的文件格式登载在其网站上。非公益性非营利组织的报告则不一定公告。

第二节 中国有关非政府组织的税赋管理

中国目前尚没有一部关于非政府组织税收的专门法规，有关的税收规定分散在多个法律、法规当中。它们主要是：《中华人民共和国公益事业捐赠法》、《中华人民共和国个人所得税法》、《中华人民共和国个人所得税法实施条例》、《中华人民共和国企业所得税暂行条例》、《中华人民共和国海关法》等。与非政府组织事业相关的税赋优惠政策，主要涉及从非政府组织自身、发生捐赠行为的企业、和发生捐赠行为的个人。即可以划分为对非政府组织的税收优惠政策，对向非政府组织捐赠的企业的税收优惠政策，对向非政府组织捐赠的个人的税收优惠政策三种情况。

一、对非政府组织的税赋优惠

中国税收法律法规针对非政府组织本身，规定了比较丰富的税赋优惠政策，基本上涵盖了各个税种。

1. 所得税优惠规定。《中国事业单位、社会团体、民办非企业单位企业所得税征收管理办法》以及其他相关税法规定，在非政府组织的收入总额中，一部分收入项目可以享受免税政策，这些项目是：1）财政拨款；2）经国务院及财政部批准设立和收取，并纳入财政预算管理或财政预算外资金专户管理的政府性基金，资金，附加收入等；3）经国务院，省级人民政府（不包括计划单列市）批准，并纳入财政预算管理或财政预算外资金专户管理的行政事业性收费；4）经财政部核准不上交财政专户管理的预算外资金；5）事业单位从主管部门和上级单位取得的用于事业发展的专项补助收入；6）事业单位从其所属独立核算经营单位的税后利润中取得的收入；7）社会团体取得的各级政府资助；8）社会团体按照省级以上民政、财政部门规定收取的会费；9）社会各界的捐赠收入。

非营利性科研机构从事技术开发、技术转让业务和与之相关的技术咨询、技术服务所得的收入，按有关规定免征企业所得税。对于非营利性科研机构从事非主营业务收入用于改善研究开发条件的投资部分，经税务部门审核批准可抵扣其应纳税所得额。

对于公益事业基金会在金融机构的基金存款取得的利息收入，不作为企业所得税应税收入；对其购买股票、债券（国库券除外）等有价证券所取得的收入和其他收入，应并入应纳企业所得税应税收入总额，照章征收企业所得税。

2. 营业税优惠规定。营业税税法规定，有关非政府组织的营业税免税项目主要包括：1）托儿所、幼儿园、养老院、残疾人福利机构提供的养育服务、婚姻介绍、殡葬服务。2）医院、诊所和其他医疗机构提供的医疗服务。非营利性医疗机构、疾病控制机构、妇幼保健等机构按国家规定取得的医疗卫生服务收入免税；营利性医疗服务机构取得的收入直接用于改善医疗卫生条件的，自取得执业登记之日起 3 年内的医疗服务收入也可免税。3) 普通学校以及经地、市级以上政府或者同级政府的教育行政部门批准成立、国家承认其学员学历的各类学校的教育劳务。4) 纪念馆、博物馆、文化馆、美术馆、展览馆、书画馆、图书馆、文物保护单位举办文化活动取得的门票收入，宗教场所举办文化、宗教活动的门票收入。5) 财政性收费、社会团体收取的会费。6) 非营利性科研机构从事技术开发、技术转让业务和与之相关的技术咨询、技术服务所得的收入。

3. 增值税优惠规定。有关税法规定，直接用于科学研究、科学实验和教学进口的仪器、设备，免征增值税。因此，进口上述规定产品的非政府组织可以享受该税收优惠政策。

4. 契税优惠规定。国家机关、事业单位、社会团体、军事单位承受土地、房屋用于办公、教学、医疗、科研和军事设施的，免征契税。企业事业组织、社会团体、其他社会组织和公民个人经过有关主管部门批准，利用非国家财政性教育经费面向社会举办教育机构，承受土地、房屋用于教学的，也可以免税。这里所称用于教学的，是指教室（教学楼）以及其他直接用于教学的土地、房屋；所称用于医疗的，是指门诊部以及其他直接用于医疗的土地、房屋；所称用于科研的，是指科学试验的场所以及其他直接用于科研的土地、房屋。其他直接用于办公、教学、医疗、科研的土地、房屋的具体范围，由各地省、自治区、直辖市人民政府确定。

但是，税法规定，享受免征契税的纳税人改变有关土地、房屋的用途，不再符合减免契税规定的，应当补缴税款。

5. 关税和进口环节税优惠规定。海外机构和个人无偿向我境内受灾地区捐赠的直接用于救灾的物资，在合理数量范围内，免征进口关税和进口环节增值税、消费税。免税进口的救灾捐赠物资按渠道分别由民政部、中国红十字会、中华全国妇女联合会负责接收、管理并及时发送给受灾地区。对境外捐赠人（包括境外自然人、法人和其他组织，但不包括外国政府、国际组织）无偿向受赠人捐赠的直接用于扶贫、慈善事业的物资，免征进口关税和进口环节增值税。

6. 耕地占用税优惠规定。对学校、幼儿园、敬老院、医院等非政府组织的用地，可以免征耕地占用税。其中的学校，是指全日制大、中、小学校（包括部门、企业办的学校）的教学用房、实验室、操场、图书馆、办公室及师生食堂宿舍用地，给予免税。医院，包括部队和部门、企业职工医院、卫生院、医疗站、诊所用地，给予免税。殡仪馆、火葬场用地给予免税。但学校从事非农业生产经营占用耕地，不予免税。职工夜校、学习班、培训中心、函授学校、疗养院等不在免税之列。免税用地，凡改变用途后不属于免税范围的，应从改变时起补交耕地占用税。

7. 房产税优惠规定。中国对非政府组织制定了比较优惠的房产税税收减免政策。根据《房产税暂行条例》，以下三类非营利组织可以免缴房产税：1) 国家机关、人民团体、军队自用的房产。其中，人民团体是指经国务院授权的政府部门批准设立或登记备案并由国家拨付行政事业费的各种社会团体。自用的房产是指这些单位本身的办公用房和公务用房。2) 由国家财政部门拨付事业经费的单位自用的房产。对实行差额预算管理的事业单位本身自用的房产免征房产税。对由国家财政部门拨付事业经费的单位，其经费来源实行自收自支后，从事业单位经费实行自收自支的年度起，免征房产税 3 年。自用的房产是指这些单位本身的业务用房。企业办的各类学校，医院，托儿所，幼儿园自用的房产，可以比照由国家财政部门拨付事业经费的单位自用的房产，免征房产税。3）宗教寺庙、公园、名胜古迹自用的房产。宗教寺庙自用的房产是指举行宗教仪式等的房屋和宗教人员使用的生活用房屋。公园、名胜古迹自用的房产，是指供公共参观游览的房屋及其管理单位的办公用房屋。

但是，各类非政府组织出租的房产以及非本身业务用的生产、营业用房产不属于免税范围，应征收房产税。公园、名胜古迹中附设的营业单位，如影剧院、饮食部、茶社、照相馆等所使用的房产及出租的房产，应征收房产税。

8. 车船使用税优惠规定。1）国家机关、人民团体、军队自用的车船。上述单位自用的车船免税，但对其出租等非本身使用的车船征收车船使用税。2）由国家财政部门拨付事业经费的单位自用的车船。3）防疫车、救护车船等各种特种车船。另外，环卫环保部门的路面清扫车和环境监测车、卫生部门的医疗手术车和防疫监测车、民政部门的殡仪车可以免税。非营利性医疗机构、疾病控制机构、妇幼保健机构等卫生机构自用的车辆船舶免税。营利性医疗机构取得的收入直接用于改善医疗卫生条件的，自取得执业登记之日起3年内，自用的车辆、船舶也可免税。政府部门和企业、事业单位、个人投资兴办的福利性、非营利性老年服务机构自用的车辆、船舶免税。

9. 城镇土地使用税优惠规定。1）国家机关、人民团体、军队自用的土地。这里的人民团体，是指经国务院授权的政府部门批准设立或登记备案并由国家拨付行政事业费的各种社会团体。这里的自用土地，是指这些单位本身的办公用地和公务用地。2）由国家财政部门拨付事业经费的单位自用的土地。这里的由国家财政部门拨付事业经费的单位，是指由国家财政部门拨付经费，实行全额预算管理或差额预算管理的事业单位。不包括实行自收自支、自负盈亏的事业单位。自用的土地，是指这些单位本身的业务用地。另外，企业办的学校、医院、托儿所、幼儿园，其用地能与企业其他用地明确区分的，可以比照由国家财政部门拨付事业经费的单位自用的土地，免征土地使用税。集体和个人办的各类学校、医院、托儿所、幼儿园用地是否免税，由当地的省、自治区、直辖市的税务部门确定。3）宗教寺庙、公园、名胜古迹自用的土地。其中，宗教寺庙自用的土地是指举行宗教仪式等的用地和寺庙内的宗教人员生活用地。宗教寺庙包括寺、庙、宫、观、教堂等各种宗教活动场所。公园、名胜古迹自用的土地，是指供公共参观游览的用地及其管理单位的办公用地。

但是，中国税法规定，以上非政府组织的生产、营业用地和其他用地，不属于免税范围，应按规定缴纳土地使用税。比如，公园名胜古迹中附设的营业单位，如影剧院、饮食部、茶社、照相馆等使用的土地，应依法缴纳土地使用税。

二、对相关捐赠者的税赋优惠

按照《公益事业捐赠法》，捐赠者（包括企业、公司等单位组织和个人）依照法规，向公益性社会团体和公益性非营利事业单位捐赠财产用于公益事业，享受企业所得税方面的优惠。所谓公益性社会团体是指依法成立的，以发展公益事业为宗旨的基金会、慈善组织等社会团体。所谓公益性非营利的事业单位是指依法成立的，从事公益事业的不以营利为目的的教育机构、科学研究机构、医疗卫生机构、社会公共文化机构、社会公共体育机构和社会福利机构等。

（一）对企业向非政府组织捐赠的税赋优惠

企业向非政府组织捐赠、或者发生其他业务的，可以享受一定的税赋优惠。

1. 土地增值税优惠规定。转让国有土地使用权、地上的建筑物及其附着物并取得收入，是指以出售或者其他方式有偿转让房地产的行为。不包括以继承、赠与方式无偿转让房地产的行为。也就是说，房产所有人、土地使用权人将房屋产权、土地使用权赠与非营利组织可以享受免税待遇。

2. 企业所得税优惠规定。

（1）企业所得税暂行条例规定：企业所得税的纳税人（金融保险业除外）通过中国境内非营利性的社会团体、国家机关，向教育、民政等公益事业、艾滋病防治事业、遭受自然灾害地区或者贫困地区提供的捐赠，即"公益和救济性捐赠"，在年度纳税所得额3%以内的部分，准予扣除。金融、保险企业用于公益、救济性的捐赠支出在不超过企业当年应纳税所得额的1.5%的标准以内的可以据实扣除，超过部分不予扣除。

（2）为支持文化、艺术等事业发展，纳税人通过文化行政管理部门或批准成立的非营利性的公益组织对文化事业捐赠，纳入公益、救济性捐赠范围，在年度应纳税所得额10%以内的部分，经主管税务机关审核后，可在计算应纳税所得额时予以扣除。文化事业捐赠是指：对国家重点交响乐团、芭蕾舞团、歌剧团和京剧团以及其他民族艺术表演团体的捐赠；对公益性的图书馆、博物馆、科技馆、美术馆、革命历史纪念馆的捐赠；对重点文物保护单位的捐赠。

（3）企业、事业单位、社会团体等社会力量，通过非营利性的社会团体和国家机关（包括中国红十字会）向红十字事业的捐赠，在计算缴纳企业所得税时准予在应纳税所得额中全额扣除。红十字事业是指县级以上（含县级）红十字会，按照《中华人民共和国红十字会法》和《中国红十字会章程》所赋予的职责开展的相关活动。

（4）对企事业单位、社会团体等社会力量，通过非营利性的社会团体和政府部门向福利性、非营利性的老年服务机构的捐赠，准予在缴纳企业所得税前的所得额中全额扣除。老年服务机构是指专门为老年人提供生活照料、文化、护理、健身等多方面的福利性、非营利性的机构，主要包括：老年社会福利院、敬老院（养老院）、老年服务中心、老年公寓（含老年护理院、康复中心、托老所）等。

（5）企事业单位、社会团体等社会力量通过非营利性的社会团体和国家机关向农村义务教育的捐赠，准予在缴纳企业所得税前的所得额中全额扣除。农村义务教育的范围，是指政府和社会力量举办的农村乡镇（不含县和县级市政府所在地的镇）、村的小学和初中以及属于这一阶段的特殊教育学校。纳税人对农村义务教育与高中在一起的学校的捐赠，也享受所得税前扣除政策。

（6）对企事业单位、社会团体等社会力量，通过非营利性的社会团体和国家机关对公益性青少年活动场所（包括新建）的捐赠，在缴纳企业所得税前全额扣除。公益性青少年活动场所，是指专门为青少年学生提供科技、文化、德育、爱国主义教育、体育活动的青少年宫、青少年活动中心等校外活动的公益性场所。

（7）企业向依法成立的协会、学会等社团组织缴纳的会费，经主管税务机关审核后，允许在所得税前扣除。

（二）对个人向非政府组织捐赠的税赋优惠

个人向教育、社会公益事业、遭受严重自然灾害地区、贫困地区和青少年活动场所等捐赠的，可以在当年的应纳税所得额中得到扣除，具体政策如下：

（1）个人将其所得通过中国境内的社会团体、国家机关向教育和其他社会公益事业、艾滋病防治事业、以及遭受严重自然灾害地区和贫困地区提供的"公益救济性捐赠"，捐赠额未超过纳税人申报的应纳税所得额30%的部分，可以从应纳税所得额中扣除，超过部分不得扣除。

（2）个人通过非营利性的社会团体和国家机关向红十字事业的捐赠，在计算缴纳个人所得税时，准予在税前的应纳税所得额中全额扣除。

（3）自2001年7月1日起，个人通过非营利性的社会团体和国家机关向农村义务教育的捐赠，在计算个人所得税时，准予在税前的应纳税所得额中全额扣除。

（4）个人通过非营利性的社会团体和国家机关对公益性青少年活动场所(包括新建)的捐赠，在计算个人所得税时，准予在税前的应纳税所得额中全额扣除。

（5）个体工商户将其所得通过中国境内的社会团体、国家机关向教育和其他社会公益事业以及遭受严重自然灾害地区、贫困地区的捐赠，捐赠额不超过其应纳税所得额30%的部分可以据实扣除。纳税人直接给受益人的捐赠不得扣除。

（三）有资格为捐赠者兑现应税扣除的社会团体

由上述可知，给予捐赠者的税赋优惠分为两种情况，一种情况是规定了比例上限的"限额扣除"，即分别针对企业或者单位捐赠者规定的1.5%、3%、10%和针对个人捐赠者规定的30%；另一种情况是准予在计算缴纳企业和个人所得税时在所得税税前扣除，又叫"全额扣除"。"全额扣除"和"限额扣除"的根本不同是，"全额扣除"给捐赠者的税赋优惠更大，对捐赠的激励性更强。比如，假定一个企业年利润为100万，按企业所得税33%的税率，应纳税额为33万元。它向慈善机构捐款30万元，按照3%的"限额扣除"规定，在税前准予扣除的金额最多是3万元，这家企业最终要按97万元利润计算缴税，其应纳税额为32.01万元。但按照全额扣除的规定，还是捐30万元，就应按纯利润70万元缴税，最终应纳税额为23.1万元，比前者少缴近9万元。

但是，纳税人直接向受赠人的捐赠不允许扣除。也就是说，捐赠者不能随意自由捐赠就能够享受到"扣除"的好处，而是必须通过经民政部门批准成立并经财政税务部门确认符合有关规定条件的社会团体和基金会来捐赠，才能够相应兑现到"限额扣除"或"全额扣除"的税赋优惠政策。到2007年年底，获得全额扣除资格的社团有22家，获得限额扣除资格的社团有32家。

1. 可为捐赠者兑现全额扣除的社会团体：中国红十字会、中华健康快车基金会、孙冶方经济科学基金会、中华慈善总会、中国法律援助基金会、中华见义勇为基金会、宋庆龄基金会、中国福利会、中国残疾人福利基金会、中国扶贫基金会、中国煤矿尘肺病治疗基金会、中华环境保护基金会、中国医药卫生事业发展基金会、中国教育发展基金会、中国老龄事业发展基金会、中国华文教育基金会、中国绿化基金会、中国妇女发展基金会、中国关心下一代健康体育基金会、中国生物多样性保护基金会、中国儿童少年基金会、中国光彩事业基金会等。随着财政部和国家税务总局《关于公益救济性捐赠税前扣除政策及相关管理问题的通知》(财税[2007]6号)的发布，这类可为捐赠者兑现全额扣除的非营利的公益性社会团体和基金会将会不断增加。

2. 可为捐赠者兑现限额扣除的社会团体：中国青年志愿者协会、中国绿化基金会、中国之友研究基金会、光华科技基金会、中国文学艺术基金会、人口福利基金会、中国听力医学发展基金会、中华社会文化发展基金会、中国光彩事业促进会、中华环境保护基金会、中华国际科学交流基金会、阎宝航教育基金会、中华民族团结进步基金会、中国癌研究基金会、中国高级检察官教育基金会、民政部紧急救援促进中心、中国经济改革研究基金会、香江社会救助基金会、中国金融教育发展基金会、中国国际民间组织合作促进会、中国社会工作协会孤残儿童救助基金管理委员会、中国发展研究基金会、陈嘉庚科学奖基金会、中国友好和平发展基金会、中华文学基金会、中华农业科教基金会、中国少年儿童文化艺术基金会、中国公安英烈基金会、中国华侨经济文化基金会、中国少数民族文化艺术基金会、中国文物保护基金会、北京大学教育基金会等。

（四）对社团的捐赠税前扣除资格的确认

经民政部门批准成立的非营利的公益性社会团体和基金会，其捐赠税前扣除资格由财政部和国家税务总局进行确认；经省级民政部门批准成立的同类组织，其捐赠税前扣除资格由省级财税部门进行确认，并报财政部和国家税务总局备案。接受公益救济性捐赠的国家机关是县及县以上人民政府及其组成部门。

1. 申请捐赠税前扣除资格者的条件。1）致力于服务全社会大众，并不以营利为目的；2）具有公益法人资格，其财产的管理和使用符合各法律、行政法规的规定；3）全部资产及其增值为公益法人所有；4）收益和营运节余主要用于所创设目的的事业活动；5）终止或解散时，剩余财产不能归属任何个人或营利组织；6）不得经营与其设立公益目的无关的业务；7）有健全的财务会计制度；8）具有不为私人谋利的组织机构；9）捐赠者不得以任何形式参与非营利公益性组织的分配，也没有对该组织财产的所有权。

2. 申请捐赠税前扣除资格者需提交的材料。1）要求捐赠税前扣除的申请报告；2）国务院民政部门或省级人民政府民政部门出具的批准登记（注册）文件；3）组织章程和近年来资金来源、使用情况。

3. 保证捐赠公益用途并规范捐赠票据管理。具有捐赠税前扣除资格的非营利的公益性社会团体、基金会和接受捐赠的国家机关，必须将所接受的公益救济性捐赠用于税收法律法规规定的范围，即教育、民政等公益事业和遭受自然灾害地区、贫困地区；具有捐赠税前扣除资格的组织和接受捐赠的国家机关，在接受捐赠或办理转赠时，应按照财务隶属关系分别使用由中央或省级财政部门统一印（监）制的公益救济性捐赠票据，并加盖接受捐赠或转赠单位的财务专用印章；对个人索取捐赠票据，应予以开据。

4. 捐赠者税前扣除申报时须提交的资料。1）接受捐赠或办理转赠的非营利的公益性社会团体、基金会的捐赠税前扣除资格证明材料；2）由具有捐赠税前扣除资格的非营利的公益性社会团体、基金会和县及县以上人民政府及其组成部门出具的公益救济性捐赠票据；3）主管税务机关要求提供的其他资料。

5. 政府相关部门的监督责任。主管税务机关应组织对非营利的公益性社会团体和基金会接受公益救济性捐赠使用情况的检查，发现非营利的公益性社会团体和基金会存在违反组织章程的活动，或者接受的捐赠款项用于组织章程规定用途之外的支出，应对其接受捐赠收入和其他各项收入依法征收所得税，并取消其已经确认的捐赠税前扣除资格。

三、针对非政府组织的税赋管理环节

中国并没有专门建立一套与非政府组织有关的税收管理制度。对各种非政府组织的税收管理、税收执法和救助，都是按照一般《税收征管法》及其实施细则以及其他各种具体税法的规定来进行。

1. 税务登记。从事生产经营的非政府组织，以及非从事生产经营而有应税收入的非政府组织，都应依法办理税务登记。非政府组织在领取营业执照等有关成立文件之日起30天以内，向税务机关申请办理税务登记。在办理税务登记时，提供以下相关资料：营业执照或者事业单位法人证书等批准成立文件、社会团体登记证书、民办非企业单位登记证书、其他核准执业证件或证明；有关章程、合同、协议书；银行账号证明；法定代表人资格证；组织机构统一代码证书等。非政府组织税务登记的内容发生变化的，应当在有关部门办理变更登记之日起30日内向主管税务机关办理变更登记。申请办理注销登记的，应在注销登记之前持有关证件向税务部门办理注销登记。

2. 账簿与凭证管理。各类非政府组织都应按照国家法律的规定设置账簿，并根据合法有效凭证记账、进行核算。非政府组织的财务、会计制度或者财务、会计处理办法与财政、税务主管部门有关税收规定相抵触的，要依照后者有关税收的规定计算应纳税额。非政府组织应按照国务院财政、税务主管部门规定的保管期限保管账簿、记账凭证、完税证明及其他有关资料。

3. 纳税申报。各类非政府组织必须依照税法规定确定的纳税申报期限、申报内容，如实办理纳税申报，报送纳税申报表、财务会计报表以及税务机关根据实际需要要求报送的其他纳税资料。需要强调的是，税法规定，无论非政府组织是否有应纳税所得额，都应按照规定的期限和要求向税务机关进行纳税申报。非政府组织享受税法规定的免税项目，在接受税务部门检查时，应根据税务部门的要求提供有关的证明材料。

4. 税款征收的处罚性条款。为保证非政府组织按照规定期限缴纳税款，税法还制定一定的保障性和处罚性条款。

（1）对未按规定期限解缴税款的，从滞纳税款之日起按日加收万分之五的滞纳金。

（2）对未按规定办理税务登记的，由税务机关核定其应纳税款，责令缴纳，不缴纳的，税务机关可以扣押其价值相当于应纳税款的商品、货物，直至纳税人缴纳税款；扣押后仍不缴纳的，税务机关可以依法拍卖或变卖所扣押的商品、货物，以拍卖或变卖所得抵扣税款。纳税人有明显的转移、隐匿其应税商品、货物或者其他财产以逃避纳税义务的，税务机关可以责成纳税人提供纳税担保。如果纳税人不能提供担保的，税务机关可以采取诸如冻结银行存款，扣押、查封纳税人的商品、货物或财产等税务保全措施。

（3）纳税人未按规定的期限缴纳税款的，税务机关责令其期限缴纳，逾期仍未缴纳的，税务机关可以采取强制执行措施。第一，从纳税人的银行存款中扣缴税款；第二，扣押、查封、依法拍卖或者变卖纳税人相当于税款的商品、货物或者其他财产，以拍卖或者变卖所得抵扣税款。

（4）对欠缴税款的纳税人或者其法定代表人需要出境的，应在出境之前向税务机关结清税款、滞纳金或者提供担保。未结清税款、滞纳金，又不提供担保的，税务机关可通知出入境管理机关阻止其出境。

5. 税务检查。税务机关可以对各类非政府组织的所有涉税事项进行税务检查。可以检查其账簿、记账凭证、报表和有关资料、商品、货物和其他财产，以及有关的单据、凭证、有关资料等。在进行税务检查时，发现纳税人有逃避纳税义务行为，并有明显的转移、隐匿其应税商品、货物以及其他财产、收入的迹象的，可以采取税收保全措施。

6. 税务行政复议和诉讼。非政府组织与税务机关在纳税上发生争议时，必须先依照税务机关的纳税决定缴税或者提供相应的担保，然后可以依法申请行政复议；对行政复议决定不服的，可以依法向法院提起诉讼。非政府组织对税务机关的处罚决定、强制执行措施或税收保全措施不服的，可以依法申请行政复议，也可以依法向人民法院起诉。

总得来说，中国的非政府组织已经进入了一个快速发展的时期。这种局面使得原有对与其相关的税收政策不能适应变化的需要，一些税收的体制性问题逐渐显现出来。第一，没有形成统一的非政府组织税法体系。目前还没有形成比较统一和完善的税收法规体系。尽管相关的税收规定比较多，但基本上都没有专门的法律来规范对各种非政府组织的税收政策和税收管理。第二，现有的相关税收优惠政策依据比较陈旧。中国现行的大部分税种是 1994 年税制改革时设立的，有些甚至是 20 世纪 80 年代中期设立的税种，大部分内容受计划经济体制的影响较大，已经不能适应市场经济发展和非政府组织多样化带来的新情况。第三，存在违反公平的规定。许多税收优惠政策实行就事论事的方式，缺乏统一的标准；同样性质的组织有些可以得到税赋优惠，有些不能。除此之外，还允许外资企业可以享受不受限制的全额扣除。相同性质的行为主体，执行不同的税收政策违反了税收公平的原则。第四，对非政府组织经营性收入的税收政策混乱。多数非政府组织都从事一些经营性活动或设立收费项目。而目前税收政策对非政府组织收入的征税规定并不十分清晰，导致无章可循，管理混乱。第五，存在阻碍公益捐赠的税制性因素。捐赠优惠比例太低。企业捐赠款物的金额如果超过企业当年税前利润的 3%，超额部分仍需缴纳企业所得税。这从一定程度上抑制了企业捐赠的积极性。为此，应当借鉴其他国家做法，适当提高捐赠的税前扣除比例。

第三节　国外有关非政府组织的税收管理

不论是在发达国家还是在有的发展中国家，凡是其非政府组织发展较快的，都有专门相对于非政府组织的优惠税收制度。税收是用于公共产品生产与供给的财源，既然非政府组织是服务于促进公益目的的，那么国家予以税收政策的优惠是合理而有益的。本节列举的几个国家都是这方面制度建设的范例。

一、美国关于非政府组织的税制

美国是非政府组织发育非常充分的国家，在长期实践中形成的相关税制体现着福利国家的导向和社会管理的价值。

1. 免税减税资格的规定。免税资格的认定上，美国的联邦法典第 26 卷"国内税收法典"第 501(c)条款，明文规定了哪些组织是免税的非政府组织。一个非政府组织想要获得法律的免税资格，必须向税务机关申请免税登记，填写 1023 号免所得税申请登记表，经过税务机关的组织测试和运行测试后才可以取得。该申请表内容详尽而细致，包括了实体类型、经营活动情况、财务资料等诸多方面。早在 1913 年的美国税收法律就规定，年收入超过 2500 美元的社会团体，必须向国家税务局提交年度报告。除教会以外的所有社会团体都需要在税务局登记，以获得免税的地位和国家的认可。税务机关的相应登记是非政府组织获取相应的免税待遇的主要原因和途径。美国联邦税法规定的免税组织包括：教会、慈善和教育机关、互助会机构等；1/3 以上所得来自捐赠，而 1/3 以下来自投资所得的组织；私人基金也是一种免税组织，如洛克菲勒基金会、福特基金会等，它们在法律上具有独立的法人地位，经常从事一些学术、艺术、教育和慈善性的活动。

就所得税优惠而言，还涉及到捐赠者的纳税问题。捐赠者将其资财捐赠给非政府组织，应按照法定的比例从其应税所得中扣除，从而使其享受减免税待遇。这样做的理由是：第一，向非政府组织捐赠资财，是一种符合社会公认道德的善举，应当予以鼓励；第二，捐赠的资财是捐赠者的所得，本来是应当构成应税总所得并纳税，但由于这部分已经捐赠出去，因而应从应税的总所得中予以扣除；第三，国家之所以鼓励捐赠，是因为非政府组织是非营利性的组织；第四，为了保障税基，使所得税的计算更为合理，防止避税，税法一般要求捐赠要有一个合理的限度，包括受赠的主体、捐赠的数量及其在捐赠者应税所得中的比重等，这能够使相应的资财在国家、捐赠者和受赠者之间有一个平衡，对于经济和社会发展也更为有利。

除了上述的对于捐赠资财的免税以外，还有对于受益者的所得免税问题。由于受益者是需要帮助的主体，因而对于受益所得，一般不列入应税所得之中，不予征税。通常，列入税法的征税对象的所得主要是经营所得、劳务所得、投资所得、资本所得，捐赠所得不在其中。

2. 税收优惠的规定。

（1）对非政府组织自身的税收优惠。非政府组织的税收优惠主要是在所得税、财产税和失业税的免除方面。只要是经过税务机关登记、具有免税资格的非政府组织，在从事符合其宗旨、目标的活动中的所得，一律予以免税。财产税免税是指非政府组织拥有的土地、房屋等资产的土地税、房产税可以免除。失业税免除是指非政府组织不用交纳其他机构的雇主所必须按人头向政府缴纳的失业保障税。

（2）对捐赠者的税收优惠。美国税法除了规定非政府组织免除纳税义务外，还规定捐赠者享受一定的税收减免。对捐赠人而言，享有优惠的税种主要是所得税和遗产税。就所得税而言，只要捐赠人是向符合税法第 501（c）条款中规定而具有免税资格的非政府组织捐赠，原则上就可以享受税收的减免。这些减免数额是在计算应纳税所得额之前从净收入中扣除。但具体实践中根据受赠者的不同，捐赠者享有的税收减免有所区别。受赠者分为两类：公益慈善团体和私人非营利性慈善团体。向前者捐赠，免税的最高扣除额不得超过捐赠人净收入的 50%，超过部分可按时间往后顺延，累计到第二年结转予以扣除，结转期限不得超过 5 年。向后者捐赠，最高扣除额不得超过捐赠人净收入的 20%，超出部分不能结转。之所以作如此的限制，是因为前者的活动范围面向公众的社会团体，如教堂、学校、学术团体、科研机构等，后者的活动范围则较为狭窄，法律做出相应的调整，有利于激励纳税人向公益性的慈善团体捐赠，有利于面向公众的教学、科研等事业的发展。比较所得税，美国税法对遗产税和赠与税的减免则没有捐赠数额的最高限制。

3. 政策漏洞的堵塞。对于非政府组织给予税收优惠待遇由来已久。在最初确定免税组织的优惠待遇时，政府对于社会救济和福利所承担的责任并不大，因而，免税的税额也就相对较小。随着经济和社会的发展，免税组织本身逐渐有了一些经营性收入，特别是近几十年来，许多非政府组织实际上一边享受着税收上的优惠待遇，一边还从事着营利活动，使得政府的税收收入减少。为此，美国税法在有关公司所得税的制度中明确：所有免税组织的经营性收入都必须纳税。1950 年，美国税法对有关免税组织的规定做出了一项重要修改，即国会决定对其"无关经营所得"征税。所谓无关经营所得，就是从那些实质上同这类组织的宗旨无关的经营中所取得的收入。无关经营所得的纳税者，是依照法定公司所得税率纳税者以外的所有免税组织。

另外,税法的优惠也给一些组织避税或逃税留下了空子。例如通过某种特殊安排而形成的"回租"所得就属于此类。"回租",即一些企业利用免税组织所享有的税收优惠,将财产出售给这些免税组织,然后再通过协议安排,由原来的出售者将财产长期租用。由于免税组织出租财产不用纳税,财产出售者既可以获得出售的收入,同时又可以以低价回租自己出售的财产,结果是出售财产者逃避了财产税,出租者则逃避了所得税。私人企业和免税组织经常通过这种回租安排来联合逃避税款。美国1950年和1969年的有关法律取消了有关回租所得的免税待遇。

二、日本关于非政府组织的税制

1. 日本非政府组织的概况。在日本,非政府非营利法人大致可分为4类:

(1) 公益法人,又分为社团法人和财团法人,类似于中国的社会团体和基金会。日本的民法(1896年法律第89号)写明设立公益法人需要三个条件,即:实施公益事业;不以营利为目的;得到主管政府机构的许可。截止2001年10月1日,日本的公益法人总数为26183个,其中社团法人12889个、财团法人13294个。

(2) 特别法人。适应日本战后恢复重建和经济社会发展的需要,在民法第34条基础上,针对相关社会事业发展,如学校、宗教、医疗、社会福利等,又制定一些"特别法",设立了由政府有关业务部门纵向管理的学校法人、宗教法人、医疗法人、社会福利法人、职业训练法人、更生保护法人等类型。实际上是对民法中公益法人的补充。

(3) NPO法人(非营利)。1998年日本颁布《特定非营利活动促进法》,以"有助于增进不特定多数人利益为目的的活动"为基本准则,依12个特定事业领域,设立了特定非营利活动法人,简称NPO法人。这类法人与中国的民办非企业单位有些相似。

(4) 中间法人(互益)。2002年开始实施《中间法人法》,对于"以成员的共同利益为目的,且不以将剩余金向成员分配为目的的团体",即非公益同时非营利性质的团体,按照中间法人进行注册登记。如同学会、同好会、互助会,其他各种组合,如公益信托(信用金库法)、公寓管理组合(公寓管理组合法)、劳动组合(劳动组合法)、协同组合(各种协同组合法)、互助组合等(各种互助组合法)等。以下为日本非政府组织法人类型比较(2006年以前)。

非政府组织类型		法律依据	团体数量	批准方式
公益法人	社团法人	民法典1896年	25500	许可
	财团法人			
NPO法人	特定非营利活动法人	特定非营利活动促进法1998年	26000	认证
特别法人	社会福利法人	社会福利法1951年	19000	认可
	医疗法人	医疗法1948年	39000	认可
	学校法人	私立学校法1951年	7600	认可
	宗教法人	宗教法人法1951年	183000	认可
	职业培训法人	职业能力促进法1969年	420	认可
	更生保护法人	更生保护事业法1995年	160	认可
中间法人	公益信托法人等	中间法人法2002年,等	570	许可

2. 日本关于非政府组织的税制。

（1）管理机关。日本民间组织成立的基本法律程序为，先由主管机关批准，而后进行法人登记。主管机关主要是政府的相关业务部门，不仅负责批准，而且要承担监管任务。主管机关批准某个组织成立后，法人登记统一到办事机构所在地的法务局。

（2）批准方式。许可、认可、认证是现行主管机关的三种批准方式：许可是由主管机关在相关法律规定的基础上决定是否批准，这是民间非营利组织最严格的一种批准方式；认可是指只要依法经主管部门认可就可设立；认证是指依法确认团体的内部规章后即可成立，这是三种方式中法人组织最容易获得成立的批准方式。

（3）报告与检查。日本民间非营利组织的主管机关对民间组织的监管，主要通过其提交年度事业报告书、主管机关进行现场检查等方式进行。"可税前扣除的非营利组织"必须每年在年底之前3个月内向国税厅报告。这些报告文件向公众开放3年。组织的报告书内容包括：收入的来源、金额和去向；借款金额；活动和服务项目、费用、以及提供的物资；与非组织在1年内进行过50万日元及以上金额交易的另一方当事人名单（名称和金额）；入会条件、会费、招募范围、成员的人数；与捐款、范围和募捐方法有关活动的特定账目；捐款人的姓名、住址和捐款的金额；雇员的姓名和报酬；以非营利组织法人身份为获得"可税前扣除的非营利组织"资格而向批准机关所提供文件的复印件等。

（4）针对公益组织的税收优惠。根据日本税制，针对法人组织的税收主要包括国税中的法人税和消费税，地方税中的住民税（都道府县、市町村对有收入居民的课税）。在消费税方面，非营利组织在发生商业交易时视同企业一样交纳。在住民税方面，非营利组织原则上需要与企业一样交纳。不过，由于该税的征收可由地方自行决定，在日本一些地方对公益性非营利组织实行减免住民税政策，但这尚未成为全国性、制度性的优惠措施。

根据日本《法人税法》，一般而言，所有法人组织有收益就要交纳法人税。但在法人税的征收上，根据法人组织的种类不同而执行不同税制。主要可分为5大类，即公共法人、公益法人、无人格团体、协同组合、普通法人。日本政府充分考虑非营利法人所具有的非营利性或公益性特性，在法人税征收上采取"原则上非课税"的准则。会费、捐款（费用以外）不课税，开展活动的收入一般不课税。虽然对公益法人从事33种行业的营利活动的收入仍需课税，但相对于营利法人30%的税率，对于公益法人营利活动税率减轻为22%，并允许收益事业收入的20%可视同捐赠转入非收益事业收入不予课税。以下为法人税收规制比较。

法人类型与团体类型		税 收 规 制
公益法人	社团法人	原则上非课税 对收益事业(33个行业)收入课税，但其税率较普通法人组织低，一般为22% 捐赠收入属非收益事业收入，不课税 允许收益事业收入的20%可视同捐赠转入非收益事业收入
公益法人	财团法人	
特别法人	社会福利法人	
特别法人	医疗法人	
特别法人	学校法人	
特别法人	宗教法人	
特别法人	职业培训法人	
特别法人	更生保护法人	

（续）

法人类型与团体类型		税 收 规 制
NPO 法人	特定非营利活动法人（限定从事 12 个领域的事业）	原则上非课税。对收益事业（33 个行业）收入课税，其税率与普通法人组织一样（30%，年收益不超过 800 万日元的为 22%）
中间法人	协同组织、劳动组合、信用社、学生会等	原则上课税 捐赠款、补助款要纳税
普通法人	公司、株式会社等	原则上课税。税率30% 根据《中小企业法》，为扶持中小企业发展，年收益不超过 800 万日元的，税率为22%

这种在原则非课税基础上再根据是否从事特定营利活动而征收法人税的设计，是日本非营利组织税制的一大特色。这种设计既允许公益组织部分从事营利活动，以促进公益组织自身能力建设和公益事业的发展，又体现税收制度的公平性，维护正常的市场经济秩序，导向意义突出，操作性比较强。比较来说，美国政府实施宗旨检验法，规定对与公益组织宗旨的相关事业非课税，对与组织宗旨的无关事业按照普通法人课税；日本政府对公益组织，规定原则非课税，但收益事业要课税，方法是根据实际收益情况衡量，没有收益，无需向税务机关申报，这避免了美国式税制（根据与组织宗旨的关联性）难以区分的弊端。

（5）针对捐赠者的税收优惠。根据日本有关税法，企业、个人进行捐赠时，根据捐赠接受方是何种团体而对捐赠者实施不同的税收政策。捐赠的税收优惠限于特定团体：如特定公益增进法人、认定 NPO 法人等。其中，向特定公益增进法人、认定 NPO 法人捐款时，企业满足设定条件的数额（资本金 × 0.25% + 年所得 × 2.5%）× 0.5 的 2 倍，可以计入亏损，个人满足设定条件的数额（年所得 × 30% - 5000 日元）可以从应税收入中扣除。

特定公益增进法人是指公益法人中对振兴教育或科学、提高文化水准、社会福利，以及为增进其他公益做出显著贡献的法人。这类组织的认定，根据法人税、所得税相关法规，由主管机关向财务省推荐，由财务省认定，一般有效期为 2 年。目前，经过认定的这类组织大约在 2.1 万左右，包括全部的社会福利法人和更生保护法人，部分社团法人、财团法人、学校法人等。

认定 NPO 法人，是指满足规定条件，经国税厅认定的 NPO 法人。其主要条件有 7 个：1）日本版 Public Support Test：接受捐款总额等占总收入金额比例要在 1/5 以上；2）不以互益性活动（如向会员提供服务、以特定人员利益为目的的活动等）为主要活动；3）运营组织、会计合理，如特定关系者不得占团体董事、会员等 1/3 以上；4）事业活动合理，不从事宗教、政治活动，捐款必须 70% 以上用于特定非营利活动支出，特定非营利活动占整体活动的 80% 以上等；5）信息公开，每年按期向主管机关、国税厅提交报告书，公开 20 万日元以上捐款者名单；6）没有不正当行为，没有违背公共利益和法令等事实；7）主管机关签发有未违反法令的证明书。截止 2006 年 7 月，在 2.7 万 NPO 法人中仅有 46 家获得认定。

2006 年 6 月，日本国会颁布了《关于一般社团法人以及一般财团法人的法律》（简称一般法人法）、《关于公益社团法人以及公益财团法人认定等法律》（简称公益法人法）、《伴随实施关于一般社团法人以及一般财团法人的法律以及关于公益社团法人以及公益财团法人认定等法律、有关相关法律完善等法律》（简称相关法完善法）三部法律。这是日本历时 10 年的公益法人制度改革所取得的实质性成果。有关新制度确定在 2008 年 12 月 2 日前实施。

三、澳大利亚关于非政府组织的税制

1. 非政府组织免税资格认定。在澳大利亚凡属下列性质的组织，均可申请免税：宗教、科学、慈善或公共教育机构；公共非营利性医院；医学救助机构；工会及雇主协会；音乐、艺术、科学、体育或文学团体、社区服务组织；航空、农业、牧场、园艺、葡萄栽培、制造业工业发展协会；通过公共大学或医院以自愿或委托方式建立的、以公共慈善为目的的、或从事科学发展研究的基金会等。也就是说，并不是所有的非政府组织都可免税，有些非政府组织要纳税，有些则可免税。非政府组织如需免税，必须注册为免税种类的慈善公益性性质的非政府组织，而互益性组织不能免税，从事游说的非政府组织也不能免税。

非政府组织在免税前必须首先确认自己为非营利性的慈善组织。与西方国家不同的是，澳大利亚非政府组织，可以每年自我评定是否免交所得税。大多数非政府组织要求澳大利亚税务局每年在它们自我评估的基础上再进行审议，以便决定它们是否免税。澳大利亚税务局负责对所有非政府组织的免所得税申请进行审查，以确保非政府组织自我评估的准确性。

不过，具体免税情形相当复杂，免税的幅度也不一样。如果全部收入都是用于与宗旨相关的事业或推动非政府组织事业的，则是免税的。慈善信托不交所得税，因为它每年要将其收入的85%捐出去。这样做既可使这种慈善托管机构不必为少交税而冒风险，又可防止它积累资金。集邮俱乐部的非营利性收入超过416澳元的部分就要纳税。其他一些非政府组织纳税或超出或低于这一标准。

澳大利亚非政府组织不仅可以从事与自身宗旨有关的经济活动，而且还可从事与自身业务无关的商业活动。条件是商业活动所得用于更广泛的非营利目标。这在世界上是非常少见的。体现了澳大利亚非营利税收宽松的一面。

澳大利亚法律规定，捐赠慈善事业的企业和个人当年可以免所得税。个人所得税税率为30%。对非政府组织捐赠，现金、财产或可交易的股票等均可。但对遗产捐赠有限制性规定。

非政府组织接受捐款和会费收入免征所得税。一般非政府组织从事一些与宗旨相关的经营服务性活动，如基金会与商店为慈善事业而共同销售某种商品等，收入是免税的。但要求所有免税的收入必须用于与章程所规定的宗旨相符之事业，不能分给任何成员。

2. 有关非政府组织税收中存在的问题。

首先，联邦体制使非政府组织缺乏统一的管理制度，能够接受慈善捐赠的受捐者范围很小，不能适用澳大利亚的国情。

其次，各州非政府组织免税规定不一。如澳大利亚非政府组织地方税的税种、税率均不相同。澳大利亚免税的非政府组织无需向联邦政府提交纳税报表。向地方政府上交税务报表也取决于非政府组织的自愿。有担保的有限责任公司需向澳大利亚证券委员会提交年报和财务审计报告，正式登记的非政府组织是否提交报告取决于所在州的法律，慈善信托组织是否向政府提交报告，税收法律也无统一规定。澳大利亚法律也不允许公众查阅税务报表以及公开慈善信托组织的经营业务状况。澳大利亚人对非政府组织定义不清、法律不全、执行不兼容的状况深感不满，普遍要求统一制定全国的非政府组织税收管理法律。

再次，偷税漏税。宽松的税制出现的一个后果是，非政府组织偷税漏税比较多。因此税务官员常为优惠的非政府组织税收制度所带来的纳税诈骗行为苦恼。有学者指出，这种免税制度，不可避免地导致偷逃税收，并且造成企业、营利性机构与非政府组织事实上的不平等。因此社会上要求限制对与非政府组织成立目的无关的商业收入免税。近年来，澳大利亚政府着手对非政府组织免税制度进行改革。1997 年以前，只要是慈善机构，不论在世界哪个地方，均可免税。此后，修改税法规定慈善机构免税的资金必须在澳大利亚本地开支。

3. 非政府组织新税制的内容。澳大利亚政府于 2000 年 7 月 1 日实行新税制。如修订了印花税、商品与服务税等。其目的在于强调征税。实行新税制前，非政府组织提供的服务是免税的，慈善机构提供的所有非商品性服务也是免税的。新税制后，非政府组织的任何服务都要上税；非政府组织购买物品要向商家交税；非政府组织经商办企业，不能享受免税待遇，尽管将营业利润用于慈善事业，但纳税一视同仁。但新税制规定，非政府组织可以退税。每个月，非政府组织的财务人员要填一张表格交给政府要求退税。政府则对非政府组织的开支进行审查。如确属慈善公益用途，政府可以将税款退给非政府组织。为了顺利实施新税制，政府给每个非政府组织颁发一个组织机构代码。政府花巨资培训非政府组织的财务人员，指导和帮助非政府组织退税。而对于非政府组织来说，则需要有一个专职的财务人员。

新税制对不同性质非政府组织的免税尺度是不一样的。非政府组织年收入超过 10 万澳元，就要在新税制下重新注册，按 10% 的税率纳税；而少于 10 万元的，可以作为慈善机构注册，享受免税待遇。

第七章　对非政府组织的监督

公益使命是非政府非营利组织的核心价值。这类组织进行的"公益活动",代表了慈善和崇高,这使社会往往对其抱有很高的道德期待。但在实际上,和其他部门一样,非政府组织部门也会有违反法律法规的情形发生。一些慈善团体缺乏效率、缺少使命感,甚至有贪污行为,从而使非政府组织的公共性和公信力问题成为社会公众关心的议题。人们担心这些公益组织会演变为个人和个别团体的谋私工具,害怕以公益名义获得的社会资源会被滥用。因此,建立针对公益组织的监督机制,通过多种渠道来实施对非政府组织的依法问责和监督,是保障这类组织健康发展的必要环节。

第一节　非政府组织监督概说

对非政府组织监督的必要性显而易见。但在实践当中经常会出现过犹不及和放任自流两个极端情形。前者如对非政府组织的设立,设置过高的门槛或者对它们的活动进行繁多的限制的审批;后者如对设立后的组织行为和活动状况不闻不问任其随意而为,以至于出现违背组织使命承诺和酿成不良的社会影响。所以,一个有效监督的标准,是看其能否对非政府组织的健康发展起到保障和促进作用。这涉及到的主要环节是:要有一个恰当的监督范围,要有一套对非政府组织的问责与报告制度,要有一个以政府为主的监督约束体系。

一、对非政府组织的监督范围

监督需要成本。且不说非正式的监督,就是正式的政府机构所承担的监督,也会面临行政能力的限制,即使制定很多法律来建构监督机制,也未必能落实执行。更何况过多且不当的监督,会演变为限制和控制,这除了抑制民间部门的健康发展外,没有任何积极意义。所以,从立法开始的监督与管理依据以及以政府部门为主的自由裁量监督行为,一个基本尺度就是防止过滥,适可而止。对非政府组织的监督范围与内容,大致可以限制在以下方面。

1. 对设立与解散程序的监督。非营利组织的设立程序,应以快速、简易,且不需花费太多经费为原则,尽量减少文件要求,行政裁量或官僚的判断应减至最低。关于"入口"把关的监督中所掌握的分寸,本书在第五章将其归纳为六个原则,即自由注册原则,简便快捷原则,最少限制原则,平等和无歧视原则,信息透明原则,权利与义务对等原则。

2. 对减免税赋资格的监督。非政府组织的公益特性,使其享有税赋优惠待遇。而提供税赋优惠的政府,往往在税法中,以非政府组织的功能或目的,作为是否可享有优惠待遇的标准。在大多数国家,一个非政府组织可以选择是否成为一个正式注册的组织。有许多小型的非政府组织为了避免每年向政府报告所带来的负担和免受法律的约束,往往不选择正式设立和注册法人资格,这样,虽然它们也要和任何自由人一样,也要遵守宪法和法律,但毕竟不需要接受例行的专门监督。而一旦注册成为一个正式组织以后,便成为具有民事权利能力和民事行为能力,依法独立享有民事权利和承担民事义务的法人。这表示它可用自己的名义,和自身的账户来服务其宣称的目的,它有权从事签订契约、雇用员工、租赁设备、租借办公室、开立银行账户和其他事项。更重要的是，它可以获得税赋优惠资格。为此，它就要接受严格的监督审查。这个过程和环节，要比注册成为一个法人要复杂和严格得多。比如在美国，要想获得税法第 501(C)(3)条款下的公益慈善团体，需专门申请并接受税务部门为期 3 年的测试检查。因为这涉及到公共资源占用的效率和分配的公平，涉及到纳税人和一般竞争性企业的利益。

3. 对组织管理规范性的监督。将非政府组织的组织治理结构作为问责与监督的内容之一，理由当然也是缘于它的特殊性质。组织治理结构是实现其公共使命的重要保证，因此在多数国家的有关法律中都有专门的规定，要求其组织章程必须合乎国际上的一般规范。

组织管理的规范性，参照国际社会公认的标准，至少包括：1）每个法人组织必须设立董事会或者理事会，所有法人职权应当由董事会或者理事会行使或者经其授权行使。2）关于董(理)事的产生，法人组织有成员的，除了个别情况比如原始董(理)事或者外聘董(理)事外，一般来说，所有其他董(理)事应当在第一次成员大会以及之后的每次年会上被选举。3）董(理)事的数目，各国有不同规定，一般是 3 个以上的自然人组成。比如中国的基金会规定理事会为 5 ~ 25 人；韩国规定 5 ~ 15 人。4）董(理)事任期，根据各国章程，除外聘董(理)事外，董(理)事任期一般在 4 ~ 5 年。任期届满，连选可以连任。5）利益相关者的限制，要求用私人财产设立的非公募基金会，相互间有近亲属关系的基金会理事，总数不得超过理事总人数的 1/3；其他基金会，具有近亲属关系的不得同时在理事会任职；在基金会领取报酬的理事不得超过理事总人数的 1/3。6）理事会设立的理事长、副理事长和秘书长，从理事中选举产生，理事长是法定代表人。7）理事会的工作方式，一般要求理事会每年至少召开 2 次会议，理事会会议须有 2/3 以上理事出席方能召开；理事会决议须经出席理事过半数通过方为有效；理事会会议应当制作会议记录，并由出席理事审阅、签名；理事会是法人组织修改章程，选举或者罢免理事长、副理事长、秘书长和执行总裁，进行重大募捐和投资活动，组织发生的分立与合并的决定与实施者。8）监事的设立，主要针对基金会。要求监事任期与理事任期相同，理事、理事的近亲属和基金会财务人员不得兼任监事。监事依照规定的程序检查基金会财务和会计资料，监督理事会遵守法律和章程的情况。监事列席理事会会议，有权向理事会提出质询和建议，并向登记管理机关、业务主管单位以及税务、会计主管部门反映情况。9）不可以担任理事的情形是，所有非政府组织的理事长、副理事长、秘书长、执行总裁，不得由现职官员兼任；一个组织法定代表人，不得同时担任其他组织的法定代表人；有犯罪和违法情形的，在特定期限内，不得担任组织的理事和领导职务。10）利益冲突的回避，要求组织的理事遇有个人利益与组织利益关联时，不得参与相关事宜的决策；基金会理事、监事及其近亲属不得与其所在的基金会有任何交易行为。监事和未在基金会担任专职工作的理事不得从基金会获取报酬，等等。这些都是有关监督所依据的标准。

4. 对经济活动的监督。各国的一般原则是：非政府组织应当允许从事合法的经济、贸易和商业活动，只要这些经济活动所得的营利或收入不被非政府组织的干部和成员私分即可。业内人士主张通过两个办法来对其经济活动性质进行裁定。

一个是"宗旨检验"法。该方法检验非政府组织的主要活动和开支是否是为了公益性目的，例如文化、教育、环保、救济、卫生保健等方面的活动。如果一个非政府组织持续地将一半以上的精力和财力投入到商业贸易活动中，该组织就应当摘掉公益组织的桂冠。

另一个是"比例限制"法。依据这种方法，研究非政府组织管理的专业人士倾向于确定一个比例尺度：即，以一个比较长的确定时段比如 3 年为测度期，在此时段内，如果一个不是公益性的非营利组织 50% 以上的活动与其非营利目的无关，那么这个组织就应当被看作是经营实体，所获得收入要缴纳所得税。而对于一个非营利组织中的公益组织来说，要求就更加严格，其无关公益目的经营活动，如果超过 5%，那就应取消它享受免税待遇的资格。这是为了避免利用非政府组织进行逃税和与其他商业企业进行不正当竞争。

5. 对政治与宗教活动的监督。这个方面在世界各国存在一些讨论和争议。比如，在一些国家，言论自由只能由个人享有而不能由法人享有，而在另一些国家，无论是作为一个组织还是作为个人，都有言论自由的权利；在一些国家，政府严格限制非政府组织批评政府及其政策，而在另一些国家，非政府组织是批评政府的主要参与者；在一些国家，允许非政府组织支持或反对某个候选人，而在其他一些国家则被禁止这样做。

尽管有这种各执一端的情形存在，但是基本的界限还是应当划出：即，非政府组织不可以进行取代和颠覆政府的活动，却可以批评政府的政策和提出建议；非政府组织不可从事一般政党活动范围内的活动，例如：登记为候选人，或为候选人募款，但却不应禁止非政府组织在相关政策议题上，为某个主张相近的政治领袖提供支持；不可以直接进行宗教宣传或者发展宗教组织的活动，却可以允许有宗教背景的非政府组织进行以公益为宗旨的慈善事业。日本在这方面的规定基本代表了各国共同的监督和限制要求：

非政府非营利组织"所从事的活动不以宣传宗教教义、举行宗教仪式或者教育和发展信徒为目的；所从事的活动不以推广、支持或者反对某一政治主张为目的；所从事的活动不以推举、支持或者反对某一公职的某个候选人、某一个公职人员或者某个政党为目的"。（《日本非营利活动促进法》，1998 年公布）

6. 对资产管理与使用的监督。凡是接受了公共捐赠和享受了税赋优惠待遇的组织都要接受财产与使用情况的监督。监督的任务一般包括：

（1）对公益组织支出的监督。公益组织的公益活动支出和组织行政支出虽然没有世界统一规定，但必须遵循行政开支适度和公益开支最大化的原则。有些国家的法律明文规定，在财政年度结束时，非政府组织的支出额必须达到总收入额的一定比例。国际社会具有影响的慈善组织，一般将自己的行政开支控制在 10% 以内，如加拿大的有关法律规定，在财政年度结束时，非政府组织的支出额必须达到总收入额的 90% 以上，即剩余不得超过 10%。如国际红十字会、拯救儿童基金会和国际宣明会等。英国乐施会每笔筹款开支的比例是：公益支出 79%，进一步筹款的本钱 17%，而行政开支仅仅占其中 4%。美国国会要求基金会每年至少将其资产价值的 5% 用于资助公益活动。我国对于基金会的规定是：公募基金会每年用于从事章程规定的公益事业支出，不得低于上一年总收入的 70%。非公募基金会每年用于从事章程规定的公益事业支出，不得低于上一年基金余额的 8%。基金会工作人员工资福利和行政办公支出不得超过当年总支出的 10%。

（2）对非常规交易的监督。"非常规交易"（self-dealing）源自习惯法体系，乃指某人利用职位，影响或控制一组织使其进行交易，该交易带给此人不合理的利益，并给组织利益造成损失和危害。例如，非政府组织的领导人促使组织以高价购买他的东西，或使组织以低价出售物品给他个人。这种交易的目的与效果造成损公肥私。某些形态的交易，因其性质和非政府组织的使命或目的关联甚少，而极可能有滥用情形的发生。例如：非政府组织贷款给其干部或董事，又例如非政府组织和其干部间的资产买卖，而这些资产的合理市价难以估算。

非常规交易是一种利益冲突的形式，应被禁止。

（3）对公益组织资产复归的监督。"资产复归"，是指一个公益组织在终止运营时，通过隐蔽和策略手段，将资产转移到私人手中的一种违反法律的行为。根据各国法律，非政府组织在终止营运时，由其选择另一从事相同或类似活动的公益组织，接收剩余资产。若无指定，该类组织的资产应归国家的非政府组织基金。但是，在这个情形当中，可能发生"资产复归"的危险。一般说，互益性组织比公益性组织获得公共资源少很多，所以互益性组织终了时可以由成员决定资产处理方式。利用这一点，一个收受公众捐款与享受国家税赋优惠的公益组织，可能会在终止营运时，选择将剩余资产移转给一个互益性组织，而该组织可能稍后终止存续，那么这两个组织中的成员即可进行资产私分。这种情形属于作弊行为。

7. 对诚信与透明的监督。有检查监督权的机构，应依照有关法律，要求公益组织就列举的检查项目，比如设立许可事项、组织运作、重大措施、资产使用、公益绩效、财务状况等进行信息披露，以督促非政府非营利组织诚信与透明。这包括：

（1）组织必须具备内部控制程序，使滥用资金的风险降到最低。必须使用报告机制以保证对成员、捐助者和普通公众的诚信。组织必须拥有适宜的措施对收入和支出进行监督。治理机构成员的贷款和支付转移都必须公开披露。员工的贷款必须向治理机构公开。

（2）无论其他法律有何规定，组织必须在年度报告中公布以合乎规范的格式准备的财务摘要，或者在年度报告中直接公布完整的财务报告。不管哪一种方式，必须由至少1名注册的会计师或者是注册的审计师进行审计并附有审计报告。

（3）必须按照筹资计划书中所承诺的意思，或捐助者的意愿来使用捐款。如果捐款是为了一个特定的目的从公众筹得，组织必须制定处理剩余资金的计划，并将其公开作为筹款材料的一部分。如有要求，组织必须证明资金的使用符合捐助者的意愿或要求。公开的书面文字中出现的数字和比例必须附有详细解释，甚至需要用计算过程来证明其确实可信。

8. 对服务品质的监督。为确保公众获得优质的公益服务，以政府为主的相关系统，也对非政府非营利组织的服务表现进行监督。在做的比较成熟的国家和地区，这方面监督已经走到了有序评估阶段。根据各国的做法，对服务品质监督涵盖了几乎所有的工作细节。1）服务数据：公益组织应整理说明数据，清楚陈述组织的服务宗旨、目标和提供服务的形式，以供公众索取和查阅。2）政策和程序：公益组织应检查和修订有关服务提供方面的政策和程序，以最大限度符合社会实际和公众的利益。3）运作纪录：公益组织要整理和保存其服务运作和活动的最新准确记录。4）职责说明：组织所有职员及有关管理人员的职务和岗位责任应有清楚界定。5）人力资源：公益组织实施公开、公平、有效的职员招聘、发展、训练、使用等管理方式。6）反馈与评估：公益组织定期总结、检查组织本身的表现，运用有计划的方法评估服务，并向组织内外的各有关组织和个人，尤其是服务相对人收集反馈意见，作为改进的依据。7）财务管理：公益组织建立科学的规范和程序，以确保合法而有效的财务运转。8）法律责任：公益组织遵守一切有关的法律法规规定，并为此而负责。9）环境安全：公益组织采取一切合理步骤，以确保职员及服务使用者处身于安全的环境。10）申请和退出服务：公益组织确保服务使用者获得清楚明确的数据，知道如何申请、接受和退出服务。11）知情和透明：公益组织应尽量做到服务透明，尊重服务使用者的知情权，保证其在知情前提下做出自己对服务的选择。12）隐私保护：公益组织要尊重服务使用者的隐私权，保护他们不愿意公开的秘密，尊重他们的人格尊严。13）申诉保障：每位服务使用者及组织职员均可自由申诉对机构或公益组织的不满，而无须忧虑遭受打击和责罚，所提出的申诉亦应得到处理。14）免受侵犯：公益组织应采取一切合理措施和步骤，确保服务使用者免受各种形式的侵犯。

二、非政府组织的报告制度

为了促使和保证公益组织的诚信与透明运作，无论是非政府组织自身，还是以政府为代表的相关利益主体，都共同承认要规定并实施非政府组织的报告制度，以披露相关的信息，让有关各方来对其进行监督。

报告是一种有关公益组织运作的解释，也有的将其称作"交代"。它可能是就组织的某一个比较大的有影响的活动的报告，而更规范的情况是在每一个年度终了时对有关管理机构和利益相关者提交的详细说明。其原则性要求涉及以下方面。

1. 区别对待。报告是一件花费成本的工作。所以，并不是所有非政府组织都要动用人力和精力来做。本着尽量简化的精神，法律对不同规模和不同类型的非政府组织是否报告和如何报告，要区别对待。区别的标准不是组织的大小，也不是会员制和非会员制，而是与社会公益相关性的大小。一般来说，小型的非政府组织的活动能力和资产条件有限，所以，其对社会公益产生的影响相对较小；一个互益性组织的活动影响可能主要在会员之间产生利益影响；而一个享受政府资助、公共赠与及税赋优惠的大型公益组织，其活动对于社会公众利益的影响就要大得多。因此，1）小型互惠与公益性组织，可免于提交报告，以减少对小型组织成立的限制；2）对社会公众利益无重大影响的大型互惠性组织，除了从事重大且影响公共利益的特殊活动外，每年提交一份比较简单的年度报告即可，显示它仍有继续保持其法律资格的可能性和必要性；3）对社会公众利益有重大影响的大型公益性和互惠性组织，因为受到社会捐赠、政府财政的支持和享受税赋优惠，法律要求其每年提交至少一次以上的、内容详细的财政及运营情况的报告。

2. 内容简洁。为了减少由此项工作给公益组织带来的干扰和麻烦，要求组织为特殊活动提交的说明或者报告应当简洁明了，就事论事。即便是例行的年度报告，也应当避免耗时费力的形式主义长篇巨论，只要把关键问题的来龙去脉交代清楚就可。比如年度报告，这是具有一定影响和一定规模的组织必须要完成的规定动作。年度报告，是公众了解公益组织工作情况、检查其诚信度和透明度的主要窗口之一。报告应该反映组织的追求、报告涵盖时间内的重要事件与成就，并预测未来的方向和活动。年度报告至少应该包括下列内容：1）组织目标或目的陈述；2）年度内资金来源情况和支出构成的详细说明；3）所有项目活动的总效益情况总结与成绩说明；4）目前组织领导机构成员以及报告涵盖时间内在治理机构工作过的人员的姓名、资格与经历；5）按照《民间非营利组织会计制度》或类似的规定所编制的财务报告；6）对财务报告的审计意见，必须注明注册会计师和注册审计师的身份、姓名、公司、地址、签名等。

3. 适度审核。法律只要求非政府组织提交年度报告以及有重要影响活动的报告还不是诚信和透明监督的全部。除此而外，法律还要规定由职能部门对这些报告进行适度的审核。报告中提到或是社会大众抱怨反映的重要问题，相关政府机构应通过邮件、电话等方式，对组织的工作人员和组织的受益人进行询问了解，在某些情况下，甚至需要派人进行现场观察和核实。简言之，为了防止有的非政府组织可能产生的弄虚作假和掩盖真相，也为了防止有的审计人员因能力不足而产生的过失甚至可能出现的行为不当和权力滥用，政府有关的职能机构必须要做到一方面是审读报告，另一方面要针对觉察到的可疑问题，进行相关的调查。这是政府监管者的职责。但是，务必要避免由这个责任行使所可能产生的过度执法和不当自由裁量的行政行为。既要保证非政府组织法律得到严格执行，也要保证政府行为的公平、恰当与善意。此外，国家还应有健全的权力制衡机制，使得政府机构的不当行为能够受到司法机构的约束，由独立自主的法官来阻止权力的滥用，维护非政府组织的正当权益。

4. 信息披露。在不少情况下，政府要求非政府组织提交报告，却不愿将这些信息公开。各类非政府组织的公益活动影响大众的利益，故大众有权了解这些活动。当公益组织享受税赋优惠，接受政府项目合约，得到公众捐款支持时，社会大众有理由要求这些组织对其行为负责和更高程度的运作透明，从而了解其资金的来源、流向和使用效益。政府部门有时候欠缺充足资源，来监督非政府组织的运作情况。报告信息的公开可促使非政府组织部门加强自我规范，并方便社会大众参与监督与审查，以发现非政府组织的不当和违法行为。

5. 隐私保护。信息披露有可能触及非政府组织自身在资源竞争中的利益，也有可能损害服务相对人的利益，比如颜面和尊严。因此，公益组织的报告所涉及的信息披露就要有一个限度，即，当报告的内容有可能妨碍组织在资源竞争中的利益，或者有可能对组织服务对象造成不利后果时，适用于正当隐私的保护法律。所以，国家的非政府组织报告规则，应与该国的隐私权保护精神相符合。法规制度的制定者，应将保护个人隐私的原则、保护组织内部正当机密的原则纳入规定之中。但是，关于以权谋私和不当交易行为，不属于正当隐私。例如，一个公益组织付了过高费用给非政府组织内部的人员，那就应强制公开支付的薪水数额；一个组织的管理层出现了"寻租"交易行为，且获得好处者向该非政府组织的董事或其家庭成员支付了金钱作为回报，这类行为都不应以隐私为借口给予掩盖。为了防止以权谋私和滥用权力，此类行为必须揭露。

6. 对象相关。作为公益组织，其运作报告和信息披露也要讲究相关性，否则对它的监督就无从负责和落实。非政府组织向谁负责，就应当向谁提交工作报告。这即是对象相关。从各国的实践看，非政府组织一般向如下对象提交报告。

（1）向政府主管部门报告。各国法律都规定了相应的主管部门。比如，这类部门在英国，叫做慈善事业委员会；在日本，是组织所在地的都、道、府、县知事（跨两个以上都、道、府、县的组织由经济企划厅厅长作为政府主管机关）；在南非是福利与公众发展部；在中国则是民政部。已注册的非政府组织，应向负责监督的政府机关提交符合前述原则性要求的年度报告。若举办对公共利益有重大影响的活动，主管机关可要求一事一报。当出现疑问时，主管机关也可以就特定问题要求非政府组织予以特别报告说明。在必要的情况下，主管机关有权根据法律，在现场审核一个非政府组织的账册、工作记录文件，以及在现场检查正在进行的活动，以证实问题的存在与否。一个没有按照规定提交报告，或未按时提交报告，或报告内容不实，应当受到相应的处罚。

（2）向政府税务部门报告。因为涉及到税赋优惠，以及要对捐赠者予以减税，所以就需要税务部门对入门资格进行审批，需要对入门以后日常活动的性质进行审核，以保证非政府组织不会以公益之名，行私益之实。凡是希望获得税赋优惠资格和已经享受了这个待遇的组织，都应提交税务报告，这些报告成为主管机关审查公益组织是否名副其实的基本依据。此类报告也有助于非政府组织自行检查其来自政府或大众的资助做了何种用途。另外，即使一个互益性组织没有从事对公众利益有重大影响的活动，也不应一律被免除提交税务报告的要求。因为即使其没有从政府或社会大众取得资助，也可能进行了须纳税的经营性活动。

（3）向核发执照机构报告。当一个非政府组织要从事对大众利益有影响的技术性服务活动，一般要事先获得许可执照。那么，任何这类必须取得特定资格和执照才能进行活动的组织，应该如同个人和商业实体一样，向负责资格管理的执照发放机关提交相同的年度报告，说明本组织依照资格从事特定服务活动的业绩和情况。核发执照的政府机关或者被授权进行特定行业资格审查管理的机构，根据法律，应当有权稽核和检查相应非政府组织是否符合适用执照和有关法律规范。但一般而言，执照发放机构不应检查非政府组织其他方面的事情。一个非政府组织向执照管理机关提出报告和披露信息的程度，会因为服务活动的持续时间和重要程度的性质而有所不同。

（4）向捐赠者和公众披露信息。捐赠者的奉献是公益组织资源的重要来源之一。故，捐赠者有资格获得非政府组织披露相关信息，了解该组织接受捐赠和使用资源的情况。重要捐助者可以和非政府组织签约，要求其按照约定披露信息，使捐助者能够评估所有款项是否被妥善运用。如果一大笔捐赠入账，捐赠者应明确要求公益组织提交与之相关的账目报告。这种约定应得到法律保证。

不仅捐赠者有知情权，就是普通公众也有权获悉有关非政府组织的信息。1992 年，英国的《慈善法》明确规定：只要交付象征性费用，公众中的任何成员都有权获得非政府组织的年度账目和财务报告。有的国家法律规定非政府组织在报纸或杂志上发表年度公告，或者将有关的项目运营总结资料放置在公共阅览室供公众查阅。一般说来，对公益组织披露信息的要求，要比对互益组织的要求要明确而严格得多。公益组织的活动对公众利益产生的影响要大的多，因此，公众有权了解公益组织享有税赋优惠的时间，优惠的比例，以及它们从哪里得到的资金和特定服务活动特许，或者公益组织曾在哪里得到过公共捐赠。同样，公众也有权利要求一个公益组织公开某些与组织宗旨和使命相背的非正当私秘信息，如高级管理人员和雇员超高的工资和过分的福利待遇，理事家庭成员从组织得到报酬或贷款，有理事或者管理人员卷入“非常规交易”等。

三、政府对非政府组织的监督

各国法律都有关于主管部门的规定。与其他类型的监督相比，来自政府的监督属于正式的和专门的监督，并且在促进公益组织的公益性方面具有重要作用。

1. 业务活动的监督。对非政府组织的业务活动进行监督，一个总的原则就是避免使监督成为对公益组织的干预，所以必须适度。既要从宏观上加以调控，又要从微观上进行引导。宏观调控，要把非政府组织业务活动，纳入社会、经济发展的总体规划中去，使其服务活动与社会大众利益的总体发展相吻合；微观引导，要对非政府组织的业务进行必要的启发和监督，使其不脱离公益宗旨和使命。主要包括以下内容：

（1）了解和指导其服务规划。主管部门应主动向非政府组织了解它们的 3 ~ 5 年的服务活动规划，尤其是主动了解其年度社会公益活动安排。在此基础上，发现不足甚至是错误，及时通过恰当说服与沟通，根据社会发展总体规划，及时提出建议，使公益组织做出及时调整和修改，帮助非政府组织始终不偏离国家社会发展的总体方向。

（2）审批重大业务活动。所谓重大业务活动，是资金投入大，利益涉及面广，社会影响大的公益活动。此类业务依照法律应当由非政府组织向政府主管部门和机构先行呈报，由业务主管机关根据条件和有关法规进行程序性审批。这就意味着主管部门将会把不符合法律规定条件的申请组织拒之门外，从而保证公益服务能够合法、有序、保质保量的进行。

（3）日常活动的监督。许多国家的法律都规定，登记管理机关、有关活动资质的批准机关或者法律规定的其他专门机构，当通过直接或者间接途径发现某公益组织存在诚信或者损害社会公众利益或者服务相对人利益时，有责任对该非政府组织进行检查，依据法律，可以进入非政府组织的办公地点、活动场所等，进行调查核实，弄清事情真相以便于采取相应解决措施。

（4）特殊活动的审批制度。非政府组织所从事的活动，如果涉及到一些特殊技术行业，还要经过有关行业管理部门的资质审查，取得服务执照。批准机关有权对批准进行特定行业服务活动的公益组织进行跟踪监管，有权根据其活动效果决定是否撤销原来的决定。

（5）对非政府组织进行评估。公益组织有时候没有压力感、危机感。因此无所事事，平庸无为，甚至有名无实、滥竽充数的情况也会存在。因此需要引进服务表现评估机制，也是各国监督管理的一项重要措施。主要做法：首先是制定等级标准；其次是确定等级评估方法。可采取第三方评估、政府业务管理机关评估、公益组织互评相结合的方法；再次是确定等级评估频率；最后是实行等级管理。好的表彰，中的帮助发展，差的限期改进，增加发展的压力。

2. 年度检查。年度检查是政府主管部门对非政府组织执行法律法规情况、开展业务活动情况、机构及负责人变动情况、财务管理情况等进行年度审核，以确认其是否具有继续开展活动的资格的管理行为。各国的法律都规定了登记管理机关对非政府组织实行年度检查的制度。非政府组织经登记注册取得法人地位，仅是其致力于公益事业的开始，它还需要在实践当中兑现自己的承诺，证明自己的社会价值。政府主管部门的年检活动，是帮助公益组织反思与总结自己工作，发现与纠正违规行为，督促非政府组织积极履行章程规定的宗旨、使命的重要环节。年度检查内容主要包括：

（1）执行法律和遵守章程的情况。非政府组织年检首先要检查非政府组织是否遵守国家法律和按照本组织章程开展活动。

（2）开展业务活动情况。主要是对照组织的年度计划，检查其是否组织开展了有关的项目和社会服务活动。寻找活动不足的原因，评估活动的公益效益和社会影响。在此基础上提出指导和监督性意见。

（3）财务管理和经费收支情况。主要是检查非政府组织是否遵守国家有关财务制度，检查非政府组织财务管理是否规范，了解组织的收入来源与数量以及合法性，弄清资金的流向并评估其支出是否合乎宗旨和使命要求。对那些财务混乱、经费收支有违法违规问题的非政府组织，要责令其接受财务审计。

（4）组织治理机构情况。主要是检查非政府组织的治理机构设置是否符合理事会模式，理事的产生是否经过民主程序；日常办事机构和分支机构是否备案等。有的非政府组织，未经登记管理机关批准或备案，即擅自设立机构，并开展活动。通过检查，能及时地指出非政府组织在机构设置上的问题，纠正错误，使机构设置更加合理、规范。

（5）负责人和工作人员情况。检查负责人和工作人员的情况是十分重要的。公益组织登记资料为政府部门和希望查阅信息的公众提供的信息，一般应包括：负责人和工作人员的登记编号、名称、住所和地址；关于理事的信息；破产受托人的信息；清算人的信息；章程通过和修改的时间等。这些都是政府进行年度检查所依据的内容。

（6）其他情况。如非政府组织收取会费情况等，也都是非政府组织年检的内容。

3. **违规制裁。** 对非政府组织工作人员的法律责任规定模糊不清，导致对一些违纪违规以及轻微违法的社团工作人员，难以实施处罚。在现实当中，此类情况并不罕见。这种无法可依，违规难纠现象的存在，不仅使非政府组织管理陷于尴尬，而且也使非政府组织的社会尊严失去了所需要的起码的正规性和严肃性。这种状况不改变，将会严重影响非政府组织的队伍素质建设和社会公益形象的树立。应当以法规政策的形式，规定对非政府组织工作人员的责任追究制度。比如，对有经济问题的责任人，由非政府组织自身通过法律途径解决；对违纪违规开展活动的，由政府业务主管机关会同公安和司法机关处理；明确规定因严重违纪违规的责任人，被辞退后在确定的年限内，其他非政府组织也不得将其聘为工作人员；假如理事会或者董事会被授权负责监督某下属组织的活动，如其没有尽到管理、审慎、诚信的义务，就要受到制裁；如果一个非政府组织的理事会或者董事会根本不能尽其管理之责，则可由法院或者政府主管部门依据法律，出面负责监督该非政府组织的解体和终止。将一个非政府组织解体和终止属严厉制裁，因此在实施制裁之前必须先警告，给予其纠正过错的机会，而且制裁应等到非政府组织穷尽所有上诉的方式和渠道或上诉时效超过之后才可实施。还有，对于提供虚假组织运营报告的，对于欺骗性集资筹款的，对于藐视和违背法律的，等等，都应当准备有相应的制裁办法。但在执行制裁中，需审慎行事，避免侵犯公民自由结社的权利。

第二节　中国对非政府组织的监督

中国对非政府组织的监督，是由登记管理机关和业务主管单位，依照现有的条例以及其他相关法规对社会团体、民办非企业单位和基金会的日常活动进行监督检查。相应的条例在规定这些非政府组织成立、变更、注销的登记管理和必经程序的同时，还授权负责登记管理的部门、挂靠单位以及被授权的其他单位对各自职责范围内的非政府组织进行监督。监督涉及社团日常活动的规范性、社团资产合法性和违规处理等方面的内容。中国的监督鲜明体现出与"双重约束、分级管理"相对应的特点。

一、对社会团体的监督

（一）针对社团的监督职责

1998年《社会团体登记管理条例》对负责登记管理的机关和业务主管单位的监督职责作了明确规定。

1. **登记管理机关的监督职责：** 1）负责社会团体的成立、变更、注销的登记或者备案；2）对社会团体实施年度检查；3）对社会团体违规问题进行监督检查，对社会团体违反条例的行为给予行政处罚。

2. **业务主管单位的监督职责：** 1）负责社会团体筹备申请、成立登记、变更登记、注销登记前的审查；2）监督、指导社会团体遵守宪法、法律、法规和国家政策，依据其章程开展活动；3）负责社会团体年度检查的初审；4）协助登记管理机关和其他有关部门查处社会团体的违法行为；5）会同有关机关指导社会团体的清算事宜。

（二）对社团资产的监督规定

非政府组织的活动是建立于社会和公众自愿给予的经济支持之上的。因此，其资产的使用是否规范合法就是一个非常敏感和关键的问题。条例对此规定：1)社会团体的资产来源必须合法，任何单位和个人不得侵占、私分或者挪用社会团体的资产。2)社会团体的经费，以及开展章程规定的活动按照国家有关规定所取得的合法收入，必须用于章程规定的业务活动，不得在会员中分配。3)社会团体接受捐赠、资助，必须符合章程规定的宗旨和业务范围，必须根据与捐赠人、资助人约定的期限、方式和合法用途使用。4)社会团体应当向业务主管单位报告接受和使用捐赠、资助的有关情况，并应当将有关情况以适当方式向社会公布。5)社会团体专职工作人员的工资和保险福利待遇，应当符合国家对事业单位的有关规定。6)社会团体必须执行国家规定的财务管理制度，接受财政部门的监督。7)资产来源属于国家拨款或者社会捐赠、资助的，还应当接受审计机关的监督。8)社会团体在换届或者更换法定代表人之前，登记管理机关、业务主管单位应当组织对其进行财务审计。

（三）社会团体的年度报告制度

根据1998年《社会团体登记管理条例》，社会团体应当于每年3月31日前向业务主管单位报送上一年度的工作报告，经业务主管单位初审同意后，于5月31日前报送登记管理机关，接受年度检查。工作报告的内容包括：1)本社会团体遵守法规和国家政策的情况；2)依照条例履行登记手续的情况；3)按照章程开展活动的情况；4)人员和机构变动的情况；5)财务管理的情况。

（四）对违规违法社团的处罚

现有管理条例规定，社会团体有下列情形之一的，由登记管理机关量情给予警告，责令改正，限期停止活动，责令撤换直接负责的主管人员，予以撤销登记，取缔和没收非法财产，依法追究刑事责任的处罚。

这些情形是：1)涂改、出租、出借《社会团体法人登记证书》，或者出租、出借社会团体印章的；2)超出章程规定的宗旨和业务范围进行活动的；3)拒不接受或者不按照规定接受监督检查的；4)不按照规定办理变更登记的；5)擅自设立分支机构、代表机构，或者对分支机构、代表机构疏于管理，造成严重后果的；6)从事营利性的经营活动的；7)侵占、私分、挪用社会团体资产或者所接受的捐赠、资助的；8)违反国家有关规定收取费用、筹集资金或者接受、使用捐赠、资助的。

1. 警告。是登记管理机关给予违规社会团体的一种较轻的行政处罚。这种处罚带有教育性质。如对涂改、出租、出借《社会团体法人登记证书》或者出租、出借社会团体印章的社会团体，可予以警告；对不按照规定办理变更登记的社会团体，可予以警告，并责令其改正。

2. 限期停止活动。是登记管理机关责令有违规行为的社会团体，在一定期限内停止违规活动的一种行政处罚。如超出章程规定的宗旨和业务范围进行活动，擅自设立分支机构、代表机构或对分支机构、代表机构疏于管理，造成严重后果等。社会团体被责令停止活动的，由登记管理机关封存《社会团体法人登记证书》、印章和财务凭证，并可以责令撤换直接负责的主管人员。限期停止活动的期限届满且被限期停止活动的社会团体重新具备法定条件时，准予其恢复活动。

3. 撤销登记。是登记管理机关对有违反法规情形的社会团体，采取撤销登记证书的制裁措施。如社会团体在申请登记时弄虚作假，骗取登记的，或者自取得《社会团体法人登记证书》登记证书之日起1年未开展活动的，由登记管理机关予以撤销登记。社会团体的活动违反其他法律、法规的，由有关国家机关依法处理，有关国家机关认为应当撤销登记的，由登记管理机关撤销登记。社会团体被撤销登记的，由登记管理机关收缴《社会团体法人登记证书》和印章。撤销登记是登记管理机关的一项法定权力，其他任何组织或个人不得行使。

4. 罚款。是指由登记管理机关对违规的社会团体强制收缴一定数额的款项，以减损或剥夺其一定财产。罚款与罚金不同，罚金是法院对触犯刑法构成犯罪的行为人判处的刑罚方法，主要适用于有贪利动机的犯罪；罚款与执行罚也不同，执行罚是行政强制执行中的一种，是促使义务人履行义务的保障手段。罚款适用于1)从事营利性经营活动的行为，2)侵占、私分、挪用社会团体资产或所接受的捐赠、资助的行为，3)违反国家有关规定收取费用、筹集资金或接受、使用捐赠、资助的行为。这些行为有违法经营额或者违法所得的，予以没收，并处违法经营额1倍以上3倍以下或者违法所得3倍以上5倍以下的罚款。

5. 取缔和没收非法财产。是对未经批准擅自开展社会团体筹备活动，或未经登记擅自以社会团体名义进行活动，以及被撤销登记的社会团体继续以社会团体名义活动的，由登记管理机关终止其存在。没收非法财产，是指登记管理机关终止违规社团存在的同时，将其非法占有的财产收归国有。

6. 依法追究刑事责任。是对未经批准擅自开展社会团体筹备活动，或者未经登记擅自以社会团体名义进行活动，以及被撤销登记的社会团体继续以社会团体名义进行活动，尚不构成犯罪的依法给予治安管理处罚；构成犯罪的，依法追究刑事责任。此为最严重的一种处罚。由特定行政机关和司法机构按照有关法律执行。

二、对民办非企业单位的监督

（一）针对民办非企业单位的监督职责

1998年《民办非企业单位登记管理暂行条例》对负责登记管理的机关和业务主管单位的监督职责作了明确规定。

1. 登记管理机关的监督职责：1)负责民办非企业单位的成立、变更、注销登记；2)对民办非企业单位实施年度检查；3)对民办非企业单位违反条例的问题进行监督检查，对民办非企业单位违反条例的行为给予行政处罚。

2. 业务主管单位的监督职责：1)负责民办非企业单位成立、变更、注销登记前的审查；2)监督、指导民办非企业单位遵守宪法、法律、法规和国家政策，按照章程开展活动；3)负责民办非企业单位年度检查的初审；4)协助登记管理机关和其他有关部门查处民办非企业单位的违法行为；5)会同有关机关指导民办非企业单位的清算事宜。

（二）对民办非企业单位资产的监督规定

按照暂行条例，1)民办非企业单位的资产来源必须合法。2)任何单位和个人不得侵占、私分或者挪用民办非企业单位的资产。3)民办非企业单位开展章程规定的活动，按照国家有关规定取得的合法收入，必须用于章程规定的业务活动。4)民办非企业单位接受捐赠、资助，必须符合章程规定的宗旨和业务范围，必须根据与捐赠人、资助人约定的期限、方式和合法用途使用。5)民办非企业单位应当向业务主管单位报告接受和使用捐赠、资助的有关情况，并将有关情况以适当方式向社会公布。6)民办非企业单位必须执行国家规定的财务管理制度，接受财政部门的监督。7)资产来源属于国家资助或者社会捐赠、资助的，还应当接受审计机关的监督。8)民办非企业单位变更法定代表人或者负责人，登记管理机关、业务主管单位应组织对其进行财务审计。

（三）民办非企业单位的年度报告制度

根据 1998 年《民办非企业单位登记管理暂行条例》，民办非企业单位应当于每年 3 月 31 日前向业务主管单位报送上一年度的工作报告，经业务主管单位初审同意后，于 5 月 31 日前报送登记管理机关，接受年度检查。工作报告内容包括：1）本民办非企业单位遵守法律法规和国家政策的情况；2）依照条例履行登记手续的情况；3）按照章程开展活动的情况；4）人员和机构变动的情况；5）财务管理的情况。

（四）对违规违法民办非企业单位的处罚

现有管理条例规定，社会团体有下列情形之一的，由登记管理机关量情给予警告，责令改正，限期停止活动，予以撤销登记，取缔和没收非法财产，依法追究刑事责任的处罚。

这些情形是：1）涂改、出租、出借民办非企业单位登记证书，或者出租、出借民办非企业单位印章的；2）超出其章程规定的宗旨和业务范围进行活动的；3）拒不接受或者不按照规定接受监督检查的；4）不按照规定办理变更登记的；5）设立分支机构的；6）从事营利性的经营活动的；7）侵占、私分、挪用民办非企业单位的资产或者所接受的捐赠、资助的；8）违反国家有关规定收取费用、筹集资金或者接受使用捐赠、资助的。

民办非企业单位的活动违反其他法律、法规的，由有关国家机关依法处理；有关国家机关认为应当撤销登记的，由登记管理机关撤销登记。

未经登记，擅自以民办非企业单位名义进行活动的，或者被撤销登记的民办非企业单位继续以民办非企业单位名义进行活动的，由登记管理机关予以取缔，没收非法财产；构成犯罪的，依法追究刑事责任；尚不构成犯罪的，依法给予治安管理处罚。

民办非企业单位被限期停止活动的，由登记管理机关封存其登记证书、印章和财务凭证。民办非企业单位被撤销登记的，由登记管理机关收缴登记证书和印章。

三、对基金会的监督

（一）针对基金会的监督职责

2004 年《基金会管理条例》对负责登记管理的机关和业务主管单位的监督职责作了明确规定。

1. 登记管理机关的监督职责：1）对基金会、境外基金会代表机构实施年度检查；2）对基金会、境外基金会代表机构依照条例及其章程开展活动的情况进行日常监督管理；3）对基金会、境外基金会代表机构违反条例的行为依法进行处罚。

2. 业务主管单位的监督职责：1）指导、监督基金会、境外基金会代表机构依据法律和章程开展公益活动；2）负责基金会、境外基金会代表机构年度检查的初审；3）配合登记管理机关、其他执法部门查处基金会、境外基金会代表机构的违法行为。

3. 其他相关主体的监督：1）基金会应当接受税务、会计主管部门依法实施的税务监督和会计监督。2）基金会在换届和更换法定代表人之前，应当进行财务审计。3）基金会、境外基金会代表机构应当在通过登记管理机关的年度检查后，将年度工作报告在登记管理机关指定的媒体上公布，接受社会公众的查询、监督。4）捐赠人有权向基金会查询捐赠财产的使用、管理情况，并提出意见和建议。对于捐赠人的查询，基金会应当及时如实答复。5）基金会违反捐赠协议使用捐赠财产的，捐赠人有权要求基金会遵守捐赠协议或者向人民法院申请撤销捐赠行为、解除捐赠协议。

（二）基金会的年度报告制度

基金会、境外基金会代表机构应当于每年 3 月 31 日前向登记管理机关报送上一年度工作报告，接受年度检查。年度工作报告在报送登记管理机关前应当经业务主管单位审查同意。年度工作报告应当包括：1）财务会计报告；2）注册会计师审计报告；3）开展募捐、接受捐赠、提供资助等活动的情况；4）人员和机构的变动情况等。

（三）对违规违法基金会的处罚

现有管理条例规定，对有违规违法行为的基金会、基金会分支机构、基金会代表机构或者境外基金会代表机构的处罚有：取缔和没收非法财产、撤销登记、警告、责令停止活动、补交税赋减免、赔偿损失、以及追究刑事责任。

1. 取缔和没收非法财产。未经登记或者被撤销登记后，以基金会、基金会分支机构、基金会代表机构或者境外基金会代表机构名义开展活动的，由登记管理机关予以取缔，没收非法财产并向社会公告。

2. 撤销登记。基金会、基金会分支机构、基金会代表机构或者境外基金会代表机构有下列情形之一的，登记管理机关应撤销登记：1）在申请登记时弄虚作假骗取登记的，或者自取得登记证书之日起 1 年内未按章程规定开展活动的；2）符合注销条件，不按照条例的规定办理注销登记仍继续开展活动的。

3. 警告和责令停止活动。基金会、基金会分支机构、基金会代表机构或者境外基金会代表机构有下列情形之一的，由登记管理机关给予警告、责令停止活动。情节严重的，可以撤销登记。

1）未按照章程规定的宗旨和公益活动的业务范围进行活动的；2）在填制会计凭证、登记会计账簿、编制财务会计报告中弄虚作假的；3）不按照规定办理变更登记的；4）未按照本条例的规定完成公益事业支出额度的；5）未按照本条例的规定接受年度检查，或者年度检查不合格的；6）不履行信息公布义务或者公布虚假信息的。

基金会、境外基金会代表机构有上列行为的，登记管理机关应当提请税务机关责令补交违法行为存续期间所享受的税收减免。

基金会、境外基金会代表机构被责令停止活动的，由登记管理机关封存其登记证书、印章和财务凭证。

4. 赔偿损失。基金会理事会违反本条例和章程规定决策不当，致使基金会遭受财产损失的，参与决策的理事应当承担相应的赔偿责任。

5. 退还非法财产和追究刑事责任。基金会理事、监事以及专职工作人员私分、侵占、挪用基金会财产的，应当退还非法占用的财产；构成犯罪的，依法追究刑事责任。

第三节　国外对非政府组织的监督

对非政府组织监督是一个多纬度全方位的管理系统。国外不少国家在这一方面都创造了自己的模式，积累了各自的经验。本节将亚洲的日本和新加坡、北美洲的美国、非洲的南非对非政府组织的监督管理做法，进行总结归纳。他山之石，可为借鉴。

一、日本对非政府组织的监督

日本对于非政府组织进行监督的法定主体是该组织法人的主事务所所在地的都、道、府、县的知事。在两个以上都、道、府、县有事务所的非政府组织，由经济企划厅厅长作为政府主管机关。其管理的依据主要是 1998 年颁布实施的《特定非营利活动促进法》。根据这部法律，政府的约束和监督可以归纳为五个方面。

1. 会计制度。非营利组织法人的会计账目必须满足四个要求：1)收入和支出应当以预算为基础；2)会计账簿应当根据正式的记账准则进行准确记录；3)财产清单、资产负债表和收支计算书必须根据账簿的记载，反映真实的收支状况和财务状况；4)会计处理上遵循的标准和程序必须每个年度互相一致，不得随意变更。

2. 事业报告书制度。1)非营利组织法人应根据日本内阁府令，在每个年度的头 3 个月内，制作一份关于上一年度包括财产清单、资产负债表、收入支出明细表、组织管理和项目运作情况在内的"事业报告书"。2)制作上一年度的"相关人员名册"，名册要包括所有负责人员姓名、住所；所有领取报酬的负责人员及报酬数额；以及至少 10 名以上会员的姓名、住所。非营利组织法人应在其主要办公地的场所中保存这些文件，直到下一年度的最后一日。3)允许公众查阅事业报告书。如果会员或者其他有兴趣者要求查阅包括财产清单、资产负债表、收入支出明细表、组织管理和项目运作情况在内的"事业报告书"，和负责人员和相关人员名册、组织章程或者有关认证或者登记的文件，非营利组织法人应允许其查阅。4)非营利组织法人应当根据日本内阁府令，每年一次向政府主管机关提交事业报告书、负责人员名册和章程等。如有人请求查阅一个非营利组织法人向政府主管机关提交的事业报告书、负责人员名册或者章程等，政府主管机关应当根据内阁府令允许其查阅。

3. 现场检查制度。1)如果政府主管机关有充分理由怀疑非营利组织法人违反了法律、法规和根据法律法规而制定的组织章程的，可以要求该非营利组织法人就业务活动状况或者财产状况提交报告，也可以派遣政府主管机关的官员进入该非营利组织法人的办公场所或者设施，检查其业务活动状况、财产状况或者账簿、文件和其他资料。2)政府主管机关根据规定进行检查时，政府主管机关应要求其官员向非营利组织法人的负责人员，或者有权管理受到检查的事务所或者设施的人士，出示一份说明充分理由的文件。负责人员要求提交该文件的，应当提交。3)执行检查的官员，应持有表明其身份的证明，并且必须向有关人员出示。4)政府主管机关认为非营利组织法人没有满足非营利组织性质以及活动范围要求的，或者违反了法律、法规、根据法律法规制定的章程的，或者其业务活动显然欠缺合理性的，可以明令非营利组织法人在一定期限内采取必要的改进措施。

4. 相应的处理措施。1)非营利组织法人违反了政府主管机关提出的改进要求，并且政府主管机关无法以其他手段达到监督目的，或者非营利组织法人 3 年以上没有提交事业报告书等、负责人员名册等或者章程等，政府主管机关可以撤销其对该非营利组织法人的设立认证。2)非营利组织法人违反了法律、法规，并且即使政府主管机关向其提出改进要求也无法期待能够发生改善，并且无法以其他手段达到监督目的时，政府主管机关可以直接撤销设立认证。3)非营利组织法人拒绝或者违反政府主管机关向其提出的改进要求的。当被处以50 万日元以下的罚金。4)非营利组织法人的法定代表人、代理人、雇用人或者其他工作人员在该非营利组织法人的业务活动中拒绝交纳罚款的，对该非营利组织法人和违法的个人应处以该条规定的刑罚。

5. 非刑事性罚款。非营利组织法人的理事、监事或者清算人(专司组织破产事宜者)有下列情形之一的，应当处以 20 万日元以下的非刑事性罚款：1)没有根据内阁法令的规定进行登记；2)没有提交相关法律所要求的财产清单，或者在清单中应当包括的事项被没有被列入，或者列入的内容不真实；3）在非营利组织法人的负责人员的姓名、住所发生变更，和非营利组织法人在对章程中的事项进行修改后，没有向政府主管机关进行通知，或者通知有错误；4）没有按规定保存有关文件，或者在这些文件中应当包括的事项没有被列入，或者列入的内容不真实；5）没有按规定每年一次向政府主管机关提交事业报告书等、负责人员名册等和章程等；6）没有按规定制作财产清单和资产负债表，或者这些文件中应当包括的内容没有列入，或者列入的内容不真实等。

二、南非对非政府组织的监督

在南非共和国，主管监督非政府组织的政府机构，是福利与公众发展部。具体的管理事务则由该部部长任命的一名主任及其领导的非营利组织委员会负责。与之配合的还有福利与公众发展部部长任命的一个 3 人仲裁庭和一个顾问委员会。监督管理的依据主要是 1997 年制定的非营利组织法。从其法律实践中，可以发现南非对 NGO 的监管主要体现在以下方面。

1. 南非 NGO 的会计准则。1）已登记非营利组织应当根据被普遍接受的会计准则，保留关于其收入和支出、资产和负债的会计记录。2）在财政年度结束后的六个月内，草拟其财政报告，该报告应当至少包括：第一，关于本财政年度收入和支出的说明；第二，反映其资产、负债和本财政年度结束时财政情况的资产负债表。3）在草拟财政报告后的两个月内，已登记非营利组织应安排会计主管制作正式报告书并且提交该组织，报告书应当说明：第一，该组织的财政报告同其会计记录是否一致；第二，该组织的会计政策是否适当，在制作财政报告过程中是否得到遵循；第三，该组织是否遵守了非政府组织法律和组织章程中有关财政事项的规定。4）任何非营利组织应在规章规定的期间内保存所有的会计账簿、有关凭证、成员捐赠或者缴纳费用的记录、收入和支出的说明、资产负债表和会计主管报告书的原件或者复本。

2. NGO 的信息披露。

（1）已登记非营利组织应以书面形式向南非非营利组织委员会主任提供需要的文件，包括：第一，按规章规定的方式制作的事业活动工作报告以及财政报告和会计主管报告，这些报告应当在其财政年度结束后的九个月内提交；第二，该组织负责人员的姓名以及其工作地址和家庭住址，该文件须在每次任命或者选举后一个月内提交，即使该任命和选举并没有导致负责人员变更也要提交；第三，办公地址变更的通知，该通知应当在其使用新地址接受文件寄送前一个月内提交；以及规章可能规定的其他信息。

（2）南非共和国非营利组织委员会主任可以决定对提交给他的任何文件或者工作报告、财政报告或者其他报告进行审查，或者以通知的方式，要求已登记非营利组织提供任何信息或者文件，这些信息和文件是主任为认定该组织是否符合下列要求而可合理索取的。比如认定其是否符合组织章程的重要条款；是否符合给予其优惠待遇或者补助的条件；或是否符合相关法律要求该组织应履行的义务。在收到通知后的一个月内，已登记非营利组织应当提供相关信息或文件。

（3）已登记非营利组织的会计主管了解到非营利组织存在没有遵循本法或者该组织章程中关于财政事项的规定的情形，该会计主管应当在了解情况后一个月内，以书面形式向非营利组织委员会主任，详细说明该违法活动的性质。会计主管的依法报告，可豁免会计主管对非营利组织的忠实义务。

（4）非营利组织委员会主任应保存已登记非营利组织的章程的原件或者复本，同时主任还应当在规章规定的期间内以原件或者复本的形式保存：已经被注销登记或者已经自愿撤销登记、解散或者终止的非营利组织的章程；以及根据非政府组织法律提交给主任的任何报告或者文件。

（5）所有的公众均有权利查阅主任有义务保存的所有文件。

3. 对违规 NGO 的处理。1）在发现非营利组织的行为出现违背组织章程的重要条款时，在与对于非政府组织的优惠待遇和补助条件不相符合时，在放弃相关法律规定给非政府组织应承担的义务时，非营利组织委员会主任要以书面形式，通知该组织其违法行为的事实，以及它应采取的改正措施，组织在收到通知之日起一个月内应当改正。如有正当理由可以决定延长给予该组织改正的期限。2）已登记非营利组织在收到敦促改正通知后，没有在规定期限内执行该通知，或者在提交给主任的任何文件、工作报告、财政报告或者其他报告中进行了虚假陈述，主任应依法注销该组织的登记证书和登记，并对登记簿进行相应的修改。非营利组织被注销登记后，其基于登记而取得的一切权利、优惠待遇和补助立即终止。3）在认为非营利组织可能构成犯罪时，向南非共和国警察总署建议进行刑事侦查。

4. 对犯罪行为的处罚。1）非营利组织终止或者解散时，没有将其剩余财产依法移转给同类组织或者政府相关管理部门的，构成犯罪。2）个人或者组织未经登记，却声称自己已经进行了登记；未依法登记，却使用登记编号、登记证书或者登记证书中记载的其他内容；在提交给非营利组织委员会主任的任何文件、工作报告、财务报告或者其他报告中做出严重的错误陈述，构成犯罪。3）对被认定有非政府组织法所规定罪行的组织或者相关个人，处以罚金、监禁或者并处罚金与监禁。

三、美国对非政府组织的监督

美国对非政府组织的管理体现了普通法系和联邦制国家的特点。在实践当中倾向于追惩制而不是预先规制。以保障和促进社会公益为核心，形成了来自政府和社会各方面对非政府非营利组织的监督体系。

1. 政府的监督管理。美国的非政府非营利组织无论数量还是规模，都可以说是世界之最。但是，却没有统一的非政府组织管理法律，也没有专门监管非政府组织的政府机关。就管理法律而言，虽然有一部 1987 年的非营利法人示范法，但是否依照采行则由各州州务卿和议会决定。有关非营利组织的法律在联邦和州都不多。对非营利组织的规定均置于相关的法律之中，比如宪法、税法、商法或公司法等。

就监督管理而言，也是由联邦和州的不同机构分别承担。州务卿办公室（亦称政府办公室）负责批准，然后由司法局进行注册登记，颁发法人证书；各州司法部长负责监督非营利组织是否有欺诈行为，负责对其进行审计，它们拥有仲裁权、处罚权和起诉权；联邦税务机关负责监督免税非营利组织是否信守非营利的宗旨，是否履行了税法有关免税组织的义务。此外，美国政府还委托国家慈善信息局、人类慈善咨询服务组织和宗教财务委员会等机构，制定相应的管理标准，评估非营利组织的运营情况，对非营利组织进行监督。美国对非政府组织的管理是多方面的。

（1）关于政治限制。慈善机构不可有大量的游说活动，不可为政治竞选而活动，其他非政府组织亦不能将钱直接用于个人参与竞选。向党派或从事政治游说机构捐款，捐款人和收款人均不免所得税，受捐机构还应公布捐款人和资金使用情况。

（2）关于商业限制。非政府组织从事一些经营活动可以免税，但机构本身应具有免税地位。短期活动可以免税，长期活动可能不免；收入用于与宗旨相关的事业可以免，用于无关的不免税。民间基金会不得拥有企业，不得投资与董事会成员有利益关系的项目，对单个企业股权的拥有比例不得超过26%，一般最低要将5%的当年资产（包括基金、不动产、投资收入及利息）用于公益性活动和项目支出。

（3）关于税务管理。联邦税务局制定了非政府组织的自查标准，先由非政府组织自查（大约2万个非政府组织），检查的主要内容是年度财务报告，重点单位是民间基金会。非政府组织应如实反映活动项目、财务支出以及资产经营损益情况。联邦税务局通过严格审定，认可其下一年度的免税资格，如发现问题，将分别采取罚款、取消免税资格或登记机关取消设立资格等处罚措施。

（4）关于财务审计。美国非政府组织虽然是非营利性的，但其年度财务报告与营利机构一样，要求很严，标准很高，内容涉及现金收支、财产、债务、证券、抵押等，尤其是对集资的财务管理，要求更严。为此，政府专门指定美国注册公共会计师事务所和财务标准董事会，对非政府组织的财务进行管理。

2. 同业监督管理。美国有众多的非政府组织的同业组织，它既帮助非政府组织维护合法权益，为非政府组织服务，同时又帮助政府监督管理非政府组织，促进非政府组织的自律。可以说，它在一定程度上弥补了政府管理力量的不足，在政府与非政府组织之间起桥梁作用。美国有一个全国性非政府组织——国家慈善信息局专门评估公众筹款机构和服务机构的工作成效。这个组织制定了9条评估标准，每个季度出一张季报，将所评估的非政府组织排列出来，逐条评估。华盛顿非政府研究与咨询机构（独立部门）就是一个比较典型的非政府组织的同业组织。它采取会员制，至今有715个非政府组织成为该组织的成员。该组织热心帮助非政府组织与政府加强合作，向政府反映非政府组织的愿望和建议，开展信息交流和社会调查，研究非政府组织的发展趋势，促进非政府组织的行为规范。每个月，按国家慈善信息局制定的行业标准，在专门公开刊物上公布会员的评估结果，让社会知晓和监督。这就给所有会员单位造成很大的压力。会员单位如严重违纪，将被开除。

3. 社会监督管理。美国对非政府组织进行监督管理的一个手段是"公开原则"。美国政府向社会公开非政府组织的有关档案，特别是公益性非政府组织的财务税收状况。而且联邦法律规定，任何人都有权向非政府组织要求查看它们的原始申请文件及前三年的税表。同时人们也可以写信给国税局，了解非政府组织的财务情况和内部结构。

此外，新闻媒体的舆论监督作用很大。美国联合之路总裁阿尔莫尼在位37年，对该组织有很大的功劳。但在1992年，被揭露薪水过高并牵连其他丑闻，被新闻界曝光，最后被判入狱，成为轰动一时的新闻。这一事件充分显示了舆论对于非政府组织的监督力量。

四、新加坡对非政府组织的监督

在国外的情况中，比较起来，对非政府组织最严格的管理来自于新加坡政府。这个特点从以下监督和约束措施中得到了充分体现。

1. 对NGO信息的管理。1）在新加坡，任何人在支付了规定费用之后，都可以查阅非政府组织登记官掌握的任何已登记社团的文件，并且可以获得这些文件的复印件或者摘要。2）这些文件的复印件或者摘要，经登记官或者助理登记官的签名和盖章被证明为真实的，在任何法律程序中都将被接受为证据。3）登记官可以随时以签署通知的方式，命令任何已登记社团提供他所需要的与该社团相关的任何信息或者其他文件、账目或者记录。4）如果某一已登记的社团没有遵循登记官命令提供相关文件的，有义务执行命令的每个人被认定为有罪，处 5000 元以下的罚金。5）如果一个社团向登记官提供的信息存在虚假的、不准确的或者不完整的情况，提供信息的人被认定为有罪，处 5000 元以下的罚金。

2. 管理部门现场执法。1）登记官或者治安官，如有理由相信某一社团被用于违背新加坡的社会安宁、福利和良好秩序的目的，或者违反该社团在社团登记处、登记官处备案的章程和宗旨的，不管对方是否合作，有权亲自进入或者书面授权警察进入他有理由相信被用作该社团办公或者开会的场所，有权搜查或者书面授权警察搜查该场所和在场人员或者从那里逃脱的人员，以提取证明该社团被用作上述目的的证据。必要时，可以为此获得协助或者采取强制措施。2）只要有合理根据认为某场所正在举行非法社团或其成员的会议，或者隐藏、保存或放置非法社团的名册、账目、书面文件、横幅或者标识的，无论对方是否合作，任何治安官或者治安法官，有权直接或者授权其他警察进入该场所，拘捕在场的任何人员；有权搜查该场所；有权扣押或拟扣押所有的名册、账目、书面文件、标语、文档、旗帜、标识、武器或者他有合理原因相信属于非法社团所有或与其有联系的其他物品。

3. 对 NGO 身份的监督。1）如果登记官认为一个社团的名称容易导致公众对该社团的真实特征和目的发生错误认识；或者该名称与其他社团的名称过于近似，容易使公众和这两个社团的成员发生误认；或者该名称是不适宜的或者带有侵犯性的；或者该名称容易使人误以为其与政府部门或者其他公共机构有某种联系，或者与其他组织或者个人有某种联系，登记官可以随时通过签署通知，命令该社团在通知规定的时间内将其名称变更为他所认可的其他名称。2）登记官根据法律认为一个社团的章程如果不加修改，将会违背国家利益或者违背新加坡的社会安宁、福利或者良好秩序的，可以随时签发通知，命令该社团在要求的时间内，以他要求的方式修改其章程。3）一个社团如果未能执行登记官发出的修改通知的，该社团及其高级职员被认为有罪，处 3000 元以下的罚金。

4. 对 NGO 标识的监督。1）未经登记官的书面同意，已登记的社团不得使用任何旗帜、标志、象征、徽章或者其他标识；2）在任何情况下，已登记的社团违反第一款的规定，使用旗帜、标志、象征、徽章或者其他标识的，社团的高级职员、负责管理或者协助管理社团的所有人员被认定为有罪，处 3000 元以下的罚金或者 6 个月以下的监禁，或者两罚并处。

5. 对滥用社团财产的处罚。1）根据已登记社团的成员或者登记官的控诉，地区法院或者治安法庭认为该社团的某一高级职员或者成员，违背该社团的章程，占有或者控制该社团的财产，或者非法侵占该社团的财产，或者故意把财产用于不同于该社团章程所表述或者指定目的的，根据社团法的授权，法院应当命令该社团的高级职员或其成员将社团的财产转交给社团的受托人或者法院指定的公益组织，并且偿还被非法侵占或者不当使用的财产。2）如果法院规定的任何人，未能在裁定的时间内遵守有关依法归还或者转交所滥用和侵占财产的指示，被认定为有罪，处 5000 元以下的罚金。

6. 对非法社团的惩处。1）未经登记的任何社团都被认定为非法社团。2）任何管理或者协助管理非法社团事务的人被认定为有罪，处 5 年以下的监禁。3）成为非法社团的成员，或者参加了非法社团的会议的，被认定为有罪，处 5000 元以下的罚金或者 3 年以下的监禁，或者两罚并处。4）明知是非法社团或者非法社团的成员，还允许其在自己所有或者占有的房屋、建筑物或者场所内举行会议的任何人，被认定为有罪，处 5000 元以下的罚金或者 3 年以下的监禁，或者两罚并处。5）任何煽动、劝诱或者邀请他人成为非法社团的成员，或者协助管理非法社团的人，被认定为有罪，处5000元以下的罚金或者3年以下的监禁，或者两罚并处。6）任何对他人施以暴力、威胁或者恐吓，使其成为非法社团的成员或者协助管理非法社团的，被认定为有罪，处5000元以下的罚金或者4年以下的监禁，或者两罚并处。7）为非法社团的目的从他人那里获得或者试图获得捐款或者资助的任何人，被认定为有罪，处5000元以下的罚金或者2年以下的监禁，或者两罚并处。8）任何打印、出版、分发、出售或者邮送，或者未经合法授权或无合法理由，持有招贴广告、报纸、书籍、传单、画像或者其他任何形式的由非法社团发行或者明显是非法社团发行、代表非法社团的利益或者有利于非法社团利益的文件或者书面材料的，被认定为有罪，处5000元以下的罚金或者2年以下的监禁，或者两罚并处。与该犯罪行为有关的任何书籍、期刊、宣传册、海报、宣言书、报纸、书信或者其他文件或书面材料都应被没收。

从上述四国监督制度的基本情况看出，虽然对非政府组织管理有宽有严，规定和方法也不完全相同，但有三个比较明显的共性。

第一，都有法可循，依法管理。这些国家在非政府组织管理中很少使用行政手段。由于法治健全，整个社会和经济生活都置于法律监督之下，非政府组织活动也有完善的法律安排。日本、南非、新加坡都有专门的社团或者非营利组织管理的法律，而美国作为判例法系国家，虽然没有专门的非营利组织法典，但是有关法律问题从各类相关法律条款中都能够找到根据。

第二，都坚持监督的有限性。首先是负责监督的行政机关很少，避免了政出多门和相互推委。其次，这种有限性表现为行政权力的有限性。虽然日本和新加坡的行政干预带有亚洲的特点，但更进一步的法律制裁需要经由司法程序做出，且基本都有对非政府组织的司法救济规定。最后，这种有限性还表现在监督内容的有限。政府的监督主要是针对非营利组织行为中的欺诈、违法和营利性。只要这些组织的行为符合有关法律规定，各国政府对其内部事务和业务活动并不干涉。

第三，都是用监督保证发展。这些国家的监督管理的明显且也是共同的出发点，不是抑制非政府组织发展，而是通过依法合理的法律规制，为其提供一个良好的制度环境，从而促进非政府组织的繁荣，最终促进其社会服务质量的不断提高。

第八章 对非政府组织的评估

依据法律对非政府组织进行监管是政府的一项职责。然而，政府监管一方面会受到资源和能力等因素的限制，另一方面过大的政府管制力度也会限制遵纪守法的非政府组织的发展。为弥补政府监督机制的不足，独立的评估制度便得到推广和应用。这类评估实际上是一种监督，其优势在于，它在淘汰不良组织的同时，能够保护好的非政府组织的存在和发展。

第一节 关于非政府组织评估的基本概念

一、评估的含义和类型

1. 评估的含义。一般来讲，评估有广义与狭义之分。广义的评估是指评估主体对评估客体的价值大小或高低进行判断、评价、预测的活动。狭义的评估是指在一定的时限内，尽可能系统地、有目的地对实施过程中或已完成的服务项目、计划政策的设计、实施和结果的相关性、效率、影响进行判定和评价。它的特点有：

（1）时限性。评估要在一定的时间范围内完成（如一个月或半年），并不贯穿于项目、计划、政策或者组织服务实践的始终。

（2）系统性、规范性和科学性。评估与以往工作总结最大的区别在于，评估有一套完整的理论和指标体系，是规范、科学和有目的的评定活动。而中国传统工作总结往往缺乏系统的定性和定量指标，随意性较大。

（3）学习性。评估不仅要对项目、计划或政策的相关性、绩效和成功度进行评价，而且要通过评价活动本身进行学习。在这种意义上可以说，学习加责任就等于评估。事实上，通过评估过程进行学习的知识更具有权威性，特别是对一系列的项目、计划或政策进行的评估，从中所学习的经验更适合在更大的范围内推广。

2. 评估的类型。根据不同的标准，可以将评估分为多种类型。按照时间顺序，评估可分为前评估、中期评估和后评估；按照评估者的来源，可分为自我评估和外部专家评估。

（1）前评估。是在公益服务项目、计划或政策开始实施之前所进行的评估，也称事前评估、预评估。前评估的结果一方面可以决定项目、计划或政策是否实施，另一方面可以作为基准线，在项目、计划或政策完成后进行前后对比。

（2）中期评估。是在公益服务项目、计划或政策从开始后到完成前之间的任何一个时点所进行的评估。它的目的在于检查项目、计划或政策的设计和前评估的质量，或者评估实施过程中的重大变更及其影响，或分析实施过程中的困难、问题，寻求对策与出路。

（3）后评估。在公益服务项目、计划或政策结束后，根据原定目标和实际实施情况的比较而进行的全面、系统评估。后评估一般更容易被人理解和接受。目前，非政府组织对后评估工作相对更重视些。

前评估与后评估除评估时点不同以外，在评估的目的、评估的依据、评估的主体等方面也有所差异。前评估的目的是确定项目、计划或政策是否可以立项，它是站在项目、计划或政策的起点，应用各种预测方法分析评价未来的收益，以确定是否值得与可行；而后评估的目的是为了回顾总结，同时又对后续项目进行前景预测。前评估的依据主要是历史资料和经验性资料，以及相关的行业标准等；而后评估的依据主要是项目、计划或政策实施时的实际数据。另外，前评估的主体主要是非政府组织自身，而后评估的主体主要是外部专家，如独立的中介评估机构人员、监督管理部门的专家、捐赠者代表以及科研单位的专家等。

（4）自我评估。自我评估的优点首先在于评估者是公益服务项目、计划或政策实施机构的成员，对组织内部机构与运行机制较为了解，对项目、计划或政策实施的整个过程较为熟悉，对实验区的社会经济背景、文化风俗较为了解；其次，自我评估的成本较低，在项目、计划或政策实施的每一个阶段都可以进行评估，有利于及时发现、解决问题；最后，自我评估的结果或建议容易在执行过程中得以实现。因为评估者本人就是项目、计划或政策的执行人，他对评估过程中发现的问题有切身的体会。然而，自我评估也存在一些局限。由于评估者是实施机构的内部成员，因此评估结果往往缺乏客观公正性。即使自我评估很客观，社会公众也不容易相信其评估的结果。另外，由于自我评估者的日常工作较多，难以集中精力进行评估，因此自我评估一般较为粗略，质量难以保证。

（5）外部评估。又叫第三方评估。是指由非政府组织等当事人以外的专业机构，按照一套相对具有针对性的评价指标，对相关组织的内部管理和外部服务等相关方面进行的评估。第三方评估是对政府监督的重要补充，并且与公益组织的自我评估比较，具有完全不同的作用和价值。对于非政府组织的行为具有不可替代的激励与鞭策作用。

业内人士公认，美国是最早开展民间组织评估的国家之一。早在1912年成立了"更好事务局委员会"，其所属的公益咨询服务部专门从事评估工作，1918年美国成立了"全国慈善信息局"（两者已经合并成立新的评估机构"明智捐赠联盟"）。美国把评估作为与政府监督、同行互律、公众媒体监督和自律同等重要的确保民间组织健康发展的五道防线之一。美国的评估属于独立的第三方评估，评估机构的做法主要是制定民间组织的行为规范和道德标准，并通过向公众提供信息，使企业和个人更明智地捐款。英国也是评估的先行者，他们的评估属于"行政监督模式"。1860年英国政府专门成立了"慈善委员会"以监督管理和规范慈善组织行为，这一制度一直延续至今。它对民间组织的内部治理结构、投资行为、财务管理和审计制度提出具体标准和要求，为确保慈善组织遵守这些规则，英国政府制定了一系列的监督和评估制度。

二、传统的评估理论

20世纪90年代以来，人们逐步认识到通过评估等管理工具来提升和推动非政府组织发展的重要性。然而，由于非政府组织评估受到国际范围的广泛重视仅是最近几年的事，因此当前国际上有关非政府组织评估的理论与方法主要来源于政府、企业的评估理论与实践。这些评估理论与实践对于非政府组织评估的研究有重要的参考价值。但是，这些评估工具对于非政府部门的评估是否贴切？是否有必要进行修正？特别是学者基于发达国家实践的基础上提出来的评估架构是否适合发展中国家的非政府组织的实际问题？这些都需要理性的思考。

1. "三E"评估理论。所谓"三E"，即指经济（Economy）、效率（Efficiency）与效果（Effectiveness）。经济是指以最低可能的成本维持既定服务品质的公共服务。效率是指投入与产出之比例。效果则是指公共服务实现目标的程度。效果指标通常只关心目标或结果。经济、效率与效果是政府、企业与非政府组织普遍关注的问题。应该说，从"三E"的角度出发对非政府组织进行评估有助于非政府组织绩效的提高。正因为如此，"三E"评估理论在世界各国的非政府组织中得到了较为广泛的推广，成为当前国际上最为流行的非政府组织评估理论。即使在中国，不仅国际援助项目非常注重"三E"评估，而且，本土的非营利医院、学校、慈善机构也开始重视"三E"。这也是当前中国非政府组织评估关注的焦点。

然而，这种评估导向也带来了一些负面的影响。由于过分关注组织的经济、效率与效果，而忽略了组织其他方面的问题，一些非政府组织的发展出现了扭曲。例如，有的非政府组织实施的项目可以取得较好的经济、效率与效果，但由于组织自身的能力没有得到全面的发展，往往是项目结束之时，也就是组织衰亡之日。这种现象在中国的非政府组织中发生得更为普遍。这是因为，中国的很多非政府组织依赖于境外的资助，而国际援助机构往往受国际流行的"三E"评估理论影响，只关注对项目经济、效率与效果的评估，而忽略了实施项目的组织自身的能力建设，或者忽略了问责的要求，其结果是项目可以取得一定的成效，但是非政府组织本身却缺乏持续的发展能力，有的非政府组织甚至出现了一些滥用资源或腐败的现象。

2. "三D"评估理论。虽然"三E"理论是世界范围内评估的主流派别，然而，也有学者对此提出了挑战。这些学者认为，首先，公共组织的相关利益群体是多元的，由于不同相关利益群体关注的角度不同、价值判断的标准不同，甚至存在冲突，因此，很难简单地根据经济、效率与效果来评价非营利性的非政府组织；其次，私人组织的目标非常明确，例如，企业的绩效标准就非常明确，即利润，而公共组织的目标往往较为宏观和模糊，也没有特别明确的绩效标准；再次，公共组织的目标具有较大的不确定性。特别是随着外部环境的变化，公共组织实施项目的目标甚至都需调整和变化；最后，非政府组织的结果除受政策、计划或项目本身的影响，往往还要受到许多其他因素的影响，也就是说其因果关系实际上并不明确。基于此，这些学者认为，公共组织的评估应当从"三E"向"三D"转变。所谓"三D"是指诊断（Diagnosis）、设计（Design）与发展（Development）。

诊断是指非政府组织或项目的管理者能够正确识别组织或项目所面临的新的管理问题，能够考虑到主要的相关利益群体的需求与利益。设计是指组织或项目管理者能够通过适当的策略解决这些问题，能够设计解决这些问题所需要的恰当的结构与战略。发展是指一种解决组织或项目实施过程中所遇到问题的能力，以及相应的作为学习过程的管理变革或创新。

"三D"评估理论的优势在于它特别注重通过评估提升非政府组织自身的能力建设，通过评估帮助非政府组织不断学习与完善。然而，这一评估理论的局限在于它难以定量，更多是定性方面评估，难以在不同组织之间进行比较。因此也无法根据评估的结果实施奖罚。

3. "顾客满意度"理论。"三E评估"注重的是组织或项目产生的结果，"三D评估"注重的是实施政策、计划或项目的组织能力。然而，无论是"三E"，还是"三D"，更多是一种自上而下型的评估方式，这种类型的评估是以实施项目的组织为中心。随着新公共管理的兴起，一些学者和实践工作者提出，公共组织的核心是为公众提供优质的服务，因此，评估的导向应当是自下而上、面向被服务对象的，即以顾客满意度为焦点。所谓顾客满意度是指顾客感受到的服务质量达到其期望值的程度。它包括了解顾客的需求，并能迅速、准确地回应服务对象的需要；充分具备提供服务所需的知识与技能；热心接受顾客的要求；服务态度谦虚、有礼；能够倾听顾客的不同意见；非政府组织及其工作人员值得信赖；能够尊重顾客的隐私；被服务对象有畅通的投诉渠道等。顾客满意度评估发源于企业界，并在企业界得到了广泛推广。然而，这一评估理论在应用于非营利部门时还存在一些不足。用顾客满意度来评估非政府组织的绩效时，它并不是一个很敏感的、理想的指标。

4. 平衡记分法理论。为了在资金竞争中取得优势，非政府组织迫切需要改革传统的业绩评价指标，建立一个由财务指标和非财务指标共同组成的业绩评价体系。20 世纪 90 年代卡普兰和诺顿两人发表在《哈佛商业评论》的《平衡记分卡：良好绩效的测评体系》、《平衡计分卡的实际应用》、《平衡计分卡作为战略管理体系的基石》构成了著名的平衡计分卡方法，从而成为业绩评价研究新的里程碑。

平衡计分卡能综合、全面地反映非政府组织的绩效。平衡记分卡从财务、顾客、组织内部执行、学习与成长等四个方面来评价组织的管理业绩。财务方面所考察的是服务价值的提高与服务成本的降低两方面。顾客方面的绩效衡量考察顾客满意度、顾客保留率、顾客增加率。其中，顾客满意度反应了顾客对于产品或服务价值的一种主观感受。这一指标对以提供服务为主的非政府组织而言十分重要。从组织内部执行来看，绩效评估的重点在于"创新动力"、"营运效率"以及"后续服务"三个方面。组织在学习与成长方面的评估，反映了组织长期成长与发展的能量。组织必须设计一套行之有效的指标，来衡量组织人员、系统及组织程序等在学习与成长方面的表现。比如员工满意程度、员工流动率、员工训练时间、资讯获得时间等。只有在组织中具备一个良好的学习与成长的能力的基础上，组织才有可能持续地发展壮大。

平衡记分法表现了把组织的任务和策略转化为有形的目标和计量的转换。同时，平衡记分法在四个方面保持平衡：即长期和短期目标之间；外部计量和关键部门的计量之间；所需要的结果和这些结果的执行之间；强调客观性测量和强调主观性测量之间保持平衡。

在非政府组织中实施计分卡有以下几个步骤：确定组织的战略使命；成立平衡计分卡领导小组；为财务、顾客、内部经营和学习创新成长确定具体目标并找到最贴切的业绩衡量指标；通过沟通教育，让组织内部各级人员了解战略使命和业绩评价指标；确定年度、月度、季度业绩衡量指标的具体数字，使其与组织预算相结合，并注意各指标间的关系；将员工的薪酬与平衡计分卡挂钩；征求员工意见，修正平衡计分卡业绩评价指标等。

三、对非政府组织评估的意义

虽然非政府组织具有许多职能优势，可以弥补政府与企业的不足，但是非政府组织也存在一些先天不足。首先，非政府组织的所有成员不得分红，因此在所有者缺位的情况下，一旦人们的志愿精神不足，则组织就会缺乏责任机制和发展的动力；其次，非政府组织缺乏提高效率的竞争机制。非政府组织与企业的差别之一，就在于企业通过市场配置资源，优胜劣汰。而非政府组织常常具有一定的垄断性，竞争机制不明显；最后，非政府组织缺乏显示业绩的晴雨表。政府的绩效可以通过政治支持率体现，企业的绩效可以通过利润等体现，而非政府组织的绩效却没有一个类似的非常明显的判断标准。非政府组织从事的往往是社会公益事业，既不可能用利润来衡量绩效，也不可能用类似政治过程中投票表决的方式衡量绩效。

由于非政府组织的这些特点与生俱有的不足，因此，需要通过一定的制度安排来弥补其缺陷。评估的应用就出于这样的目的和意义考虑。

第一，围绕诚信的评估能够促进组织的责任。非政府组织不以营利为目的，因此它可以享受政府免税的优惠待遇，而且能够吸引个人、企业、基金会、政府的资助。因此，非政府组织首先必须遵守非政府组织的行为规范和道德标准，才能取信于民。这就要求对非政府组织的诚信进行评估。诚信评估来源于英文单词"accountability"，也译为非营利性评估、公信度评估或问责制、社会交待。事实上，诚信是当前我国非政府组织部门存在的最为严重的问题。对非政府组织的诚信评估不仅可以为捐赠者提供捐款信息、指南，而且也能增强非营利组织的责任。

第二，围绕绩效的评估能够提高组织的效率和效益。在现代社会，人们意识到非政府组织不仅应当诚信，而且更应当有效利用稀缺资源以实现组织所追求的目标。做好事也要精益求精。因此，还需要对非政府组织绩效进行评估，特别是对非政府组织实施的项目进行效果、效率和社会影响的评估。

第三，围绕能力的评估能够增强组织的生命力。人们发现，非政府组织的绩效有时与组织的能力相分离。一些非营利组织运作项目时，虽然可以达到很好的效果，可是，这些组织在项目结束之后，便随之衰弱，以致消亡。其原因就在于这些组织在实施项目时，只注重项目的绩效，而忽视自身能力的建设。一旦资助者，特别是一些大的资助者终止捐赠后，组织便迅速瓦解。因此，不仅要重视非政府组织的绩效评估，还应当充分重视非政府组织的能力评估。

第四，围绕战略规划的评估能够强化组织的使命感。有的非营利组织虽然能力很强，但是由于组织的使命不明确，或者在项目运作过程中偏离了组织的使命和发展方向，其结果是组织开展的活动或项目违背了组织成立的初衷。即使这些组织的能力再强，也无法完成组织的社会使命。这些组织存在的主要问题就是缺乏使命与战略规划的评估。可见，非营利组织的评估框架应该是多元的、全方位的、分层次的和动态发展的。只有这样，非政府组织才能健康、全面发展。

第二节　评估框架和指标体系

评估指标包括定性与定量两类。由于非政府组织主要以提供公共服务为主，因此，评估指标相对较难确定。在评估的结构与内容方面，也没有公认的统一标准。有的框架设计包含组织基本状况、组织治理、组织公共责任、组织资金使用、组织信息披露、组织筹资活动等六方面内容，有的设计包括组织的非营利性评估、使命与战略的评估、项目评估、组织能力评估等四方面内容。美国和欧盟则也分别设计与采用了第三方评估和自我评估的几套指标体系。这里分别从诚信评估、使命与战略评估、组织能力指标、综合性评估和通用评估等侧面予以介绍。

一、组织诚信评估指标

通常，各国为确保非营利组织能够遵守非营利准则，都建立有相应的评估机制和适合本国国情的评估指标。从国外的评估标准看，诚信评估的指标主要包括以下几个方面：有一个好的治理结构是保证非政府组织诚信的根本；非政府组织的项目与活动必须与组织的目的一致；非政府组织的有关信息必须进行准确的披露，财务必须透明，相关利益群体有权获得有关的信息与财务报告；用于组织自身行政经费的支出不能高于10%等。

当然，在非政府组织处于起步阶段时，这些标准并不一定适宜。一旦非政府组织有了一定的规模和影响，就应严格遵守这些规则。在实际操作中可以从下面三个方面加强努力，做好非政府组织诚信工作。

1. 登记管理机关的诚信建设是非政府组织诚信体系建设的关键。其主要任务：一是严格按照有关法律法规要求，进一步规范社会团体和非政府组织单位的登记管理制度；二是按照公开、公正和依法行政的原则，进一步完善行政行为，坚持依法办事，政务公开、公正执法；三是按照廉洁、高效、"三快一提高"的标准，进一步加强登记管理机关内部制度建设，提高工作效率，规范自身行为，自觉接受群众监督。

2. 建立以非政府组织信息披露、诚信守则、遵守章程为核心的非政府组织自律诚信制度建设。主要抓好四项工作：一是建立诚信教育制度。在非政府组织中广泛开展诚信教育，采取制定诚信公约、发布诚信倡议等方式，逐步形成以追求诚信为核心的非政府组织文化。二是完善内部自律制度。采取各种措施，引导非政府组织建立和完善以章程为核心的自律机制。三是制定非政府组织信息披露制度。非政府组织要按照规定制定公开、透明的信息披露制度，鼓励向社会披露非政府组织年度工作报告、重大活动和财务状况等重要信息，增强非政府组织自觉接受社会监督的意识。四是建立非政府组织会计制度。

3. 建立以诚信评估、分类监管为核心的诚信评估制度建设。主要包括四项内容：一是由登记管理机关建立信息披露制度，逐步将非政府组织的有关信息，通过非营利组织诚信建设信息平台向社会披露，以便于社会监督。二是建立非政府组织诚信评估制度，逐步制定科学、公正、规范、权威的民间组织诚信评估指标体系，并着手建立诚信评估机构组织实施评估。三是建立诚信分类监管制度。根据非政府组织诚信评估的结果，将长期诚实守信的非营利组织列入"红名单"，向社会公布，并给予相应的优惠与鼓励政策。对查证属实的不守诚信的非政府组织，要作为日常监督管理的重点。四是完善社会监督制度。充分发挥民间组织监督网络的作用，加强社会监督。进一步通过各种新闻媒体，及时对非政府组织的诚信建设情况进行舆论监督。

二、组织战略使命评估指标

非政府组织应该以使命为先。使命是一个非政府组织的命脉所在。它回答的是一个非政府组织为什么做自己所做的事的问题，一个非政府组织如果不了解自己的使命，那么它未来的发展前途就很难想像。事实上，非政府组织与营利性组织最大的差别之一就在于非政府组织以使命为先，并通过组织的使命吸引、凝聚员工和志愿者，而不是通过工资、福利待遇吸引员工和志愿者。

没有使命的非政府组织往往也缺乏战略规划。权变理论认为，当一个组织面临动态复杂的环境时，必须知己知彼和有所制宜，掌握环境的变化趋势，从而调整组织的策略。只有那些制定了战略规划的非政府组织才能在急剧变化的社会中求得生存与持续发展；而那些面对内外环境变化却没有相应战略规划的非政府组织，便容易失去航向，变得混乱与僵化，甚至出现困境与危机。

彼得·德鲁克认为，非政府组织由于缺乏传统的商业底线，它们更需要借重评估与监管来实现自己的使命。为此，德鲁克提出了著名的"5个最重要的问题"，它们被发展为非营利组织实现使命与规划的自我评估工具。这5个问题是：

第一，公益组织的使命是什么。即非政府组织为什么做自己所做的事情，它存在的理由是什么，组织的目标又是什么。在回答这个问题时，非政府组织又需要考虑以下四个方面：

组织当前的使命是什么？组织的挑战是什么？组织的机会是什么？组织的使命需要修改吗？

第二，公益组织的客户是谁。非政府组织有两种类型的客户。一种是基本客户，即通过非政府组织的工作，生活得以改变的人，包括残疾人、妇人、儿童等弱势群体；一种是支持客户，即与促进使命的达成利益相关的群体或能够发挥作用的人，包括志愿者、会员、合作伙伴、基金管理人、员工以及其他需要使其感到满意的人。在回答这个问题时，有两个方面需要关注：谁是组织的基本客户和支持客户？组织的客户将怎样变化？

第三，客户的认知价值是什么。德鲁克认为，这个问题也许是最重要的问题，同时也是很少被提及的问题。非政府组织的负责人在回答这个问题时，可能会认为客户的认知价值就是组织提供服务的质量和组织推动社区发展的方式。然而，这是非常错误的看法。客户的认知价值应当包括客户的需求、客户的愿望和客户的追求。在回答这个问题时，有三个问题需要考虑：组织确信的基本客户和支持客户的认知价值是什么？组织需要从公益组织客户中了解什么信息？组织将怎样参与以获得这些信息？

第四，公益组织期望的结果是什么。非政府组织期望的结果是指经过界定的关于人生或生活条件的改变——包括人的行为、环境、健康、希望和能力等。在回答这一问题时，需要考虑：组织是怎样定义结果的？公益组织是否成功？组织应当怎样定义结果？组织应当强化什么或放弃什么？

第五，公益组织的计划是什么。自我评估的过程会产生一个计划，它是组织目的和未来方向的简要总和。计划包括使命、前景、长远目标、短期目的、活动步骤、预算和评价。在回答这个问题时，需要重点考虑两个方面：组织的使命应当被改变吗？组织的目的是什么？

彼得·德鲁克的"自我评估工具"从5个问题入手，深入浅出，为非政府组织的使命与战略规划提供了一个完整的分析框架。它是非政府组织进行自我诊断、自我评估的有效方法。然而，彼德·德鲁克的"自我评估工具"只是为非政府组织进行使命与战略评估提供了一套分析框架，而没有对已经形成的使命与战略规划进行再评估。为此，可根据非政府组织自身的特性，对其使命和战略规划进行至少三个方面的再评估，即需求评估、创新性评估和灵活性评估。

1. 需求评估指标。需求评估是对非政府组织遵照其使命与否和如何满足受益群体的需求的评估。它关系到组织的定位和长期发展。对需求评估的考察可以从以下几个主要问题入手：

问题一：有什么证据表明，非营利组织目前的使命是运用最佳、最新资料对实际情况全面而深刻地分析的结果？目标群体是否参与？

问题二：有什么证据表明，非营利组织集中了力量为最需要服务的目标群体提供了服务？

问题三：有什么证据表明，当前非营利组织所提供的服务是国内其他组织没有或没有充分提供的？

问题四：有什么证据表明，非营利组织的服务满足了目标群体的需求？它是否会对目标群体带来负面的影响？

2. 创新性评估。非政府组织的一个职能优势，就是探询与政府不同的社会问题解决思路、模式和方法。因此，评估非政府组织使命与战略的另一个重要标准就是检验它的创新性。

问题一：有什么证据表明，非政府组织是解决当前社会问题的一个重要的创新者？

问题二：有什么证据表明，非政府组织探寻的新试验、新模式得到了有效的推广？

3. 灵活性评估。与政府部门相比，非政府组织更深入社会基层、贴近弱势群体。同时，非政府组织规模较小，在组织体制、组织结构和活动方式上都具有较大的弹性，便于根据不同地区、不同领域的条件变化及时作出调整，对一些突发事件和受害群体的突发需求迅速作出反应。另外，非政府组织的特性也决定了非政府组织便于做那些政府不便于做或无暇顾及的事情。因此，在评估非营利组织使命与战略时，还应着重评估它的灵活性。

问题一：有什么证据表明，非营利组织能迅速、及时、灵活地提供服务？

问题二：有什么证据表明，非营利组织提供了政府不便于做或很难去做的服务？

三、组织能力评估指标

非政府组织的组织能力是完成组织使命的重要保证。遗憾的是，当前非政府组织的一个普遍问题是组织能力长期欠佳。因此，需要通过外部或自我评估不断促进组织的能力建设。非营利组织的组织能力评估通常包括以下几个方面：

（1）共同的价值观。共同的价值观是指所有工作人员与志愿者都了解和认同本组织的宗旨与价值观。如果在评估某个非营利组织的组织能力时，发现实施项目或活动的员工或志愿者对组织的宗旨、价值观都不清楚，那么很难说该组织有足够的能力去实施和完成项目或活动。如果一个非政府组织的战略规划没有体现出清晰、明确的价值观念，那么员工的团队精神也值得怀疑，也就是说该组织的组织能力较弱。

（2）管理技能。非政府组织的管理技能表现在：是否能够制定计划方案、预算方案和报告文本？是否能够制定出具有创新性、典型示范性的项目或活动计划？是否能够实施和督促所计划的战略和项目？是否有自我评估的能力？

（3）组织结构。一个好的组织结构不仅有助于增强组织的管理能力，也有助于发挥组织的最佳效力，从而取得好的绩效。

（4）工作人员与志愿者。对工作人员与志愿者的评估包括：组织是否拥有足够数量的、适当报酬的、能力强的工作人员？是否为工作人员和志愿者提供必要的培训？员工和志愿者是否有社会性意识、是否意识到并认同目标群体的需求？

（5）信息管理系统。健全的信息管理系统是组织能力的重要标志之一。因此，在评估非营利组织的组织能力时要重点评估组织的信息管理系统。

（6）领导的艺术。非政府组织是否具备强有力的执行领导、项目经理等？秘书长和理事会的领导风格是否是参与式的？是否运用现代管理方法增强凝聚力、加强交流？志愿者与工作人员的关系是否融洽？秘书长和会长是否协调一致？是否在志愿者和工作人员中推行男女平等？目标群体是否参与组织决策与管理？

（7）动员资源。组织拥有的资源关系到组织的生存与持续发展。包括非政府组织是否有长期的、可靠的开发地方资源的政策、计划和有效的活动？是否有与其宗旨一致的创收系统？组织的人力资源与资金是否充足？等等。

（8）公共关系。非政府组织是否与政府部门有合作伙伴关系？是否与企业有合作伙伴关系？非政府组织与媒体的关系如何，媒体对非政府组织的报道如何？非政府组织与社区的关系、与资助者的关系、与其他非营利组织的关系及与目标群体的关系如何？

与上述不同的另一套能力评估方法，是从硬指标和软指标两个基本维度入手来对组织的能力实施评估，涉及四个方面。

（1）有形硬指标的评估。任何组织都是由一定数量的人、一定数量的资金和设备所组成的。没有基本的资源，组织的能力也无从体现。当然，有了基本的资源，也不一定就意味着组织的能力强，它只是衡量组织能力的一个方面。而且，更重要的是，基本资源应与组织开展的活动要求相一致。非政府组织硬指标的评估，要关注的问题是：第一，有什么证据表明，非营利组织的管理人员、员工和志愿者的数量、质量与组织从事的项目或活动的要求相一致？第二，有什么证据表明，非营利组织的资金足以支持和保证组织使命的达成？第三，有什么证据表明，非营利组织的办公场所、设备足以支持和保证组织使命的实现？

（2）组织结构的评估。组织结构是否合适也会影响一个组织能力的大小。评估要关注的问题是：第一，有什么证据表明，组织的结构有利于组织使命与愿望的实现？第二，有什么证据表明，组织内部角色的职责明确，并且能够灵活地适应变化了的需求？第三，有什么证据表明，组织结构中有多重报告渠道？有层次级别关系？控制管理的范围合理？第四，有什么证据表明，组织结构有利于员工或志愿者之间的沟通与合作？第五，有什么证据表明，组织结构有利于团队工作效率的提高？

（3）组织资源网络的评估。组织的资源网络是指组织将各种社会资源一组一组地关联起来，使行动者之间直接或间接关联在一起，在组织间形成一系列网状的关系连带。对非营利组织资源网络的评估可以从以下几个方面切入：其一，组织与政府部门的合作伙伴关系如何？在合作的过程中是否保持了组织的自治性？其二，组织与营利部门的合作伙伴关系如何？在合作的过程中是否产生了依赖性？是否保持了组织的自治性？其三，组织与捐赠者的关系如何？是否依赖于某一个或几个大的资助机构？其四，组织与其他非营利组织的关系如何？其五，组织与目标群体的关系如何？目标群体是否满意组织提供的服务？其六，组织与当地社区的关系如何？

（4）筹款能力的评估。由于政府主要通过征税获得收入，企业主要通过营利获得收入，而非营利组织主要通过募集资金获得收入。因此，筹款能力在很大程度上决定了非营利组织的生存与发展。可以说，筹款能力是非营利组织不可或缺的重要的组织能力之一。可以从以下两方面入手进行评估：其一，有什么证据表明，组织有较强的筹款能力？其二，有什么证据表明，组织的资金不依赖于某一个或几个部门？

四、综合性评估指标体系

与侧重于某个具体方面的评估相比，综合性的指标对于针对非政府组织的评估似乎更为有价值有意义。在这方面，比较有影响的是美国第三方的评估和公益组织同行的综合性评估指标体系，已经受到国际上业内人士的广泛重视。这不仅是因为其指标设计比较实际和可衡量性比较高，更重要的是这种直接针对非政府组织的评估实践的确对公益组织的行为起到了激励与促进作用。其中比较有代表性的是，NCIB 慈善组织评估指标、CBBB 慈善组织劝募行为标准等。

1. NCIB 慈善组织评估指标。NCIB 慈善组织评估指标。此项评估指标由美国慈善机构信息局（NCIB）与美国慈善协会（American Institute of Philanthropy）、加拿大基督教慈善协会（Canadian Council of Christian Charities）共同建立，目的在于为捐赠者提供组织相关信息，因此慈善组织必须通过此项审核。评鉴结果通过定期刊物及网站予以公布，宣布"完全符合规范"和"未完全符合"组织的名单，以引导企业和社会捐赠，规范慈善组织的社会行为，提升慈善组织的公信力。NCIB 的评估标准分为 9 个大项和 29 个子项，属于绝对指标，即仅评估组织本身是否能达到这些标准，而不做相对的比较。具体指标见下表。

NCIB 评估标准

评估内容	评 估 指 标
董事会治理	1）独立、志愿的董事会成员；2）至少 5 名拥有投票权的董事；3）董事出席政策：董事会成员不只是挂名的，还应该积极参与董事会会议；4）董事长和董事有明确的任职期限；5）每年至少召开两次间隔相同的、由董事亲自参加的面对面的董事会议，且每次会议必须有大多数有投票权的董事出席；6）董事会成员的服务工作没有酬金。不过，可以报销参与董事会活动的相关费用；7）董事会中受薪的工作人员不得超过一人，通常是执行长，但他不得担任董事长，也不得担任财务主管；8）有防止董事会或员工的实际的利益冲突的政策指导；9）不存在任何涉及董事会或组织员工的实际的利益冲突；10）有促进董事会、组织员工和服务对象多元化和多样性的政策
目的	对组织目的的正式或简要的陈述，应当经常出现在组织的出版物或宣传单上
方案	组织活动应该与组织目标保持一致
信息	在宣传、募款和对外公开消息中，必须准确描述组织的身份、目的、计划和财务需求。不应有重要的遗漏，夸大事实，出现误导性的照片或任何其他可能导致错误印象或误解的行为
财务支持与相关活动	1）筹款应当鼓励自愿，不应当施加任何未经授权的压力；2）组织应按照要求，披露其所有大额收入和全部产生收入的活动及相关财务信息；3）组织参与商业活动并从中获得收入时，应提供基本的陈述性描述和财务信息。这些商业行为应是组织授权、由营利性机构运作、涉及到组织名称的行为。这种商业行为的所有公共推广活动，必须包括这些信息或说明可以从组织获得这些信息
资金使用	1）用于项目的资金至少应占全年经费支出的 60%；2）保证组织的筹资成本与筹资的结果相比是合理的；3）下一个财政年度可使用的净资产通常不高于本财政年度支出的两倍或者下一财政年度预算的两倍，在当年支出和下一年预算两者中取数额较高的一年作为比较的基点；4）现有净资产中没有持续的赤字
年度报告	1）组织的年度报告应当详细叙述组织的主要活动。它应当与财务审计中的主要类别和财政年度的时间长度相同；2）列出董事会人员名单；3）财务审计报告或综合财经概要至少应包括：所有的收益表；项目计划、经营管理和筹资所需费用的审计报表；全部结算报表。如果年度报告没有包括完整的财务审计报告，必须说明组织可以按请求提供这些报告
责任	1）符合公认的会计原则（即 GAAP），并附有一份由独立的注册会计师提交的报告，由董事会核查；2）对组织的经济来源和职责，包括附属机构和分支机构的事物处理，和影响财务的重要事件、收入与开支的重要类别，都应详细地披露；3）财务报告应说明经费的分配使用情况，另外，还应增加现行会计原则中所要求的内容；4）全国性的、设有附属机构的组织，根据上述原则应提供经整理或合并的财务报告
预算	应该提供准备一份获得董事会认可的详细的年度预算报告

（资料来源：http://www.give.org 经作者调整。）

2. CBBB 慈善组织评价标准。美国更好事务局委员会（The Council of Better Business Bureaus, CBBB）的慈善组织劝募行为标准分为 5 个大项和 21 个子项，主要是围绕捐赠资源使用，非常具体，针对性强。具体指标见下表。

CBBB 慈善组织劝募行为标准

内　容	评 估 指 标
公共责任	1）劝募组织如遇到有要求的，应当提供年度报告；2）如有要求，应当提供完整的年度财务状况；3）其财务陈述应当为捐赠者的决策提供基本的信息；4）通过所控制的或附属的实体的筹款，获得相当比例收入的组织应当按照要求提供所有来自这些实体的收入的账目情况

（续）

内　容	评估指标
资金使用	1）全部收入来源应有一个合理的比例被应用到与组织已有目标的直接相关的计划和活动中去；2）捐赠的款项应有一个合理的比例应用到劝募书所描述的计划和活动中，并与借款者的愿望一致；3）筹资成本要合理；4）整个劝募和管理的成本要合理
劝募和信息材料	1）劝募的信息材料，无论是整体还是部分，都必须是准确、可信，没有误导信息；2）在有要求时，寻求资助的组织应当证实所申请的材料无论是整体还是部分，都是准确、可信，没有误导的；3）劝募书应当对所申请资助的项目和活动进行清晰的描述；4）直接联系，包括面对面和电话联系时，应当指定：a）申请人和他与受益组织的关系；b）受益组织的名称或目标群体；c）所需资金的项目和活动；5）如果申请与出售物品、服务或承诺有关，则应当注明：a）受益的组织；b）可获得的信息来源；c）对于受益的慈善组织或目标群体，实际或预期的出售或承诺的价格
筹资的实践	1）应当对工作人员、志愿者、协调人、合约人和所控制的或附属的实体的筹资活动，建立监控机制并进行控制。包括书面的筹资合同和协议；2）寻求资助的组织应当对捐赠物建立和实行适当的控制；3）应当给予捐赠者应有的荣誉，并且不能在未经书面许可的情况下公布捐赠者的身份；4）不应通过压力进行筹款活动
治理	1）应当有一个适当的治理结构；2）应当有一个活跃的董事机构；3）应当有一个独立的董事机构，其直接或间接受薪的董事不得超过有投票权的董事的1/5；4）应当有一个独立的董事机构，它的董事成员不应当进行有物质利益冲突的商业交易

（资料来源：http://www.give.org，经作者调整。）

3. 明尼苏达慈善评论协会标准（Charities Review Council of Minnesota Standards）。明尼苏达慈善评论协会标准着重于组织层次，建立了16项指标，涵盖了4个方面的内容。接受评估的组织在提出自我报告的资料后，由此协会以绝对标准对受评的组织作评估。

明尼苏达慈善评论协会标准

评估内容	评估指标
公开披露	1）组织在三年内不曾违反过联邦与州法律； 2）所需的年度报告与财务报表都能提供； 3）关于组织任务与成绩的具体、客观信息都能提供； 4）所有组织公开声明的计划名称、活动与财务信息都能一致
治理	1）管理委员会每年至少进行一次会议，并将内容记录并保存； 2）委员会没有发生利益冲突； 3）委员会成员不领薪资； 4）委员会仅能有一位支薪员工，且不能担任主席与财务主管； 5）委员会成员必须在5年内进行改选
财务活动	1）计划活动费用应至少占七成，管理募款相关费用不超过三成； 2）当年可使用的净资产不能大于当年或来年营运费用的两倍； 3）营运赤字不能持续或增加； 4）委员会于会计年度开始时核准预算，并每季读取财务报告
募款	1）对组织捐赠者必须提供所有相关信息； 2）不可让捐赠者感到压迫感与胁迫感； 3）组织不能直接雇用专业募款人

（资料来源：http://www.avagara.com。经作者调整。）

五、通用评估框架指标

1. 通用评估框架的背景。通用评估框架(Common Assessment Framwork,简称CAF)是欧洲公共部门中正在流行的一种评估工具。1998年欧盟公共管理局长会议上提出有关设想,由欧洲质量管理基金会、德国施派耶尔学院、欧洲行政学院合作完成通用评估框架,于2000年在里斯本召开的欧盟公共管理质量大会上发布。2002年、2006年经两次修改又拿出替代版本。目前,该模型已被翻译成12种语言。2005年上半年,欧洲行政学院的通用评估框架资源中心在欧盟成员国范围内组织开展了一次调查。调查结果显示,到2006年底应用该模型的机构达到2000个左右,18个国家的1300多个公共机构接受了通用评估框架的培训。一些国家还为应用该模型采取了专门的措施,例如:10个国家编写了应用通用评估框架的指南,一些国家开发了电子工具采用通用评估框架在网上开展评估。在欧洲行政学院下设的通用评估框架资源中心的组织下,这些应用通用评估框架的公共机构还组成了一个松散的网络,建立了公共管理"优良实践"的标杆库,以便不同机构交流经验,学习借鉴。

2. 通用评估框架的内容。欧洲通用评价框架由两大类要素构成,即促成要素和结果要素。促成要素共有五个,即:1)领导力;2)人力资源管理;3)战略与规划;4)合作伙伴关系与资源;5)流程与变革管理。结果要素有四个,即:1)员工结果;2)顾客或公民导向结果;3)社会结果;4)关键绩效结果。各要素之间的逻辑关系是:五个促成要素发挥作用的程度决定着员工结果、顾客或公民导向结果、社会结果取得的程度。上述九个要素构成了公共部门评估的9个一级标准,这些一级标准又分别包括了27个二级标准(见下表)。

要素	指标	次级指标
促进要素	1. 领导	1.1 在开发和传递组织愿景、使命和价值观方面给予的指导
		1.2 开发和实施组织管理的系统
		1.3 激励和支持员工并担当起恰当角色
		1.4 协调与政治家和相关利益人之间的关系
	2. 战略和规划	2.1 收集与相关利益人当前和未来需求有关的信息
		2.2 开发、评估和修正组织的战略和规划
		2.3 在整个组织内实施战略和规划
	3. 人力资源管理	3.1 规划、管理和改进与战略和规划密切相关的人力资源
		3.2 围绕个人、团队和组织的目标,确认、开发和运用雇员能力
		3.3 面向雇员开展对话和授权
	4. 合作伙伴和资源	4.1 开展和实施关键的合作伙伴关系
		4.2 与公民/顾客开展和实施合作伙伴关系
		4.3 知识管理
		4.4 财务管理
		4.5 技术管理
		4.6 房屋和资产管理
	5. 过程和变革管理	5.1 确认、设计、管理和改善过程
		5.2 面向公民/顺客开发和提供服务和产品
		5.3 对现代化和创新的规划和管理

（续）

要　素	指　标	次　级　指　标
结 果 要 素	6. 顾客/公民导向的结果	6.1 顾客/公民满意度测量的结果
		6.2 顾客/公民导向的测量指标
	7. 雇员结果	7.1 雇员满意度和激励度测量的结果
		7.2 雇员结果的指标
	8. 社会结果	8.1 社会绩效结果
		8.2 环境绩效结果
	9. 关键绩效结果	9.1 目标的取得
		9.2 财务绩效

在对一个公共组织或者公益组织实施评估时，对促成要素和结果要素采用了不同评分方法。对于促成要素所包括的 19 个二级标准，是依据"计划-实施-检查-调整"（即 PDCA）循环打分；而对于结果要素所包括的 8 个二级标准，则是根据所评机构取得进步的大小、与自身目标以及与同类机构相比成果如何来打分。两类要素评分表分别见下面两个表格。

促成要素评分表

评分	对每一项促成要素进行如下方面的等级衡量	评分	对每一项促成要素进行如下方面的等级衡量
0 分	没有证据或者只有传闻表明采取了某种措施	4 分	计划、实施了某种措施，对之进行了检查，并做出了相应地调整
1 分	计划了某种措施		
2 分	计划并实施了某种措施	5 分	计划、实施了某种措施，根据标杆数据对该措施进行了评估检查，做出了相应的调整，并将这种过程完全纳入了组织的行为过程，周期性地反复进行
3 分	计划、实施了某种措施，并对之进行了评估检查		

结果要素评分表

评分	对每一项促成要素进行如下方面的等级衡量	评分	对每一项促成要素进行如下方面的等级衡量
0	没有对结果进行衡量	3	衡量结果表明取得了实质性的进步
1	对主要结果进行了衡量，表现出下降或者停滞不前的趋势	4	取得了优异的成效，超过了组织原定的目标
2	衡量结果表明取得了较小的进步	5	取得了优异的成效，超过了组织原定的目标，成为相关组织机构的标杆

3. 通用评估框架主要特点。与公共组织绩效评估的其他模型相比，欧洲通用评估框架具有以下几个特点：1）它主要立足于自我评估。通用评估框架与英国对地方政府进行评估的综合绩效评估模型（CPA）不同，它是组织用以开展自我评估的一种工具。就是说，它不适用于外部主体对公共组织进行考核、评比，而是公共组织为不断改进自身的工作而进行自我诊断的工具。因此，采用该模型的目的不在对公共机构进行评分排序，而在于找到机构的不足之处，并拟定相应的改进措施。2）通用性。在提出开发通用评估框架设想时，其目的就是要使它能适用于所有国家和地区、不同行业领域的公共部门的需要。正是为了突出其通用性，该模型没有提出具体的评估指标，而是采用列举示例的办法，以便适用于不同机构的具体情况。3）简便易用。与其他组织绩效评估的模型相比，通用评估框架无论是其包括的标

准，还是评分方法，都比较简单，易于操作。4）强调证据。为避免自我评估常常容易出现的"自卖自夸"现象，力求对组织作出客观真实的评定，在采用通用评估框架进行评估时，特别强调要提供令人信服的证据。5）要求达成一致。在采用通用评估框架进行评估时，要求在评估人员单独就每个二级标准评分的基础上，整个评估小组要就评分结果进行公开讨论，并达成一致意见。

从 2005 年开始，欧洲行政学院派专家与中国国家行政学院合作，开始在中国的公共部门进行 CAF 评估的推广。这套工具对非政府组织的外部评估和内部评估有一定借鉴价值。

第三节　对非政府组织评估的方法和程序

指标体系的设计主要是针对衡量什么的问题。评估方法侧重于实施评估的方法论问题。如以下涉及的逻辑框架法、对比评估法、快速乡村评估法以及参与式评估法等，都是在面对公共组织和公益组织绩效测度的困境时，所采取的应对办法。评估最终会落脚于定性和定量上面，如何辩证地将这两个方面结合起来，一直是评估理论和实践希望解决的难题。人们可以通过接触和学习现有的各种带有方法论性质的模式，去探讨和寻求更加有效和科学的评估方法。

一、非政府组织评估的方法

1. 逻辑框架法。逻辑框架法（Logical Framework Approach，简称 LFA）作为一种系统的分析问题的框架模式，是评估中常用的方法。一些国际组织和国际金融机构在援助项目中要求必须采用此法进行评估。

（1）逻辑框架法的内涵。LFA 作为一种概念化的论述项目的方法，通过绘制一张简单的框图（4×4 矩阵）来分析一个复杂项目的内涵及各种逻辑关系（见逻辑框架法的模式表格），以便给人们一个整体的框架概念。逻辑框架法的核心就是对项目的各种要素之间的因果关系进行推论，即"如果"提供了某种条件，"那么"就会产生某种结果。这些条件包括项目的内在因素及其所需要的各种外部条件。LFA 将几个内容相关、必须同步考虑的动态因素组合在一起，通过分析各种要素之间的逻辑关系，从项目方案策划到目标实现等不同侧面来对项目所涉及的各项活动进行分析，从而为项目的策划者和评价者提供一种分析框架，用以确定工作的范围和任务，并对项目目的和达到目标所需的条件进行逻辑关系分析。

逻辑框架法的模式表格

项目结构	指　标	检验的方法	假　设	项目结构	指　标	检验的方法	假　设
宏观目标	目标指标	统计调查	实现目标的条件	产出	产出指标	检测报表、调查	实现产出的条件
微观目的	目的指标	统计调查	实现目的的条件	投入	投入指标	检测报表、调查	落实投入的条件

（2）逻辑框架法的层次和逻辑关系。逻辑框架法把目标和因果关系划分为四个层次，四层次间又形成了自下而上的垂直逻辑关系和各层次内部的水平逻辑关系。

第一，LFA 的四个层次。即投入、产出、微观目的和宏观目标。投入是指项目在实施过程中所投入的人力、财力、物力和时间等有形和无形的资源。产出是指项目投入的直接产出物。目的是指"为什么"要实施这个项目。目标是指项目实施后在最高层次的结果。宏观目标一般超越了项目的范畴，是指国家、地区、部门的整体性目标。

第二，垂直逻辑关系。LFA 的四个层次之间形成了一种自下而上的逻辑关系。即一个项目的人力、财力、物力等资源投入在什么条件下将有怎样的产出；有了这一产出，在什么条件下可以达到项目的微观目的；达到项目的微观目的后在什么条件下可以达到宏观目标。

第三，水平逻辑关系。垂直逻辑关系表明了各层次之间的关系，而每个层次目标水平方向是由验证指标、验证方法和重要的假设条件所构成，从而形成了水平逻辑关系。

建立了逻辑框架之后，就可以较为清楚地进行评估工作。例如，在评估项目效果时，可以根据逻辑框架建立的检验方法，计算项目实施后的目的实现程度，并与预期的标准比较，如果预期标准基本达到，甚至超过预期的标准，就可评价该项目的效果较好或很好，否则可以评价该项目的效果较差或很差。与此同时，还可以通过逻辑框架建立的假设条件分析项目效果好坏的原因。

2. 对比法。对比法是评估活动中最常用的方法之一。如果说逻辑框架法是评估中定性分析的方法，那么对比法则是评估中定量分析的方法。通常，当我们通过监测报告、问卷调查等方式得到了投入、产出、目的、目标指标的数据后，往往还不能判断这一指标的高低、好坏，还需要有一个参照对象，即通过比较各类数值才能做出判断，得出评估结论。对比法就是通过比较发现差异与成效的方法。对比法有很多类型，其中主要有：前后对比法、有无对比法和综合对比法等。

（1）前后对比法。前后对比法即将项目完成后的情况与项目实施前的情况进行对比，以评估项目效果的方法。其公式为：

$$P = I_2 - I_1$$

式中，P 为项目效果；I_2 为项目完成后的情况（后测值）；I_1 为项目实施前的情况（前测值）。前后对比法本身存在的局限：影响项目结果的因素往往较为复杂，除项目实施本身会影响结果外，常常还有许多项目以外的因素也会影响到项目完成的结果。也就是说后测与前测值之差可能并不完全代表项目实施的结果，这就影响了评估的效度。

（2）有无对比法。有无对比法是选定一个与项目近似的但没有实施的项目，通过对实施项目的结果与未实施项目的状态进行对比，以评估实施项目效果的方法。其公式为：

$$P = I_2 - C_2$$

式中，P 为项目效果；I_2 为项目完成后的情况；C_2 为未实施项目的状态。对实施的结果不仅受项目本身因素影响，而且还受许多外部因素影响的项目，适宜采用有无对比法。

由于有无对比法需要同时对两个对象进行测度，往往会增加评估的费用与评估的时间，特别是两者距离较远时。因此，在评估经费有限，评估时间较短时，最好采用前后对比法。由于有无对比法不需要前测值，因此，在缺乏前测值的情况下，就可以采用有无对比法。

然而，有无对比法也有一个较大的局限，即它假定两个比较项目的基线值相同。而实际生活中，这一假定条件往往并不存在。尤其是当两者基线值相差较大时，采用有无对比法会产生较大误差。这时采用综合对比法可能相对好一些。

（3）综合对比法。综合对比法是比较实施项目的前后测值之差与未实施项目前后测值之差，以评估项目效果的方法。其公式为：

$$P = (I_2 - I_1) - (C_2 - C_1)$$

式中，P 为项目效果；I_2 为实施项目后测值；I_1 为实施项目前测值；C_2 是未实施项目后测值；C_1 是未实施项目前测值。需要注意的是，虽然综合对比法相对准确，但由于综合对比法既需要项目实施组与控制组的前测值，也需要项目实施组与控制组的后测值，对评估经费与评估时间的要求更高。这对于非政府组织来说无疑是较大的负担。因此，在非政府组织的实际评估过程中，综合对比法并不经常使用。

3. 快速乡村评估法。由于传统的评估方法通常需要进行严格的抽样调查，对数据质量的要求较高，因此评估的成本较高，特别是评估时采用综合对比法收集数据时更是如此。因此在实践中导致了许多对传统评估方法的批评。虽然有些批评过于偏激，但确实有一定的道理。为此，从20世纪70年代末开始，一种新型的评估方式逐渐替代了部分正规的社会调查评估方式。这就是快速乡村评估（rapid rural appraisal, RRA）。

快速乡村评估法建立在人类学、社会学非量化资料的技术基础之上，可以说是一种快速而不断学习的评估方法。它的主要做法是：

（1）采用多学科小组，包括评估学、经济学、社会学、人类学或其他相关专业的人员。也可以根据需要，在调查过程中组织合适的多学科小组。通常，多学科小组成员包括捐赠者代表、非政府组织的代表、评估专家，有时还可以请政府的代表参与多学科评估小组。

（2）三角信息。即利用不同方法，正式的、非正式的、不同专业的方法来收集同一种信息，如观察、直接参与、小组访谈等不同形式讨论同一主题。而不是仅仅通过正规的问卷调查或访谈调查等单一方式收集信息，进行评估。三角信息的好处在于可以确保信息的真实性。

（3）避免主观偏见。快速乡村评估法在调查中强调仔细倾听、深入调查，不仓促下结论。用认真、慎重的态度纠正主观偏见，以获得真正反映实际状况的信息，并通过调查不断学习。

（4）直接面向受益群体。评估者通过直接观察、小组访谈等一系列方法，直接与受益群体接触，获取信息，了解目标群体的看法，并通过与受益群体的直接接触不断学习。而在传统的评估调查中，评估者有时并不直接参与调查，而是委托调查员进行问卷调查或访谈。因此，评估者并不与受益人直接接触，从而难以获得感性认识和第一手的材料以及客观的结论。

快速乡村评估法与正规评估调查相比，具有见效快、费用低、提供的资料更丰富等优势。它特别适用于评估时间紧迫、预算的评估费用较少的情况。因此，一些非政府组织，特别是一些小的草根组织更愿意采用该方法进行评估。

4. 参与式评估法。参与式评估法是当前国际上最为流行的评估方法之一，也是非政府组织通常采用的评估方法。参与式评估法（participatory rural appraisal, PRA）是在快速乡村评估法基础上产生的另一个重要的分支。这种方法的评估调查更多地依靠受益者或者说目标群体自身，依靠他们自己对项目反馈的信息进行评估。另外，评估者可以通过这一方法更好地了解目标群体的需求、目标群体优先考虑的问题等。参与式评估法采用目标群体参与的方式进一步发展了快速乡村评估法，通过受益者的参与增强了目标群体的能力建设。

（1）参与式评估的内涵与特点。参与式评估是指项目管理人员和受益者共同组成评估小组，通过对项目管理的系统评估，调整、重新制定项目的目标或方案，重新进行组织机构安排或调配资源的一种方式。

参与式评估要求受益者参与评估的全过程。它和传统的评估不同，不是简单地由专家或项目管理人员得出评估结论。需要说明的是，参与式评估绝不是为了简单地增加评估的人员，而是强调通过受益者的直接参与提高评估的质量。

参与式评估的最大特色是打破了传统的思想认识和评估方式，即"自上而下"、迷信上级和专家权威的评估。而是鼓励受益者对评估过程、管理过程的参与，充分调动受益者的积极性。

一般而言，参与式评估不是一种自发的行为。因此，为了进行参与式评估，必须运用积极的、操作性强的方法保证受益者的参与，并从受益者感兴趣的活动开始。在实践中，如果可能，还需要对受益者进行参与式评估的培训。

（2）参与式评估法与快速乡村评估法的比较（见表格）。快速乡村评估法主要是通过决策者来收集信息，或为决策者收集信息，它的缺点在于这种形式的评估很难促使受益者或目标群体采取主动的行动。与快速乡村评估法相比，参与式评估法则更强调参与过程本身，通过参与评估过程促使不同的利益群体进行评估并采取行动，而不是仅由非政府组织单独采取行动。也就是说，参与式评估法通过受益者或目标群体的参与进行评估，并通过评估中的学习和信息反馈影响项目未来的结果或后续项目的结果。一般而言，参与式评估能够较好地避免为评估而评估的做法，从而取得预期的评估效果。

参与式评估法与快速乡村评估法的比较

	快速乡村评估法	参与式评估法
主要目的	外来者进行评估学习以增强组织能力	一起评估学习以增强组织和当地人的能力
外来者角色	获取资料者	评估活动的协助者
当地人角色	提供资料者	评估者
评估时间	通常很快	需要建立相互信任的关系，可能时间较长
可能的结果	外来者决策而当地人后来参与	当地人与相关利益群体共同参与
最终结果	评估报告	当地可持续发展

（3）参与式评估的原则。第一，参与式评估是一个灵活的学习过程。即应该把参与式评估看做是一个学习的过程，而不仅仅是考核、监督的过程。通过参与式评估不断总结经验与教训，探索提高组织能力与项目绩效的方法。第二，参与式评估是一个分享的过程。参与式评估方法认为，信息不仅是一个从当地人流向外来评估者的过程，而且也是一个从外来者流向当地人的过程，即双向过程。参与式评估要达到其目标，不仅要发挥外来者的作用，发挥当地人的作用，而且也应该注重外来评估者和当地人之间信息的交流与分享。第三，参与式评估是寻求多样化、尊重差异的评估。参与式评估着重寻求不同人的经验（即性别、年龄、贫富、伤残等的不同群体的经验），而不是寻求一大群人的一般性经验。因此，参与式评估有义务考虑少数人，特别是弱势群体的知识、经验和观点。第四，参与式评估是一个协助的过程。参与式评估不仅仅是寻求多种观点，而且应协助、鼓励目标群体表达他们自己的真实情况，而不应被外来评估者的观点所左右。第五，参与式评估具有较强的实用性。参与式评估没有必要了解某人的生活细节，而只需了解与行动有关的信息。参与式评估通过讨论能促使目标群体采取行动来改善他们自己的生活。

参与式评估一般在项目早期，即项目鉴别阶段就开始应用。项目鉴别阶段是通过调查研究发现需要做什么项目的阶段。早期应用参与式评估法可以在目标群体参与的情况下，真正按照他们自己的需求、本地的资源条件、受益者可接受的或本地行之有效的服务技术与服务方式，研究选择项目，以避免选择的项目不能真正满足目标群体需求。在项目监测与评估阶段，参与式评估也有助于真正揭示项目实施的变化，找出原因，采取措施，为项目的持续实施提供必要的反馈信息，并为后续项目提供经验。

二、非政府组织评估的程序

1. 温洛克评估步骤。温洛克非政府组织管理组织能力开发项目推荐了"十步走"的评估过程。这个评估程序主要是针对非政府组织的内部评估使用。

1）发放评估问卷，解释评估问卷的目标，指导参加评估的人员怎样填写问卷；2）给参评人员 45～60 分钟时间填写问卷，回答疑问；3）当参评人员完成问卷后，请他们填写《评估报告选项统计表—个人》；4）收集个人评估结果统计表，汇总到《评估答案统计录入表》，然后计算百分比，将结果统计到《评估答案百分比统计总表》；5）检视《评估答案百分比统计总表》，将信息转入《组织现状评估统计表》；6）向全体参加评估的人员呈现评估结果。首先向他们呈现《百分比计算表》的结果，然后是《组织现状评估统计表》上的内容；7）就问卷统计结果和发现的问题，引导参评人员讨论。讨论的目的是回顾问卷，以及从评估结果中得到的深层次发现或有关组织绩效的知识的不足等。讨论应着重在参评人员能从这次评估中学到什么，而不是行动方案；8）确定优先领域；9）制定行动计划；10）撰写评估报告。

2. 台湾 NGO 评估步骤。台湾针对非政府组织的评估形成了一个由七个环节构成的相对完整的程序，这套程序主要适用于第三方的评估。

1）自我评估阶段；2）书面评估阶段。通常由评估委员会或评估机构根据民间组织填写的自我评估表及相关资料进行书面审查；3）现场评估阶段。在书面评估结束后，评估机构将抽查部分民间组织进行现场评估（如果被评估机构数量不多则可能进行全面调查）。对于那些资金规模很大、自我评估资料有疑义或以往自我评估资料有不真实记录的组织进行重点现场评估；4）确认分值阶段。评估委员会根据组织自我评估、相关证明材料和现场评估的结果等信息，逐一对组织的各项指标打分，最后得出组织的分值；5）申诉阶段。评估机构将评估的初步结果反馈给被评估机构。如果被评估机构对评估结果有异议，可以提出申诉。接受申诉后，评估委员会组织专家进行复议；6）公示阶段。评估机构通过媒体或互联网公示评估结果，在公示期内，接受公众的质疑和检举；7）公布最终评估结果。台湾民间组织评估的指标是根据法人的类型、评估的目的而有所不同。例如，台湾教育事务财团法人的评估是从组织基本状况、行政事务状况、财务状况、业务状况等方面进行；农委会开展的财团法人组织评估则是从组织使命与任务、组织与治理、人力资源管理、财务管理、设备与设施、业务活动、组织与外界资源关系等方面进行。评估结果的应用方面，台湾通常会根据评估结果要求民间组织限期整改。另外，评估结果往往会与财政预算或政府委托外包挂钩。对于那些官办民间组织，如果评估结果较差，那么政府的财政预算或补助有可能会相应缩减；而对于那些民办民间组织，如果评估结果较差，则可能会影响到他们承包政府的委托项目。

第九章 非政府组织的治理

"治理"（governance）的概念通常被引用至各类组织制度当中，以探讨权力运用的模式。凡是组织的形成、决策过程的设计、权力分配机制的建立等，均属于治理的内涵。治理的核心问题是权力行使、利益分配及责任归属。对于非政府组织，治理的实践主要在于组织核心决策主体的构成方式及其运行机制上面，这个核心决策主体的名称，在有些组织叫委员会（committee），比如无国界卫生组织、基督教青年会、国际关怀协会等；在有些组织叫董事会（board of directors），比如国际第三部门研究学会、世界心理卫生联盟、国际灾难志工组织、透明国际、比尔·盖茨夫妇基金会、天主教仁爱传教修女会等；还有的叫理事会（board of trustees），比如世界大多数国家的有关法规都明确规定，申请成立非政府组织或者非营利组织都须按照理事会的组织方式来运作。虽然治理主体的名称不同，但在其治理结构与机制上是一样的，目的和作用都是为了对内保证非营利组织整合统一和有效规范运转，对外提升组织信度、树立组织形象，增强对社会各类资源的吸引力。

第一节 对理事会治理的理解

关于理事会的基本概念，并不是仅仅阐明理事会的定义和内涵，而是通过几方面的内容，帮助读者建立与有关非政府组织理事会相关的基本印象。这主要包括相关治理角色的解释、理事会对于非政府组织的意义，以及一个有效的理事会的主要衡量标准。

一、理事会治理中的相关概念

首先要了解与理事会有关的基本概念，比如会员制、非会员制、理事会、顾问委员会、委员会以及管理团队等，它们各有不同的性质和存在意义，而且围绕非政府组织治理问题，形成一个关系与机制网络。将这些基本概念解释清楚，是学习和掌握非政府组织治理问题的基础。需要说明的是，为了便于阐述，本书在治理结构和机制的讨论中统一使用"理事会"的概念。

1. 会员制组织与非会员制组织。在英美法系中，非政府组织被区分为会员制组织和非会员制组织两个类型。而在大陆法系中，非政府组织则分别叫作社团法人和财团法人。两个法系虽然称呼不一，但对于对象本质的认定是一致的，即会员制对应社团法人；非会员制对应财团法人。在阐述非政府组织的治理问题之前，有必要对会员制（社团法人）和非会员制（财团法人）的性质作一下解释，以便于更好理解因为组织性质不同而带来的在治理结构方面的些微差别。两者的性质差异主要体现在以下方面：

（1）成立基础不同。会员制（社团法人）组织又称为法人型的人的组织体，其成立基础在于人，例如公司、合作社、协会、学会等。非会员制（财团法人）组织则是指以一定目的的财产为成立基础的法人，其成立基础在于财产，因此又被称为"一定目的的财产的集合体"，例如基金会、私立学校、医院、图书馆、博物馆、科学研究机构、教堂、寺庙、孤儿院、救济院等。其成立基础在财产。

(2) 设立人数以及性质不同。设立会员制(社团法人)组织必须有两个以上的设立人，自然人与法人均无不可。设立财团法人，可由一人以单独行为或遗嘱设立。

(3) 目的及设立方式不同。会员制(社团法人)组织的目的是营利或者非营利，非会员制(财团法人)组织只能为非营利目的。现代民法中，公益目的的法人，其设立大抵采取行政许可主义；而营利社团法人，其设立大抵采取准则设立主义。

(4) 组织不同。会员制(社团法人)组织以会员大会为其意志机关，属于自律法人。非会员制(财团法人)组织无意志机关，为他律法人，其捐助章程以及组织不得自行变更。所以，会员制(社团法人)组织一般是"追求组织成员利益的自我性组织"，而非会员制(财团法人)组织是"追求他人利益的非我性组织"。

(5) 解散的原因不同。会员制(社团法人)组织可以由社员大会决定解散；而对于非会员制(财团法人)组织来讲，其解散须由特定机构(如法院或者政府主管机构)依职权行使，不存在自愿决议解散的问题。

(6) 决策机关不同。会员制(社团法人)组织，其最高决策机构是会员大会，其下是由会员大会选出的理事会或类似的团体来负责日常的组织战略与发展方向，由理事会之类的受委托机构做出的组织决策必须要经过会员大会的批准；非会员制(财团法人)组织的最高决策机构为理事会或者董事会。理事会或者董事会的职缺可由剩余的理事、董事或他人(如组织的成立者)提名来递补。理事会或者董事会其上没有需要报告和负责的主体。

(7) 监督主体不同。会员制(社团法人)组织通常受到来自会员的监督或审查，而来自政府等外在专门机构的审核或监督的程度比较低。非会员制(财团法人)组织因为自身没有会员，因而需要依法接受外部专门机构主要是政府机构的监督。

2. 会员大会。会员大会是会员制组织的最高决策机构，主要担负制定组织的基本政策或选举理事会成员等关键职责。有会员大会的组织通常也要设立理事会来进行日常的决策和谋划。法律规定会员组织必须召开会员大会，通常一年一次或两次。

3. 理事会。理事会是一组选拔或选举出来的、在法律上对一个组织负有监管责任的一群人，理事会构成组织的最高决策主体和政策制定主体，并最终对组织负责。在非政府组织中，理事会对利益相关方，尤其是组织为之服务的当地社区负责。理事会的职责是监管这个组织，为组织制定前景、使命、价值观、战略和政策等，并确保得到很好地落实，并且负责财务监督和筹资的任务。非政府组织的实践说明，无论是会员制(社团法人)组织还是非会员制(财团法人)组织，都以理事会作为其治理工具。

一个理事会的理事要积极地履行自己的任务和职责，就必须对非政府组织的使命做出承诺，为达到非政府组织的目标做出贡献，并具备一定的时间和资源来落实。那些关心非政府组织，但因为工作太繁忙而无法积极地为理事会服务的各级领导、政府官员、有影响的企业家以及社会名流，最好在相关的顾问委员会中代表非政府组织开展工作为组织服务。

非政府组织在章程中规定理事会在组织中应起的作用，而理事会的细则规定理事会成员的组成、权利、义务和责任。理事在法律上有责任为组织制定政策，并监督这些政策的执行，确保组织的活动合法。理事通过选举或任命成为理事。理事的任期有一定的期限。在法律上理事有权利为理事会工作，除非根据理事会的细则被解职。

4. 执行委员会(executive committee)。在不得已的情况下，理事会有时候需要下设一个执行委员会或者叫做常务委员会。它是具有由章程规定的具体权力的委员会，当不能或者没有必要召开全体理事会会议的时候，执行委员会能代表理事会来行使权力。设立执委会可以用来提高工作效率，但执委会绝不可以取代全体理事会。在下列情况下需要设立执委会：

（1）理事会庞大。在某些情况下一小组人被授权代表理事会，可以提高作决策的效率。

（2）理事分散在全国各地。在紧急情况下，一个核心小组聚集在一起要更容易些。

（3）理事会需要定期采取某些行动或经常做出某些决定。一些财务或法律问题不需要全体理事开会讨论。必要时执委会就可以有效地兼顾理事会的工作。

关键是，即使执委会可能被赋予一些特殊的决策权利，理事会全体会议应当在下一次会议上确认执委会所做出的决定。

5. 咨询委员会(advisory board)。咨询委员会，是不收报酬的一些志愿者，他们的任务是给组织的正式成员如理事或员工等补充专业知识和技术。由这些人组成的咨询委员会有时也被称为"顾问委员会"或者"顾问小组"。

咨询委员会的作用相当于理事会的一个委员会。它可以因一个专门的目的而设置，用来协助理事会和员工的某项工作。例如，咨询委员会可以专门负责筹款、提供技术帮助、评估服务或项目的效果，或作为组织的发言人或公关代表。咨询委员会成员对组织不负法律责任。同样，他们的权利也不像理事那样受到法律保护，可以被解职。咨询委员会的职责仅限制在提供建议和为理事会及员工的决策提供相关信息的范围内。

6. 管理团队(management team)。管理团队是由非政府组织的骨干员工组成的。在执行主任(又称执行总裁或执行长)的领导下，管理团队根据理事会制定的政策做出关于组织工作的具体决议。管理团队负责管理组织的项目、财务、行政、资源开发、对外联络、宣传推广以及人力资源开发等。它要通过执行主任定期向理事会汇报工作并积极参与理事会的政策制定。管理团队还要确保每年对整个组织、所有项目和所有员工的工作效绩进行评估。管理团队负责带领员工努力实现组织中所确定的战略规划。

二、理事会治理的意义

1. 建立理事会的目的。理事会对于非政府组织的使命、监督、资源以及对外沟通负有全部的责任，因此，标志着这个非政府组织的诚信度和透明度。理事会可以建立非政府组织在社会上的声誉，以提高捐赠者、政府和合作伙伴对于非政府组织的信任。作为不受薪的志愿者，理事们向公众证明了自己的公益道德，也证明了非政府组织中那些公益性组织为社会所做的奉献，并且负责任地带领着员工，管理着资金和其他资源。他们以自己的行动见证了非政府组织的特别之处。

2. 理事会的作用。理事会对于组织负有绝对的责任，以确保组织有力、有效、合法地完成其使命。理事会应对管理部门实行监督，对组织的运作负责；要保证组织的透明度，对组织的利益相关者负责。

理事会的主要职责是：决定组织的任务和目的；甄拔执行主任；支持执行主任和评估他的表现；确定有效的组织规划；确保合适的资源；有效地管理资源；决定和监控组织方案和服务；维护和提升组织的公共形象；进行自我评估等。尽管理事会应当如何发展自己的组织并没有固定模式，当组织本身以及外部环境变化时，理事会的运作也需要相应改变。但是，理事会需要遵守的工作原则已经得到基本认同。多年来，人们从经验中得出的经验是，任何一个理事会都要为非政府组织的使命、监督、资源和对外沟通全面负责。

第一，负责组织使命。非政府组织的使命和价值理念不仅决定着组织的特定性质，而且是组织治理成功的根基。因此，理事会在使命方面的作用是：1）负责制定本组织的存在理由，即使命陈述，这必须同法律注册时声明的使命一致。理事会应当定期回顾使命陈述，以确保组织的各项计划和项目能够和使命保持一致并对任务目标的达成起促进作用。确保组织有清晰简明的书面使命陈述来说明组织的核心价值和存在理由。2）用使命陈述来评估组织的计划和项目，要不断考问，组织正在做的是否有助于更好地完成使命。3）在相关人群中推广宣传组织的使命，以在社会上扩大自己的影响。

第二，负责选聘执行官。在理事会工作中最重要、对组织成功影响最大的，当属选择最高执行官，即执行主任。为此，1）理事会要确定执行主任应当履行的职责和需要达到的目标，以及为此而应具备的特点和品质；2）理事会要明确规定执行主任与理事会、管理部门及组织内其他人的关系；3）支持、监督并评估他的工作，利用适当的监督方式以确保组织运转良好，保证使命得以执行；4）决定最高执行主任的聘用期，并为其制定报酬的等级；5）通过定期的工作绩效评估来督促执行主任的工作，并强化执行主任对理事会的责任；6）定期检查组织的道德行为准则，尤其是检查组织的各类人员是否有与组织利益发生冲突的情形。

第三，负责保证组织资源。理事会要确保组织有完成使命所需要的必要财力和人力资源。1）保证必需的培训工作，最大限度地调动员工和志愿人员的积极性和工作效率。2）制定措施，使工作人员理解并且具备必需的技能。3）制定财务规范，保证组织有适当的控制系统来监督财务、项目及工作人员的表现，确定他们遵守了既定方针，取得了预期的成果。4）保证组织有相关的、最新的政策，以便指导管理部门的决策和日常工作。5）制定筹款战略，包括撰写建议书为组织争取资助。6）每个理事应当按照自己的方式每年为组织做出贡献，并在筹款中发挥积极作用。7）培养具有财务专业知识的理事。8）批准并监督组织的年度工作预算。9）定期审查员工的财务报告、检查并公布组织的年度财务报告。10）要求组织接受独立的年度审计或外部财务检查，并把结果列入年度财务报告。

第四，负责对外沟通和宣传。理事会有责任对外宣传组织的使命、价值和项目，保证组织与不同的利益相关者保持有效的交流和沟通，并通过利用这些关系使组织更强大，并且能够经受各种挑战。为此，1）制定政策以支持和鼓励组织的对外沟通活动。2）听取目前和潜在的利益相关者的利益和需求。3）积极当好对外联络的"形象大使"，宣传组织的使命、服务内容和成就，并让理事会和员工注意听取外部意见。4）确保组织的对外宣传与公关策略，以支持对外沟通活动。5）积极联系企业界、政府、教育机构和媒体内有影响力的人，并向其介绍组织。6）保证交流和沟通工具，包括网站、年度报告、宣传品、筹款材料等，能准确展示组织的正面形象。

三、有效理事会的标志

一个非政府组织的成功决定于理事会是否有效。有效的理事会，不仅表现在理事成员能够充分理解自己在组织中的角色和责任，能够积极参加规定的活动和会议，而且有尽职尽责的积极性和能力，主动思考和提出新的组织发展设想，更重要的是理事会通过成员的工作，能够带动整个组织有效履行使命，兑现服务承诺。如下因素，成为衡量理事会工作效率和效益的重要标志。尽管很多非政府组织各有所长，但很少有组织能同时达到下列所有标准。这些具体准则会帮助促使理事会不断提高它们的组织水平。

1. 明确的目标和愿景。1）清楚了解被服务对象的真正需要：清楚说明组织所提供服务的必要性并提供相应证据。明确指出哪些人是受益人，并能够证明他们认同组织所界定的需要；其次，清晰的发展路线：即选择和确定有感召力的使命及愿景；2）重点突出：不轻易分散注意力，避免在所有方面满足所有人的需求；3）以价值观为主导：清楚说明组织的价值观，组织运行所依据的信念及原则。用价值观指导日常工作，如人力资源管理，项目评估和政策决策。

2. 追求积极的社会效果。1）说明预期成果：提出组织的工作受益人，并让其他相关方了解这些成果。所谓成果不仅仅是活动本身，而是组织所作努力带来的效果与影响。对捐赠人宣传组织所做的事情的价值。宣传此结果来源于组织的辛勤努力；2）演示工作效果：成果应该是具体可见的，是组织实现使命的一种表现。利用统计数据分析和受益人的陈述来表明组织的工作对受益人人生及生活的改变；3）衡量和评估工作进展：设计实际可行的效果评估方式，跟踪评价是否实现预期成果。

3. 有效利用社会资源。1）战略性规划和确立优先领域：制定严谨的计划程序用以分析内部及外部发展环境。设想组织 3～5 年内应达到的目标，同时制定达到这些目标的步骤。利用战略规划的过程使相关人在组织优先领域及议程方面达成共识；2）关注组织表现：透彻了解组织在运行、财务及项目发展方面的表现。如果表现达不到预期标准，组织应在预期成果或工作表现方面做适当调整；3）加强能力：有加强组织能力的决心。为了确保成果，组织聘用对岗位适合的员工和志愿者。同时提供一个工作支持体系，包括在科技，行政管理，监督，培训和工作程序等方面帮助职工和志愿者顺利进行每日工作；4）有一个稳定的资金来源：制定一个可靠的有延续性及多元化保障的资金来源计划。确保理事会积极参与资金筹集并能充分利用人力、财务及后勤资源提高组织收入；5）具有可行的监控：利用有效的监控手段来促进工作效能。监控手段可以是人事或财务政策及程序。手段的功能是确保工作标准化，协助决策及界定责任。监控手段可以防止对财务资源贪污和浪费。除了制定规则，同时需要定期复审这些监控手段。

4. 高度诚信与负责。1）为所有表现承担责任：把诚信定义为遵守法律法规，实现使命，敬守价值观，并提供满足客户需要的项目服务；2）清楚界定工作责任和权力：意识到该组织对很多不同人负责，包括不同层次、当地或全国各地的相关人员（组织的员工、捐款人、志愿者等）。清楚规定组织各级工作责任和责任人，并确保有关各方面知道他们的工作范畴、性质及局限；3）受道德规范的约束：道德规范条例应包括为一系列正式规则，为合适行为下定义。明确这些准则可以帮助员工和志愿者遵守它们；4）实现工作透明度：致力于在财务管理、资金筹集、项目成果及机构治理方面的公开透明运行。

5. 有应变和创新能力。对组织内部或外部机遇及威胁要有敏感嗅觉，了解这些情况对组织使命、目标及活动的影响。1）表现出创造力和灵活性：有效的理事会能够使员工和志愿者对改善组织的运行操作充满紧迫感，使其能够创造更好的服务途径和更有想象力的筹集资源方式；2）鼓励适度的冒险：理事会敢于尝试新方法，即使这种新方法没有成功的保证；3）营造学习环境：鼓励员工和自愿者尝试新的工作学习方法。

6. 有团队协作精神。培养内部团队精神，培养员工及志愿者间高度的相互尊敬与依赖；建立平衡协调的外部关系，与相关人，包括用户、捐款人、社区、决策人和其他非政府组织保持良好的关系，接受反馈及建立合作机制。

7. 工作环境愉快友好。1）奖赏出色的工作表现：理事会成员花费必要的时间及资源来吸引并保留最优秀的志愿者；2)提供一个适于发展的环境：培养员工、志愿者、受益人和管理人员之间的信任。理事会成员应是好的教练并能有效地传达期望，人力资源管理规定及程序应该公平且对促进工作生效；3)制定明确的目标：让员工和志愿者明确组织对他们具体工作的期望，促使他们感觉他们的工作是有益和相关的。每个员工和志愿者应有一个清楚的岗位描述，详细列出由双方同意的工作义务和期望。工作关系在组织章程、政策及程序里有详细定义；4)促进主人翁感受：员工和志愿者对组织有一种主人感，致使他们愿意积极为此组织出谋划策；5)提倡公开的沟通方式：坚持组织每一级别层次，包括志愿者及员工进行公开，诚实的沟通。

第二节　理事会结构规则与有关要求

要求一个理事会能够进行有效工作，首先需要有符合一般规范的组织结构并且有品质良好的理事会成员。所谓组织结构的规范性，是理事会的成立要满足必要的限制条件，有必要而齐备的内部机构和合理清晰的责任关系，有必需的理事会章程和工作细则；所谓理事会成员品质良好，是说组织能够获得符合要求的高素质人员，组成作为自己的核心治理机构的理事会。

一、理事会的成立及其内部机构

（一）理事会成立的限制条件

1. 理事会的成立要求。凡是法人的非政府组织都要设立理事会。所有法人组织的职权应当由理事会行使或者经理事会授权行使，法人事务应当在理事会指导下管理。

2. 理事会的产生方式。1)法人有成员的，所有除原始理事外的理事，应当在第一次成员年会以及之后的每次年会上被选举，但是章程规定选举的其他时间或者方式，或者规定某些理事由其他人选任或者被选派的除外。2)法人没有成员的，所有除原始理事外的理事应当根据章程的规定被选举、选任或者选派。章程未记载选派或者选任方式的，所有除原始理事外的理事应当由理事会选举。

3. 理事会规模和任期。1)理事会必须由一定数目的自然人组成。理事的最低人数由章程规定。但一般不能少于3人。2)除选派的理事外，理事任期一般不能超过5年。在章程形成之前，每个理事的任期应当是一年，理事可以连选连任。3)理事数目的增加或者职务任期的延长不缩短在职理事的任期。4)填补空缺的理事，其任期在下届成员选任理事时届满；以及填补任何其他空缺的理事，其任期为登记理事未届满的任期。5)除理事任期届满外，理事履行职责直至新理事被选举、选派或者选任并且被确认资格或者直至理事数目的减少。

4. 理事会成员的条件要求。1)用私人财产设立的非社团的公益法人组织，相互间有经济利害关系的理事，总数不得超过理事总人数的1/3。2)其他类型的非社团的公益法人，具有近亲属关系的不得同时在理事会任职。"经济利害关系"指：第一，在前十二个月内直接或者间接由于其任期，从法人处接受或者有权接受薪酬(不论其为全职或者兼职的雇员、独立承包人、顾问或者其他)；或者第二，理事的配偶、兄弟、姐妹、父母或者子女。3)在非社团的公益法人领取报酬的理事不得超过理事总人数的1/3。4)财团公益法人设监事。监事任期与理事任期相同。理事、理事的近亲属和财团公益法人财会人员不得兼任监事。5)财团公益法人理事遇有个人利益与公益法人利益关联时，不得参与相关事宜的决策；其理事、监事及其近亲属不得与其所在的非社团公益法人有任何交易行为。6）监事和未在法人组织担任专职工作的理事不得从该组织获取报酬。7）财团公益法人理事长、副理事长和秘书长不得由现职国家工作人员兼任。财团公益法人的法定代表人，不得同时担任其他组织的法定代表人。8）因犯罪被判处管制、拘役或者有期徒刑，刑期执行完毕之日起未逾5年的、因犯罪被判处剥夺政治权利正在执行期间或者曾经被判处剥夺政治权利的、以及曾在因违法被撤销登记的财团公益法人担任理事长、副理事长或者秘书长，且对该财团公益法人的违法行为负有个人责任者，自该财团公益法人被撤销之日起未逾5年的，不得担任财团公益法人的理事长、副理事长或者秘书长。

（二）理事会内部机构与分工

1. 理事会的主要角色。尽管理事会由多位理事组成，而且他们在理事会中有同等的投票权，但是仍然需要设置必要岗位来负责处理理事会的日常事务，这包括理事长、副理事长、理事会秘书、财务主管，以及在必要时成立的常设委员会。

（1）理事长。非政府组织理事会的理事长一般由创办人或主要出资人出任。他作为理事一员，同时领导其他理事；对外是理事会的象征，是理事会的发言人；主持理事会会议；同外界领导人联络的主要联系人；对监督执行主任的工作负主要责任；激励并要求其他理事对理事会负相应责任。

（2）副理事长。在理事长缺席时代理主席的职能；理事长可能给其分配具体分管职能。

（3）理事会秘书。负责起草理事会的有关文件；管理和保管理事会的文档；根据理事长的委托负责召集理事会会议；理事会开会时负责记录。

（4）财务主管。组织资金的监管人和会计负责人；只有在组织规定的人员授权时才支付；监管财务人员的工作；分析组织的财务报告；监督组织的纳税和守法情况；使理事会了解组织的财务状况；向理事会报告组织纳税和守法的情况。

（5）常委会或执委会。在理事会成员比较多的时候，可以考虑成立一个更为紧凑的日常机构，主要职责是关于组织的某些经常性问题或行动，例如提名领导人、财务、筹款等。但需要注意，除非理事会过于庞大导致工作责任模糊和效率低下，一般不主张成立常委会或执委会。

2. 专业委员会的设置。在理事会下面可以根据需要成立不同的专业委员会。理事们可以将自己的活动主要集中在某个自身有兴趣的特定领域，以便更好地发挥他们的专长。

（1）委员会主任必须由理事长任命的理事担任，但委员会成员并不限于理事，可以招募志愿者和专家参加委员会工作。

（2）每个委员会必须有组织内的员工参与工作，但执行主任排除在外。例如，非政府组织的财务主管应该是财务委员会的成员；组织负责筹款和公共关系的员工应该是资源开发委员会的成员。理事长和执行主任是任何一个下设委员会的无投票权的成员。他们应该能看到委员会会议记录，并可以参加任何委员会会议。委员会主任有责任将该委员会的情况向理事会报告，并向理事会提出建议。未经理事会允许，委员会不能做出任何政策决定。

（3）按照工作需要设立专门委员会。根据组建委员会的目的决定该委员会的类型和期限。如果是履行经常性的职责，也许需要一个常设委员会；但是，若仅为了一个特定目的，例如组织一次专门活动，则可以任命一个临时委员会。如果没有明确的目的和结果，不要召开委员会会议，否则会浪费理事和委员会成员的时间，而且长此以往，出席率也会受到影响。根据所处的发展阶段和其他环境的不同，一个组织需要理事会成员拥有不同的技能。

3. 专业委员会的类型。1)专业委员会或工作组。就某一项工作而专门成立的委员会，任务结束后可解散。例如：修改理事会细则、对执行主任工作效绩进行评估、战略规划、购置房产等。2)分委会。某个委员会的分支机构，用于执行某项专门任务，并对这个委员会负责。例如：人力资源委员会可成立一个员工福利分委会来评估组织为员工提供的福利情况。3)个人任务。某个个人被要求完成一项特别任务，并向委员会集体汇报。例如：指派某人拜访组织的主要援助人，以对组织今后的方向提出建议。

4. 专业委员会的作用。设立委员会可促进理事参与理事会工作。但应注意委员会的设立没有什么成规，设立后也不是一成不变的。只要能发挥作用，大多数理事都会愿意为委员会贡献力量。不要仅仅是为理事们找点事情做而设立委员会，只设立和维持组织需要的委员会。没有具体任务不要召开委员会会议。要设计委员会的"工作流程图"，以区分理事会和执行层面的职能，避免委员会侵犯执行主任的职权。例如：如果分管人事的委员会直接招聘和解雇员工，就侵犯了管理团队的行政权力。通过在委员会工作，理事们能有机会展示自己的领导才能。可以在这里发现未来的理事会领导人。

5. 专业委员会主任的责任。1)委员会主任的责任是帮助委员会发挥作用，而不是自己亲自去做所有的工作，你应当召集委员会会议、确定日程、启发会议讨论，并记录会议决定和建议。如果没事就不开会。2)了解理事会或执行主任要求委员会做的事情，并定期提醒委员会成员。对于向理事会负责的委员会，只有理事会有采取行动的权力。因为，委员会主任的作用仅仅是顾问。要将委员会工作内容限制在理事会指定的范围内。3)要确保在向理事会或执行主任报告之前让委员会成员支持你的决定。提醒成员，他们有义务支持委员会大多数通过的决议。4)如果你希望理事会根据委员会的报告采取行动，要提交一份可行性报告。5)向理事长通报所有委员会会议。理事长自动成为所有委员会的成员。6)时刻让委员会成员意识到组织的使命。不要向理事会提出与使命不符的建议。

二、理事会的章程与细则

（一）理事会章程

在理事会成立之前就需要确定，理事会将如何组成？它的规模有多大？多长时间开一次会？理事会成员的任期是多长时间？如何处理行为不当的理事？这些都要在理事会章程（细则）中做出规定。为此可以在理事会成立之前，先建立一个由骨干志愿者组成的理事会筹备委员会，这些志愿者可能成为未来的理事会委员会主任、负责人或理事，他们通过讨论决定上述问题，并且制定出理事会章程草案，并在第一次理事会上通过此章程。

一般而言，理事会的章程主要涉及下列内容：1)理事会的规模与职责；2)理事会成员的资格与责任；3)理事会会议的次数与时间；4)通过决议的法定人数；5)做出决定的方法和程序；6)修改理事会章程的过程；7)财务核算的年度；8)理事被解除职务的理由和方法；9)理事会补充空缺的方法；10)理事会成员是否给予报酬；11)理事会成员的开销是否给予报销、如何报销；12)利益冲突政策；13)委员会的设置。

（二）理事会细则

理事会细则描述理事会是如何组成的，它将做什么，它对成员的要求，理事会多长时间开一次会。既要有足够人数的理事参加会议，又要有理事们积极参与。大多数的理事会一年开四次会。如果理事会开会太少，理事们就很难了解情况而无法真正参与到组织中来。有些理事会每两个月开一次会，并在其间召开委员会的会议。

成立理事会都想让它发挥积极有效的作用，因此，理事会就应当由有时间积极参与的成员组成。如果考虑要招募的是忙碌而又重要的知名领导人，则最好安排在顾问委员会而不是理事会。

理事会有责任为非营利机构同当地的社区建立联系——确保机构了解正在变化的需求，并且还要让社区知道这个机构提供的服务。因此应当计划起码让一些当地社区的代表加入理事会，也可以考虑让受益人群的代表加入，例如以前接受过服务的受益人或此人的亲属。

在制定理事会的细则时，理事会筹备委员会成员应该一项一项地讨论有关主题，然后将答案归结起来形成正式的理事会细则。让可能成为理事的人知道这个细则并在第一次理事会上通过此细则。在制定一个标准的理事会细则时，应当包括以下方面的内容：

1. 规定理事会的具体规范。1) 规定组织的事务应当由（最低限度的人数）组成的理事会和该组织的各负责人来管理。2) 规定理事的选举应当同选举该组织负责人一致的方式和方法在组织的年会上选出，理事的一届任期有一个确定的时间段。3) 规定理事会应当决定和监管该组织的事务。当理事长在所有理事都得到开会的通知后召开定期会议时，理事会才能以组织的名义决策。4) 理事会有效会议需要的法定构成人数，理事会定期召开会议的时间确定。5) 规定每一理事一人一票的表决权，这种投票是不能由他人代替的。6) 理事会规定好在必要时为理事会会议制定规则。7) 规定理事会中的空缺将由现有的理事的多数票决定补缺人选。8) 规定理事会应当从其成员中选出理事长和秘书。9) 规定如果有充足的免职理由，理事可被免职。理事会应考虑听取对任何理事的质询。理事可以请法律顾问代表出席任何关于免职的听证会。理事会应当根据组织的最大利益对这种听证制定规则。

2. 规定理事会岗位责任。1) 理事长。应当主持所有理事会会议；在组织的年会上提交组织工作的年度报告；应当任命所有临时或永久的委员会主任；确保法律要求必备的账簿、报告和证书正确地归档；是有权在组织的大额账单和文案上签字的官员之一。2) 副理事长应当在理事长缺席或不能行使权力时担负起理事长的责任，具有合法选出的主席所具有的一切权利和特权。3) 秘书。应确保在合适卷宗中保存组织所有的备忘录和纪录；应当为组织的成员提供所有的通知；应当对组织公章和档案的管理负责；应当向理事会传达所有应当传达的信息；履行细则规定的其他责任；4) 财务主管应当负有监管组织所有资金的责任；必须是在组织的大额账单上签字的官员之一；应当根据理事会的规定定期递交财务报告，财务报告应当附在理事会的会议备忘录中；履行细则所规定的应尽责任。

3. 规定产生委员会的程序。细则需要规定组织的所有委员会与理事会的隶属关系，以及理事会任命委员会的程序、任期、终止等。

4. 规定细则修改的程序。规定理事会细则可以在不少于确定比例数成员的赞成票的情况下修改、补充或废除的步骤。

（三）利益冲突声明

所谓利益冲突，是指非政府组织内部的理事、员工及其相关者的私利，与组织所谋求的公益或者互益出现矛盾与冲撞，并预见这种私利会导致组织所谋求的公益或者互益受损的情形。所有的理事会成员、委员会成员、员工及一些顾问和志愿者都应该填写并签署利益冲突声明。利益冲突声明的目的是帮助非营利机构保持透明度和诚信。它是一个有关道德的声明，可以让自己服务的地方大众确信机构领导人和员工没有在经济上或其他方面因在非营利机构任职而谋取不正当利益。

理事会成员、委员会成员、员工及一些顾问和志愿者不可以参与会给自己或与自己的亲属有关的组织或企业带来利益的决策。在这种情况下，理事会成员必须向非营利机构通报这种关系，该成员也不能参加任何投票，并应该把这些情况记入理事会备忘录和组织的档案。在填写利益冲突声明时，应当要求列出可能会产生利益冲突的组织、企业或团体的名单。这样理事会和员工就会对理事会成员可能不应参加某些会议的情况有所准备。

中国的理事会经常遇到的问题就是报酬。如果理事会想表明非营利机构是透明并有诚信的，就不应当付给理事报酬。任何会让人感到理事会成员是因为报酬才任职的情况都应当避免。但这不是说非营利机构绝对不能对理事会成员合理的交通费用有所补偿。非营利机构可以自己做出决定。有些组织已在担心支付理事会成员的交通费用可能会太昂贵。其实，许多理事会成员愿意自己负担交通费用，以此作为他们每年对非营利机构所作的捐助。

绝对不要为理事会成员的任职付工资。如果有人将报酬或经济上的补偿作为他在理事会任职的首要原因，此人就不适宜担当理事会理事。总之，理事会成员不能为个人谋私利；不能收受报酬或补贴；在有利益冲突时通知理事会和组织，不参加相关决策；交通补助也许可以根据组织情况考虑。以下为供非政府组织负责人、理事、委员会成员、员工和某些顾问使用利益冲突声明样本。

非政府组织利益冲突声明

1. 任何非政府组织的理事会或委员会成员都不能因他参加非政府组织工作而获得任何直接或间接的个人利益和利润。任何个人都应当向非政府组织公开他在非政府组织可能获得的个人利益并且应当避免参与就此类事做决策。

2. 任何非政府组织的理事会或委员会成员若在接受非政府组织的资金或赠款或与其有业务往来的组织内担任理事、委员会成员或员工，都应声明此种关系。

3. 非政府组织在做关于这些组织的资助或业务的决定时不应有他参加，而且这种决定应由全体理事会投票通过。

4. 任何非政府组织的理事、委员会成员或工作人员应当避免在他们任期中的任何时候为了个人或私人拉关系的目的而获取中心服务对象的名单。

现在，本人是下列组织的理事，委员会成员或员工。在此我保证现在和在过去一年中的任何时候都未做过以下事情：

(1) 直接或间接同卖主、厂商或其他人同非政府组织有业务往来人有任何协商、协议、投资或其他活动，这些活动给我或可能给我带来个人的利益。

(2) 直接或间接的从与非政府组织交易有关的任何个人和组织处接受薪水、贷款、礼物或免费服务、折扣或其他酬金。

关于以上两条的例外，在下面详细说明在过去一年中从与非政府组织业务有关的个人和组织那里获得的直接或间接的交易和利益：(事实说明)

日期：　签字：当事人姓名

三、理事素质、职责与聘用

1. 理事的岗位描述。一个称职理事的衡量标准包括：1）支持组织的使命并愿意确保组织对其服务对象的需求做出及时回应；2）行为有道德，没有利益冲突，即不因是理事会成员而为本人、亲属或企业接受报酬或不正当的利益；3）定期参加理事会，积极参与理事会和委员会的决策并在其中发挥作用；4）知道理事的作用，支持执行主任监管组织的运转工作，协助制定和完成长期战略规划，包括组织能力建设和资源开发；5）参与制定年度预算和审核定期财务报告，确保财务管理符合条例，可靠并有透明度；6）确保进行年审或内部财务审核，并在年报中向公众公布；7）为进行新的项目提供专家的意见，并评估正在进行的项目，在公开出版的年报中刊登有持续性的高质量的项目成果；8）确保有书面的人事政策，并且贯彻执行此政策使之符合管理要求并有良好的人力资源管理程序；9）尽力为组织捐款，并开发其他所需要的资源以确保组织有足够的资金；10）以负责任的态度代表组织同国际机构、政府、民主党派和各协会交流，代表本非营利机构所服务的对象推动政府做出正确的公共政策；11）积极帮助组织同媒体、金融机构和跨国公司及国内知名企业建立关系；12）挑选并评估执行主任的工作等。

如果一个理事会的成员能够达到以上标准，那么这个理事会将肯定是一个高效的理事会。为了将这类优秀的人聚集到组织中来，就必须从基础工作做起，用一套正确的管理程序来保证聘用到让组织满意的成员。

2. 理事的职责与素质。

理事职责包括：1）出席理事会和委员会所有会议和典礼，例如筹款宣传活动；2）了解组织的使命、服务内容、政策和项目；3）在理事会和委员会会议前阅读会议议程及其他材料；4）为委员会服务，并主动承担特别任务；5）个人向组织捐款；6）向他人宣传该组织；7）向理事会推荐能够为理事会和组织的工作做出很大贡献的合适人选；8）了解组织所在领域或行业的最新动态；9）遵守利益冲突和保密政策；10）不越权向员工提特别要求；11）帮助理事会行使受托责任，例如审阅年度财务报表。

理事素质包括：1）能力：具备倾听、分析、思维清晰、创造性思考、团队合作能力；2）态度：愿为参加理事会和委员会会议做准备，在会议上提出恰当的问题，对分给自己的任务愿意承担责任并坚持完成，根据个人情况慷慨地向组织贡献自己的时间、精力和金钱，在社区推广该组织，自我评估；3）学习：如果不具备某些技能，愿意学习这些技能，例如：积累和筹集资金，培养和招聘理事会成员和其他志愿者，阅读和了解财务报表，学习更多关于组织的核心业务领域的专业知识；4）品性：诚实、友好、积极处理问题、耐心、正直、有成熟的价值观、关心所在公益组织的发展、富有幽默感。

3. 理事的招募与聘用。非营利机构招募理事会成员应当是一个谨慎、认真思考的过程，直到已经认真准备好了包括理事会成员岗位描述和理事会细则的所有文件，才可以开始招募理事会成员。

第一，制定招募战略。招募程序每年都要重复和完善。要同可能成为理事会成员的人建立关系。邀请他们参加组织的活动，领他们看组织的项目，将他们介绍给员工和其他理事会成员和志愿者。给他们寄信，促使他们对非营利机构感兴趣，并让他们相信这个组织是一个值得帮助的组织。当确信他们了解并支持非营利机构的工作，并可能愿意更多地参与其中时就可以邀请他们加入理事会了。委派一个最能影响他们做出决定的人去同他们谈，最好还有执行主任或一位老员工陪同一起去。应当事先确定谁说什么，并确保每个人都有充分的准备，了解各种情况。要给他们提供充足的材料，让他们做出决定。

要向可能成为理事的人介绍理事会成员的岗位描述。要非常明确地告知，期待他们在时间和资源方面的承诺是什么。理事们如果自己不能在资金方面有所贡献，那就不会有很说服力的回答。请注意，理事会在招聘理事的时候，候选人的捐赠能力才是考虑的主要因素，而非营利机构并不应该把理事招募过程作为筹款的方式。

要让新任理事熟悉组织的情况，并让他们不断地有机会参与决策，帮助组织更好地完成使命并为公益服务。让新理事适应情况和每年对理事进行评估是帮助理事有效工作和履行职责的非常重要的工作。

第二，寻找理事的途径。1)向谁寻求理事推荐：同事；其他非营利组织的理事会成员；本地媒体的文章和报道；首席执行官和其他高层管理人员理事会成员；志愿者中心等。2)谁是可以考虑的理事人选：目前和未来的主要捐助者；社区领导；非高层人士；当地小企业主；与组织使命相关的领域的专业人士；从组织的服务中获益的人，或者他们的亲戚等。3)去哪里寻找潜在理事：志愿者管理组织或专业协会；政府、事业单位；代表各种社会群体的组织；本地学院和大学。尤其强调，理事会的人力资源委员会应该专注收集理事人选的信息。

第三，招募理事的步骤。根据一些非政府组织的经验，理事的招募一般有以下步骤：

步骤1，准备相关文件。成立理事招募小组或者提名委员会，制定理事岗位描述、理事会细则、利益冲突声明等文件。

步骤2，对现有理事会成员的评价。提名委员会应当首先评估现有的官员和理事会成员。目前的优势和弱势是什么？是否目前任期已满，但有权连任的理事们应当被再次提名？如果可以，应当提谁？标准是什么？出席理事会的情况、执行委员会的任务和其能在资金方面支持组织的能力都是应当考虑的因素。

步骤3，组织的目标决定所需要的技能。理事会当前关注的是什么？目标是什么？下一年度及今后两三年或更长远的主要重点是什么？

步骤4，对所服务区域有所反映。提名委员会需要考虑整个社区的人群多样性：各种族和文化人群的男女；来自企业、教育、劳工、产业、专业技术人群和宗教团体的人；并且还有来自政府、社会机构和服务对象，以及所有对社区生活有贡献的人。提名委员会必须要注意到理事会应当包括所有贡献的人群。

步骤5，可能成为委员会主任的人。提名委员会应当考虑到，有些理事会成员将来需要担负专门的任务或担任委员会或任务小组的负责人。因此，被推荐的候选人应当是有一定身份并且符合条件的个人。

步骤6，制定有目标的招募计划。为了确定理事会成员的配备是否平衡，提名委员会应当完成理事会构成表。这种对现有和计划成立的理事会组成的分析将有助于制定专门的招募新理事会成员的计划。

步骤7，理事会构成分析。以理事会构成表为基础：1)确保列出了所有理事会需要的经验/利益、筹资渠道/技能和人群特征；2)将现有理事的特征填入此表中；3)找出表中的空缺和需求：在理事中还需要什么样的技能和特征？具有某技能的理事是否很快会结束本任期？这名理事该由谁顶替？

步骤8，进行有针对性的招募行动。1)根据对理事会构成表的分析，尽可能详细地列出新理事所应具备的技能和特征；2)讨论谁可能会有这样的技能和特征，提议个人、机构或专业以确定寻找范围；3)制作理事招募手册发给潜在的理事候选人，包括：使命陈述、组织的法律注册文件、现任理事名单和他们所属的机构、理事会细则、理事岗位描述及理事会会议时间表、当前组织和项目宣传手册/年报、年度财务报告/最近审计报告。4)要求现有理事和员工分头寻找具有所需技能和特征的人员。最有效的招募方法是打听组织认识的人或已经对组织有所了解的人。在寻找理事时，应尽可能地利用关系网和相关人的推荐；5)得到候选人名单后提名委员会应当审查名单，然后派一些现有理事或由理事和员工组成的小组与候选理事单独见面。要让他们了解组织的使命和目标。考察他们是否能够认同组织的发展愿景、前景和价值观？要清楚地说明组织对未来理事的期待是什么，责任是什么，在候选理事同意担任理事之前，关于理事的职责你说明得越清楚，他们在担任理事后履行这些职责的可能性就越大；6)通常最好给理事候选人一些时间仔细阅读招募手册并考虑将要做出的承诺。会面几天之后再询问他们是否同意做理事。如果他们拒绝了，要感谢他们并请其推荐其他人选。

第三节　理事会的治理机制

　　一个组织的运转离不开制度、体制和机制。一般来说，制度是要求组织成员共同遵守的做事规程或行动准则；体制是组织内部各相关部门、角色之间的职责分工与布局，也就是静态的组织格局；机制是指一个组织内部各个分担不同职责的部门或者角色，在既定制度框架内，为达到组织预定的目标，而形成的相互关系模式和相互作用的方式。在本节中，将结合非政府组织的静态规则制度和结构，描述非政府组织理事会的工作机制。

一、非政府组织的治理与管理

　　1. 非政府组织治理结构。非政府组织理事会的组织结构有一个伴随组织发展的演进过程。一个 NGO 可以区分初创时期、成长时期、成熟时期。在初创时期，执行主任直接向理事会负责，并且直接监督员工。在成长时期，执行主任除向理事会负责外，还间接受到业务委员会的制约，而员工亦分化为发展及操作两个部门。到成熟时期，委员会数量增多，执行主任所管理和监督的员工亦区分成发展、项目、公共关系、会计、人事等部门；而理事之角色亦应随组织设计的演进而有所不同，演化顺序为业务型理事、管理型理事，及顾问型理事。如图：

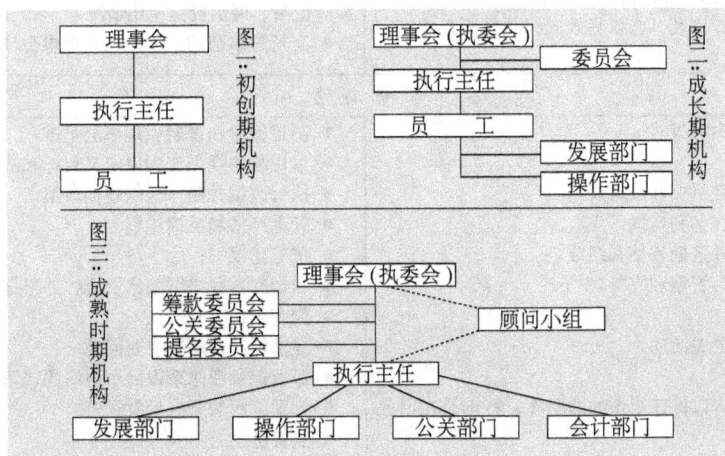

上面的组织机构图表明了一个非政府组织在三个不同发展阶段上的结构形态和组织各角色的相互关系。在一个发展至成熟阶段的非政府组织中，其结构会逐渐趋于复杂和功能的专化。理事会对于整个组织负有法律责任。理事会下面会成立一些负责专门事务的委员会，例如筹款委员会、提名委员会等，它们必须向理事会负责和报告工作。有的理事会为了应付比较技术化的问题，还会聘请专家成立咨询委员会或者顾问小组，它们会就特定问题进行研究并向理事会提出行动建议。直接负责组织执行的是由理事会选聘的执行主任或者叫执行总裁，也有的叫执行长。这个承上启下的关键角色，直接对理事会负责并报告工作。在理事会的监督下，执行主任与之领导的计划发展、项目操作、财务和行政、人力资源、公关沟通等部门组成的管理团队，监督组织的全体员工围绕组织的目标任务展开工作。

2. 治理与管理的对比。在非政府组织中，理事会是一个核心决策机构，这已经在前面进行了充分说明。而组织决策的具体执行者则是以理事会选聘的执行主任或者执行总裁为领导的管理团队。两者之间是政治与行政的、或者确切说是掌舵与划桨的关系。但并不是所有在这个关系中的角色都能把握好自己。一些公益组织经常遇到理事会干预管理团队日常管理的问题。下面这张图表能够帮助学习者明确理事会的治理责任和执行主任的管理责任的区别。

理事会的治理责任和执行主任的管理责任的区别

治　　理	管　　理
各 自 定 义	
治理是确保组织及其资源管理具有公信力和高效率	管理是指导工作的过程，以确保员工和资源能发挥最大作用，实现组织目标
责 任 主 体	
理事会整体	执行主任及管理团队
主 要 责 任	
● 确保组织具有使命、策略以及长期目标 ● 代表利益相关方监督执行主任和高级管理者的工作 ● 确保建立各种体系，使组织向所有利益相关方展示其公信力和透明度，特别是财务方面 ● 确保组织根据其适用文件开展工作，且不触犯任何国家法律 ● 确保组织具备所有相关政策，并且不断更新。听取报告以确保组织的资金和其他资源仅用于组织根据适用文件开展工作，并确保组织运营具有足够资源 ● 确保理事会工作顺利，会议高效进行，且所有成员完全参与	● 将使命和战略变为现实 ● 执行、坚持所有的组织政策 ● 管理组织员工的效率和效力以确保最大的产出和活动的效果 ● 规划、监控、评估组织活动，制定所有必要政策、体系以及程序，以保证建立一个负责任的组织 ● 管理组织以确保其根据使用文件和国家法律开展工作 ● 管理资源，保证为实现目标而适当地、经济地使用资源。记录、展示资源使用情况 ● 支持理事会的工作，例如提供会议场地和行政支持
具 体 任 务	
● 指导组织的使命和策略 ● 审议政策 ● 确保有效地确定目标和战略规划 ● 确保计划得到评估和反馈 ● 任命执行主任并定期评估其绩效 ● 提供专业知识、智慧和支持 ● 支持筹资 ● 代表组织开展公关活动 ● 帮助解决问题 ● 听取并研究报告以保证组织的透明度，特别是在财务和资源使用上 ● 自身管理，保证效率和效果	● 制定使命和策略供理事会批准 ● 运用战略规划流程以定义目标和战略意图 ● 执行政策并确保组织遵循政策 ● 管理评估和反馈流程 ● 撰写建议书 ● 和捐款方联络以筹集资金，并根据要求向其提供反馈 ● 代表组织对外交往 ● 寻求帮助，解决主要问题 ● 保留记录和体系以展示组织的透明度和问责制 ● 管理组织的所有日常运营 ● 监督员工 ● 管理资源和工作

（续）

治　　理	管　　理
运作良好的表现	
● 组织可以向理事会和其他利益相关方展示公信力 ● 理事会定期召开会议，并有足够成员出席以决定政策 ● 有例证和证据表明理事会代表组织制定了策略和政策决定 ● 没有迹象表明理事会干预组织日常活动	● 组织活动高效有效，实现了目标 ● 员工了解组织的使命以及自己应当怎样帮助组织实现目标 ● 已制定战略和运营计划 ● 任何问询的人，可以随时提供组织的相关信息，特别是财务信息 ● 组织愿意与外部的利益相关方分享关于本组织工作及内部运营的信息
重要区别	
● 理事会成员不是组织雇员 ● 理事不拿报酬，不享受员工福利 ● 理事不是每天上班，通常每隔数月召开一次会议 ● 理事不对组织日常活动做出决定	● 执行主任及员工为组织雇员 ● 执行主任及员工获取报酬并享受员工福利 ● 执行主任及员工每天都为组织工作 ● 执行主任及员工负责日常的决策

注：译自 Thomas Hladik et al.《非营利组织理事会和治理》，第 74~75 页。

二、非政府组织各角色相互关系

当描述非政府组织内部关系时，需要说明，在会员制（社团法人）组织中，还有会员代表大会这个权力机构。如果这样，自上而下的角色关系就是，会员大会——理事会——执行主任——员工，这样四个主要行政层次。各个专门委员会和顾问小组隶属于理事会，而各个行政管理部门则隶属于执行主任。

1. 会员大会的权力。作为非政府组织的最高权力机构，会员大会对组织所有重大事务进行表决处理。具体职权有：

（1）最高决定权。非政府组织一切大事，包括战略发展规划等，都需要在这个场所得到认可和通过，然后才能成为整个组织的共同依据或指导方针。会员大会或会员代表大会对大事的决策权必须得到组织内所有机构和成员的尊重与维护。

（2）审议权。非政府组织的章程及其修改，理事会向大会所做的工作报告及财务报告，组织的目标、任务、战略和策略，组织的选举规则、新选、补选、聘请名誉理事或顾问等重要内部事务，都要经由会员大会或会员代表大会审议。

（3）选举权。理事会成员均须经由会员大会（会员代表大会）选举产生。由大会选举产生的理事会必须向大会负责。

（4）罢免权。理事会及其成员的调整、更换、撤换、罢免等重大人事事项均要经由会员大会或会员代表大会讨论、审定和最后通过。

（5）监督权。整个非政府组织的运作过程是否科学、规范、合理和有效，整个理事会的工作成效、业绩和廉洁，每个高级成员和重要部门的表现是否规范端正、符合组织要求，整个组织方针、计划、目标是否得到充分地落实等，都要由大会做出最终的结论。

2. 理事长职责。理事会是非政府组织中一个具有实在决策权的组织。在这里面，理事长是第一责任人。他的责任是：1) 领导理事会支持组织实现各项目标；2) 引导理事会完成其职责；3)高效主持理事会，确保对所有问题都有充分的讨论，同时使会议顺利向下进行；4)高效利用理事会的时间；5)代表理事会监督执行主任的工作。没有理事会的批准或授权不可擅自行动；6)监督常委会负责人的工作；7)在影响组织的重大事件上代表组织；8)有选择地对理事进行培养，以确保组织未来的领导人选；9)提高组织在相关人群中的形象；10)代表组织，通过行动成为其他志愿者的楷模。

3. 理事会理事的职责。1)建议与指导，充分利用理事的判断力、专长和对情况的熟悉，给执行主任提供帮助；2)与执行主任就理事会考虑的所有问题进行探讨。好的政策决议是由理事会和员工协商制定出来的；3)把所有的执行职责放权给执行主任。执行主任是理事会和员工之间的桥梁。所有同员工的沟通都应通过执行主任进行；4)支持执行主任和员工的工作。不直接介入执行过程，也不要企图绕过执行主任干预员工；5)支持执行主任做出的所有符合理事会政策和组织准则的决定和行动；6)让执行主任对组织的工作负责；7)评估执行主任的工作。

4. 执行主任的职责。1)执行主任是组织日常工作的主要负责人；2)给理事会提供专业意见，协助理事会进行政策决策；3)及时了解相关人群情况及法律、技术和专业领域的发展状况，并对这些情况进行战略评估；4)向理事会提出合适的政策建议；5)高效执行理事会通过的所有政策；6)向理事会全面、准确地通报所有项目的情况；7)说明项目的需求，对理事会考虑的所有问题提出专业性的建议；8)与理事会的财务委员会协作，制定预算，让理事会了解预算方面的最新情况和问题；9)招聘优秀员工，发展一支能干的员工队伍，并对其指导监督；10)投入时间来改进组织体系与机制。

对于非政府组织的理事、理事长、执行主任以及员工来说，明白自己与其他方的任务和关系都是很重要的。理事长或者理事必须小心避免越过执行主任直接指挥员工。理事听到员工有意见时，要先与执行主任协商，保证执行主任有权管理非政府组织的日常运作而不受干涉。任何理事，即使是理事长，在未经理事会允许的情况下不能单独行动，而理事长也只有一票决策权。即使是理事会执行委员会或常务委员会的决议，也要在下次全体理事大会上获得通过才真正有效。

一般而言，执行主任不担任理事，也不参与理事会投票表决。但执行主任应该作为没有投票权的成员参加理事会会议。会议议程应由理事长和执行主任根据来自其他理事会负责人、各委员会主席以及管理团队的信息来拟定。讨论议题必须具体清晰地列出。在每次理事会议上，执行主任都应该提供一份总结主要成就、突出重大问题的议题以及计划下一步行动的报告。如果有必要，经过执行主任和理事会同意，其他员工也可以参加理事会会议。

理事有权查看组织的工作报告、项目评估、捐赠纪录以及财务预算。理事必须诚实地宣传非政府组织的诚信度和透明度，这是理事必须做的工作。

所有的理事和员工必须接受关于理事会任务和职责以及恰当的理事——员工关系的培训。理事会在政策、计划和监督方面必须担负责任，以确保组织及其项目的成功和良好管理。员工负责执行政策，并就组织的日常管理做出计划和决定。员工不能独自制定组织的规划和政策；理事也不能直接指导组织日常工作或干涉对员工的管理。

三、理事会的决策规范

理事会的决策是理事会职能的重点。决策的主要场所是理事会的会议。因此会议的开法、会议的程序、会议的原则、会议的投票表决办法等，都对决策的质量以及对于参加会议的理事的工作热情,具有相当重要的影响。

1. 会议冲突的处理。由于参加会议的理事们会有不同的价值观、思考问题的角度和沟通事情的方式,因此在开会议决问题时难免会有矛盾冲突。这就要求理事会的主席首先能够对此有正确的态度和驾驭能力以及处理手段。冲突对理事会的影响取决于冲突的原因、冲突的经过及冲突的管理。虽然有人提出一些看似负面的观点,但往往对于解决问题提供机会。如果理事会不能公开表达分歧,就可能导致隐性冲突,更难解决。这是理事会主席需要明白的道理。所以在面对会议的冲突时,应当采取的正确方法是:1)注意委婉地提出不同意见,一定要考虑他人感受;2)如果有不同意见,对事不对人;3)用询问的态度和方式面对不同意见,要求澄清观点或提出例证;4)强调共同点。指出各人观点中的相似处。让团队清楚你希望求同存异;5)要求两位观点最为对立的成员坐在一起,一起寻找共同的方法;6)幽默是减缓紧张与对立的有效手段;7)如果理事会分歧很大,应当延迟表决;8)指派一个工作小组起草建议书提交理事会,将所有持不同意见的代表都纳入到工作小组中。

2. 理事会不同的决策程序。

(1) 协商一致:所有理事都同意该决定。要达成协商一致,理事们要一直讨论,直到同意某个决定。其方法是清楚解释做出这个决定的原因,同时认真倾听其他持不同看法理事的反对原因。然后团队一起讨论问题,征求意见。如果不是所有人同意,下一步则应确定一种妥协方案,再次征求意见。如果仍有不同看法,那么再争取达成更大的妥协。目的是找到一个大家都能同意的妥协方案。如果还不能达成一致,有些成员不赞同该决议,但认为放弃自己的投票权无大妨碍,那么理事会其余人可以通过该决议。

(2) 简单多数通过。如果一半以上的理事支持该项决议(51%以上)即为通过。

(3) 绝对多数通过。如果2/3以上的理事支持该项决议(67%以上)即为通过。

3. 理事会不同的决策方式。

(1) 参与型。通过参与方式做出决定。理事长创造一种良好氛围,使所有理事有信心表达他们的思考和感觉。这样就需要创立尊重不同意见和倾听他人的文化。在这种文化氛围下,理事们会觉得提出的问题和意见越多,越能激发有意义的讨论。在参与式讨论后,理事会可以按照多数通过或协商一致的原则达成决议。

(2) 专制型。理事长、执行主任或任何其他强势的理事提出一个问题,并不希望会上进行讨论,而是期望所有成员投票赞成其意见。通常在这种情况发生前,理事长和执行主任或其他强势的理事可能在理事会会议前,就已定好他们希望理事会通过的决议。在会上他们给理事们压力,让其不要提出任何关键的问题,从而通过该决议。

(3) 秘密投票型。如果理事长希望了解大家真正的想法和感觉,但是不能确定理事会是否具备了让大家畅所欲言的环境氛围(新成员总倾向于跟随其他成员),那么秘密投票将很有意义。大家在纸上只用写下一个符号投进票箱,最后公开唱票获得表决结果即可。秘密投票法不能应用到按协商一致原则进行的决策,因为根据协商一致的原则,要求每人都了解、倾听不同的观点,看到他人投票的情况。

(4) 法定人数型。法定人数是指,做出有效决议所必需的出席理事会理事的人数。法定人数应写入理事会细则中。例如,如果理事会有7名成员,细则规定必须有一半以上出席才能有效。那么这个理事会决策时至少要有4名以上成员出席,决议才有效。这就是法定人数的概念。法定人数可以使理事中有代表性的团队一起做出决策。其次,它可以防止理事长、执行主任或其他强势理事，趁可能投反对票的理事不能出席之机突然提出召开理事会，然后由2~3人的小团体硬行通过对组织有重大影响的决议。

4. 理事会会议投票规则

（1）不能由其他理事代为投票，例如，某理事因故不能参加投票，请他人代为对议题投表决票。这不可以。

（2）理事需要亲自出席会议。他们不能通过发送信件、电子邮件或口头信息的方式给理事长，在表示不能出席会议的同时，又企图对某问题投票赞成或反对。

（3）理事资格不能交给自己选定的他人。例如，某理事提出自己工作忙，不能出席理事会议，找了他人代为理事。这也不可以。只有正式选举或组织正式指派的理事才有权参加理事会。如果某人太忙就需要辞职，理事会将决定如何填补空缺。

（4）执行主任不应该在理事会议上参加投票。执行主任有可能影响理事及其决定，也有可能对议题有偏见。既然理事会的任务是监督组织的管理，因此，执行主任不应该投票。该原则称为"异体监督原则"。但这并不意味着不允许执行主任提出议事内容、解释某一问题或对某问题表明看法。

（5）会议中每个议题，一般只进行一次投票。对已经作出票决的议题，不应因强势理事的压力而重复表决，这样做，有可能会制造一种危险的理事会文化，最终影响理事平等、公正、有效、规范地开展工作。

第十章 非政府组织战略、营销与公共关系

非政府组织战略管理着眼于组织的远景和长期目标，将关注的焦点由内部转向外部，从注重日常管理、常规管理转向未来发展的管理。在这个宏观管理下面，营销是影响非政府组织的服务市场、品牌形象和社会资源获取能力的一个中观管理。而与此紧密相关的，是处于营销执行层面的一个微观管理，即公共关系管理。它直接关系着组织与社会各界人群的关系质量，并在一定程度上影响组织的生存与发展。

第一节 非政府组织战略管理

本节对非政府组织战略管理基本问题的介绍主要侧重程序和战略分析工具。根据战略管理的一般理论，这里将非政府组织战略管理的程序划分为五个阶段，即组织准备、战略分析、战略规划、战略实施、战略评估阶段。战略分析方面，可以为非政府组织参考借鉴的模型比较多。但需要根据组织的类型特征，对现有分析设计工具区别对待。

一、非政府组织战略管理程序

1. 组织准备阶段。组织准备是非政府组织战略管理的开始。这一阶段的主要任务是决定是否要进行战略规划，如果确定进行战略规划的话，成立战略管理领导机构，并确定大致的规划程序与进度安排。最后进行战略规划动员。准备阶段的具体程序和内容有：

第一，非政府组织战略管理的首要步骤是决定是否有条件进行战略规划。以下情况下一般不主张进行战略规划：1）面临严重的财务或人事危机及高层管理陷于瘫痪，这时应该做的是优先解决危机；2）没有得到高层领导者的全力支持和投入，因为战略规划涉及到组织发展的关键问题；3）尚未做好充分准备，充分准备包括高层领导者具有协调组织全体参与的意识，做好聆听不同意见的准备，尊重将成立的战略管理领导机构的主体性而不能独断专行等；4）有不适合公开讨论的问题。

第二，成立战略管理领导机构。一旦确认开始战略规划，就需要成立战略管理领导机构。这个组织在理事会领导下工作，应当有若干成员参加，比如5人以上。一般建议，理事会的理事代表、执行总裁或者秘书长、中层管理者代表、志愿者代表、主要捐助者代表应当成为战略管理领导机构的成员。

第三，聘请专家顾问。进行战略管理需要专门技术，比如进行战略分析与规划和设计要聘请专家。他们可以协助成立战略管理领导机构；提供意见给理事长和理事会，协助理事们了解战略规划程序中应有的目标、原则、方法和技巧，提供有关资料，并根据委员会讨论的成果，撰写战略规划书。专家顾问的正确定位是协调员、研究者、特别助手、中立者、智囊。

第四，召开战略规划动员会。战略规划动员会主要是一个舆论环节，传递进行战略规划的有关信息，向组织成员解释原因，以及对战略规划领导机构的打算、目的、工作计划等，

专家顾问可以借此机会协助说明战略规划对组织的意义、专门组织机构的作用、专家顾问的角色和作用、战略规划进行的大致内容、注意事项、预期成果、时间表等；领导机构还需要在此时明确战略管理的内容、方式与分工。

2. 战略分析阶段。战略分析阶段主要进行资料的收集、整理与分析，主要任务是分析非政府组织的内外部环境，以作为战略规划的基础。战略分析阶段包括组织诊断和环境分析两个部分。

第一个部分为组织诊断，又叫组织分析与评估，焦点放在非政府组织的内部环境上。组织分析的结果是完成"组织诊断报告"。组织诊断把组织视为一个动态的有机系统，对组织整体及其各组成部分的目标、功能等进行系统分析。组织分析的主要项目包括：受益者需求与满意度、项目绩效、管理层工作效率、财务系统、人力资源管理制度与工资福利、分支机构或会员组织、信息管理、工作氛围和士气、权责分工、专业化程度、专业人员的价值观、组织文化等。组织分析的重点在于先将各个层面的状况作忠实的描述，然后再根据组织的现状指出哪些功能是健全的、哪些是有缺陷的。

第二个部分为环境分析，又叫趋势分析，焦点放在非政府组织的外部环境上。环境分析的结果是完成"环境分析报告"。环境分析对非政府组织所处的外部环境做出动态分析，意在把握各种主要外部因素的变化趋势，使非政府组织能够顺应环境的变化并经常处于有利的地位以实现组织的目标。环境分析的主要项目包括：主要受益人群、活动的专业领域、竞争者与合作者、政治、经济、社会、文化、科技、法规政策等因素的现状及其变化趋势等。环境分析的重点在于了解那些对非政府组织运作与发展相关的重要信息。

3. 战略规划阶段。战略规划阶段是非政府组织战略管理的核心工作之一。战略规划的结果是形成非政府组织的战略计划。一般来讲，一个好的战略计划包括四个方面的内容：第一，战略范围，规定了非政府组织与社会环境之间发生作用的范围，即说明要达到哪一方面的目标；第二，资源部署，要阐明如何部署资源；第三，战略计划应该说明自身范围内的机会与威胁；第四，最佳协调作用，在战略计划范围内，要使资源部署与竞争优势相互协调。

从战略规划的技术角度分析，战略规划阶段的主要工作环节有：1）信息输入。把所收集或考虑到的宏观的政治、经济、社会和科技的信息，以及直接影响战略的组织的优势、劣势、机会和威胁的信息进行归纳、整理和分类。2）匹配。这一环节依靠在输入阶段得到的信息而将外部机会和威胁与内部优势和弱点进行匹配。将外部与内部的重要因素相匹配是有效建立备选战略的关键。3）决策。匹配技术确定了备选战略，而分析和直觉则为战略决策提供了基础。在这一环节，战略管理领导机构需要重新审视非政府组织的最终目的，评价非政府组织运行的情境，从而对非政府组织的备选战略做出评估。评估包括四个方面：适用性评估，可行性评估，可接受性评估，对利益相关者评估。

从战略规划的程序角度分析，战略规划阶段的中心任务是：通过召开战略管理机构的一系列战略规划会议，讨论和制定非政府组织中长期比如未来3～5年的规划。会议的主要议题或程序有：

第一，关于非政府组织的宗旨、任务与愿景的讨论。宗旨是非政府组织的终极目标和根本方向；任务是非政府组织为实现其宗旨所应采取的主要方法，焦点放在非政府组织所服务的受益人身上，采取以受益人为导向的思路；愿景是根据宗旨和任务得出的结论，进一步激发大家对要达到的一个理想境界或蓝图的展望。

第二，关于非政府组织发展的中长期目标的讨论。重点是明确非政府组织在未来 3 ~ 5 年内全力以赴的几个优先发展的方向。中长期目标应该具体而明确。

第三，关于非政府组织策略与行动方案的讨论。核心是明确非政府组织在中长期应该采取的行动。策略是战略的具体化，是为达到目标而采取的非政府组织行动的准绳，同时也必然涉及到有限资源的分配运用，因此需要在目标、资源和方法之间找到最佳组合；行动方案则是在策略之下阐明为达到非政府组织目标而采取的具体步骤和方法。

第四，关于环境变化的讨论。正规的战略规划依据的是最有可能发生的事情，通常并不需要对全部可能发生的环境变化做出应对的对策。

第五，完成战略规划书。战略规划书需要忠实地记录战略管理领导机构的决策，它代表的是全体人员的认同和支持。战略规划书的内容至少要包括宗旨、简史、愿景、任务、中期目标、策略和行动方案等，战略规划书的阐述要简要并条理分明。

4. 战略实施阶段。战略实施过程包括诸多环节或功能活动。一般地说，战略实施过程主要包括战略发动、制定行动计划、组织准备、资源准备、战略实验、全面实施、战略控制等环节。非政府组织战略实施涉及以下三类活动：

（1）利益相关者管理。非政府组织应先确定本组织的利益相关者有哪些，并采取措施应对。比如对不同利益相关者的管理。确定不同利益相关者，并从中发现潜在的联盟；采取措施，阻止不同利益相关者与未决利益相关者的联盟；防止不同利益相关者在暗中削弱拥护者；预期反对性质并挑选出部分持反对意见的利益相关者，再采取措施；与挑选出的敌对利益相关者讨价还价，至少让其中立。除了不同利益相关者外，还有潜在的拥护者、未决者及不重要的利益相关者，对于他们都需要采取措施应对。

（2）组织职能结构管理。战略的变化往往要求非政府组织结构与之发生相应的变化。非政府组织结构的重新设计应能够促进最终的目的达成。组织结构的演变顺序是一个周而复始的过程：制定新战略——新出现的管理问题——组织绩效下降——建立新的组织结构——组织绩效得到改进——制定新战略。

（3）资源管理。每个非政府组织至少都拥有 4 种可以实现预期目标的资源：人力资源、物力资源、财力资源和技术资源。资源配置是非政府组织战略管理活动中的一项中心活动，资源配置依赖于战略管理领导机构的决议，依赖于所实施的战略。如加强型战略可能就要投入较多的资源，而紧缩性战略耗费的资源就较少。如果某些资源要素匮乏，但对战略实现是关键性的，可以请求那些拥护组织战略的重要利益相关者为非政府组织筹募资金，或从其他项目中再争取资金，从而使组织的战略变得可行。

非政府组织实施战略规划还需要遵循以下原则：第一，战略规划须切实可行，其每一阶段的任务都要尽可能落实。第二，依据战略规划制定下一年度的工作计划和预算。第三，战略实施时眼睛要盯着目标，不苛求具体方案。第四，要考虑制定应变战略和计划。第五，组织结构要符合战略规划工作的要求。第六，创造一种推动战略规划工作的组织气氛。第七，要改革就要付出成本，但要创造一个较为宽松的调试环境。

5. 战略评估阶段。战略评估可以界定为：依据一定的标准和程序，对战略实施的效益、效率、效果及价值进行判断的一种管理行为，目的在于取得有关这些方面的信息，作为决定战略变革、战略改进和制定新战略的依据。

非政府组织的战略评估是一个动态的过程，是一种有计划、按步骤进行的活动。由于评估对象的不同，在具体的操作过程中，评估活动的步骤各有侧重。但一般来说，它包括三项基本活动：考察非政府组织战略的内在基础；将预期结果与实际结果进行比较；采取纠正措施以保证行动与计划的一致。其具体的评估步骤为：检查战略基础，考核非政府组织绩效，采取纠正措施。非政府组织应该定期(至少每年一次)评估战略规划的实施情况，并且研究决定是否应该做出一些调整和修正。

二、非政府组织战略管理分析工具

战略管理是现代社会组织发展中不能缺少的环节，组织越大和越正规，越是需要战略管理。伴随非政府组织的不断发展，战略管理就进入了组织管理者的议事日程当中。迄今为止，可以列举的组织战略管理方法为数不少，尤其是企业，在激烈的市场竞争中，创造出很多相当有效的战略管理工具。但是，在应用于非政府组织时，需要根据组织的具体特点。有的可以直接对接使用，有的则需要移植过来后有所取舍和改造，才能使用。

(一)战略管理分析工具的适用前提

战略管理分析工具的异同与组织所处环境、组织使命、管理模式、性质的异同息息相关。通过比较营利企业和非政府组织在管理环境、使命、模式和性质方面的异同，可以尝试把原来主要适用于企业的战略管理理论与分析工具用于非政府组织。两者之间可以从以下方面寻找异同点。

1. 使命比较。在组织环境和使命方面，非政府组织同营利企业相比，既有相似之处，也有独特的地方。相似之处在于战略环境因素相似。两者的战略规划都是根据组织的环境来决定所要完成的目标，明确发展的方向，以及面临多变的环境如何达到目标。这样，营利企业用于环境分析的许多理论和分析工具仍然适用于非政府组织。相异之处在于两者的核心使命不同，这种差异将限制营利企业的某些理论和分析工具不能用于非政府组织。

营利企业战略的核心是获得竞争优势，而竞争优势取决于营利企业所处行业的赢利能力，即行业吸引力和营利企业在行业中的相对竞争地位。因此，营利企业战略管理的首要任务就是选择最有赢利潜力的行业，以及在已经选定的行业中如何自我定位。但是，非政府组织之间不便于为获得顾客而相互竞争：一方面没有强有力的竞争压力；另一方面容易被公众认为是提供重复服务。

2. 管理模式比较。在战略管理模式方面，非政府组织同营利企业的权力机构不同，因而也有不同的战略管理模式。非政府组织的最高权力机构是理事会，它不代表私人利益。而营利企业有明确的所有者，代表的是私人的利益。与营利企业的管理者相比，非政府组织管理者缺乏完全的自主性与控制力，这使得组织在执行和协调战略规划时显得困难重重。

非政府组织的功能是政治性的，与理性的战略环境相反，非政府组织常常无法就某一方案取得一致意见。组织管理者在进行决策时，必须与其利益相关者分享权力。这些利益相关者包括组织内外的行动者、政府部门或者利益团体。因此，非政府组织的战略决策要比营利企业更为复杂。

3. 组织性质比较。在战略管理的性质方面，非政府组织要体现公益性特征，而营利企业则体现利润特征。因此，非政府组织战略管理者在运用私人部门一些原则时，比如战略经营目标、行动不受限制、决策信息封闭等，必须小心谨慎。由于公益性，这类假设在非政府组织等公共部门中并不有效。为了应对公共性而带来的要求，非政府组织的管理者们除了需要应用为私人部门设计的战略管理分析工具之外，还需要发展其他的分析工具。

综合以上分析，可以对营利企业的战略管理分析工具适用于非政府组织战略管理的具体情况做出判断："PEST 分析"、"SWOT 分析"、"麦克米兰矩阵"这样的环境分析方法可以直接适用于非政府组织战略管理，因为这些分析方法的共同点是不直接与利润、现金流量和竞争性挂钩。

与此比较，以利润和现金流量作为决策依据的分析方法，例如"V 矩阵方法"和"EVA 方法"，并不适合作为非政府组织的战略管理分析工具。一个原因是非政府组织并不追求经济回报；另外一个原因是很难用现金流量的概念分析非政府组织的业务。V 矩阵主要用财务数据分析，通过盈利能力和加权资本成本之比来反映业绩，从而决定业务组合。该法的基本思路是，能使盈利能力 RIO 和加权资本成本 K 之比 V 最大的业务组合就是最恰当的业务组合，即实现最大的 $V = RIO/K$，其中 RIO = 净利润/资产额。由于非政府组织不能提供净利润数据，所以 V 矩阵分析工具不适用于非政府组织战略管理。EVA 方法通过经济增加值评估营利企业业绩。由于非政府组织不能提供税后利润数据，所以 EVA 方法也不适用于非政府组织战略管理。

还有一些分析工具是处于上述两种情况之间的，有些可以通过适当的转化用于非政府组织的战略管理，这类情况以分析行业竞争态势的方法居多。例如，"五种竞争力模型"可以转化为"利益相关者分析"；分别用"利益相关者支持程度"和"可控性"两个指标代替"市场份额"和"行业成长性"后，"波士顿矩阵"也可经过调整，用于非政府组织的战略管理。

（二）需要转化才能适用的工具

由于非政府组织之间的非竞争性，营利企业战略管理中的行业分析方法一般需要做适当转化才能适用。这类方法主要有"五种竞争力模型"和"波士顿矩阵"。

1. 五种竞争力模型。迈克·波特的五种竞争力模型，通过供应商、购买者、竞争对手、替代产品、行业潜在进入者这五个因素，分析企业面临的生存与发展压力。五种竞争力模型是一种常用于营利企业战略制定的行业分析方法。这种理论认为战略的成功受到顾客和供应商的力量对比、竞争者和新进入者的威胁、市场主要参与者的竞争力和竞争状况，以及阻止组织离开市场退出门槛等因素的影响。

对于非政府组织而言，如果直接应用波特的五种竞争力模型，实际价值要小得多。因为大多数非政府组织都不用担心与竞争相关的进入和退出问题，提供服务时如何合作而不是竞争才是它们最关注的主要问题。尽管如此，供应商、购买者、竞争对手、替代产品、行业潜在进入的企业竞争影响因素，还是对非政府组织战略分析有警示和比照作用："替代产品"可以转换为"更有效的同类服务"的出现；"竞争对手"可以转换为"社会服务资源的竞争"，在某些情况下甚至是在大多数情况下，非政府组织总会面对资金的困难，这当中当然就隐含着围绕社会资源获得以及项目获得的竞争；而"供应商"则可以转换为社会资源的供应者，比如各类捐赠者和财政拨款的政府等。

由此可说，迈克·波特的五种竞争力模型，可以进行与非政府组织相关的概念改造，将与企业战略分析相关的"供应商、购买者、竞争对手、替代产品、行业潜在进入的企业"，依次转换为与非政府组织战略分析相关的"资源支持者、服务对象、同行业组织、更有效的同类服务、潜在竞争者"这样 5 个直接外部因素，以此制作外部因素评价表。经过这样的转换以后，就可以获得适用于非政府组织战略分析的工具。

2. 波士顿矩阵。波士顿矩阵分析法由美国波士顿咨询公司建立，是多元化营利企业进行战略制定的有效工具。波士顿矩阵分析工具主张，在确定每个经营单位的活动方向时，应综合考虑营利企业或该经营单位在市场上的市场份额和行业成长性。根据市场份额和行业成长性这两个标准，波士顿矩阵可以把全部经营业务定位在四个区域中，分别为：高增长、强竞争地位的"明星(star)"业务；高增长、低竞争地位的"问题(question mark)"业务；低增长、强竞争地位的"现金牛(cash cow)"业务；以及低增长、弱竞争地位的"瘦狗(dogs)"业务。

由于非政府组织很难提供"市场份额"和"行业成长性"两个指标，波士顿矩阵也不适用于非政府组织。但是，纳德和巴可夫认为，波士顿矩阵也可能用于非政府组织的战略管理，提出了波士顿矩阵的一种变形，从而可以用于非政府组织的战略管理，为将营利企业战略管理分析工具用于非政府组织提供了有益的启迪。

但与营利企业战略管理不同，当波士顿矩阵运用于非政府组织战略管理时，要分别用"利益相关者支持程度"和"可控程度"两个指标，代替"市场份额"和"行业成长性"两个指标。"利益相关者支持程度"显示了组织将要受到的人们所持态度的影响。"可控程度"指非政府组织解决某一议题的可能性，它依赖于技术问题、目标人群、目标人群的人口构成以及目标人群的可变性。利益相关者支持程度较低的议题，例如有些城市管理当局为了弥补教育经费的不足，希望用希望工程捐款支持在城区修建"希望小学"，获得捐方支持的可能性较低，因为捐方并不太愿意接受这一点。可控性高的议题，例如捐500元就可资助一名贫困学生完成小学教育，普通市民也负担得起。

纳德和巴可夫认为，"可控程度"和"利益相关者支持程度"的不同匹配可产生四种类型组合：1)怒虎类(Angry Tigers)——虽然这类议题得到的利益相关者支持程度较高，但可控性低。它们要求立即采取行动，但事实上很难成功。2)坐鸭类(Sitting Ducks)——这类议题具有高可控性和高度的利益相关者支持，因而处理这类议题比较容易。对那些容易处理的重要议题采取行动可以为非政府组织带来信誉，并能为处理怒虎类议题赢得时间。3)黑马类(Dark Horses)——这类议题可以解决，但行动本身却不一定会得到利益相关者支持。因为非政府组织具有解决这类议题的能力，所以它应该处理这些议题，并且公布因此而获得的成就。4)睡狗类(Sleeping Dogs)——这类议题既不受利益相关者支持，也不具有可控性。

上述两种是需要转化才可以适用于非政府组织战略管理分析的工具。这里只介绍了大体概念，如果要引用，还需要设计因素评价分数并据以制定评价表格。

（三）可以直接适用的分析工具

营利企业战略管理中的环境分析等定性方法一般可以直接适用于非政府组织。以下主要介绍这类方法中的 PEST 工具、SWOT 工具、麦克米兰矩阵。其主要原因有两点：

首先，如前所述，营利企业和非政府组织环境因素相似。与营利企业一样，非政府组织同样受内部条件和所处环境约束。两者的战略规划都是要根据组织的环境来决定所要完成的目标，明确发展的方向，以及面临多变的环境如何达到目标。非政府组织所受到的内部、外部因素相似，例如外部经济状况、技术的发展、法律和政治环境的变化等。这样，营利企业用于环境分析的许多理论仍然适用于非政府组织。因此以环境分析为背景分析方法，例如PEST、SWOT、麦克米兰矩阵分析法具有比较可靠的适用性。

其次，非政府组织与营利企业的差别主要在于非营利性和非竞争性，而上述方法在这方面不敏感。非营利性的标志是不追求经济回报，也很难能用现金流量的概念分析业务，导致以现金流量作为决策依据的分析方法失效。非竞争性导致竞争性的五种竞争力模型部分失效，而用利益相关者分析替代。组织管理者在进行决策时，利益相关者应有资格介入过程。以下是可以直接用于非营利组织的主要战略分析工具的介绍。

1. PEST 分析。PEST 分别是代表四类影响战略制定的因素的英文单词首字母缩写：政治的（Political）、经济的（Economic）、社会的（Social）、技术的（Technological）。PEST 分析是外部环境战略分析的基本工具，用于分析所处宏观环境对于组织战略的影响。PEST 分析，即在宏观上对政治、经济、社会、技术信息的收集和分析。具体而言，政治分析指对国内外政治环境的分析，内容有领导人的新的指示，新政策的颁布，新法律法规在立法部门的通过，国家间的战争、缔约，首脑的会晤等；经济分析是对国内外经济状况发展趋势的分析，包括国内经济是增长、停滞还是衰退，通货是紧缩还是膨胀，国际经济状况如何，是否存在金融风险等；社会分析的内容包括国内风俗、习惯、观念、信仰的现状及转变趋势，国家间的文化交流与合作等；技术分析的内容包括国内外的科技进步、开发与利用，以及相互交流等。这些都会对组织战略制定产生间接的影响。

在进行 PEST 分析中，需要将相关因素单列出来，制作外部因素评价表。可分成五个步骤来做：1）列出非营利组织的主要机会和威胁。2）确定每一个因素的权数。权数的范围在0.0（不重要）到 1.0（很重要）之间。每一个因素的权数说明这个因素在组织发展中对实现目标的影响力。各个因素的权数总和应等于 1。3）给每一个因素打分（1~4 分）以决定这个因素所在的威胁和机会的影响程度。即主要威胁 1 分，次要威胁 2 分，次要机会 3 分，主要机会 4 分。4）将每一个因素的权数和分数相乘得到某一因素的加权分数。5）将每一因素的加权分数相加，其总和就是一个非营利组织的总加权分数。

在外部因素评价表中，无论有多少重要机会或主要威胁，非营利组织的加权分数最高是4 分，最低是 1 分，平均分数是 2.5。如果一个非营利组织得分在 2.5 以上，说明外部环境和机会有利于这个机构的发展。相反，得分小于 2.5 分，这个非营利组织的发展面临着很多严重的威胁。

用同样的方法，也可以进行组织内部因素评价分析。将外部和内部两个方面的有利与不利因素综合起来，就可以获得组织战略制定的基本依据。

2. SWOT 分析。SWOT 分析法是由美国哈佛大学商学院发明的。它是一种综合考虑组织内部条件和外部环境的各种因素，进行系统分析评价，进而选择最优战略的常用方法。这里S 是指组织内部的优势（Strengths），W 是指组织内部劣势（Weaknesses），O 是指组织外部环境的机会（Opportunities），T 是指组织外部环境的威胁（Threats）。SWOT 模型分析组织面临的威胁和机会（外部评价），以及组织本身的优势和劣势（内部评价），体现了组织内外部关系对制定战略的重要性。

在使用 SWOT 分析法制定战略时，组织试图将战略建立在自身优势的基础上而消除劣势。并通过这些因素的不同组合，从中进行有利与不利问题的分析，进而确定组织的应对与发展战略。SWOT 分析所借助的组合分析表格如下：

SWOT 分析表

战略组合 优势与劣势 机会与威胁		优势 S	劣势 W
		组织优势列举与分析： 1；2；3；……	组织劣势列举与分析： 1；2；3；……
机会 O	组织机会列举与分析： 1；2；3；……	SO 战略描述 利用优势和抓住机会： 1；2；3；……	WO 战略描述 利用机会克服劣势： 1；2；3；……
威胁 T	组织威胁列举与分析： 1；2；3；……	ST 战略描述 利用优势规避威胁： 1；2；3；……	WT 战略描述 将劣势和威胁最小化： 1；2；3；……

构建 SWOT 分析矩阵的一般步骤是：1) 列出组织的外部机会；2) 列出组织的外部威胁；3) 列出组织的内部优势；4) 列出组织的内部劣势；5) 将各因素相匹配，形成不同的组合战略。进行 SWOT 分析的关键是进行优势与劣势以及机会与威胁的分析，并在此基础上形成行动的战略。考察非政府组织内部的优势和劣势，和外部面临的威胁和机会，是 SWOT 分析最困难的部分，它要求有良好的判断。SWOT 分析方法必须建立在大量准确信息的基础上，而对于这种信息的分析和取舍需要管理者学会如何面对威胁和劣势，如何客观看待优势和机会，并且要以动态和发展的思路对待。

通常来讲，在进行 SWOT 分析的过程中，有关组织的优势和劣势分析因素包括：1) 非政府组织的业务范围是否明确？2) 非政府组织是否有恰当的资金来源？3) 非政府组织的竞争能力和技术如何？4) 受益人对非政府组织服务的满意度如何？5) 非政府组织的各种活动与目标是否合适？6) 非政府组织的收入和支出是否平衡？7) 非政府组织的服务支出和其服务质量是否相一致？8) 非政府组织是否具有其他组织不具备的竞争能力？9) 非政府组织的研究和开发能力如何？10) 非政府组织的内部管理和信息处理能力如何？11) 非政府组织是否有明确的战略目标和方向？12) 非政府组织是否有闲置的设备和设施？13) 非政府组织的管理质量和人才状况如何？14) 非政府组织提供的服务是否能够满足客户的需求？15) 非政府组织的筹资能力和资金运营状况如何？16) 非政府组织与企业的合作关系和能力如何？17) 非政府组织与政府的合作关系和游说能力如何？18) 非政府组织宣传和鼓动能力如何？19) 非政府组织在公众心目中的优势是什么？社会公信度如何？20) 非政府组织在银行中的信誉如何？

在进行 SWOT 分析的过程中，有关组织的机会和威胁分析因素包括：1) 是否为新的客户提供服务？2) 是否增加新的服务产品和种类？3) 是否开发一些延伸服务？4) 是否与其他非政府组织进行纵向和横向联合？5) 其他非政府组织是否有一些重大失误？6) 外部环境中是否发生了有利于非政府组织发展的重大事件或变化？7) 非政府组织可以发展的服务空间是否增加？8) 是否有相类似非政府组织成立或解散？9) 政府是否制定了有利于或不利于非政府组织的政策和法规？10) 目前非政府组织之间在相同业务方面的竞争度是否有所增加？11) 非政府组织的顾客对服务需求是否有所增加？12) 非政府组织得到信息的渠道是否减少？13) 外部环境是否有利于利用信息技术提供服务？14) 非政府组织发展环境尤其是经济环境变化如何？15) 非政府组织与国际机构和国外非政府组织合作的可能是增加还是减少？

16）非政府组织的研究和开发力量是否增加？

经过 SWOT 分析，非政府组织可以有四种不同的战略匹配和选择：1）SO 战略。这是一种发挥非政府组织内部的优势而利用外部机会的战略。所有的组织及管理者都期望可以利用自己的优势，并抓住外部环境所提供的机会。非政府组织往往通过采用 WO 战略、ST 战略或 WT 战略而达到能够采用 SO 战略的状况。2）WO 战略。WO 战略的目标是利用外部机会来弥补内部的弱势。运用这一战略的情况是：非政府组织存在着外部机会，但内部存在着劣势，妨碍着外部机会的实现。3）ST 战略。ST 战略是利用优势规避或减轻外部威胁的影响。4）WT 战略。WT 战略是一种旨在减少内部劣势的同时规避外部环境威胁的防御性战略，一个面对大量外部威胁和具有许多内部劣势的非政府组织的确处于不安全或不确定的境地。

3. 麦克米兰矩阵。麦克米兰矩阵是美国哥伦比亚大学商业研究所麦克米兰(I. C. MacMilliam)教授于 1983 年提出的。麦克米兰矩阵评估目前的或预期的战略方案的标准有 4 项，即：符合组织宗旨的程度；吸引潜在资源的可能性；服务范围的可选择性；竞争能力的强弱。

第一项标准为：符合组织宗旨的程度(符合或者不太符合)。符合组织宗旨是指：与机构的使命目标一致；能够利用组织现有技术能力；能够与组织其他计划分享资源和协调活动。

第二项标准为：吸引潜在资源的可能性(能够或者不太能够)和加强现有战略行动方案。是指：1）对已有行动计划起促进作用；2）有来自大批客户的市场需求；3）能够提供现在和未来的支持团体；4）有稳定的资金来源；5）对志愿者有吸引力等。

第三项标准为：服务范围的可选择性(选择性高或者选择性低)。根据方案提供的服务类型范围。可选择性高是指：战略方案提供的服务类型多，有较大的选择余地；反之，就是选择性低。

第四项标准为：组织竞争地位的强弱(强势竞争地位或者竞弱势竞争地位)。优势竞争地位指：1）较好的地理位置和完备的信息传递系统；2）汇集大量的客户、社区或支持团体；3）具有成功地获得捐赠资金的经验；4）基于提供优质公益服务而形成的良好社会声誉；5）有比较理想的客户群(提供服务市场份额)；6）与竞争对手相比更有能力顺利完成社会服务任务；7）提供服务所需的管理和技术都属于一流水平；8）更有效地提供服务。反之，则是弱势竞争地位。

上述 4 项标准相互组合，便形成 10 个具有战略分析与选择意义的方格，叫做"麦克米兰矩阵"，如下表：

战略建议 / 对宗旨和竞争力评价 ＼ 对资源和服务范围评价		吸引潜在资源的可能性和加强现有战略行动方案：是		吸引潜在资源的可能性和加强现有战略行动方案：否	
		服务范围的可选择程度		服务范围的可选择程度	
		高	低	高	低
符合组织宗旨	地位强竞争	1. 参与竞争的战略	2. 完善与成长战略	5. 形象与品牌战略	6. 挑战宗旨(改变性质?)
	地位弱竞争	3. 避弱就强战略	4. 加强实力或放弃	7. 倾向放弃战略	8. 寻求合并或外援
不太符合宗旨		9. 果断放弃		10. 自然放弃	

资源来源：Vol. 1. pp. 61-82；I. C. 麦克米兰："非营利组织的竞争能力"前瞻战略管理. 英国伦敦 JAL PRESS Inc.，1983.

第一个组合：参与竞争的战略。根据 4 个因素都处于理想状态的情况，即，符合组织宗旨；能够吸引潜在资源和加强现有战略行动方案；服务范围的可选择性高；组织居于优势竞争地位，建议采取积极竞争的战略。

第二个组合：完善与成长战略。本组合除了服务范围的可选择性低之外，其余都处于理想状态，建议采取提升能力，拓展服务空间战略。

第三个组合：避弱就强的战略。在这个组合中，除了竞争力处于弱势之外，其余都处于理想状态。建议采取避弱就强的"蓝海战略"，转移到有竞争实力的服务领域。

第四个组合：培养实力或放弃战略。在这个组合中，出现了两个不利因素，即服务范围的可选择性低；组织居于弱势竞争地位。据此建议采取加强实力或者干脆退出的战略。

第五个组合：形象与品牌战略。针对本组合中的组织宗旨、服务范围、竞争力地位都比较理想，而惟独吸引潜在的资源能力不足的弱点，建议采取建设一流组织的形象战略。

第六个组合：挑战组织灵魂。这是一个比较棘手的组合：一方面，组织提供的服务符合宗旨，而且有利于社会公益；另一方面，组织又无法吸引足够的项目资源，而且替代服务选择余地很小。这就使组织陷入了两难境地。依赖"组织的灵魂"，即仅仅从组织的高尚使命感出发，坚持向社会提供公益服务的非政府组织，其挑战在于运用组织稀有的资源或者挪用其他项目资源来补贴这个计划，使组织很难承受支持"灵魂行动"所带来的巨大资金压力，而且还面对相关的决策困难，包括如何确保组织的可持续性，以及保障客户获得高品质的服务等。这两者之间达到相对的平衡是有难度的。因此这种"组织的灵魂"行动很难具有可持续性，建议量力而行。

第七个组合：倾向放弃的战略。这个组合中出现了两个不利因素，即，不能吸引潜在的资源和居于弱势竞争地位。据此建议采取依次退却战略，不涉足没有根基的服务项目。

第八个组合：合并或者外援战略。鉴于在这个组合中仅仅组织宗旨没有问题，而其他三个方面都处于不利状态，因此，组织除了与其他强力组织合并或者找到外援予以帮助外，已经别无出路。

第九个组合：果断放弃的战略。在这个组合中，虽然组织能够想办法吸引资源，但所从事的项目已经与组织宗旨发生了背离，因此建议不要留恋，而是果断放弃方案。

第十个组合：自然放弃的战略。从这个组合中看出，组织既不能吸引潜在的外在资源，所从事的行动项目又不太符合组织宗旨，因此对于行动方案的枯萎，不用有惋惜之情。让其自生自灭，是可以采用的建议。

那么战略选择依据什么标准？麦克米兰矩阵提供了 11 项参考：1）与非政府组织的宗旨一致，有效地利用资源以支持非政府组织宗旨和目标的实现；2）与 SWOT 分析的结果相符；3）方案或项目的财务设计至少能够获得平衡，即保证自收自支，方案或项目本身能够承担起所有支出，不论是通过收取服务费用或是捐赠、赞助资金；4）服务项目或者行动建立在确实的客户需求基础之上，而且是书面请求；5）能够有利于扩大非政府组织的知名度，改善其公众形象；6）能够提高网络建设的能力，支持与其他组织合作所做的努力；7）能够完善和规范计划，补充正在进行的方案；8）能够利用有限的资源满足社区的需求；9）能够进一步扩大过去的项目业绩；10）能够支持组织的核心战略；11）预期收入大于成本或至少等同于成本，即有比较经济的成本效益比等。

除了以上战略分析工具外，对非政府组织有关的还有"战略定位和趋势变化分析方法

(简称 SPACE 组合方法)"，"内外因素九方格模型(简称 IE 组合方法)"，"大战略模型(简称 GS 组合方法)"以及"战略计划数量分析模型(简称 QSPM 组合方法)"等。

第二节　非政府组织的营销

营销管理是从属于战略管理的中观管理议题。非政府组织营销是指通过提供公益服务满足消费者需要，同时提升组织形象、实现组织目标的交换过程。非政府组织需要营销的理由是，通过营销，把自身的组织宗旨和相关信息传达给公众，从而扩大影响；通过营销，拓宽组织资源的吸取途径，使任务的实现更为顺利；通过营销，吸引公众的关注，获得组织需要的各种支持；通过营销，分析并确认公众的需求，并据此提供社会需要的公益服务。与营利组织相似，非政府组织营销管理过程也由分析营销环境、选择目标市场、制定 4P 策略、实施营销活动等阶段构成。

一、营销环境的分析

非政府组织的营销环境包括内部环境与外部环境两个方面。内部环境指的是非政府组织的内部条件，而外部环境指的是非政府组织面临的市场环境。相应地，分析非政府组织的营销环境，其主要内容包括三个方面：重温组织的宗旨、市场环境分析、内部条件分析。

1. 重温组织的宗旨。当非政府组织要开展营销活动时，首先要考虑到组织的宗旨。宗旨是非政府组织的灵魂，是非政府组织存在和发展的根本理由，代表了非政府组织的世界观和价值观，反映了非政府组织的最终目标和理想。它明确地界定了非政府组织的受益群体及其利益和需要，规定了非政府组织如何去满足这些利益和需要。宗旨是否明确是影响非政府组织存广的关键。

从宗旨出发，能够始终把握非政府组织营销管理活动的基本方向。重温组织的宗旨，能够把组织置身于超越现实的市场行为之上的崇高境界，激发和调动所有员工的工作热情和积极性。同时，能够以宗旨为目标，形成积极向上的凝聚力和向心力，使组织上下团结一致，形成强烈的团队精神。另外，宗旨赋予了非政府组织一定的公益使命，通过积极的营销和市场活动来服务于社会大众。

2. 市场环境分析。通过分析组织所处的外部环境，把握组织所面临的机遇和挑战，是制定营销策略的前提之一。市场环境分析主要包括五个因素：1)一般环境。包括两个方面：其一是组织发展的社会环境，诸如政治、法律、经济、社会、文化、科技、教育等现状。其二是组织发展的外部条件，诸如资助者、政府、媒体、受益者、合作伙伴、竞争对手、社区居民等因素与非政府组织的关系。2)市场状态。指非政府组织开展活动及其服务的主要场所或空间。主要包括市场的划分、构成、结构、层次、规则、惯例等方面内容。3)受益者。4)竞争者。5)其他人群。如志愿者、资助者、专业团体、政府部门、非受益人群的普通民众、评价者、旁观者等。

以上五个方面构成了非政府组织对市场环境进行分析的基本方面。其中，一般环境是制约因素；市场状态是结构因素；受益者是对象；竞争者是对手；其他人群是不可忽视的力量。

3. 内部条件分析。内部条件分析，就是要通过分析组织当前和今后的各种内部条件，把握组织存在和发展的优势和劣势。主要包括以下三个方面的内容：1)明确组织的目标。

也就是明确组织开展营销活动的具体目标。2)明确组织的资源。也就是要明确组织的资源优势和资源约束、管理优势和凝聚力、竞争策略、潜在性和预期收益等。3)明确组织的政策。这里的政策指的是除营销战略以外的组织发展政策，包括针对主要的受益人群、资助者、社区居民以及其他顾客所采取的政策，在人力资源、志愿者、资源分配方面采取的政策等。

二、目标市场的选择与定位

与营利性组织相似，非政府组织可以根据人口因素、心理因素、购买行为因素、地理因素等进行细分，从而确定目标市场。目标市场的确定将使非政府组织营销有的放矢，能有针对性地制定营销策略，提高管理水平，增强市场竞争力。

1. 市场细分。所谓市场细分，就是根据整体市场上预期顾客需求的差异性，以影响顾客需求欲望的某些因素为依据，将一个整体市场划分为两个或两个以上的消费者群，每一个需求特点相类似的消费者群就构成了一个细分市场。

对于非政府组织来说，进行市场细分的意义在于：有利于发掘新的市场机会；有利于组织确定市场目标，制定有效的市场策略；有利于合理配置和运用资源；较易取得反馈信息，便于调整营销策略。

市场细分的基础是相关变量。通常用来细分市场的变量主要有人口、心理、行为和地理等。1)人口因素。包括人口统计变量如国籍、民族、年龄、性别、职业、教育程度、宗教、收入、家庭人数等。2)心理因素。心理因素包括社会阶层、购买动机、生活方式、性格、价值观念等。3)行为因素。包括追求利益、品牌忠诚(品牌偏好)、使用者地位、使用频率、态度等。4)地理因素。预期顾客所居住或工作的地点和与之相关的其他地理变量。以上四种细分因素，在非政府组织营销管理活动中经常使用。

进行组织市场细分，一般要经历四个步骤：步骤1：调研。调研方法应以问卷调查和非正式访问为主，重点放在以下几个方面：属性及其重要性的等级；品牌知名度和品牌等级；产品或服务的使用方式；对产品或服务类别的态度；被调查对象的人口变量、心理变量和宣传媒体变量。步骤2：分析。因子分析法。步骤3：细分。步骤4：确定。决定每个细分市场的规模，选定目标市场。

有效的市场细分要求：1)可衡量性，即用来划分市场大小和购买力的特性程度，应该是能够加以测定的。2)可接受性，即非政府组织的人力、物力、销售因素组合，必须足以达到被选中的目标市场。3)实效性，即细分市场的规模必须足以使组织有利可图，而且有很大的开发潜力。4)差异性，即细分市场在观念上能被区别，并且对不同的营销组合因素和方案有不同的反应。5)稳定性，即构成细分市场的各种标准必须在一定时期内保持相对的稳定。

2. 目标市场选择。细分市场的目的在于选择目标市场。选择目标市场一般要做出两项决策：一是覆盖多少细分市场；二是如何进行市场定位。

所谓目标市场，就是组织要进入的那个领域，也就是组织准备为之服务的顾客群。目标市场的选择标准主要有三条：有一定的购买力，有足够营业额；有尚未满足的需要，有充分的发展潜力；有可能进入的市场，并有可能占有一定的市场份额。

非政府组织在确定目标市场范围时，一般有五种选择：产品市场集中化，产品专业化，市场专业化，有选择性的专业化，整体市场化。可以采取两种主要的方法：无差异性营销或差异性营销方法。

所谓目标市场定位，也称市场定位或竞争定位，就是根据市场的竞争状况和本组织的资源条件，确定自己在目标市场上的竞争地位。包括潜在目标市场定位和显在目标市场定位两个方面。潜在目标市场定位，是指非政府组织预先对尚未进入的市场，确定有利于竞争的位置，同时从产品、服务、价格、渠道和促销等方面做全面的考虑。显在目标市场定位，是指非政府组织为适应市场上已经出现了的竞争状况，而给自己确定一个适当的市场位置。这是最常见的目标市场定位形式。

三、营销 4P 策略的制定

所谓 4P 策略即产品（Product）、价格（Price）、渠道（place）、促销（Promotion）策略，它是营销中的核心内容。非政府组织通常将以上四种营销手段综合起来，制定市场营销组合策略，以实现组织的营销管理目标。

1. 产品策略。正确确定产品结构和服务范围，是非政府组织市场营销战略的核心，也是制定其他市场营销策略的基础。产品是一个向顾客提供某些有价值的物体或过程的总体概念。营销管理学中的产品，从满足消费者需求的角度出发，是指那些对消费者具有价值的，用于满足某种欲望和需要的实物、服务、信息、理念、创意及观点等。也就是说，从营销管理学的角度讲，产品是一个整体概念，通常叫做整体产品。非政府组织提供的产品主要是服务或某种综合利益。服务是一种活动或利益，具有四个特点：无形性，不一致性，不可分割性，不可储存性。

所谓整体产品，是指人们通过购买或租赁所获得的需要的满足，包括一切能满足顾客某种需求和利益的产品，更重要的是指产品能够给顾客的基本效用和利益。一个整体产品，包括三个层次：1）核心产品，指顾客获得某种产品时所追求的利益，即产品给人们带来的基本效用；2）形式产品，指人们需要的不同满足形式，包括质量、外观、式样、品牌和包装；3）延伸产品，指人们在获得核心产品和形式产品的同时所得到的增值部分，也是非政府组织提供的超过顾客预期和所习惯的特色服务。

所谓产品组合是指一个非政府组织提供的全部产品的有机构成和量的比例关系。由产品线和产品项目组成。产品线，是指密切相关的满足同类需求的一组产品。产品项目，凡非政府组织在其产品目录上列出的每一个产品，就是一个产品项目。所谓优化产品组合，就是不断地调整和改组产品结构，做出最佳产品组合决策，力争产品组合使非政府组织能够最大限度地吸引顾客，满足顾客需求，提高组织的收入和社会知名度，获得最大的社会捐助。优化产品组合的最常用方法，是波士顿矩阵法。

2. 价格策略。非政府组织所提供的产品绝大多数是服务性产品，所以，非政府组织产品的价格实际上是一种服务性收费。相应地，非政府组织的价格策略也就是服务收费策略。

如果服务被出售而不是赠送或免费提供，其优点是显而易见的：衡量产出；激励顾客；激发管理者，出售服务成为"利润中心"；管理行为效益的衡量；阐明相互交换关系。

尽管出售并服务收费有很多优点，但非政府组织性质决定了其提供的产品并不是都应当出售。非政府组织提供的下列产品就不应该考虑太多的收费问题（免费赠送）：1）公共产品。一般是为了公众的利益而不是为了个别顾客而提供的服务。2）半公共产品。收费是极其有限的。3）公共组织提供的服务。4）其他免费服务。

非政府组织服务产品的定价方法主要有：全成本定价，全成本附加定价，以市场为基础的定价，诱使价格，补贴价格，处罚价格，分配型定价。

3. 渠道策略。所谓销售渠道，是指从营销者角度看的产品流通渠道，也就是指产品的所有权从生产领域转移到消费领域的过程中所经过的通道或途径。在这个过程中，既不包括铁路、银行和其他服务性组织和个人，也不包括产品的实体分配路线，还不包括资源供应者、辅助商等，而主要包括生产者、中间商和消费者。渠道销售具有的特点为：销售渠道是由参与产品流通过程的各种类型的机构组成的；每一条销售渠道的起点是生产者，终点是消费者；在产品从生产者流向最终消费者的流通过程中，至少要转移一次所有权。

销售渠道的作用或功能为：1）信息：收集和传播营销环境中有关潜在与现行顾客、竞争对手和其他参与者及力量的营销调研信息；2）促销：发展和传播有关供应物的富有说服力的吸引顾客报价的沟通材料；3）谈判：尽力达成有关产品的价格和其他条件的最终协议，以实现所有权或持有权的转移；4）订货：营销渠道成员向制造商进行有购买意图的反向沟通行为；5）融资：收集和分散资金，以负担渠道工作所需费用；6）承担风险：在执行渠道任务的过程中承担有关的风险；7）占有实体：产品实体从原料到最终顾客的连续的储运工作；8）付款：买方通过银行或其他金融机构向销售者提供账款；9）所有权转移：物权从一个组织和个人转移到其他人。

而非政府组织的渠道决策至少应该考虑以下三个问题：1）是否应将产品直接出售给顾客？也就是说，非政府组织应不应该使用销售渠道，应不应该利用中间人。要做出正确的选择，必须考虑到市场、生产、中间人、组织机构和财务因素的相互作用。由于非政府组织提供的产品大部分是服务，而且大部分必须由供给者亲自提供，又不能储存，所以，大部分的服务必须直接销售到顾客手中。这里需要考虑两个基本问题：地点和时间。2）非政府组织的分销强度应是多大？分为三种水平：广泛性分销、独家分销、选择性分销。3）场所的布置。

4. 促销策略。促销，是促进销售的简称，意指销售人员通过各种方式将有关非政府组织及其产品的信息传递给消费者，影响并说服其购买某项产品或服务，或至少是促使潜在顾客对该非政府组织及其提供的产品产生信任和好感的活动。促销的实质是非政府组织与现实和潜在的顾客之间进行信息沟通的过程。而一个完整的信息沟通过程应能回答5个问题：谁说；说什么；通过什么渠道或媒介；对谁说；有何效果。这一过程由9个要素构成：信息发送者（信息源）；编码；信息；媒体；译码；接受者；反应；反馈；噪声。

非政府组织一个完整的促销决策过程应该包括以下六个阶段：确定目标受众；确定沟通目标；信息设计；选择信息传播媒体；制定促销预算；制定促销组合。

非政府组织的促销方式主要有四种：1）广告。广告可多次重复，特别适合于向分散于各地的众多目标顾客传递信息。2）人员推销。人员推销是最有效的促销方式，特别是在取得顾客信任、建立顾客偏好和促成购买行为方面，效果更为突出。3）营业推广。营业推广包括多种能在短期内迅速刺激需求，促成顾客或中间商购买某一特定服务产品的促销活动。4）公共关系。公共关系是一种间接的促销方式，并不要求达到直接的销售目标。非政府组织应更多地选择公共关系的促销方式。

四、营销渠道的拓展

有了好的策略，还要得到执行和实施。为此，就要根据非政府组织的特点，拓展和疏通营销渠道，利用自己的优势，发挥自己的特长。

1. 文化渠道的营销。营销管理是伴随文化的发展而发展起来的，它本身也是文化发展中表现出来的一种存在物。非政府组织制定相对文化优势营销战略，能增强团队的内聚力，有利于树立组织形象，扩大非政府组织的影响。利用非政府组织相对文化优势制定营销方针时应注意：既要继承优良的传统文化，又要创新与吸引现代文化；在广告设计的思路上要从感情上吸引消费者、制造良好的感觉，以及创造令人愉悦的气氛；在服务产品定位的宣传上要给人以安全、舒适、可靠、有个性的印象；在定价的策略方面，物美价廉、稳中有降；在公共关系方面，要与政府、企业、社区的居民积极沟通，根据本行业的特点为居民提供一些无偿服务，从而加强与社会各界的交流。

2. 能力渠道的营销。核心能力的本质在于，它追求的是真正的价值，最终为顾客所认定为价值的价值。这里的价值有几层意思：一是顾客价值。当顾客认为你所生产的产品满足了他的需求，才可以说有价值。二是员工价值，只有当员工的人生价值得以实现，焕发他们自觉地为实现组织目标而服务的意识之后，组织的事业变成他们毕生的追求时，组织才具有可持续发展的人力资源。三是基于服务产品质量的品牌价值并由此带来的顾客忠诚度。

组织要有一整套规划与安排，调整、权衡、整合人们的价值追求和责、权、利关系，培养员工和服务对象对组织的忠诚度，使组织的营销战略与顾客、员工紧密结合起来。

在构筑核心能力营销战略时，非政府组织要把握好以下几个方面的能力：把握顾客潜在需求的能力；组织内部的学习能力；快速应变能力；信息处理能力；决策能力。上述五个方面的能力，主线是把握顾客潜在需求的能力。而员工不断地学习创新能力、快速应变能力、信息处理能力、决策能力都是为拓展潜在顾客需求而来的。

对潜在需求的把握能力要从两个层次上进行把握：充分关注那些顾客已经萌生、而公益产品生产者却忽视了的需要；从量的方面分析顾客需求比例，即该种潜在的需求发展趋势在数量上能否构成新的市场，其需求量与发展前景怎么样，对该市场的开发成本能否收回等。

3. 差异化渠道的营销。差异化营销是组织能够向顾客提供区别于同行或竞争对手的独特公益产品或服务的一种渠道。它在 2008 年奥运会《奥运行动规划》中得到了成功的运用，"绿色奥运、科技奥运、人文奥运"的理念就是最好例证。非政府组织实施差异化营销战略一般要从以下方面展开：

(1) 建立客户档案。运用信息技术，建立数据库，对顾客的消费行为进行统计、分析，从而发现顾客的区别之所在。拥有顾客的资料，通过分析对比可以研究消费，发现规律，制定相应的营销策略。

(2) 提供个性化服务。非政府组织提倡向不同类型的顾客提供个性化的产品和特殊的服务，尽可能地满足不同层次顾客的实际需要和心理需要，把每一个顾客都作为"个人"来对待。

(3) 实施直接营销。让全体员工明白"一对一"营销的重要性，使员工与顾客进行面对面沟通。让顾客对员工进行倾诉，及时了解服务的质量信息，以便快速及时地对服务做出改进。

(4) 形象的差异化。在组织标志、机构名称、团体理念、组织行为规范等方面，设计内部统一、外部个性化、与众不同的独特形象；同时要提供让顾客满意的产品和服务，给顾客留下深刻印象，培养顾客对组织的感情。

(5) 服务的差异化。一种服务产品对买方价值的直接或间接影响越多，形成差异化的可能性就越大，在整体水平上取得差异化的程度就越大。非政府组织与顾客的价值链之间如果形成与众不同的联系，就实现了差异化。

4. 绿色渠道的营销。绿色渠道的营销，即环保营销或生态营销，指不损害人类现在和未来生存生活的条件，以满足消费者和社会安全、健康、无害性需要而展开的一系列营销创新活动。绿色营销要求遵循"人与自然和谐相处"的理念，在营销过程中将自身利益、环境利益和社会利益有机结合起来，在满足人们当前的物质、文化需求的同时保持自身与环境的和谐，保证当代人与子孙后代的生活质量。非政府组织应当率先按照科学发展观的要求，以绿色营销作为经营哲学。它包括绿色营销策略的制定、绿色服务策略、分销渠道策略和传播策略等内容。

（1）绿色营销策略的制定，是根据营销目标和调研信息，确定绿色营销的范围、程度和重点的过程，是非政府组织以绿色营销理念为出发点，通过服务产品的市场定位和目标市场的选择，利用有利的市场机会，正确运用服务、服务价格、服务促销和渠道等营销技术组合，从质和量的方面满足顾客的需要，从而也获取最大市场份额的重要设计。绿色营销策略主要包括市场渗透、服务开发、市场开发、多样化策略等。

（2）绿色服务策略，是指比一般同类服务更加符合保护人类生态环境和社会环境要求的服务产品策略。从服务技术创新、服务产品设计、生产到消费等各环节全过程防止环境污染，是绿色服务策略的主要内容。首先，实现服务技术创新的绿色化，主要包括服务产品生产的原材料、设备、工具的创新和生态化改造，以及服务产品开发和生产过程中的处理和制造技术的创新；其次，实现服务产品设计的绿色化，主要有质量功能开发、材料选择设计、面向循环的设计、生命周期评估和绿色设计工具软件的开发等几个方面；再次，实现服务生产的绿色化，实质是一种能耗最少的生产规划和管理；最后，实现服务消费的绿色化，是指人们为了满足生理和社会的需要，而对符合环境保护标准的服务产品的消费意愿。

（3）绿色营销的分销，是指非政府组织将服务产品从生产者向最终用户转移过程中所经过的通道。为了适应消费者的绿色服务需求，应不断建立和完善绿色服务产品销售网点，形成一条绿色通道，延长销售网点的服务时间，增加销售网点的服务品种，改善服务方式，提高服务质量，为消费者购买绿色服务产品提供最大便利。

（4）绿色营销的传播策略，绿色营销传播包括六个阶段：确定绿色营销传播目标、确定绿色营销传播预算、识别和确认目标受众、搜集和整理营销信息、选择营销信息传播方法、评估和调整营销传播活动。非政府组织绿色营销的传播策略，还要净化宣传和广告的内容。

5. 信息渠道的营销。信息营销是指在适当的时间和空间，以适当的形式，通过适当的促销手段，向用户提供信息产品和信息服务，并实现组织效益。信息营销包括：分析信息营销机会、制定信息营销计划、执行信息营销决策、反馈和控制营销信息等。

（1）分析信息营销机会。这包括外部环境机会和组织内部自身的机会。机会是组织生存和发展的基础，组织必须不遗余力捕捉一切相关信息。不同类型的非政府组织在满足社会信息需求方面具有不同的优势，在营销活动中，各组织必须根据自身优势，有所为有所不为。

（2）制定信息营销计划。制定信息营销计划必须遵循的最重要的原则是：将合适的产品，以合适的价格，用正确的方法，销售到需要的人群。各非政府组织虽然都是以提供信息产品和信息服务为主要目的，但方式并不完全相同。由于用户获取信息受多种因素限制，他们并不一定对非政府组织的产品和服务都了解，这就需要综合考虑信息服务的特征和类型、营销目标、市场环境以及消费者要求等因素，采取恰当的促销手段。

（3）执行信息营销决策。由于非政府组织信息产品和信息服务受时间因素的影响非常明显，所以在决策之前，需要对市场供求进行充分的调查，综合运用各种技术手段，预测人们对信息服务的需求，从而做出正确的决策。

（4）反馈和控制营销信息。计划只有通过执行之后才会发挥效益和作用，而计划执行必然带来一定结果，或好或坏，管理者必须有控制措施，使计划不断完善。通过反馈，可以寻找出工作中的偏差，采取有效的纠偏措施，提高信息营销的质量。

第三节　非政府组织公共关系

公共关系是隶属于营销的比较具体的职能，其目的是在组织和公众之间建立和维持相互受益的关系，从而获得和巩固非政府组织服务产品营销和资源获取的基础。

一、对非政府组织公共关系的理解

1. 非政府组织公共关系的本质。非政府组织公共关系是非政府组织与公众之间建立的相互了解、相互适应的全部关系的总和。从社会关系属性的角度出发，公共关系就是非政府组织同影响其利益的人群的一种社会关系。而从公共关系价值功能的角度出发，公共关系是非政府组织为了生存发展，通过传播沟通，来塑造形象，平衡利益，协调关系，优化非政府组织的生存环境，从而影响公众的方法和艺术。非政府组织通过有效的公共关系，谋求组织内部的凝聚力与组织对外部公众的吸引力；通过双向的信息沟通，争取社会公众的谅解、支持与帮助，谋求组织与公众双方利益的实现。

从本质上而言，非政府组织公共关系是建立在非政府组织与其公众双方地位平等基础上的，以双向信息沟通为主要手段，以互惠互利为基本宗旨，以处理关系和树立形象为基本任务，以增进非政府组织利益为最终目的的管理职能活动。这一过程借助于调查分析、拟定对策、实施方案、反馈评估四个步骤来完成。

2. 非政府组织公共关系的作用。非政府组织公共关系作用非常重要。1）基金募集：通过展示业绩和对募集到的资金的可靠使用情况，说明组织的事业和服务是足够有价值的，以此获得支持。2）社区意识：非政府组织可以通过改良社区关系，使其成为值得支持的组织，并提高自身的价值。非政府组织可以通过宣传自己提供的公益服务来获得社会支持，可以通过培训消费者，来建立良好的组织形象。3）吸引和留住成员：与潜在的和现有的成员沟通成员可获得的利益。4）游说和倡议活动：如果非政府组织的市场和广泛的公共利益相一致，就可以通过公共关系来追求立法目标。方式包括鼓励新闻媒体报道非政府组织的立场和发表支持性的文章，并提供生动的陈述，影响法规和公共政策。5）危机管理：在危机期间，协调沟通，帮助那些受伤害的人，在困难环境中把非政府组织塑造成负责的、反应迅速的形象。6）特殊活动：主持集中讨论发生的问题，激发对非政府组织或事业的兴趣。

3. 非政府组织公共关系的功能。作为非政府组织的一项管理职能和活动，非政府组织公共关系具有公众导向、信息咨询、沟通协调和传播管理等四项功能。

（1）公众导向功能。非政府组织公共关系的首要也是最重要的功能或原则就是"公众导向"，提倡从公众需求出发、满足公众利益、为公众服务，持之以恒地将公众利益放在第一位。注重公众与非政府组织的互动和双赢，在公众满意的前提下获得组织的发展。

（2）信息咨询功能。公共关系实质上就是一种信息交流活动，而非政府组织公共关系强大的信息咨询功能可以为科学决策提供信源支持。非政府组织公共关系具有严密的信息网络和实用的信息技术，可以收集到不同类别的信息，如公众的需求信息、非政府组织的形象信息及外部环境信息等。只有在充足、可靠信息的基础上，非政府组织公共关系才能顺利展开，并为公关决策提供第一手的信息资料。

（3）沟通协调功能。沟通是指非政府组织与公众之间进行信息、意见和感情的双向传递和交流。沟通的目的是为了达成非政府组织与公众之间的相互了解、支持和信任，取得共识。非政府组织在与其公众的沟通过程中，既要将本组织信息传递给公众，让公众知晓、理解、参与；又要及时反馈公众对组织的信息，并据以调整自身的行为。良好的沟通，有利于树立非政府组织的形象。

（4）传播管理功能。非政府组织公共关系就是组织与公众之间的传播管理，具体地说，是对非政府组织与公众之间传播沟通的目标、资源、对象、手段、过程和效果等基本要素的管理。通过公共关系去影响人们的看法、意见、态度和行为，为非政府组织营造一个适宜的舆论环境，是公共关系传播管理强大功能的具体体现。非政府组织可利用公共关系的传播管理功能，通过双向互动传播机制，集中地、全方位地、多渠道、多手段地向公众传达组织信息；同时收集公众的反馈信息，重视信息反馈，从而强化舆论、引导舆论甚至控制舆论，并增进公众对非政府组织的良好认识和积极行为，最终为非政府组织的生存与发展营造良好的氛围和环境。

二、非政府组织的媒体公关

1. 媒体对非政府组织的影响。新闻媒体具有社会公共色彩，它承担着提供信息、舆论导向的职责，非政府组织不可忽视媒体的作用。媒体在非政府组织公共关系中的作用是：

（1）公关"预警"作用。在非政府组织公关危机的潜伏期，媒体利用发达的信息网络，及时发现公关危机征兆，并向非政府组织传递潜在的危机警示信息，从而引起非政府组织的重视，及时采取行动，把潜在公关危机消灭在萌芽状态之中，就会防范危机的爆发。媒体是非政府组织公关危机预警机制的一个重要方面。

（2）传递信息的作用。在非政府组织公共关系中，媒体可以进行及时、准确、全面的信息披露和解读，使公众信息的需求得到满足。通过媒体传递信息，可以将信息直接传递给公众，减少信息传递环节，避免了信息失真的概率，可以在一定程度上避免谣言、小道消息的产生或终止谣言、小道消息的传播，从而把社会公众对非政府组织的舆论引导到有利方向上来。与此同时，非政府组织应有目的地选择信息源和信息传播渠道，有效地控制新闻传播的导向性，防止媒体传导不正确、不全面的消息，误导社会民众，使其错误地理解非政府组织的行为意图。

（3）引导公众情绪的作用。公众的情绪受媒体的影响很大。媒体的正确引导，可以稳定公众情绪，凝聚社会力量，为非政府组织赢得社会支持。媒体能够通过新闻报道激发人们的同情心，并最终使他们伸出援助之手，支持非政府组织。因此，非政府组织要有针对性地通过和媒体的对话、宣传、诱导，大力发挥社会新闻媒体的传播、聚合功能，迅速通过多渠道获得信息并对其加以分析综合，向社会公众阐明非政府组织宗旨、目标和计划，从而获取公众支持。

（4）塑造组织形象的作用。非政府组织的有关活动和事项，比如宗旨理念、重大项目策划、基金募集等，经过新闻媒体加以报道之后，会在公众的意识当中留下深刻印象。媒体及时报道非政府组织的各项措施及其效果，对塑造非政府组织形象起着至关重要的作用。因此，非政府组织应时刻注意保持与公共媒体的沟通交流，完善良性的媒体沟通系统，主动寻求与媒体的合作，建立与媒体之间畅通的交流渠道。

2. 非政府组织的媒体公关策略。在非政府组织公共关系中，如何发挥媒体的积极作用，正确引导舆论，把社会公众对组织的看法引导到有利方面来，需要组织与媒体的完美结合，更需要高超的媒体公关策略。

（1）通过媒体快速传递权威信息。媒体是公众情绪的"风向标"，更是公众情绪的"催化剂"、"导航员"。在非政府组织公共关系中，公众的情绪是一道不可逾越的波涛，引导得好，会向着非政府组织公共关系的有利方面发展；引导得不好，则向不利方向发展。媒体通过快速传递权威信息，能够在潜移默化中把公众的感性体验上升到统一的理性认识，从而在激发公众情绪中统一非政府组织公关传播的基调。

（2）设置舆论焦点以获取民众支持。大众传媒具有一种为公众设置"议事日程"的功能，大众传媒作为"大事"加以报道的问题，同样也作为"大事"反映在公众意识当中；传媒的新闻报道以赋予各种"议题"不同程度的显著性的方式，影响着人们对周围事物的判断。任何非政府组织公关传播，总会形成一定的舆论焦点，影响人们的观念。在此过程中，非政府组织要主动出击，通过左右媒体相关报道的叙事框架和议程设置来影响公共舆论，从而争取社会公众对非政府组织的理解、支持和主动配合，这是非政府组织作为大众传媒的众多信息源之一而与其他信息源争夺"话语权"的策略行为。

（3）保持非政府组织正常运转。在现代社会，提供服务产品的非政府组织，必须对公众充满信任和保持敬畏，尊重包括知情权在内的公众权利，有责任向媒体通报情况，对外发布信息。而媒体的价值取向也必须与社会公众的利益相一致，主动承担应尽的社会责任，以自己的社会良知和职业道德，满足社会广大公众的信息需求。新闻媒体要不断提高公关传播的引导水平，通过及时客观的报道和正确的舆论引导，增加社会的向心力。

总而言之，为了提升与完善非政府组织媒体公关策略，必须在媒体、非政府组织和公众三者之间建立一种良性的互动关系：使得媒体既影响非政府组织，又在一定程度上受到非政府组织的监督与制约；既引导公众，又满足公众需求。同时它一方面代表公众时刻关注、监视非政府组织的项目进展和资金募集使用等情况，另一方面又传达非政府组织的声音和信息，树立其形象。媒体，是社会公器，代表公众行使社会守望的职能。媒体是一种公共资源，理应最大限度地为增进公共福利而发挥最大效益。在非政府组织公共关系中，应充分运用媒体的公关职能，进一步提升与完善非政府组织的媒体公关策略，发挥媒体的积极作用。

3. 非政府组织新闻发言人制度。非政府组织新闻发言人制度是非政府组织管理人员通过新闻发布会的方式经由媒体告知公众有关信息，以澄清事实，避免恐慌，同时争取公众对非政府组织管理工作的理解、支持和配合的一种制度。非政府组织新闻发言人制度是非政府组织公共关系框架的重要组成部分，是非政府组织调节社会公共关系的重要手段之一。完善非政府组织新闻发言人制度，需要注意以下几点：

（1）发言人要相对固定和具备公关素养。担任新闻发言人的人员要固定，最好是非政府组织的高级管理人员或理事。这样，既可以显现非政府组织的重视程度，又可以保证信息传递的权威性。新闻发言人必须具备相当高的公关素养和技能，同时要了解非政府组织工作动态和业务，具有相当的文字和语言表达能力。

（2）应制定组织的媒体公关预案和运作流程。媒体应对运作流程应包括以下要素：通知新闻媒体发布信息的时间；明确什么情况下进行发布，媒体沟通的目标是什么；由谁发布（通常是非政府组织新闻发言人）；发布口径由谁提供，由谁审批；发布形式（根据实际情况，可以召开新闻发布会、书面发布、提供新闻稿等多种形式）；首先要保证的主流媒体是哪些等。

（3）确立有效的媒体应对模式。非政府组织与媒体实际上是相互依存的，需要媒体宣传其政策主张，取得公众的理解和支持；媒体也需要非政府组织的信息。新闻发言人制度正是寓导向于服务之中，通过主动提供新闻信息服务，满足媒体需求，从而影响舆论走向，保障公众知情权。

（4）新闻发言人应遵循的基本原则。主要包括：第一，第一时间原则。非政府组织应该在第一时间引导舆论，即所谓抢占制高点，先入为主，先声夺人，先发制人。第二，滚动发布原则。不断发布最新情况，对过去发布的不准确信息要立即纠正，保持信息权威发布者的地位。第三，真实性原则。要求非政府组织新闻发言人言辞审慎，表情严肃，态度坚定认真，确保信息的真实性。第四，口径一致原则。对外公布信息的口径只能是一个，必须高度一致，不能提供互相矛盾的信息。第五，满足基本需要原则。不必一次披露所有的信息，只要简明扼要地把基本情况讲清楚即可。

三、非政府组织公关沟通策略

公关沟通是非政府组织公共关系的基础性手段。而公关沟通策略是影响非政府组织公关成败的最直接因素，应当注重科学地运用公共关系学的原理、方法进行有效沟通。

1. 非政府组织公关沟通渠道。主要包括：1）大众传播类的报纸杂志、宣传单、小册子、海报、广播、电视、幻灯、录音、录像、网络等。这类媒介传播迅速及时，信息覆盖面广，能产生轰动效应，引起公众的高度关注。2）人际沟通中的个别访谈、人际交流、电话交流等。这类形式传播直接，手段丰富，反馈迅速，富于人情味，能引起受众感情共鸣。3）群体沟通中的社团集会、社区联谊、联欢会、新闻发布会等。这种方式的传播注重观点互动，能推动深入沟通，能及时纠正可能产生的偏差。4）公众沟通中的政策报告会、演讲会、政策宣传队、政策表演会、接待与交流、政策解释、政策展览活动等。这类形式的传播组织性强，感染力、渗透力强，容易从感情深处打动受众。5）公共事务的处理活动：如参与社区事务、进行公众教育、政治游说、与压力团体协调等。

2. 非政府组织公关沟通的策略原则。总体而言，非政府组织必须采用"雄鹰"式的公关沟通策略，主动迅速出击，果断承担责任；而不能采用"鸵鸟"式的沟通策略，面对问题采取逃避态度。"雄鹰"式的公关沟通策略，注重把握好公关沟通的五个要素：Sources（公关信息传播源）、Media（媒介）、Attitude（态度）、Response（回应）、Timing（时间），即所谓的"SMART"策略。

"雄鹰"式公关沟通策略应遵循的原则是：1）未雨绸缪原则，事先制定好公关沟通计划，确定和培训公关沟通的专职人员；2）快速反应原则，高效率和日夜工作是不可缺少的条件；3）真诚坦率原则，强调实言相告，越是隐瞒真相越会引起更大的怀疑；4）人道主义原则，公关沟通中首先要考虑人道主义的原则；5) 维护形象原则，非政府组织形象是公关沟通的出发点和归宿。

3. 非政府组织公关沟通的内容和程序。

首先，进行事前公关调查和公关预测。公关调查要回答两个问题：要弄清楚非政府组织的类别和特征，要列出可能发生的各种公关事件，需要对公关调查所取得的结果进行分析，并预测可能对组织造成多大损害，从而为制定公关沟通方案做好前期准备。

其次，确定重点沟通对象，建立有效的公关沟通和传播的信息通道。公关沟通的首要任务是要明确沟通对象。必须重视沟通渠道的建设，有效的信息沟通渠道包括确定沟通媒介和沟通主体以及保证沟通渠道的连续性和畅通性。

再次，做好公关沟通方案。内容主要包括：1) 在公关沟通中务必将公众利益置于首位。非政府组织应站在公众利益的立场上，发现和评估公众的利益需求，并给予及时的弥补和满足，这是争取公众支持和合作的有效沟通手段。2) 牢牢把握公关信息传播源，掌握公关信息发布的主动权，以第一信息源，控制信息传播途径。"无可奉告"只会引起人们更强烈的反感。3) 充分运用媒介资源，与媒体保持友好关系，确定公关沟通传播所需的媒介，如名称、地址及联系电话。4) 确定媒介需要传播的外部其他重要公众，如项目受益者、社区领导、捐赠者、资助者、合作伙伴等。5) 备好有关背景材料，并不断根据最新材料予以充实。6) 建立新闻办公室，作为新闻发布会和媒介索取新资料的场所。7) 建立与完善非政府组织新闻发言人制度。总经理未必能胜任新闻发言人的工作，应挑选具备相当公关素养和技能的人担任新闻发言人，并训练他们如何与媒体沟通。8) 保证重要信息通信基础设施的安全和信息沟通渠道的畅通，如设立公关沟通中心，以接收新闻媒介和公众电话，若有必要，一天24 小时开通。9) 确保非政府组织内具有足够的受过专业训练的公关沟通人员，以应付媒介和其他外部公众的查询。

最后，采取正确的公关行动策略。一个组织及其成员在面对公众和媒体时，正确的沟通策略体现在如下方面：1) 面对公关事件，应考虑到最坏的可能，并及时有条不紊地采取行动。2) 在公关沟通中，以最快的速度启动公关沟通中心，调配经受过训练的专业公关沟通人员，以实施公关沟通计划。3) 及时了解公众的情绪，倾听公众的意见，满足公众的需求。4) 掌握舆论的主导权，尽力以非政府组织发布的消息为惟一的权威性来源。5) 统一信息传播的口径，对技术性、专业性较强的问题，避免使用行话或专业术语，要用清晰的大众语言向公众表达。在公关沟通传播中应使用清晰、不产生歧义的语言，以避免出现猜忌和流言。6) 如果新闻报道与事实不符，应及时予以指出并要求批评更正；对于经查有严重失实和恶意中伤的报道，应有礼有节地坚决反击。如果新闻报道已经构成侵权，可以通过法律途径解决。7) 不要发布不准确的消息，绝对不要用猜测或不真实的信息来填补消息的空白。8) 采取开诚布公的态度，坦诚地对待公众和媒介。9) 公关沟通人员要有足够的心理承受能力。10) 公关沟通活动完毕后，应及时总结经验、吸取教训，作为以后类似公关沟通事务的处理依据。

第十一章 非政府组织人力资源管理

非政府组织的人力资源包括有酬员工和志愿者两大类。相应地，非政府组织的人力资源管理包括非政府组织员工管理和非政府组织志愿者管理两大内容。非政府组织人力资源管理具有自身特有的特征。非政府组织人力资源管理的主要环节包括：员工素质模型建构、人力资源配置、职业生涯规划、岗位分析与人员规划、招聘与录用、培训与开发、绩效测评、薪酬与福利等主要内容。

第一节 非政府组织人力资源管理概述

非政府组织的人力资源构成一般包括三大部分。非政府组织人力资源管理的最大优点与难点在于：既要激励员工的工作热情，又要赋予工作以特殊的意义。

一、非政府组织使命与人员构成

非政府组织的人力资源包括有酬员工和志愿者两大类。非政府组织的人力资源管理主要以有酬员工为对象。就一般意义上而言，非政府组织的人力资源构成一般包括三大部分：1）决策层，即理事会成员。如出资人、社区居民代表、社会工作者、社会影响人士等。2）管理人员。包括执行总裁和付薪职员。3）志愿者。志愿者是指出于自由意志而非基于个人义务或法律责任，依托一个非政府组织无偿为社会提供服务的人员。

非政府组织的人力资源管理，是指以非政府组织的人力资源为主要分析对象，研究管理机关依据法律规定对非政府组织所属的人力资源进行规划、录用、任用、工资、保障等管理活动和过程的总和。它指的是这样一个过程：为了实现非政府组织的宗旨，利用现代人力资源管理理论，不断获得人力资源，并对所获得的人力资源进行整合、调控及开发，给予各种形式的报酬，从而有效地加以开发利用并使之可持续发展的过程。非政府组织人力资源管理的近期目标是：1）吸引、招募合适的潜在员工；2）激励员工；3）留住所需员工；4）提高组织效率，改进工作质量；5）帮助员工在组织内发展。非政府组织人力资源管理的长远目标是：为组织的生存、可持续发展、竞争力和较强的适应性提供充足的人力资源。

二、非政府组织人力资源管理的特点

非政府组织人力资源管理的最大优点与难点在于：既要激励员工的工作热情，又要赋予工作以特殊的意义。非政府组织人力资源管理具有自身特有特征，具体表现为以下几个方面：

第一，素质要求的特殊性。由于非政府组织不是以获取利润为目的的，是为社会公益或共益服务的独立机构，因而它具有较高的社会使命感。所以，对非政府组织的成员素质应该有特殊的要求，其道德品质要高于社会整体人力资源的平均水平。非政府组织内的领导、计划、经营、管理等活动应该有很高的自愿参与成分，成员之间要有很强的团队合作精神，成员个人要有很高的道德自律。

第二，培训过程的特殊性。由于对非政府组织人力资源的素质要求不同于一般组织的人力资源，因而在其获取、使用与管理中也必然有所区别。培训内容除了一般意义上的技能培训与岗位培训，更需要侧重于以下几项培训：使命感培训、责任感培训和道德感培训。

第三，激励方式的特殊性。与营利企业相比，非政府组织的成员个人与组织之间缺乏责任相关性以及直接的经济利益相关性。因此，在对成员的约束和激励过程中，非政府组织的员工更偏好于稳定的工作、被委以重任、权力和赞赏等，因而目标激励、人本管理、文化建设及柔性管理显得更为重要。一方面，要通过倡导组织文化、设定组织目标将个体凝聚起来，以组织行为带动和约束个体行为，呼唤起个体成员的责任感和使命感，并用员工的认同感使其感到自身价值。另一方面，要贯彻人本管理理念，实行柔性管理，而不是热衷于制度、结构和模式。

第四，绩效评估的特殊性。由于非政府组织的目标不确定和紧迫感相对较弱，从而使得非政府组织的人力资源绩效评估与一般组织也有所不同，主要表现在：绩效评估不一定与物质激励直接挂钩；绩效评估过程中，定性的方法一般要多于定量的方法；对于员工贡献的评价，不应看重短期收益，而是要看重长远贡献。

第五，管理策略的特殊性。非政府组织的人力资源管理在管理策略上更强调价值体系和使命感的作用；更强调人力资源管理和责信度（accountability）管理相结合。由于非政府组织的原动力来源于它的价值体系，更强调一种公益性、慈善性和志愿性；而理想主义和使命感是非政府组织的凝聚力之所在，能赋予非政府组织以明确的目标，激励其工作人员，并能为其活动争取到财务和公共支持。所以，非政府组织的人力资源管理在管理策略上更强调价值体系和使命感的作用，强调员工对非政府组织的工作计划和社会使命的献身精神，注重价值体系和使命感对员工的激励和凝聚作用。

与此同时，在日常人力资源管理操作中，非政府组织的人力资源管理在管理策略上更强调人力资源管理和责信度管理相结合。责信度管理的伦理守则为：无私的社会承诺、恪遵法令规章、道德承诺、公益使命优先、尊重个人的价值和尊严、包容社会的多元性并维护社会公平、开诚布公的做法、慎用社会资源等。人力资源管理和责信度管理相结合有利于非政府组织员工将工作与使命、满足社会期待结合起来，提高员工的容忍力，从而有利于非政府组织形成彼此信任和负责的组织文化。

三、非政府组织人力资源管理的主要环节

根据实际情况，参照人力资源管理的一般经验和理论，非政府组织人力资源管理的主要环节包括：员工素质模型建构、人力资源配置、职业生涯规划、岗位分析与人员规划、招聘与录用、培训与开发、绩效测评、薪酬与福利等主要内容。其中，非政府组织员工素质模型建构，是一项重要的基础性工作。

1. 员工素质模型建构。员工素质模型是人力资源管理系统的基础和起点；在实际应用中，成为人力资源管理部门的重要管理工具之一。

常见的模型做法有以下几种：1）构建流程，其程式一般为：问题——标准——访谈——建立数据——初步模型——反馈——确定模型。2）员工必备素质要素组合，常见的有灵活性、成就导向、服务精神、影响力、思维力、理解力、自信力、领导力、专业能力、沟通力、主动性等，并根据不同行业不同岗位增删若干要素。3）根据不同行业、企业、岗位和人力资源管理环节，素质模型呈现出多样性。常见的有表格式、网络式、条状式等。

员工素质模型的构建是非政府组织人力资源管理系统的核心与关键。须根据已有的成果，再结合非政府组织的特点，构建非政府组织员工素质模型，该模型涉及非政府组织中的领导层、经营管理层、普通工作层，有酬员工与无酬员工，高酬员工与低酬员工。建立的步骤为：1）通用员工素质模型的构建。主要考察道德品质、责任使命、奉献沟通和工作能力等因素，体现与营利组织的同一和差异。2）有酬员工的素质模型构建。他们的薪酬水平一般较低，在激励不足情况下还要补充考察他们的通用素质。3）无酬员工素质模型的构建。这是非政府组织员工的主体，结合岗位素质要求，把握员工深层次需求，挖掘多方面激励因子，根据马斯洛人性观、需要层次理论以及自我实现理论，构建起独特的无酬员工素质模型。4）经营管理人员的素质模型构建，着重把握与营利组织经营管理人员素质的同一性与差异性。同一性强调经营管理经验和能力等素质要素，差异性则强调更高的道德品质、感召力、沟通力和凝聚力等素质要素。

2. 人力资源配置。按照非政府组织人力资源的配置格局和角色特点，一个非政府组织大体可以分为三个基本层次：一为领导层，负责决策和指导，领导层是组织的理事会；二为管理层，负责配置和组织资源，管理层主要是执行总裁；三为执行层，负责落实和完成工作，主要是部门主管、项目主管。其中领导层和管理层是非政府组织人力资源配置的核心。

3. 员工职业生涯规划。职业生涯是一个人在其生活中所经历的一系列职位、职务或职业的集合或总称；从主观上看，是指人的生涯，即一个人一生中的价值观、为人处世的态度和动机的变化过程。职业生涯规划，指的是员工通过一定的方式和途径，对自己的职业生涯进行规划，以实现所选定的职业目标的过程。个人职业生涯规划关系到个人的自我概念和满意感。职业生涯本质就是人们的自我概念与外界环境现实合为一体并不断达到满意的过程。

非政府组织有义务最大限度地发挥员工的能力，并为每一位员工提供一个不断成长以及挖掘个人最大潜力和获得成功职业的机会。通过非政府组织整体及其活动帮助员工确立职业生涯规划，可以使员工更加坚定自己的信念，在组织的宗旨下努力工作。非政府组织应该帮助员工进行职业生涯规划：提供员工制定自己职业生涯规划所需的职业生涯规划模型、信息、条件、指导；引导员工的规划与组织的宗旨密切结合，并与组织的总体战略相一致；为员工和管理者提供建立职业生涯所需要的培训和相应的工具等。

非政府组织还需要对认同组织宗旨的职业生涯发展进行管理，包括三个维度：1）横向，跨越不同岗位的调动，即工作轮换；2）纵向，沿着组织的等级层系，跨越等级边界，获得职务晋升；3）核心度方向，通过某种非正式联系，得以接近组织决策核心从而增大影响力。

第二节　非政府组织员工管理

非政府组织的人力资源管理主要以有酬员工为对象。非政府组织员工管理的主要环节包括：非政府组织岗位分析与人员规划、招录与培训、薪酬与福利、绩效评估、劳动关系、员工管理制度等主要内容。

一、岗位分析与人员规划

1. 非政府组织岗位分析。非政府组织人力资源的岗位分析是指，对非政府组织中某个特定工作岗位的目的、任务或职责、权力、隶属关系、工作条件、任职资格等各种相关信息进行收集与分析，以便对该岗位的工作做出明确的规定，并确定任职者资格的过程。非政府组织岗位分析的必要性在于：1）需要招聘新员工时，发现很难确定用人的标准；2）缺乏明确完善的书面职位说明，对岗位的职责和要求不清楚；3)虽然有书面的岗位说明，但与实际工作情况不符，很难按照它去实施；4)经常发生推诿扯皮、职责不清或决策困难等现象；5)刚刚经过了组织机构和工作流程的调整；6)当需要对员工进行绩效考核时，发现没有根据岗位确定考核的标准；7)当需要建立薪酬体系时，发现无法将各个职位的价值进行评价。

非政府组织岗位分析的方法包括：结构性方法、半结构性方法、非结构性方法三种。岗位分析的结果是进行岗位描述。岗位描述是非政府组织内某一具体岗位的任务、义务、角色、职责的清单。通常岗位描述由管理人员在招聘员工之前写好，并随着工作职位的变化进行调整。岗位描述能明确非政府组织对员工或理事的各种期望，帮助员工或理事了解自身的本职工作内容，也便于管理人员评价员工的工作完成情况。岗位描述的具体表现形式为岗位说明书和工作规范。岗位说明书界定工作职责和任务，其主要内容包括：工作名称和编号；工作综述；工作职责与任务；工作的绩效标准；报告关系；工作的权限；工作条件；任职资格。在书写工作规范时，可以根据职位承担者的任职资格(如学历、经验、技能等)，还可以根据有经验的员工的主观判断。

2. 非政府组织工作设计。非政府组织工作设计是指对工作完成的方式进行界定的过程。为了有效地进行工作设计，一个人必须全面了解工作的当前状态(通过岗位分析)以及它在范围更广的非政府组织内部的整个工作流程中的位置。目前在非政府组织人力资源管理中比较强调激励型工作设计法。激励型工作设计法有五个核心维度：1)技能多样性：要为员工安排不同类型的活动，发展员工不同的技能；2)任务同一性：要为员工安排一整套条块分明的工作，使员工对某一项工作的整个流程有所了解；3)任务重要性：要让员工了解他们工作的重要性和工作所产生的影响；4)工作自主性：在工作中给予员工一定程度的自由度、独立性、判断力；5)工作反馈：让员工在完成工作时获得自己绩效的直接和明确的信息。

在非政府组织工作设计实践中，可以通过以下方法来体现激励型工作设计法的五个核心维度：1)工作轮换：当员工觉得一种活动不再具有挑战性时，轮换到同一水平、技术要求相近的另一个岗位上；2)工作扩大化：增加员工的工作数量(横向)；3)工作丰富化：指对工作内容的纵向扩展，增加责任、独立性和反馈，如任务组合、让一个员工负责一个独立而有意义的工作整体、给予责任和控制权、加强反馈。

3. 非政府组织人员规划。非政府组织人员规划是指，根据非政府组织的宗旨和近期的战略目标，科学地预测非政府组织在未来环境变化中人力资源供给与需求的状况，制定必要的获取、利用、保持和开发人力资源的策略，确保非政府组织对人力资源在数量和质量上的需求，使组织和个人的长远利益得到保证。非政府组织人员规划的必要性在于：1)非政府组织中的职位空缺是经常现象，需要对人员补充做出规划；2)员工流动率的存在，需要经常录用新人；3)非政府组织的活动往往以项目形式开展，临时性强，需要提前做规划；4)人力资源规划可以减少不确定性。

非政府组织人员规划的内容主要包括人力资源的供求分析，人力资源的总量规划，人力资源结构优化规划和人力资源素质提升规划，以及实现人力资源规划目标的具体措施，如：人员补充计划、人员使用计划、升/降职计划、教育培训计划等单项计划。非政府组织人员规划的程序包括：信息收集、人力资源需求/供给预测、制定单项业务规划、反馈与调整等。其中，科学而准确地预测非政府组织在未来环境变化中人力资源供给与需求的状况，是非常重要的环节。非政府组织应在组织人员需求预测的基础上确定人员招聘的职位和数量。非政府组织人员需求预测应考虑的因素有：组织内部状况，如预计的员工流动率、员工的素质和技能、组织变化、财政状况和组织文化；组织外部状况，如国家、地方、行业有关的就业情况和人力资源求业情况。

二、员工招录与培训

1. 员工招录。非政府组织员工招聘的一般原则有两个：一是要找最合适的人，而不是最好的人；二是要明确到底需要什么样的人？应该具备什么资格和技术？

影响员工招聘的因素主要有三个：非政府组织的人力资源政策、招聘渠道和来源以及招聘者的特质。其中，非政府组织人力资源政策的内容主要包括：1）从内部招聘还是外部招聘。内部招聘的优点是能够加强承诺和士气、在培训和文化融合方面的低成本、低风险；其缺点是可能导致同级规则和内部繁殖；2）个人发展机会；3）工资、奖励、福利；4）工作职位、职责、性质；5）非政府组织的声誉；6）非政府组织工作内容的公益性特点。而非政府组织员工招聘渠道主要有：1）内部招聘方法，包括内部工作布告、重新聘用以前的员工、员工接班计划；2）外部招募方法，包括广告、就业机构、猎头公司、高校、利益相关者推荐和自荐、退休人员、数据库。非政府组织员工招聘者应具备的特质主要有：热心、真诚、愿意提供较多的信息，并表现出实际的态度。

员工招聘包括七个步骤：报名、答复、审查、考试、面试、考察、通知。非政府组织员工录用程序一般包括：签订合同、上岗培训、试用期、正式任用。

2. 员工培训。非政府组织员工培训是知识、技能和态度的交流和提升，主要表现为对员工能力的管理。所谓能力是指获得、运用、开发、分享知识、技能和经验。非政府组织员工培训主要由四个步骤构成：培训需求评估；培训目标的建立和培训内容的确定；采用适当的培训方法进行培训；对培训的评价。

其中，培训需求评估是非政府组织员工培训的基础和前提。按照培训需求分析的对象来看，培训需求分析包括组织分析、人员分析和任务分析三项内容。组织分析可以从三个方面来考虑培训是否符合需要，即组织的使命和愿景、可用的培训资源以及员工的上级和同事对于受训者参加培训活动的支持。人员分析的内容包括：判断工作表现不良是因为知识、技能或能力不足引起的，还是工作动力不够，或是工作设计不够引起的；确认谁需要得到培训；确定员工是否已经做好了培训的准备。任务分析首先要明确员工需要完成哪些方面的重要任务，然后再来确定为了帮助员工完成这些工作任务，应当在培训中强调哪些方面的知识、技能及行为。

非政府组织员工培训的常见内容有：制定战略计划、理事会的作用和职责、非政府组织领导人的领导力培训、人力资源管理、筹款、财务管理、掌握必要的法律知识。非政府组织员工培训方法的选择要考虑四个因素，即学习目标、培训内容、学员和实施要求。其中，学习目标可以分为获得和理解知识、获得技能、改变态度或价值观三个主要方面。获得和理解知识，可考虑运用印刷材料、讲座、图解、录音带和录像带、案例分析等方法。获得某种新的技能，一般运用的培训方法是：示范、角色扮演、录像带、练习或作业。改变态度和价值观，一般运用角色扮演、案例分析、电影和录像、游戏和练习、小组讨论等方法。

由于非政府组织需要加强员工使命感、道德感和责任感的培养以及相应的组织文化建设。所以，引入体验式培训新模式是必要的。所谓体验式培训即指通过设定特殊困难场景和户外活动，让个体成员通过在活动中的充分参与，来获得个人经验，然后在培训师的指导下，共同交流，分享经验，提升认识的培训方式。

引入体验式培训模式，可以克服非政府组织传统培训缺少战略规划、容易脱离实际的缺点，显示出非政府组织培训目标的明确性和针对性，有效地保证培训对象充分参与，提高培训对象的自身潜能，启发想象力和创造力；体验式培训使培训对象增进对集体的参与意识和责任心，从而更为融洽地参与群体合作；体验式培训模式，可以实现非政府组织员工培训方式的创新，将每个人置身于活动之中，是一个员工自我认知与探索的好方法。

3. 员工开发。非政府组织员工开发类型包括：个人开发、职业开发和组织开发。个人开发强调的是个人的学习过程。在一定意义上，可以将个人开发看作是"自我超越"修炼；职业开发旨在根据组织发展的需求开发一系列的教育和培训活动，调动和充分发挥每个员工的兴趣、知识、技能；组织开发则根据组织的近期目标和远期目标的需要规划设计，促成个人目标与组织目标的一致，确保组织目标的真正实现。

非政府组织员工开发通常有四种方法：正规教育、评价、工作实践以及建立开发性人际关系。正规教育计划通常包括专门为非政府组织员工设计的组织外教育计划和组织内教育计划；评价涉及到搜集关于员工的行为、沟通方式以及技能等方面的信息，然后向他们提供反馈这样一个过程。评价的类型包括人格类型测试、无领导小组讨论、公文处理、角色扮演和自我评价；工作实践是员工能力开发的直接方式，比如：工作轮换、工作扩展、调动、晋升、降级。开发性人际关系是员工通过与组织中更富有经验的其他员工之间的互动来开发自身的技能。导师指导就是员工开发的一种开发性人际关系类型。组织中富有经验的导师能够给被指导者提供职业支持和心理上的支持。

三、员工薪酬与绩效评估

（一）员工薪酬

员工薪酬是指员工因从事组织所需要的劳动而得到的相应报酬。全面的薪酬分为外在薪酬和内在薪酬。外在薪酬包括基本薪酬（基础工资、工龄工资及其他）、辅助薪酬（奖金和津贴）、福利（保险、养老金等）；内在薪酬包括精神满足、奖励和各种机会。

基本薪酬，是以员工的熟练程度、工作的复杂程度、责任大小以及劳动强度为基准，按照员工实际完成的劳动定额或工作时间的劳动消耗而计付的劳动报酬。这是组成员工劳动收入的主体部分，也是确定其他劳动报酬和福利待遇的基础，具有相对的稳定性。

辅助薪酬，是一种能够及时反映绩效变动的基本补充形式，数额不固定，形式多样，主要有奖金（奖励薪酬）和津贴（附加薪酬）等。

福利，是组织为吸引员工或维持员工稳定而支付的补充收入项目，如员工社会保障费用。法定的社会保障费用包括：养老保险、基本医疗保险和大病统筹保险、工伤保险、失业保险、住房公积金。

内在薪酬，指精神满足和奖励（如优越的工作条件、口头表扬、书面嘉奖、记功、授予荣誉称号、授予奖章勋章等非货币奖励）和各种机会（如晋升机会、提高名望的机会、培训机会等将会但还没有完全得到的非货币奖励）。非政府组织在用高薪吸引人才方面存在局限性，因此要注重内在薪酬。实际上，内在薪酬必须与外在薪酬结合起来才会发挥出巨大的效果。

（二）员工绩效评估

员工绩效评估是指，收集、分析、评价和传递有关非政府组织员工在其工作岗位上的工作行为表现和工作结果方面的信息情况的过程。

1. 员工绩效评估指标。非政府组织员工的每一项工作都有投入、活动、产出、效果、影响，可以分别从这五个方面设计员工绩效评估指标。1）投入指标：衡量组织投入的资源（资金、员工时间、志愿者人数和投入时间、物资）；2）过程/活动指标：衡量组织进行的活动（回复时间、等待时间、结案时间），以及员工在活动中所表现出来的态度和行为，如沟通能力，团队精神；3）产出指标：衡量组织的工作成果（回答的问询次数、结案数量、提交立法修改建议书的数量）；4）效果指标：衡量组织工作产生的短期影响（如有社会影响的案件数量）；5）影响指标：衡量组织工作产生的长期影响（如对有关立法的影响）。需要说明的是，不需要对员工的每项工作都设计所有这五个方面的绩效指标，要根据每项工作的具体情况和目的来定。

非政府组织员工绩效评估指标设计的标准为：1）清楚而统一的标准；2）应用组织之所有者来使用，不可依赖外人或环境因素；3）必须和组织的需求与目标有关；4）被评估的单位或个人不可影响绩效指标的设计；5）必须有广博性（涵盖管理行为的所有面向）和一定的范围（集中有限数量的绩效指标）；6）建立绩效指标所使用的信息必须正确和广泛；7）必须为组织的各级人员所接受，符合组织文化。

2. 绩效评估方法。非政府组织员工绩效评估中用的比较普遍的是目标管理法和360度评估法。

目标管理法，是组织中的上级和下级一起协商，根据组织使命确定一定时期内组织的总目标，由此决定上、下级的责任和分目标，并把这些目标作为非政府组织绩效来考核每个部门和个人绩效产出对组织贡献的标准。

目标管理法的具体操作分为四个步骤：1）设定绩效目标以及为此所应采取的方式、方法。绩效目标要符合五个原则，即：目标具体、可以量化、实际可行、与战略相关、有时间限制。2）为被考核者制定达到目标的时间框架。即当员工为这一绩效目标努力时，可以合理安排时间，了解自己目前在做什么，已经做了什么和下一步还将要做什么。3）将实际达到的绩效水平与预先设定的绩效目标相比较。4）制定新的绩效目标，以及为达到新的绩效目标而可能采取的新的战略。

360度评估法，指在非政府组织员工绩效评估过程中，将各种考核方法所得到的绩效信息综合使用，并形成全方位考核和反馈体系。它尽可能地结合所有方面的信息，包括上司、同事、下属、客户等。

360度评估法的优势在于：比较公平公正，弥补单纯由上司对下属进行考核而可能产生的个人主观臆断的弊端；加强了部门之间的沟通，增进了员工的相互了解及工作配合；使人事部门依据它实行的奖惩措施较易推行。其缺陷在于：综合各方面绩效信息增加了员工绩效评估系统的复杂性；参与360度考核者可能感觉受到威胁，而且会产生怨恨；有可能产生相互冲突的考核，尽管各种考核在其各自的立场是正确的；需要经过培训才能使员工绩效评估系统有效工作；员工们可能会做出不正确的考核。

3. 员工绩效评估机制。非政府组织员工绩效评估机制要回答以下几个问题：1）如何使用评估结果。评估结果主要用于：人事任免和职务升迁；检验工作说明书和绩效评估系统的合理性；改进和提高工作水平；有针对性地开展能力建设工作。2）谁是评估参加者。包括：上级领导、同级、下级、自我评估、受益者、专设的绩效评估小组等。3）评估的周期如何设定。任何一个组织都可以建立自己的评估周期，比如每一年进行一次，或选择"自然的时机"如每完成一项工作任务的时候。4）谁处理评估结果。由非政府组织秘书长或理事会处理正式的评估结果，评估结果在理事会和管理团队之间分享。

四、非政府组织劳动关系

1. 非政府组织劳动关系的实质。非政府组织劳动关系的实质是劳动合同。劳动合同指的是劳动者与非政府组织确立劳动关系、明确双方权利和义务的协议。劳动合同应当以书面形式订立。非政府组织劳动合同期限分为有固定期限、无固定期限和以完成一定工作为期限三种。已存在劳动关系，但是组织与劳动者未以书面形式订立劳动合同的，除劳动者有其他意思表示外，视为用人单位与劳动者已订立无固定期限劳动合同，并应当及时补办合同订立手续。

2. 双方知情权的平等原则。非政府组织与劳动者订立劳动合同，应当如实告知劳动者工作内容、工作条件、工作地点、职业危害、安全生产状况、劳动报酬，以及劳动者希望了解的其他与订立和履行劳动合同直接相关的情况；非政府组织有权了解劳动者与订立和履行劳动合同直接相关的年龄、身体状况、工作经历、知识技能以及就业现状等情况。

3. 劳动合同的基本内容。非政府组织的名称、住所和法定代表人；劳动者的姓名、居民身份证号码；劳动合同期限或者终止条件；工作内容和工作地点；工作时间和休息休假；劳动报酬；法律、行政法规规定应当纳入劳动合同的其他事项。除以上内容之外，经当事人协商一致，还可以根据法律在劳动合同中约定下列内容：试用期；培训；保守商业秘密；补充保险和福利待遇等。在没有劳动合同的情况下，员工拥有的有关权利和用人单位应遵循的有关义务不受影响，如工资和福利、劳动安全等。

4. 对招录单位行为的限制。劳动合同期限在 3 个月以上的，招录单位可以约定试用期。试用期包括在劳动合同期限内。非技术性工作岗位的试用期不得超过 1 个月；技术性工作岗位的试用期不得超过 2 个月；高级专业技术工作岗位的试用期不得超过 6 个月。同一非政府组织与同一劳动者只能约定一次试用期。

招录单位招用劳动者，不得要求劳动者提供担保或者以担保名义向劳动者收取财物，不得扣押劳动者的身份证件。组织要为劳动者提供培训费用，劳动者需要接受 6 个月以上脱产专业技术培训的，招录单位可以与劳动者约定服务期以及劳动者违反服务期约定应当向组织支付违约金。该违约金不得超过服务期尚未履行部分所应分摊的培训费用。

非政府组织应当依法建立和完善劳动安全卫生、劳动纪律、职工培训、休息休假以及劳动定额管理等方面的规章制度，保障劳动者享有劳动权利、履行劳动义务。组织的规章制度，是劳动合同不可分割的一部分，也是确定员工违反合同，组织有权辞退员工的重要依据。

5. 保密与竞业限制的规定。非政府组织可以把保密性确定为组织政策之一，并要求员工、理事会成员及志愿者等签署"保密承诺"。组织可以与知悉其秘密的劳动者在劳动合同中约定，在劳动合同终止或者解除后的一定期限内，劳动者不得到有竞争关系的其他单位任职，也不得自己开业生产或者经营同类产品或者业务。此竞业限制的范围，应当以能够与组织形成实际竞争关系的地域为限。竞业限制期限不得超过 2 年。非政府组织与劳动者有竞业限制约定的，应当同时与劳动者约定在劳动合同终止或者解除时向劳动者支付竞业限制经济补偿，其数额不得少于劳动者在该组织的年工资收入。劳动者违反竞业限制约定的，应当向组织支付违约金，其数额不得超过组织向劳动者支付的竞业限制经济补偿的 3 倍。

6. 双方劳动关系的解除。非政府组织根据有关法律，可以针对相应情况解除与当事人的劳动合同。如：在试用期间被证明不符合录用条件的；严重违反组织的规章制度，按照组织的规章制度应当解除劳动合同的；严重失职，营私舞弊，给组织的利益造成重大损害的；劳动者同时与其他用人单位建立劳动关系，对完成工作任务造成严重影响，经非政府组织提出，拒不改正的；被依法追究刑事责任的。

有下列情形之一的，非政府组织在提前30天以书面形式通知劳动者本人或者额外支付劳动者1个月工资后，可以解除无固定期限劳动合同：劳动者患病或者非因工负伤，在规定的医疗期满后不能从事原工作，且未能就变更劳动合同与用人单位协商一致的；劳动者被证明不能胜任工作，经过培训或者调整工作岗位，仍不能胜任工作的；劳动合同订立时所依据的客观情况发生重大变化，致使劳动合同无法履行，经组织与劳动者协商，未能就变更劳动合同内容或者中止劳动合同达成协议的。

劳动合同订立时所依据的客观情况发生重大变化，致使劳动合同无法履行，需要裁减人员50人以上的，非政府组织应当向本单位工会或者全体职工说明情况，并与工会或者职工代表协商一致。裁减人员时，应当优先留用在本单位工作时间较长、与本单位订立较长期限的有固定期限劳动合同以及订立无固定期限劳动合同的劳动者。非政府组织不得针对如下情况解除劳动合同：患职业病或者因工负伤并被确认丧失或者部分丧失劳动能力的；患病或者负伤，在规定的医疗期内的；女职工在孕期、产期、哺乳期的；正在担任平等协商代表的等。

劳动者提前30天以书面形式通知用人单位，可以解除劳动合同。如有下列情形之一，劳动者可以随时通知非政府组织解除劳动合同：在试用期内非政府组织未按照劳动合同提供合格的生产条件的；未按时足额支付劳动报酬的；未依法为劳动者缴纳社会保险费的；组织的规章制度违反法律、行政法规的规定，损害劳动者权益，等等。非政府组织以暴力、威胁或者非法限制人身自由的手段强迫劳动者劳动的，或者非政府组织违章指挥、强令冒险作业危及劳动者人身安全的，劳动者可以立即解除劳动合同，无需通知非政府组织。

第三节　非政府组织志愿者管理

志愿者是非政府组织非常重要的人力资源，是非政府组织不可缺少的组成部分。志愿者管理作为非政府组织人力资源管理的一部分，具有自身鲜明的管理特点，更强调价值观和责任感，强调对社会和他人的关怀。

一、非政府组织志愿者管理概述

1. 志愿者和志愿者组织。志愿者，指的是在不为任何物质报酬的情况下，为社会公益目的或者一个组织的互益目的而贡献个人的时间、精力、体力或者技能，提供服务的人。志愿者不受私人利益的驱使、不受法律或政府的强制，他们基于道义、信念、良知、同情心和责任感而从事公益或者互益工作。

志愿者与普通员工相比，具有以下几个特性：1）志愿者并不以志愿服务为谋生手段，他们有其他专门职业。2）志愿者参加志愿服务是出于自愿而不是被强迫；3）志愿者参加志愿服务并不以获得报酬为目的，有的志愿者能得到少量的津贴，但大多数是无偿服务；

4）志愿者参加志愿服务是履行公民的义务。5）志愿者通过的志愿服务为他人和社会带来更多的利益而不仅仅是为组织本身。6）志愿者参加志愿服务可以满足自我需要，获得个人成长经验，结识对自己发展有益的人，实现自我价值。

志愿者组织，指的是自愿用自己的智慧和力量去帮助有困难的群体，愿意奉献自己的才智和资源去增进公益的人走到一起而形成的组织。志愿者组织可分为正式组织和非正式组织。正式组织是指经过政府登记和法律认可的志愿者组织；非正式组织则指未经政府登记认可、但在一定范围内活动的志愿者组织，它们在某地域或领域内从事有益于社会的活动，获得了社会认可，如社区青年志愿者组织，大型公共活动中的志愿者服务队等。

2. 志愿精神和志愿服务。志愿精神，是指一种不为报酬和收入而参与促进社会进步和完善社区工作的精神，是公众参与社会生活的一种重要方式，是公民社会形成与发展的基础。志愿精神蕴涵着博爱和奉献，体现着个人对于社会甚至是人类的责任。

志愿服务，是指任何人无偿奉献个人时间、精力、体力、技能，为社会公益事业所提供的服务，志愿服务又称为"社会资本"。社会资本是相对于物质资本和人力资本的一种无形资源形式，以社会关系中的信任和网络为载体，既包括社会关系中的制度化网络等组织结构特征，又包括公民所拥有的信任、声誉等特征。社会资本形成于一定范围社会成员在信任和相同价值观基础上的互惠与合作，体现为将朋友、家庭、社区、工作以及公私生活联系起来的人脉关系。志愿者所形成的人际网络和服务具有重要的社会经济价值。

志愿服务主要有两种形式：一是无组织的志愿服务，以个人自觉形式提供社会服务；二是有组织的志愿服务，个人通过非政府组织参加志愿服务就是这种形式。

志愿服务已成为非政府组织开展公益活动的重要资源。其中的原因是：非政府组织作为一种组织类型，能够满足成员的两种需要。

一是工具性需要，即它可以帮助成员去完成那些个人不容易完成的工作，比如保护环境。很多非政府组织已经在资金、人员、公众影响等方面积累了一定力量，而且具有处理某些问题的专门技巧和途径。所以，个人无法实现的公益行为更有可能通过组织来实现，非政府组织正好为公民提供了一个为了公共物品而采取私人行动的渠道。

二是精神性需要，即非政府组织为其成员提供情感支持和自我表达的机会。事实上，志愿者加入组织活动本身就是基于一种共同的价值观，基于个人价值观和组织价值观在进行公益活动方面的契合。在组织中，志愿者有机会和具有同样价值观的人进行交流，进而在这种交流中获得一种情感上的满足。所以，志愿者加入非政府组织事实上可以看成是这样一种交换关系的形成：志愿者向非政府组织提供志愿服务，非政府组织为志愿者提供表达个人意愿并提供志愿服务的渠道。

3. 志愿者管理。志愿者管理是影响志愿者在志愿服务中的价值观、责任感、态度、技能和行为的理念、政策和制度。对于非政府组织来说，志愿者是非政府组织不可缺少的组成部分，进行志愿者管理也成为非政府组织的一个重要环节。志愿者管理，既具有非政府组织人力资源管理的一般特征，又具有自身鲜明个性特征。志愿者管理更强调价值观和责任感，强调对社会和他人的义务。组织须按服务目标、服务需求和资源配置情况，订立长远的志愿者人力资源管理政策、组织构架和协调系统，力求用好志愿者资源，改善及发展志愿服务。

但是，由于志愿者服务的特殊性，非政府组织进行志愿者管理就具有不同于一般组织管理的特点。志愿者抱着表达个人意愿并提供志愿服务的愿望加入非政府组织，贡献了劳动；

非政府组织为志愿者个人提供了相关渠道，获得了志愿者这种特殊的人力资源，双方形成一种平等的交换关系。这就决定了二者之间不同于一般组织管理中控制与服从的关系，非政府组织进行志愿者管理的基础只能是组织和志愿者共有的价值观。由于非政府组织和志愿者之间是平等的关系，在组织对志愿者的管理过程中，不可能强迫志愿者服从某些规定，也不可能利用金钱或者物质刺激的激励方法。所以，非政府组织只能通过让志愿者把组织的目标当成其个人的目标这种途径，来使志愿者服从管理，履行自己的义务。在这个过程中，非政府组织进行志愿者管理的主要任务就是应该充分考虑志愿者的意愿，为其提供良好的环境，使其能在组织中以一种积极的心态实现自己志愿服务的愿望。因此，非政府组织的志愿者管理体系应该是建立在公益价值之上的流动与连续的统一，是尊重与引导的统一，是志愿与服从的统一，是开放与规范的统一、是个人与组织的统一。

二、非政府组织志愿者管理系统

非政府组织的志愿者管理系统包括了针对志愿者管理的工作规划、管理模式、管理机制、管理策略等内容。

1. 志愿者管理工作规划。包括了若干环节的志愿者管理系统，由组织的理事会进行统筹设计与谋划，由执行总裁与相关部门负责落实，最后由专门人员贯彻执行。在国外有的非政府组织把负责志愿者工作的专门人员叫做"志愿者协调员"（而不叫管理员），他们专门负责统筹、策划、协调、组织、联系、评估志愿者服务。协调员由组织管理层任命，并赋予清晰身份和地位，协调员可以由受薪员工或由资深志愿者担任，有时组织也会组成协调委员会发挥志愿协调的功能。

组织的理事会、执行总裁和志愿者协调人员为了做好志愿者管理工作，首先须明确：志愿者一般具有必要的知识技能，能够在合适的条件下发挥自己的能力；志愿者管理的任务只能是志愿工作事务和方式，而非志愿者本人。在此基础上制定志愿工作规划。这个规划的要点包括：1）志愿者协调机制与志愿者协调员的描述。2）明确志愿者参与工作的领域。3）志愿者工作预算规划。4）灵活而完整的志愿者招募程序的描述和对志愿者进行面试的程序。5）对志愿者的选择，寻求具有相关专业技术及爱好的志愿者以满足工作需要。6）注意拥有不同年龄段和来自不同领域和部门的志愿者。7）备有清晰的书面文件，列明志愿者可以选择的工作。8）为志愿者列出确切的工作内容及职责范围。9）明列本机构从决策到执行部门以及相关负责人的"组织地图"，供新志愿者参考。10）志愿者培训计划，通过培训提升志愿者胜任工作的能力。11）提供有利于个人成长、发展以及学习新技术的机会。12）为志愿者提供独立负责的机会，锻炼他们的领导能力。13）明确志愿工作的考核与鉴定标准和程序。14）制定对志愿者良好表现给予激励的规定。15）鼓励志愿者发表意见和参与制定志愿者工作计划。16）志愿者和管理人员都明确了解各自的角色和责任。

2. 志愿者管理模式。依据非政府组织与志愿者的关系，可分为三种志愿者管理模式。

员工式管理模式（重合型管理）：将志愿者纳入到组织的人力资源管理体制之中，由非政府组织进行专门的志愿者管理工作。志愿者与非政府组织联系非常紧密，有时甚至是志愿者作为组织员工承担组织管理工作。这种管理模式常见于由志愿者提供人力资源的非政府组织。

项目式管理模式（独立型管理）：在这种类型中，基本没有志愿者管理结构和内容，只是偶尔组织或举办志愿者活动。志愿者通常只是在组织有项目或需要的时候，受招募而参与组织的工作，一旦任务完成，即解除两者之间的临时关系。这种管理模式常见于以项目管理为导向的非政府组织，或者在非政府组织发展初期。

会员式管理模式(交叉型管理)：志愿者有独立的团队，志愿者团队被部分地纳入非政府组织管理之中。志愿者团队(如协会、社团或小组)有自己的领导人和组织结构，在承担组织安排的志愿工作并接受组织协调管理的同时，自行开展其他社会活动。

3. 志愿者管理机制。当管理者把志愿项目工作授予志愿者之后，便存在不能按预定目标运作或者失控的可能。非政府组织志愿管理者的困难在于：既要赋予志愿者一定的自主权，充分调动他们的积极性和创造性；又要保证他们按照预定的目标开展工作，同时又要在特定的环境中，把赋予他们的权利收回来。因此，必须建立分层管理的志愿者管理机制。

分层管理的志愿者管理机制，区分为宏观层次与微观层次。在宏观管理层次上，要解决两个问题：一是志愿组织和志愿者的法律地位问题；二是要提供必要的资金等条件，使志愿者能够自由展开志愿服务活动。总的来说，志愿服务的宏观管理必须要由政府来推动建立一个良好的宏观环境，以解决志愿者服务的法律地位，并保证志愿组织有充足的条件开展工作。在微观管理层次上，要解决服务热情和工作渠道有时候不能完全统一的问题。志愿服务人员的社会服务效益不能仅仅依靠他们的信念和热情。非政府组织人力资源管理的任务之一，从按规划进行招募将个体的志愿者组织成一个团队，到他们培训上岗从事具体志愿服务工作，再到经过专门协调部门和人员的指导、督促、激励、评估，保证志愿服务确实转化为社会公益，这个过程中的每一个环节，都要建立具体而完善的微观管理制度和机制，从而将志愿者的奉献热情引导到畅通的志愿服务渠道当中，使他们的积极性真正变成社会公益。

4. 志愿者管理策略。非政府组织的志愿者管理除了要遵循人力资源管理的一般原理与规律之外，还要特别注意遵循其自身所具有的特性。具体来说，非政府组织进行志愿者管理要注重以下几个方面的策略：

第一，创造激发志愿者工作动机的环境。志愿者管理人员要创造一个能鼓励志愿者工作的环境，这是非政府组织志愿者管理获得成功的基本条件。志愿者管理人员应当让志愿者清楚地知道工作目标及其承担的责任，避免志愿者的热情和积极性无的放矢。

第二，给志愿者安排合适的工作。志愿者参与非政府组织的项目，本来就是抱着提供志愿服务的目的，如果组织能够给他们安排合适的工作，让他们担当具有挑战性的工作，担负和他们的愿望相匹配的责任，则他们就会以积极的态度去完成组织交给的任务，这样志愿者个人和组织的目标都会得以实现。

第三，明确志愿者的工作权限。应当赋予志愿者一定的权利和权限，保证他们在处理工作时能够有独立自主的权力。在赋予的权利和权限的范围内，志愿者可以为实现规定的目标制定工作方案，发挥自己的主动性和创造性。志愿者管理的重要方法之一是鼓励志愿者发挥他们的积极性和创造性。这样对志愿者来说，组织的管理者变为协助者，志愿者从而感觉在工作上有比较大的自由空间，积极性和创造性得到激发，因此容易取得更令人满意的成果。

第四，给予适当的培训和指导。虽然一些志愿者满怀热情来从事志愿服务，可有时候并不一定能够胜任组织安排的工作，尤其是一些需要一定知识和技巧的工作，原来没有接触过的难免会觉得生疏。比如提供心理咨询服务的志愿者在上岗之前可能对心理咨询的一些技巧和规则并不熟悉，这就需要组织专门对志愿者进行相关的培训和指导，使之能够圆满完成安排的工作。

第五，对志愿者的工作予以及时反馈。志愿者提供服务，即使效果再好，如果得不到来自组织的回应，很可能会让他们觉得自己的努力未得到认可，久而久之，在某种程度上就会影响志愿者的工作热情。在非政府组织中，虽然并不一定要用物质奖励志愿者，但利用其他手段对其工作进行肯定则是相当必要的。比如颁发证书、纪念品、举行表彰宴会等，或者是在日常工作中关注志愿者的工作进展。这些都能使志愿者产生强烈的认同感，觉得自己的努力受到了关注、肯定，从而以更大的热情投入到工作中去。

总之，非政府组织应把志愿者视为一种重要的人力资源，为志愿者提供良好的环境，使他们能够顺利地按照自己的愿望提供志愿服务，这从根本上有利于非政府组织的发展壮大。

三、非政府组织志愿者管理流程

非政府组织志愿者管理的流程，是志愿者管理制度基础上形成的非常具体和微观的管理机制，包括了各个主要管理环节，各个环节的主要任务以及完成相应任务所要参考使用的主要方法。

1. 制定志愿工作计划。对于志愿者的管理虽然有别于固定员工，但招募、培训、服务、评估与激励等重要步骤都缺一不可，而且需要管理者根据志愿者的特点和具体工作目标制定详细、明确的整体工作计划。非政府组织志愿工作计划的主要内容包括：初步界定服务对象和范围及志愿者的角色，草拟服务计划书；设计志愿工作，编写工作手册及服务方法；志愿者招募方法及甄选；志愿者培训；志愿工作安排；检讨及评估未来的发展。

2. 志愿者招募与面试。非政府组织招募的程序性工作包括：1）制定招募标准：清晰界定志愿者负责的工作，明确需要什么样的志愿者。2）确定恰当的招募方式：例如宣传宣传页、张贴海报、壁报设计、机构职员鼓励、讲座、招募会或招募说明会、个人介绍等。3）确定招募人员。4）制定甄选程序：面试、双向选择、情景模拟、筛选（回执）、推荐其他组织。5）准备好所需的相关文件和表格：志愿者服务的目的；列明对志愿者及服务的期望，有关所需的工作责任；志愿者享有的福利和培训机会；订立合约形式（口头/书面），确定聘用志愿者的工作要求及对服务的承诺；澄清机构与志愿申请者彼此对工作的期望和要求。6）实施招募。

一般来说，招募从事相对比较长期固定的服务工作的志愿者都需要进行面试。目的是让申请者了解工作要求及说明双方的期望，以便让双方决定是否适合。面试需要考虑的因素是：1）志愿者是否具备所需的工作技能、经验和原动力；2）志愿者是否符合非政府组织的工作文化及工作的要求；3）考察志愿者服务的原动力是什么；4）志愿者希望从事的志愿服务岗位是什么；志愿者是否有足够的时间保证完成承担的工作。

3. 志愿者的培训。志愿者培训的目标是，通过适当的培训，让志愿者接受非政府组织的理念；向志愿者教授相关知识、技能，并协助志愿者选择工作；帮助志愿者改善工作态度、增强自信心；让志愿者清楚自己的权利和义务。通过阶梯式能力建设培训，为志愿者适应非政府组织工作环境，提供符合要求的服务，实现个人成长并进而促进组织发展，打下良好基础。

志愿者培训形式。主要有：1）老志愿者带新志愿者，需安排迎新辅导会或工作介绍会给新志愿者，介绍服务内容，讲解志愿工作概念、志愿工作态度和守则等。2）团队建设培训，根据服务工作需要，进行成系列的理论或实务上的培训，包括理念、社会服务发展动向、服务技术培训、解决问题方法、程序设计、领导力提升、团队工作、行政事务管理等。

3）参与式培训，通过活动、研讨、互动交流，学习志愿工作理念与技能。4）活动式培训，组织志愿者参加相应的活动，然后再结合活动需求内容，开展培训。

志愿者培训课程。主要内容有：志愿者认知，侧重对志愿者及公民社会的一般认知；组织机构介绍；志愿工作说明；志愿工作相关理论技能；团队与沟通；社会工作方法；志愿者自我管理和生涯规划；志愿组织的战略规划；志愿者交流与专题研讨。

志愿者手册。组织需要为志愿者管理编制志愿者手册，内容主要包括：组织的理念与使命；组织架构图、员工名单和职责表；志愿者服务政策；志愿者工作目的及工作内容简介；志愿者的角色要求，如工作纪律、参与培训和出席会议、工作汇报与责任等；介绍服务的程序和范围；工作场所的制度，如储存记录、监管和处理紧急事项的程序、申领活动经费的程序等；志愿者须遵守的规则；志愿者福利规定，如受训机会、津贴、保险等；退出服务的申请程序。

4. 志愿工作督导与评估。非政府组织需要定期对志愿者进行督导和评估，这包括：加强与志愿者进行沟通，及时了解志愿工作的进展情况；及时提供有针对性的辅导，通过引导和辅导纠正工作中的问题，改进服务的质量；尽可能吸收适合的志愿者直接参与督导工作；保证志愿者投诉渠道的畅通，为了保护志愿者的权益，要有可靠的电话、电子邮件和专人接待等方式和程序，并且要有处理、反馈和改进的保障措施等。

志愿评估工作旨在评定一个计划或服务应否继续进行下去，或运用创新和可行的方法改善服务质量。如果志愿者同意调整参与的工作岗位职责，而评估又能真实客观反映服务工作的修改需求，在两方面的配合下，志愿服务工作将会越做越好。

5. 志愿者激励。激励包括激发和约束两方面的含义。在激励过程中，奖励和惩罚是两种最基本的激励手段。非政府组织志愿者参加志愿服务并不以获得报酬为目的，所以志愿者激励更注重精神激励和人文关怀。非政府组织志愿者激励的一般做法是：可采取不同的方式向志愿者表示感谢；对服务表现优异的志愿者，应设定明确的标准，加以确认及表彰；对志愿者给予适当的工作津贴，如膳食、交通费用等。

非政府组织对志愿者激励主要有内部激励、社会激励、志愿者自我激励；此外，最大限度地保护志愿者权益，也是对志愿者的一种激励。

第一，内部激励。内部激励的形式主要有：1）为志愿者安排他们所期望的工作，使他们一展所长，这会给他们带来满足和成就感。2）根据志愿者服务时数分别颁发奖章，如设立"金奖"：服务时数达 100 小时；银奖：服务时数达 50 小时；铜奖：服务时数达 30 小时。3）根据不同的情况订立不同的表彰奖项，如"十大杰出志愿者奖"、"最佳志愿服务策划奖"、"最佳志愿者组织参与奖"等。4）以评审的方式，挑选表现出色的志愿者或小组，给予特别表扬。从而鼓励志愿者参与的持续性和积极性。5）保护志愿者权益。最大限度地保护志愿者权益，让志愿者感到他们是受到足够重视和尊重的，也是对志愿者的一种激励。比如组织在规划志愿服务时，应根据志愿者人数、服务时数、服务的时间及地点，预算必要的津贴，有些情况下，可能要为志愿者购买人身意外保险。这种权益保护和人文关怀将会产生肯定的激励作用。

第二，社会激励。社会激励，即从社会方面对志愿者的服务予以承认，进行奖励、提供回报。只有让帮助社会和他人的人得到激励，志愿服务事业才能长期发展。对非政府组织志愿者的社会激励，包括制度化的措施、舆论的宣传和现实生活的回报等，主要有社会荣誉激励和社会回报激励两大类。

社会荣誉激励，是对志愿者服务最普遍的激励。从国家机构颁发高级别的"志愿者金奖"到社区机构颁发的"社区志愿者奖"，都属于这种激励。通过社会给予的精神奖励、荣誉奖励，使志愿者感受服务的价值和获得服务的自豪感。

社会回报激励，是通过一种约定成俗的做法，让为社会和他人志愿服务的人，在需要的时候也能得到社会和他人的帮助，体现了志愿服务中"助人助己"的逻辑。政府管理部门和非政府组织应共同创造条件，让志愿者的服务获得社会的回报。比如有些地方尝试"志愿服务银行"的模式，即将志愿者为当地社区或者他人提供的服务折算成小时数，储存在"志愿服务银行"里，将来有一天一旦需要，可以据此获得社区志愿机构提供的同等时间的服务。有些地方还采取"互助服务"的回报激励方式，将志愿者为当地社区或者他人提供的服务项目和效果张榜公布，让广大社区居民或者村民知晓，一旦志愿者本人有需求，也能够获得大家的热情服务。类似的，还有地方采取"服务转换"的回报激励方式，即对热情在当地提供公益服务的志愿者进行重点介绍，提高他们在当地的知名度和声誉度，依此激励当事人并作为榜样和典型，进一步调动其他人的积极性，发掘社会上的志愿服务资源。

第三，非政府组织志愿者自我激励。自我激励是志愿者激励的最高境界。志愿者的自我激励的动力是参与志愿服务过程活动的自我成就感和自我满足感。如果善于从自我激励的角度发掘参与服务的价值，那么即使社会激励有欠缺，志愿者仍然能够自己保持服务的热情，自觉地投入到志愿服务中去，并实施自我监督、自我鞭策、自我评价、自我控制。

志愿者的自我激励主要包括：1）自我价值激励。志愿者在参与志愿服务中重新发现自己的价值、作用，从而影响其自我评价。志愿服务让志愿者有机会发挥自己的价值，这是他们激励自己参与志愿服务活动的内因。2）自我成就激励。这来自于自己对所从事服务工作的期待和受帮助对象需求感受的契合程度。契合程度越高，志愿者的自我激励就会越有效。一个人只要热情、真诚地提供服务总会得到他人的肯定。而当有证据表明志愿者提供的服务确实产生了社会效果，比如正好解决了一个受助者的困难，就一定能够产生相当好的激励作用。3）自我提升激励。志愿服务是提供志愿者在职业岗位之外的交往与实践机会，他们可以通过参与服务，提高交际能力、提高应对矛盾和解决问题的能力、提高非正式团体领导能力等。参与志愿服务是一个提升精神境界、完善人格素质的有效途径。4）自我快乐激励。志愿者的自我快乐激励机制，是指学会在志愿服务中寻找快乐，或者善于将忧愁情绪转化为快乐的体验。从心理学的角度看，一个用实际志愿服务行动向社会和他人展示和奉献了博爱和慈善的人，最容易获得快乐激励。

第十二章 非政府组织财务管理

非政府组织的财务管理是非政府组织治理中非常重要的一环。其目的在于开源节流以保证获得充裕的资金，根据组织的目标和任务做好精细的财务预算与决算，结合过程管理和结果管理来加强成本分析和效益分析，通过加强财务审计与监督来防止财力浪费。此外，还要对整个组织的收支平衡、赤字盈余等财务状况进行分析以把握总的财务状况，还要根据国家财政制度、民间非营利组织财务制度、资金提供者的愿望与要求，检查监督资金使用的合理性和合法性并向有关方面提供财务报告，以此确保非政府组织公益服务的效率效益和社会公信度。

第一节 对非政府组织财务管理的理解

非政府组织的财务管理，旨在从物质支持上保证有效落实社团管理法规和政策，以确保非政府组织能够健康运作。一方面，它要不断开掘财源，由此适应不断扩大的事业规模和责任需要；另一方面，它要用好、管好所获得的资金，不仅要精打细算，把有限的资金用得其所，而且要规范透明，把公共性质非常明确的资金用得合法，完全按照统一的财会法规和政策来做账并接受审计。

一、非政府组织财务管理特征

与企业相比，非政府组织的财务管理虽然在基本原理和法规制度上有共同之处，但在具体的内容和方式上则有其独特之处。

第一，资金的多源性。非政府组织的资金是多渠道的，大致包括了捐赠收入、会费收入、提供服务收入、政府补助收入、商品销售收入等主要业务活动收入和其他收入等。

第二，没有利润指标。非政府组织是不以获取利润为目的的公益服务组织。在非政府组织财务中通常缺少利润这一指标，这使得管理的系统性受到影响：管理人员经常难以就各种目标的相对重要性程度达成一致；对于一定的投入能在多大程度上帮助组织实现自己的目标也难以确定；不同非政府组织之间也无法进行绩效的对比。对企业而言，内部管理通常可划分为许多责任中心，对每一责任中心都明确其职责，并赋予相应的权力，在对其职责履行进行考核评价的基础上，给予其相应的利益。而对于非政府组织而言，由于不存在利润指标，对各部门的职责履行的情况难于考核评价，因而对于各部门的责权利也就无法十分明确。

第三，所有权形式特殊。资财的权益属于非政府组织所有。但是，非政府组织不能对其资财权益进行转让、出售，并且在某些情况下必须按照资财提供者的要求来运作、管理和处置资财。资财的提供者不期望收回或据以取得经济上的利益，因而非政府组织通常不进行损益的计算，也不进行净收入的分配。即使非政府组织解体，资财提供者也没有分享剩余资产的明确的所有者权益。

总之，非政府组织的财务管理，既不像政府组织的财务管理，也不像企业的财务管理。其最大特点就是必须精细地运用好来自于社会的有限资金，确保本组织能够完成非营利性的运作任务。

二、非政府组织财务管理目标

非政府组织的财务管理目标，就是将组织财务目的转变成具体的财务工作要求，使目的具有可操作性和可检测性。

这个目标具体体现为：1）建立健全适合不断拓展资金来源、积累和增加可用资金的财力保障机制；2）建立健全能够降低财务成本、提高资金成效的财务运行机制；3）建立健全与成本效益管理相衔接的资金应用绩效管理机制；4）建立科学、合理的财务规划、预算、决算和复核的程序与制度；5）建立健全资金支配决策权与责任紧密关联和快速公开的财务决策机制；6）建立健全能敏锐反映和应对当前与未来财务状况的评估机制、风险预警机制、收支平衡机制、财务应急机制和组织行为调节机制；7）建立健全能确保组织平稳运作和长期发展、充分落实组织宗旨和责任、符合国家财务管理标准和要求的财务监督机制、财务协调机制和综合处治机制；8）建立健全向出资人和赞助人报告和负责的制度与机制；9）建立健全向社会公开、让资助者和受益人者满意和信任的制度与机制。

非政府组织财务管理的一般要求是：通过财务预算，描画出组织未来的蓝图；通过预算的实施，使年度工作计划得到落实，使组织的目标得以逐步实现；通过成本分析、资金营运和财务分析，大大地促进成本降低、增加收入、提高效率；通过会计日记账、做报表和财务报告，使非政府组织的财务运行处于透明、可控的状态而大大降低财务风险；通过外部审计和财务公开机制，极大地改善组织的形象，增进组织的公信度。

三、非政府组织财务管理功能

非政府组织财务管理的功能主要有如下方面：

1. 实践组织宗旨。组织的宗旨首先在组织的财务管理上得到集中体现。财务管理不仅直接按照宗旨来设定，安排资金的分配、用度和结算，而且还特别在预算和决算上直接反映整个组织各部分的目标与组织宗旨的内在关系。准确到位和负责任的财务管理不仅在自身业务的运行中反映宗旨要求，而且还通过财务的功能来督促和保证包含在具体工作任务中的宗旨得到全面履行。

2. 优化绩效管理。财务资金无论从何处获得，它都不仅是有限的，而且包含了资金提供者的信任和期待。因此，就要通过抓成本、抓绩效来提高资金的使用效率。组织的每个环节都应当注意成本管理和绩效管理。而在其中起主导作用的主要是财务部门。财务管理直接负责各个环节的实际成本核算与分析、资金绩效和产出绩效，并为整体绩效提供检测的标准。一旦把每个管理行为都放到财务绩效检测之下，每个管理行为就直接受到来自财务的绩效考评压力。这样，财务管理就在整个组织生活中具有并发挥着不可替代的成本管理作用和绩效管理作用，对于降低各个环节乃至整体的成本、提高各个环节乃至整体的绩效至关重要。

3. 防范财务危机。在防范组织的财务危机方面，财务管理所发挥的作用是：在组织运作的整体层面上，监测和掌握资金的宏观运作情况，对于收支失衡、资金紧缺或者资金运作丧失安全的风险及时发出预警并采取紧急、有效的措施，避免发生宏观上的财务危机；在项目运作的局部层面上，监测和掌握资金的中观运作情况，对资金的到位、支出和使用效度进行切实把握，对其中存在的隐患或现实问题及时提出警告和制止措施，避免风险进一步扩大、问题进一步严重而酿成重大危机；在微观的日常财务管理上，及时发现和处理有背于财务管理制度、特别是风险控制机制的任何现象，使得每一笔资金的实际运行都纳入可控范围，从很小的具体活动上做到防微杜渐、避免风险积累和危机孕育。

4. 保证组织廉洁。非政府组织和其他组织一样，也会产生腐败问题。由于组织使用的资金来自社会，公益事业中的腐败所产生的影响更为恶劣。而这类行为的产生往往和组织的财务管理制度有关。混乱的财务管理常常掩盖着假公济私、滥用善款、违规交易、营私舞弊的丑恶行为。为此，对非政府组织应当通过健全的财务制度，严格的财务管理，透明的财务过程，公正的奖励和惩罚制度，使组织的资金始终处于可以控制的状态，保证其财务活动符合法律、法规、政策的规定，有效遏止任何腐败情况的滋生，提高财政资金的使用效益，确保公益事业发展目标的实现。

5. 提高组织公信度。非政府组织要有良好形象和公信度，不仅要有整体上让人信服的质量、水平、成就和业绩，而且还要有达到公认的指标与要求，比如成本、数量、效率、效果、规范性和透明度等。财务管理要确保组织有一个公开透明的资金运作机制，要有定期的反映财务管理过程及其结果的财务报告。高效而透明的财务管理是非政府组织自身性质的要求。为了使公众认同和信任组织，为了使组织得到源源不断的捐赠资助，为了组织能够有足够的志愿者，必须要避免暗箱财务。透明有效的财务管理是非政府组织和所有支持者之间建立信任关系的保证。

总之，非政府组织的财务管理为整个组织提供一个公开透明、安全可信、公共参与度高的资金运作机制和资财管理体系，为整个组织的生存和发展提供坚实的财力保障。

第二节　非政府组织的预算与资金管理

预算和资金管理是非政府组织财务管理的主要业务。首先，预算管理是非政府组织一定时期内财务运作的起点。一个非政府组织的实际业务量和贡献大小取决于预算规模所提供的资金条件及财务空间。其次，资金管理是财务管理的关键，是具体落实预算的财务操作过程。它主要包括了收入与支出管理、资产管理和营运、对外投资管理、负债管理、结余分配及基金核算等许多环节。

一、非政府组织预算管理

预算就是一个组织根据未来一段时期内的目标按项目进行规划所提出的资金分配计划和使用方案。在具体内容上，它通常体现为整体行动方案中的每一个具体项目或者任务。它确定资金使用预期目标，划出使用范围和界限，明确相应的额度和基本要求。它为组织内每个部门在资金用度上提供一个依据和约束。

预算管理是组织在一个预算周期（通常是一年，叫做财务年度）内的一系列管理活动。显然，预算管理要比预算环节的范围要宽。预算管理极其重要，它是整个组织运作过程中最重要的事件和内容之一。没有预算管理，预算将会混乱或者丧失应有的功能，从而导致整个组织完全失序、失控和失败；有了预算但是预算不合理，同样会引发各种矛盾。预算即使顺利实施，终究会引发组织的混乱。

实行预算管理的意义是：第一，在整个组织范围内资金总盘子的调拨可以避免厚薄不均、事财脱离，能够达到总体上的合理与和谐，能够较好调动各方面的主动性、积极性和创造性，还能促进各部分之间的相互协调性和相互支持性，进而产生更大的合力来完成组织任务。第二，使每个部门都明确可用度的资金资源，也明确了责任，给定了约束；每个部门必须在预算范围内完成工作任务，并不能突破资金限额。

预算管理在其新近的变化发展过程中出现了一个趋势，即引入绩效因素，实行绩效预算。绩效因素的加入和绩效管理原理的应用，不仅使预算管理组织实现新的转型，正在由旨在单纯用钱的传统模式转变成一种以绩效预算为逻辑起点的新模式，而且还由此带来一系列的管理变革，使其他各个层面上的管理都必须依之而动。

事实上，在整个组织的项目启动之初，即资金安排阶段，这种新型管理模式就开始进入绩效管理了，它首先在资金效益上发生，并由此延伸到各个管理部分，形成一个整体的绩效管理系统。这样，预算就能最大限度地发挥出有限资金的效用，也方便于出资人对资金使用和管理以及整个业务情况进行了解、把握和检查监督，对组织的长期发展具有十分重要的作用。

非政府组织的预算编制由理事会领导，由财务主管牵头，由财务管理部门会同有关部门一起研究、商量和启动操办。如果是有会员的组织，最后要经过会员大会或者会员代表大会做出抉择。具体来说，这个过程一般有四个步骤：1）收集预算信息，分析财务环境，确定预算指标；2）选择适用的预算方法，进行单项预算，汇总编制成预算草案；3）征求意见、修订和完善预算案，对预算指标及其他内容进行调整；4）递交理事会或会员大会讨论并表决通过。

预算编制一般要具备六个条件：1）组织性质和构成状况相对稳定，理事会负责到位；2）人力资源的质量、数量与发展规模相对合理、稳定；3）组织目标数量和水平适度，项目和任务相对稳定；4）资金来源相对稳定，有一个可具体支配的现成资金总盘子；5）财务上的历史数据准确而全面，对当前和未来的物价水平、成本变化与资金用量有一个正确、具体的财务分析、预测和估算；6）出资人和社会公众对于公益产品的需求和标准也相对稳定。

预算编制的方法有很多，在预算实践中经常使用的方法主要有如下几种：

（1）递增预算法。在上一年度实际支出的基础上，考虑员工加薪、通货膨胀等因素的影响，结合新计划所需的资金，计算出下年度的预算计划。这是一种粗略的方法，这种方法基本上只是用来预测开支，而没有考虑项目成果和需求变化，最后预测和实际出入往往比较大。尽管这样，因为递增预算法操作简单，在实际工作中被大量使用。一种改进的方法是：不仅以上年度的实际支出为基础，而且综合考虑上年度的预算、往年的预算和实际支出，作相应的修正。

（2）项目预算法。将现有资源按比例分配于不同的项目，并将预算过程与评估过程紧密结合在一起，借以考核项目运作是否有效，并检查组织是否实现其宗旨与目标。项目预算法主要根据与宗旨结合的程度、项目可行性、费用开支三个指标，来决定排列服务方案的优先顺序。

（3）零基预算法。每期的预算必须先归零，从零开始考虑预算的增减。

（4）弹性预算法。把未来的收支预算值看成一个概率分布，因此，准备若干种方案。在组织处于不稳定状态下，宜采用可经常调整的弹性预算法。预算必须同时考虑到项目的直接成本和间接成本，若有多个项目，间接成本可按照比例分摊下去。同时，也要考虑外部的经济大环境的变化情况。

二、非政府组织资金管理

资金管理，也叫做资金应用管理，是财务管理的基本意涵。具体是指根据财务资料、财务报告、经济形势和组织任务去制定、推行、调整资金应用方案，检查监督资金应用的目的和目标、标准和实效、战略指导与实绩需要、当前状况和未来走向等具体活动。这些活动实际构成了非政府组织财务管理的主干和日常财务工作内容。具体而言，资金营运包括如下三个方面：

（一）收支管理

收支管理是资金管理的基础内容，包括收入管理和支出管理两部分。

1. 收入管理。这是指对于非政府组织的资金来源与获取所进行的财务管理，具体包含三层内容：1)捐赠及其他收入的日常处理。这是通常的业务处理，主要是区分和界定捐赠与捐赠以外的其他业务活动，分别处理捐赠收入、资助收入和代收代付业务收入以及其他一些收入。2)与国际惯例有差异的实务处理，包括处理好递延捐赠、递延收入、劳务捐赠、应收捐赠承诺款的入账事宜。为做好这一工作，必须及时入账，统一核算，避免流失，真实反映资金来源的性质和渠道。3)按五级账目列表核算。一级账目为总收入账；二级账目包括限用收入、非用收入、固定资产收入和留本基金收入；三级账目包括基金、政府拨款和营运收入；四级账目包括设备租赁收入、利息收入、会员费和其他收入；五级账目主要是项目费用。

2. 支出管理。这是对非政府组织的各种支出进行财务经手和把关的财务管理活动。这里涉及到如下内容：1)资金支出的原则。包括两个方面：一是限定性原则，主要是明确规定资金的用途和使用原则，强调必须遵循捐赠者的意愿、项目协约、执行项目活动内容和预算标准；二是非限定性原则，主要关于限定范围以外的所有资金使用，必须在国家法律法规许可的范围内，根据非政府组织业务范围及活动需要，勤俭节约，适度灵活，按实核销。2)资金支出的合理分类。包括按不同标准进行分类，如按费用性质、按区域、按目标、按项目等分别进行分类。实践中通常的分类是三种，即行政支出(办公费、房租费、水电费、通信费、耗材料、维修费、折旧费等)、筹资支出(策划费、宣传费、活动费、劳务费、复印费、通信费、住宿费、伙食费、会议室租金等)、项目支出(差旅费、研究费、调查费、交通费等)。3)项目财务报告。主要包括按项目预算表架构、活动、费用分类核算、编制报告等内容。总之，这里要做到费用归类准确、收支匹配合理。

（二）增值管理

这是资金管理的主体部分和实际的重点所在；其实质就是要盘活资产，使之在市场机制中加快流动、不断增值的一种理财活动，具体包括投资管理、流动资产管理和营运、固定资产管理和营运等三个部分。

1. 投资管理。主要是指非政府组织在有关法律规定和许可范围内，将闲置资金作为一种可以创造财富的资产或资本，投放于资金或资本市场进行营运，经过一段时间的市场运作使进入市场的资金实现新的价值；由此获得资产收益，实现闲置资金的价值增加，获得更多的财力，提高本组织从事某种事业所需的物质承担能力，从而拓展本组织成长发展的更大空间。其核心就是资金营运。

资金营运是指非政府组织按照有关制度和预算管好、用好资金，并且在合理合法的范围内通过某种市场渠道和方法经营好闲置资金的资财管理活动。非政府组织的资金营运有很多具体的途径、方式和方法，还必须遵守《基金会管理条例》、《捐赠法》、《税法》等有关法律法规，不能违犯主线规范对非政府组织投资所作的明确规定和限制，确保投资规范，避免违规操作和重大风险。这里有三条原则：风险小；有一定的投资回报率；保证基金增值。实际操作中，通常是尽量选择国库券等风险小的项目进行投资经营。

2. 流动资产管理。是指对非政府组织日常运转过程中所涉及的可流动资财进行设账核算的财务管理活动。包括两个层面的内容：1）针对现金、活期存款、定期存款、应收及预付款、物资存货、投资款等资财，进行造账管理。通常的做法是：每个科目分为几个二级余额组，会计记录总账，出纳记录日记账；二级资金余额组分别与相应的基金对应；基金间的调整事项可以通过现金进行调整。2）针对应收账款、其他应收款、预付款项、应付款项、应付抵押、物资存货等，设置往来账目，进行核算。这里通常有两种做法：一是全部放在非限用基金中核算。其他基金组中发生往来账目先在非限用基金组中记账，付款时再通过现金科目进行基金组间调账。二是分别在各自相应的基金组中核算，包括确定标准、使用中保持原来物质形态、购置、采购控制、折旧、平均年限、核销记账等要素。

3. 固定资产管理。是指对非政府组织的不动产和其他各种物化资财进行设账核算的财务管理活动。它包括：1）清理：资产清查。2）记录：会计记录、台账记录。3）管理：实物管理，领用记录，日常维护，制定资产使用或租用管理办法。4）保险：购买相应的财产保险，确保保值增值。5）处置：盘亏，盘盈，转让，出售。6）出租；项目使用或租用，收费标准（合理的低于市价或略高于成本价原则）。7）抵押；收费规则；8）账务处理：收入入账，同时应结转相应的成本。9）分配：若有非限用基金余额要由理事会讨论决定分配方案，则由会计依据有关规定进行处理，其中可分配部分资金用于资本增值，未使用前可放在非限用基金的明细账中。10）折旧：入固定资产基金组的设备、房屋、建筑物应按规定计提折旧，一般采用平均年限法，折旧年限参照国家有关规定。

（三）结果管理

这是资金管理的后续辅助部分，包括负债管理、结余分配及基金核算。

1. 负债管理。负债是指非政府组织所负有的能以货币计量并需要以资产或劳务偿付的债务。负债管理就是对债务的规模、性质、合理度和风险进行掌握和控制以避免产生财务危机和信用危机的财务管理活动。通常的做法是，对非政府组织的借入款项、其他应付款、应付账款、预收账款、应交税金等项目进行设表处理；而其处理原则主要有两条：1）控制负债规模；2）及时清理、结算。在处理往来账上的负债问题时，可以：1）在非限用基金中核算。其他基金组中发生往来账先在非限用基金组中记账，付款时再通过现金科目进行基金组之间调账。2）分别在各相应的基金组中核算。

2. 结余及基金核算。这是资金管理的最后一个环节。其通常的做法是将资金收支结余直接转入"基金余额"科目，不再通过"资金结余"和"结余分配"科目进行分配结转。而现行的中国会计账务处理方法，则可以通过或不通过这两个科目结转。

以上三个资金管理环节具有实质性的日常财务管理工作。要做好这些工作，必须注意五个要点：

第一，符合法律规定。这就是说，有些公共组织比如福利基金会、慈善基金会、老年基金会等，在利用闲置资金进行投资之类的活动时是受到法律限制的。这类组织担负着通过基金保障来确保社会和谐稳定的责任，它们实际是社会保障链条中的一环，也是整个社会保障机制和稳定机制所倚赖的因素之一。所以，国家对于这样的社会组织有着专门的法律规定，即使允许它们进行一定的资金营运，也是由法律控制其投资限于风险比较低的市场领域，比如国债市场的范围之内。

第二，符合资金性质规定。非政府组织要进行资金营运，不仅要合法，而且还要合理。这个合理性主要有两点：一是确保用来投资的资金必须是在一定时期内闲置的，即使暂时用于其他目的也不会引起任何问题，特别是不会对核心业务造成影响，才可以动用这样的资金来进行投资增值的活动。二是必须符合出资人的意愿或许可，如果出资人对于资金有特别的要求和意见，比如，不允许资金面临任何市场风险，也不愿意资金发生任何跟增值有关的事情，那么，即使资金暂时闲置，也不能拿来进行投资增值的活动。

第三，符合安全要求与规定。非政府组织在进行资金营运问题上应该有财务管理上的有关规定，不仅限制风险性营运，而且要求把这种营运尽量控制在安全系数最大的市场领域。因为这种资金营运虽然很有意义、也很有必要，甚至还应该是财务管理的一项业务，但是这毕竟不是主业，特别是所用资金都来自于方方面面的支持者。所以，必须把投入营运的资金尽量控制在安全系数大、风险程度小的地方。

第四，力争获得最大成效。在充分满足前面三个要点的情况下，非政府组织就可以按照市场规律和价值规律来进行最充分的资金营运了，可以运用一切理财知识和技巧、投资理论和技术，抓住任何可能投资增值的品种、机会和途径，以适当的投入，保证实现闲置资金的新价值。这里特别需要注意的技术指标和参考因素有很多，诸如投资目标、投资期、风险极限、投资回报率、要求的流动性、支出的原则和所要签订的契约等，都是要求加以关注的，这些都需要通过计算来加以准确地把握。只有这样才能获得最大的营运成效。

第五，具有良好责任机制。资金营运或者进行投资，实际上就是一种通过金融市场来进行的营利行为。而金融市场的风险很大，即使有前面四点做保障，市场所隐含的客观风险也常常是不可预料的，因而所进行的投资活动乃至整个资金营运都有可能遭受损失，特别是在无人负责或者虽然有人负责但却没有相应激励机制的情况下，这种导致损失的危险就更大。

所以，如果要进行资金营运，而且要实实在在取得资金营运的良好成效，那么就一定要建立一整套专门的责任机制和相应的管理制度，在董（理）事会领导的范围内有专人负责决策上的行动，而在财务管理的范围内则有专人负责技术上的操作，而且还要防止发生"内部交易"、资产转移之类的腐败行为。

三、非政府组织财务分析

在非政府组织财务管理中，财务分析不是完整流程的一个自然环节，而是相对独立于该流程之外、以不同内容和方式来与整个流程的不同环节发生紧密联系的一组高层次、大跨度、综合性实务研究活动。它与财务预算和决算、资金管理与营运等财务过程密切相关、配套互动，主要以会计数据为基础进行信息挖掘和解读，因而与会计的关系也非常密切。

（一）财务分析的意义与方法

财务分析就是对组织资金的现存量和潜存量、资金的分配调拨和到位应用、资金的闲置利用与营运增值、资金的充裕短缺和压力危机、财务对策的实施情况与成效结果、资金的使用消耗与目标实现的一致性、单位产品的绝对值和基于社会平均水平的相对值等成本情况、投入产出的基本情况等，进行评估分析，由此形成一个反映一段时期或一个阶段的财务状况的完整财务信息。这个分析结果最终以组织财务报告的形式反映出来。

借助财务分析，整个组织的管理层、特别是理事会从财务的角度对正在进行的工作有一个客观、全面、准确的认识，不仅可以直接把握资金的脉搏并做出相应的财务决策，及时解决财务问题、避免财务危机，而且可以通过资金使用情况透视各个部门、各个环节、甚至各个重要岗位的实际工作成效，由此进而明确下一步管理工作中需要采取的对策措施，使得管理和领导工作更加切中要害、更加精当有效，最终全面改善整个组织的工作，大幅度提高整个组织的成效业绩。

财务分析指标通常采用的是：第一，比率指标，即两组数据之间的比较，表现为一定的百分比或数值比。第二，动态指标，表现为以时间为横轴的波形图。第三，差异指标，比较实际费用与预期费用之间的差异等。

财务分析方法一般采用横向分析和纵向分析。横向分析法，又叫做要素分析法或者静态分析法，就是按照当前整个组织的资金应用和财务管理总体情况中各个现象和要素之间的横向关系来进行评估分析。它主要着眼于要素关系来进行评估分析，所以又叫做关系分析。纵向分析法，又叫历史分析法或者动态分析法，就是按照过去、现在和将来的时间序列对资金情况、特别是整个财务变化发展的形势进行评估分析。它主要着眼于揭示资金运作、财务管理乃至整个管理在资金方面的变化曲线和趋势走向，所以又叫做趋势分析。

（二）成本分析

非政府组织的成本分析主要就是依据本领域内和相关范围内的社会平均价格，针对公益产品的生产、社会服务的提供、组织的运行和管理等，进行资金投入与资金成效的计量、预测和分析。其目的就是由此获得与组织维持和发展直接相关的资金信息，为本组织的资金应用决策及后续资金方案执行与管理，提供客观依据。

当然，不少非政府组织的产出都以公益服务为主。这样的公益产品虽然在资金投入与消耗上的统计与分析并不困难，但在成效的资金折算和相关比率计量上却往往有比较大的难度，常常只能定性而基本不能定量，特别是有些时候是完全不讲资金回报的。所以，在某些情况下，非政府组织的成本分析就不能完全照搬企业的成本分析的做法，而需要有自己的特色。企业的出发点是围绕利润目标，通过成本分析进行绩效管理。这使得企业成本分析比较简捷。但是，非政府组织不能这样，它的组织使命决定了，它无法完全从绩效管理的角度进行成本分析。社会效益目标的追求，使它要克服一些非量化社会效益指标带来的困难，同时还要在最大程度上搜集、整理和计算可以量化的成本数据。最终的结果就是，非政府组织往往通过成本分析，能够获得确切的资金投入信息，却很难得到准确量化的效益数据。这正是非政府公益组织成本分析的特色。

（三）效益分析

非政府组织的效益包括社会效益和经济效益两个方面。其中，社会效益是主要方面，经济效益是次要方面，而且即使是经济效益也仅限定在资金支出的精准上，而非获得更多的经济回报或经济利益。

非政府组织运作过程中的效益分析主要运用定量研究方法和定性研究方法，综合运用社会调查和实证研究方法，对本组织资金的投入和产出、消耗与效能项目等进行社会性分析和经济性分析。这通常表现为宏观分析和微观分析两大方面。

首先，进行宏观分析，就是在一定范围选择具有代表性、典型性和较有说服力的公众意见，归结出本组织运作的社会效果和客观结论；在此基础上，直接分析出本组织的社会作用和实际影响，确认本组织的宗旨和目标是否达到；进而联系为此所支付的总代价，进行总体的纵向比较和横向比较，具体分析出本组织财务付出的宏观收效情况即宏观效益。宏观效益很直接反映非政府组织是否履行了使命、达到了目标，也直接显示非政府组织赖以存在的相应资财是否发生作用或者发生了多大的作用；由此即宣告该组织的财务管理以及其他一系列管理是否成功，也宣告该组织是否继续值得信任、值得支持。很明显，这种宏观效益分析其实就是事关该组织会有什么形象和前景的社会效益分析，特别重要。

其次，进行微观分析，就是根据宏观效益分析结果和会计报表，对每一项具体的资财用度进行微观效益分析。具体而言，这主要是对年初预算的每个项目、子项目和业务单元支出分别进行效益检测和梳理，分析出高、较高、较低和低的项目效益与业务单元效益；在此基础上，再进行因果分析与推理，发现资财效用好与差的原因，找出财务管理得力的经验要点和财务管理失误以及相关管理的漏洞所在；最后，得出结论，提出改进财务管理和相关管理的意见，形成需要提交给理事会的财务分析结果，即内部财务分析报告。

根据成本分析和效益结果，非政府组织就可以充分考虑如何进行资金拓展、资金预算、资金支配、资金使用和资金检查，甚至还可以在此基础上尽最大限度试行绩效管理。由此来改善本组织的财务管理乃至整个管理，进一步提高管理成效和服务成效。

总之，财务分析就是对各个项目运作和组织整体运作中以资金为主的诸因素相互影响的结果和实质、资金增减幅度与方向以及资金应用的实际成效等进行定量和定性的评估分析，由此得出有关结论，并从财务角度提出局部或全局性改善管理的意见或建议。

第三节　非政府组织的会计与审计

非政府组织的会计和审计是两个完全不同、但又密切相关的范畴。它们分别从内在和外在两个方面对非政府组织的财务管理发挥作用，即内在辅助作用和外在监督作用。

一、非政府组织的会计

（一）会计的涵义与作用

会计是一个组织对自身财务进行管理的基本工具。它是对组织财务状况、特别是组织的资金结构和应用情况进行记录、计量、预测、分析和报告的一整套财务方法，也是一个组织财务运作状况、特别是资金分布与使用状况及其原因和趋势的显示系统。

通常而言，会计主要记录一个组织过去所发生的财务收支情况，主要有财务记录和财务报告两大部分。但是，会计的实际内涵却要远比这一解释丰富、复杂得多。可以说，从预算到决算，从资金来源到资金分配和使用，从资财收入到财务支出，从成本核算到成本分析，从资金利用到资金监管，从资金成效到资金问题，从财务平衡到资金缺口甚至危机，从财务分析到财务报告，从资金和财产对于组织运作和发展整体状况的影响到未来可能出现的情况，从现实状况分析到未来预测分析等，都贯穿着会计工作。

会计的主要作用就是记录、分析、报告和保存一个组织在一段时期内的财务运作情况、特别是资金情况；将这些情况既作为该组织的财务历史而客观记录，也作为管理决策的信息基础和重要依据。这有助于一个组织及时、透彻地掌握自身"血液及其流通"的情况，并且在此基础上更好地从实际财力和内务基础出发来调整和完善管理，更好地完成既定任务、履行自身使命。因而可以说，会计不仅是一个组织财务管理的主要手段和主要内容，而且是一个组织实施内部管理、特别是绩效管理的内在基础。显然，对于一个组织来说，会计具有不可替代的作用。

（二）非政府组织会计的内涵

与一般的会计相比。非政府组织的会计在财务会计和管理会计两个范畴的具体内涵上，各有自己鲜明的特点。

1. 财务会计，也叫做对外报告会计。是组织为了对出资人、捐助者和其他资金提供者负责而做财务记录和财务报告，同时也向社会公开自身财务状况的财务管理工作。承担此功能的会计在很大程度上就是把本组织在资金来源、资金结构、资金配比、资金应用、资金松紧、资金平衡、资金效用、资金结果等方面的财务情况做出真实可信、客观全面的反映，交由董（理）事会讨论通过并对外公布，使资金捐赠和提供主体得到真实确凿的信息，也使资财用度负责者主要是董（理）事会得以对这些资财提供者真正负责，从而使出资者与用资者之间形成良好的互信与互动，使整个社会都对用资者形成客观、诚信的良好印象并能予以更多的理解、关心和支持。

2. 管理会计，也叫做对内报告会计，就是狭义财务管理的资金管理。具体而言，它是指非政府组织为了更有成效地用好有限资金、做好本职业务，从各个部门具体资金的运作角度，对预算编制、资金安排、资金用度、资金营运、资金结果、资金成效、成本控制、风险防范、财务收支、财务平衡、财务趋势等真实情况进行细致的财务记录、问题诊断和财务分析，由此提出财务报告和财务建议；并为本组织内部管理的改善、特别是科学决策提供重要的现实信息支持。事实上，这种会计形式就是具体介入组织内部各个部分的管理，发挥信息显示器作用的内务性财务管理。

（三）会计工作的基本要求

无论财务会计还是管理会计，要做好工作都必须满足三个基本要求：

1. 明确会计格式。会计格式就是基本的记账方式，一般来说，主要有两种，即权责发生制记账式和现金收付制记账式。所谓权责发生制记账式，是指以一定时期内包括收入在内的实际资金行为和结果为标准而进行记账。而所谓现金收付制记账式，则是指以款项的收付作为判断是否发生收入或用度的标准并由此进行记账。

我国采用的是权责发生制。在具体内容上，这个会计格式是指：一个时期内已经实现的收入和已经发生的费用，无论款项是否已在本期实现收付，都要作为本期收入和费用来进行记账处理；而那些不在这一时期实现的收入和已发生的费用，则无论款项是否已在本期实现收付，都不算作本期收入和费用来进行记账处理。例如某民间组织2007年1月份一次预付全年房租24000元，根据权责发生制原则，该费用应在一年内平均分配，即从2007年1月开始到2007年12月止的12个月内全部分配完毕。因此当月只应负担2000元房租费用。

2. 界定记账科目。会计要进行记账工作，首先要进行账目内容的分类，会计记账科目一般分为总分类账和明细分类账两大科目；其次要在两大科目的基础上对不同账目的名称、含义、标准、复杂度和记账频率等进行科学、合理的界定。

这里最基本的要求是，要在符合所用会计格式的基础上，确保纳入记账范围的所有内容能够充分包含组织的所有资金收支活动；另外，如果可能，还要借助计算机技术和财务管理软件来完成日常大量的记账工作。

3. 执行会计程序。进行记账并完成整个会计工作，需要有一个既与国家会计法律规定保持一致，又体现本组织、本单位特点的会计程序。这样做将极大地有利于会计工作的程序化和规范化，也有利于在会计阶段和机制上能够更好地发挥出财务监管的作用，避免财务混乱以及由此而来的混水摸鱼、资财滥用、财务违规甚至财务犯罪等行为。

一般而言，会计进行记账的基本程序由五个环节组成，即：采信原始凭证、做日常记账、按科目进行登记、做分类账和总账、做财务报表。这是对一个组织的资金运行进行反映和监控的一般会计工作流程。

制定这样的会计程序，需要注意明确责任和明确操作方式。具体来说就是，要划定权责，明确授权范围和相应责任，实行分层分级负责制；此外，还要实行凭据制度，即确保每笔账目都有合乎制度规定与要求的单据作为凭证；另外，还要推进和完善会计管理的规范化，诸如要采用文书之类的书面形式，要有两个以上的人在场开启捐款信封等。

（四）财务记录

财务记录包含了会计程序中五个环节的前四个，是非常细致繁琐的日常账单管理工作和资金数字核实登记工作。人们看到的会计通常就是这一部分的具体活动。这些活动尽管几乎就是细枝末节性的日常财务信息收集整理，但却是极其重要的基础性工作，可为搞好财务管理、整个组织的管理乃至全局性发展提供重要信息。从实践情况看，财务记录主要就是对原始凭证进行日记账、过账、对账和结账的一系列活动。

这里所说的原始凭据包括工资结算单、费用分配表、货物领取单等单位自制原始凭证和银行进账单、各种发票等外来原始凭证，是财务记录和会计工作的起点。

所谓日记账，一般是指在经过采信的原始凭证到达会计环节的当日即完成登记进账事宜的会计活动。它根据原始凭证，用会计语言反映每一笔资金出入的情况。所以，它又叫做原始凭证日记账。其中一个重要内容就是会计分录，即根据发生经济业务的原始凭证并通过编制记账凭证来分别记录各种不同的资金出入，然后根据这些资金性质、用途、成效和结果进行分类转录到某类账本科目上，由此形成初步完整的资金出入原始信息。要做好这一工作，必须在做登记的同时确切登记好日期、经济业务所涉及的会计科目、账户索引（表明日记账信息已经转移至相应账户）、借方发生额、贷方发生额等五个方面的具体信息。

所谓过账，就是把日记账中的会计信息过渡到分类账中进行分类汇总的过程。其实质就是会计信息由原始的日记账到分类账的转移。而这个转移如果是原始会计信息向所有分类账的过渡，那么就叫做"平行过账"。显然，分类账在这里很重要。它有总分类账和明细分类账两种。其中，总分类账反映每一个会计科目增减变化的情况，包括日期、日记账索引、借方科目与金额、贷方科目与金额等方面的信息，进而将各账户总分类账汇集成册，形成会计账簿；而明细分类账就是按明细会计科目进行分类汇总的会计记录，一般有借贷余三栏式、多栏式和数量金额式等三种格式。

所谓对账，就是检查一段时期以内日记账与分类账中的会计记录是否相互吻合一致；重点是要梳理清楚如下数字事实：总分类账借方发生额应等于其所属明细分类账全部借方发生额之和，总分类账贷方发生额应等于其所属明细分类账全部贷方发生额之和，总分类账期末余额也等于其所属明细分类账全部期末余额之和。由此确保记账过程和结果错漏最小并能得到排除。

所谓结账，就是经过对账并在确认账目无误的基础上，结算出各总分类账及各明细分类账期末余额，反映出实际资金应用的真实情况的计算与记录活动。

（五）财务报表

财务报表是会计程序中的第五个环节，是按照财务会计制度定期将一段时期内所做财务记录进行汇总归整并做出一个阶段性财务汇总，特别是资金运行的总明细账表。

一般情况是，每当月尾、季尾、年中和年终，会计都必须编制出这样的报表，分别称为月报表、季报表、年中报表和年终报表。其中，非政府组织按项目进展情况分别做的报表又分为期中报表和年度报表。然而，在多数情况下，期中报表主要涵盖了月报表、季报表和年中报表，年度报表则主要与年终报表相重合。

这样的报表能够比较充分、明晰而又全面地反映一个预算执行阶段内的财务状况、特别是资金运行情况，从中可以得到大量真实、明细而又宝贵的资财信息、管理信息和决策信息，为进一步抓好未来的管理工作、搞好整个事业提供了非常重要的信息支持和事实依据。所以，定期做报表和上交报表就成为普遍实行的报表制度——重要财会制度之一。

报表制度就是对通过后的财务预算执行情况进行跟踪反映，到每个项目进行期的某一个或某几个时间点，就做一次财务汇总和财务分析，或者配以财务报告，或者单独以报表的形式，提交给财务主管、行政主管、理事长和理事会。中期财务报表一般可以直接上报，年度财务报表一般都要经过注册会计师审查和证明然后才可以上报。

财务会计报表主要有三种，即资产负债表、损益表和现金流量表。这些报表都要做细做全，对于有关不能在表格中直接反映的情况，要做相应的注释说明。

资产负债表，是反映会计主体在某一个特定日期财务状况的会计报表，是一份以完全、具体、真实的数据反映一个组织截止到报表日期时的资产⊖、负债⊜和组织净资产⊜的实际情况，它表明会计主体在此时所拥有或控制的经济资源、所承担的现有义务和所有者对净资产的要求权。

损益表，在企业又叫利润表，而在非政府组织则叫做业务活动表。是反映会计主体一定期间经营成果的会计报表，是会计主体经营业绩的综合体现。对企业是进行利润分配的主要依据；对非政府组织是衡量组织运行绩效的依据。

现金流量表，是以现金为基础编制的财务状况变动表。它反映了会计主体一定期间内现金的流入和流出，表明会计主体获得现金和现金等价物的能力。它有直接法和间接法两种编制方法。现金流量表一般分为三部分内容，即：经营活动产生的现金流量；投资活动产生的现金流量和筹资活动产生的现金流量。

通过这些报表，就可以知道近一段时期以来该组织的收支情况。譬如，从收入科目就可知道政府补助金或委托费、社会捐款、义演义卖收入、服务收费、利息收入、投资收益、不动产处分收益等资金进账情况，包括判知资金特性。而从支出科目则可知道各个项目资金的消耗、收效、松紧、妥当等应用情况，包括判知资金使用是否背离了宗旨、是否有不妥的资金活动与行为、是否存在财务风险等。总之，透过损益表可以看到一个组织的整体营运能力

⊖　所谓资产是指组织由于过去的经济事件所引起的、组织现在能掌握或者拥有的、能在未来为组织开展活动提供的经济资源。资产可以是货币性的或非货币性的，可以是有形的或无形的。

⊜　所谓负债是指组织由于过去的经济活动，要在未来向其他组织或个人提供资产或劳务的一种责任。它是组织外界人士对组织资产所拥有的要求权。

⊜　所谓组织净资产是指资产减去负债后的剩余权益。

和成效、管理水平和发展潜力，还可以预测该组织未来营运和发展的情况。所以，把财务报表做好就显得极为重要。

（六）财务报告

财务会计报告是反映非政府组织财务状况、业务活动情况和现金流量等的书面报告。财务报告一般由会计报表、会计报表附注、财务情况说明书三部分组成。

财务会计报告，既让管理层和决策层确知所做预算是否正确、妥当，预算支出是否达到了预期的目的和目标，预算资金是否发挥了预期的作用，产生了什么样的实际结果和问题，并以此及时完善决策，改善管理，提高组织绩效；又兑现了非政府组织对政府管理部门和社会支持者应有的责任和义务。详实数据的披露，向各有关方面表明了组织的透明诚实同时也反映了组织的活动成效和真实状况，这对于组织诚信形象的树立并且在此基础上继续获得政府和社会各方面的资源支持，具有重要意义。

二、非政府组织的审计

非政府组织的审计是政府和社会对非政府组织的资金运用和整个经济行为是否合规合法而进行的检查监督，是从经济制度的角度对非政府组织及其运作加以规范、约束和管理的专项监督。因为主要是出于监督的目的，审计因此而具备了完全的监督性质，并被通称为审计监督。从已有的实践来看，它分为两个部分，一是内部审计，二是外部审计。

1. 内部审计。内部审计是根据非政府组织会计管理制度和相关法律法规，由社会上充分市场化的会计组织和会计人员对非政府组织的资金运用及整个经济行为进行审计；其发起人和负责者就是非政府组织自身；其目的就是要帮助非政府组织能够在经济上准确认识自己的基本情况，及时检查出资金漏洞、财务管理漏洞、会计差错、不规范行为和潜在的风险与危机等，以便及时、准确地做出反应，进行自我改进和完善，改善和加强自我管理；以此求得整个组织安全运行，健康发展；其实质就是内部财务监督，是一种自律机制，属于内部治理的一部分。

2. 外部审计。外部审计是按照社团管理法规和审计法，由审计机关对非政府组织实施的审计。它主要是要通过审核非政府组织的收入和支出项目来判知和断定它在资金的来源和使用上是否合规合法，是否真正将有限资金用到了章程规定的业务或事业上，以及所用是否得当，有何成效，存在何种问题，特别是资金的来去是否合乎该组织的宗旨和性质。由此得以适时发现该组织的实际行为问题（如会计舞弊）并加以纠正，确保该组织即使发生问题也不会越走越远，以至于走向严重而不可救药的违规违法边沿；其实质就是外部财务监督，是一种他律机制，属于外部治理的一部分。

在上述两种审计中，内部审计为辅，外部审计为主。从实践来看，非政府组织的审计一般都是主要指外部审计。这是因为，内部审计更倾向于内部管理，外部审计则更具有客观性和严肃性。此外，非政府组织必须向社会公众、特别是捐助人和出资者等对象负责；而非政府组织是否能够真正负起责任来，使得他们都感到放心和满意，就成为施加外部治理的最大原因。所以，非政府组织的审计，一般专指具有财务检查监督作用的外部审计，这是对公众对法律负责和交代的主要做法。

对非政府组织来说，接受和加强外部审计，必将有助于完善组织内部的财务制度，有助于向捐赠者出示捐赠款项得到良好管理的证据，因而非常有助于提高非政府组织的公信度，由此为该组织的未来发展提供更优良的基础。因而，每个非政府组织都必须能够正确对待并做好这个审计工作。

3. 外部审计的一般步骤。外部审计的一般步骤主要是：1）了解和挑选具有优良业绩和形象的注册会计师事务所或注册审计师事务所；2）了解和挑选具有优良品德、专业水平、良好业绩和丰富经验，特别是熟悉非政府组织的注册会计师或注册审计师；3）由财务部门负责做好与这些职业审计机构和人员进行合作的前期准备工作；4）由理事会决定聘用审计人员，启动外部审计工作，财务主管以不干扰为限，配合审计人员一起工作；5）审计过程中，各部门及其中各相关成员都要配合审计人员进行审计，特别是财务部门要把组织财务记录保持完整并依次整理好以备审查，同时派相关的熟悉情况的人员协助；6）审计完毕时，审计师要出具客观公正的审计意见书；7）理事会将审计意见书作为客观反映和证实本组织财务状况的权威结果，或者递交给政府主管部门，或者提交给资财提供者，或者向外界展示；8）听取审计机构和人员的正式意见和建议，认真进行总结和整改，切实改善和优化本组织的财务管理乃至整个管理。

4. 审计人员的主要任务。审计人员的主要任务是：1）审查财务报告；2）对财务报告的缺陷提出建议；3）按会计原则，提供对组织财务人员的技术性帮助；4）查阅相关原始记录；5）分析各个设置的账户；6）分析组织的投资；7）查阅捐赠记录；8）形成客观公正、权威可信的审计报告；9）形成正确、诚恳、有效的参考意见和建议，反馈于财务主管和理事会。

非政府组织对于外部审计的应有态度是：第一，将它作为发现和弥补工作漏洞、改进自己的工作、提高工作水平的机会；第二，将它由原来的应付、迫不得已转变成期待和主动热诚；第三，将它当成改进会计工作乃至整个财务工作的机会。

总之，外部审计是一项为政府主管部门所要求、由专门机构和人员来执行、有很强专业技术性的经济监督工作，是非政府组织加强约束、改善管理、健康发展的重要激励因素。

第四节　中国非政府组织会计制度

我国非政府组织的会计制度，即《民间非营利组织会计制度》，由财政部于 2004 年 8 月18 日发布，于 2005 年 1 月 1 日起开始执行。适用于我国依照国家法律、行政法规登记的社会团体、基金会、民办非企业单位和寺院、宫观、清真寺、教堂等。该制度是我国第一部民间非营利组织的会计制度，标志着我国非营利组织会计规范体系建设迈出了重要的一步，填补了我国会计领域中的一块空白。

一、会计制度的总体要求

1. 基本前提。会计制度的基本前提也就是会计人员对经济活动进行会计核算的基本假设，它不仅是民间非营利组织会计核算的基础性依据，也是我国民间非营利组织会计制度的根本指导思想。这个新会计制度提出的会计核算基本前提主要有以下方面：

（1）会计格式。规定民间非营利组织以权责发生制为会计核算的基础。凡是当期已经实现的收入和已经发生或应当负担的费用，不论款项是否收付，都应当作为当期的收入和费用；凡是不属于当期的收入和费用，即使款项已在当期收付，都不应作为当期的收入和费用。权责发生制以权利取得和责任完成作为收入和费用发生的标志，有助于正确计算组织的业绩。与以往的会计准则把会计核算基础作为一般原则的规定不同，我国的《民间非营利组织会计制度》将权责发生制的会计格式，上升到基础和前提的地位来加以专门强调。

（2）记账方法。规定民间非营利组织会计核算采用借贷记账法。借贷记账法是以"借"、"贷"作为记账符号，对每一项经济业务，都以借贷相等的金额、予以全面和关联性反映的一种专门的复式记账方法。它以"资产总额＝负债总额＋所有者权益总额"这一平衡关系，作为设置会计科目、复式记账和编制资产负债表的依据；它根据复式记账的平衡原理，按会计报表要素将会计科目分为资产类、负债类、所有者权益类、损益等四类；它以"有借必有贷，借贷必相等"作为记账规则，保持借贷双方相互对应和金额相等。

（3）会计主体。规定会计核算应当以民间非营利组织的交易或者事项为对象，记录和反映该组织本身的各项业务活动。

（4）持续经营。规定会计核算应当以民间非营利组织的持续经营为前提。持续经营假设，为会计核算明确了时间范围，从而使民间非营利组织会计核算有一个稳定的基础。

（5）会计期间。规定民间非营利组织会计核算应当划分会计期间，应当分期结算账目和编制财务会计报告。会计期间是指在会计工作中，为核算生产经营活动或预算执行情况所规定的起讫日期。会计期间分为年度、半年度、季度和月度。有了会计期间这个前提，才产生了本期与非本期的区别，才产生了权责发生制，才能正确贯彻配比原则，才能准确地提供财务状况的资料，才能进行会计信息的对比。

（6）货币计量。规定民间非营利组织会计核算应当以人民币作为记账本位币。业务收支以人民币以外的货币为主的民间非营利组织，可以选定其中一种货币作为记账本位币，但是编制的财务会计报告应当折算为人民币。

2. 基本原则。这套专门会计制度明确规定非营利组织会计核算必须遵循真实性、相关性、实质性、一致性、可比性、及时性、明晰性、配比性、实际成本、谨慎性、支出区分、以及重要性等12个原则。

（1）真实性原则，即会计核算应当以实际发生的交易或者事项为依据，如实反映民间非营利组织的财务状况、业务活动情况和现金流量等信息。对于经济活动的记录和报告，不受会计人员主观意志的左右，避免错误并减少偏差。

（2）相关性原则，即会计核算所提供的信息不仅应当满足组织决策者的需要，更应当能够满足包括捐赠人、组织的会员、各类监管者等外部会计信息使用者的需要。

（3）实质性原则，即会计核算应当按照交易或者事项的实质进行，而不应当仅仅按照它们的法律形式作为其依据。在实际工作中，交易或事项的外在法律形式并不总能真实反映其实质内容。为了使会计信息真实反映组织财务状况，就不能仅仅依据交易或事项的外在表现形式来进行核算，而要反映交易或事项的经济实质。

（4）一致性原则，即会计政策前后各期应当保持一致，不得随意变更。如有必要变更，应当在会计报表附注中披露变更的内容和理由、变更的累积影响数，以及累积影响数不能合理确定的理由等。

（5）可比性原则，即会计核算应当按照规定的会计处理方法进行，会计信息应当口径一致、相互可比。为了保证会计信息能够满足会计信息使用者的需要，便于比较不同组织的财务状况、经营成果和现金流量，只要是相同的交易或事项，就应当采用相同的会计处理方法，从而确保会计信息的横向的可比性和纵向的可比性。

（6）及时性原则，即会计核算应当及时进行，不得提前或延后。过时的会计信息的使用价值会大大降低，甚至无效。因此，在会计核算中，要求及时收集会计信息、及时对会计信息进行加工处理、及时传递会计信息，以满足各方面会计信息使用者的需要。

（7）明晰性原则，即会计核算和编制的财务会计报告应当清晰明了，便于理解和使用。在会计核算中只有坚持明晰原则，才能有利于会计信息使用者准确、完整地把握会计信息的内容，从而更好地利用。

（8）配比性原则，即在会计核算中，所发生的费用应当与其相关的收入相配比，同一会计期间内的各项收入和与其相关的费用，应当在同一会计期间内确认、计量并登记入账。

（9）实际成本原则，即资产在取得时应当按照实际成本计量或者按照特别规定的计量基础进行计量。其后，资产账面价值的调整，应当按照已经有的规定执行。除法律、行政法规和国家统一的会计制度另有规定的外，民间非营利组织一律不得自行调整资产账面价值。

（10）谨慎性原则，即会计核算应当遵循谨慎性原则。要求组织在面临经济活动中的不确定因素的情况下做出职业判断并处理会计事项时，应充分估计风险和损失，不高估资产或收入也不低估负债或费用。对于预计会发生的损失应计算入账，对于可能产生的收益则不预计入账。做到既不致虚增账面利润，也不夸大所有者权益。

（11）支出区分原则，即会计核算应当合理划分应计入当期费用的支出和应当予以资本化的支出，将组织的运营性支出和资本性支出区分开来。运营性支出是指为了组织的相关活动而发生的费用，应计入当期成本，并在会计核算中得到反映，以正确计算当期组织业绩；资本性支出是指为当期、主要是为以后会计期间收入的取得而发生的费用，应反映在资产负债表中，根据其与以后各期收益的关系，将其价值分摊到以后各会计期间，以真实地反映组织的财务状况。

（12）重要性原则，即会计核算应当对资产、负债、净资产、收入、费用等有较大影响，并进而影响财务会计报告使用者据以做出合理判断的重要会计事项，必须按照规定的会计方法和程序进行处理，并在财务会计报告中予以充分披露；对于非重要的会计事项，在不影响会计信息真实性和不至于误导会计信息使用者做出正确判断的前提下，可适当简化。

二、对特别事项会计处理的规定

我国《民间非营利组织会计制度》对于捐赠和政府补助、受托代理业务、文物文化资产、资产减值会计、净资产的分类与列报、收入的确认、费用的确认与列报等民间非营利组织特有或者特殊的交易或事项的会计处理做出了规定。

1. 关于捐赠和政府补助的会计处理。民间非营利组织接受的捐赠不能作为资产，而应当将其确认为收入并在业务活动表中予以记录，以完整反映其收入来源和业务活动开展情况。如果将其接受的捐赠作为净资产确认，将会有很大一部分收入无法在业务活动表中反映出来，既不利于真实、完整地反映民间非营利组织的业务活动情况，也不利于衡量管理者的经营业绩。

与此同时，应当针对无条件捐赠和附条件捐赠分别进行处理。对于无条件的捐赠或政府补助，应当在捐赠或政府补助收到时确认收入；对于有条件的捐赠或政府补助，如果存在需要偿还全部或者部分捐赠资产（或者政府补助资产）或者相应金额的现时义务时，应当在确认收入的同时，相应就需要偿还的金额，确认一项负债和费用。

2. 关于受托代理业务的会计处理。民间非营利组织所从事的受托代理业务，是指民间非营利组织只是从委托方收到受托资产，并按照委托人的意愿将资产转赠给指定的其他组织或者个人，或者按照有关规定将资产转交给指定的其他组织或者个人的行为。

显然，受托代理业务与接受捐赠业务有本质上的差别。因此，进行会计处理时，应当将受托代理业务与捐赠业务相区分，民间非营利组织因从事受托代理业务而获得受托代理资产时，不应当确认收入，因为受托代理交易不会增加民间非营利组织的净资产。具体会计处理时，制度规定组织应当对受托代理资产进行确认和计量，在确认一项受托代理资产时，应当同时确认一项受托代理负债。

3. 关于文物文化资产的会计处理。不少民间非营利组织拥有艺术品和历史文物等，比如基金会接受捐赠的字画和其他艺术品、博物馆的艺术品及文物收藏和寺庙拥有的历史文物等，主要用于展览、教育或研究等目的，通常不对外捐赠或销售。从实务情况看，大量的民间非营利组织并没有将其纳入表内核算，有些甚至连基本的实物登记和管理制度都没有，导致这些文物文化资产管理上的混乱。

我国制度规定，对于用于展览、教育或研究等目的的历史文物、艺术品，应当作为固定资产核算，并要求单设"文物文化资产"科目进行核算，在资产负债表的固定资产大类下单列项目予以列报。但考虑到这些资产的价值一般不会随时间的推移而减少，所以，对于文物文化资产，不必计提折旧。

4. 关于固定资产折旧的会计处理。在会计实务中，民间非营利组织参照事业单位会计制度，固定资产不计提折旧。但是，固定资产不计提折旧一方面无法反映固定资产的损耗情况，导致资产价值和净资产价值的高估；另一方面，固定资产不计提折旧，也使得民间非营利组织每期业务活动表中的成本、费用低估，不利于如实反映组织的经营业绩。因此，我国规定，民间非营利组织应当对固定资产计提折旧，在固定资产的预计使用寿命内系统地分摊固定资产的成本。

5. 关于资产减值会计处理。以往，民间非营利组织对于所发生的资产减值损失，一般都不予确认。这一会计处理原则已经导致组织的一些长期无法收回的应收款项继续挂账和资产价值高估。因此，新制度规定，民间非营利组织应当定期或者至少每年年度终了，对短期投资、应收款项、存货、长期投资等资产是否发生减值进行检查，如果这些资产发生了减值，应当计提减值准备。考虑到民间非营利组织的固定资产、无形资产等其他长期资产，发生减值的可能性较小，而且其减值损失的计量也相对比较困难，所以，该制度原则上不要求计提减值准备，但是如果固定资产或者无形资产发生了重大减值，则应当计提减值准备，确认减值损失。

6. 关于净资产的分类处理。由于民间非营利组织一般既没有所有权属于出资者的投入资本，也没有针对出资者的分配，所以，民间非营利组织的净资产来源基本上都为其所获得的收入扣减相应的费用后的余额。民间非营利组织的这种组织特征决定了它对于净资产的分类与列报与企业有明显不同。

既然民间非营利组织的净资产主要来自于收入减去费用后的余额，而在构成民间非营利组织收入来源的相关资产中，则又因其使用是否受到限制而在性质上有所不同。所以，将民间非营利组织的净资产按照其资产的使用是否受到限制而分为限定性净资产和非限定性净资产，将有助于向会计信息使用者提供较为有用的信息，有利于会计信息使用者据以判断在民间非营利组织的净资产中，有多少属于其使用受到资产提供者等限制的，有多少属于不受限制的，是民间非营利组织可以自由支配和使用的。

7. 关于收入的确认处理。从国际上来看，一般是将民间非营利组织的收入区分为交换交易所形成的收入和非交换交易所形成的收入两类。我国新制度借鉴了国际上的这一通行做法，在规范收入确认原则时，亦区分交换交易和非交换交易并进行规范。对于交换交易形成的收入的确认原则，与我国企业会计准则中的收入确认相一致；对于非交换交易形成的收入，则规定在符合以下三个条件时才能予以确认：与交易相关的含有经济利益或者服务潜力的资源能够流入民间非营利组织并为其所控制，或者相关的债务能够得到解除；交易能够引起净资产的增加；收入的金额能够可靠地计量。

8. 关于费用的确认与列报。由于我国新制度规定的会计核算基础为权责发生制，而且业务活动表的主要功能是用以评价民间非营利组织的经营绩效，因此，该制度要求在对费用的会计核算中，应当严格区分业务活动成本和期间费用，将两者分别列报。其中，业务活动成本，是用于归集民间非营利组织开展项目活动或者提供服务所发生的费用；对于民间非营利组织为了组织、管理其业务活动和为筹集业务活动所需资金而发生的费用，制度规定应当确认为当期费用，分别计入管理费用和筹资费用。

三、非政府组织财务会计报告

1. 财务会计报告的分类。财务会计报告是反映民间非营利组织财务状况、业务活动情况和现金流量等的书面报告。财务会计报告分为年度财务会计报告和中期财务会计报告。以短于一个完整的会计年度的期间（如半年度、季度和月度）编制的财务会计报告称为中期财务会计报告。年度财务会计报告则是以整个会计年度为基础编制的财务会计报告。

财务会计报告由符合《民间非营利组织会计制度》格式、种类和内容要求的会计报表、会计报表附注和财务情况说明书组成。在编制中期财务会计报告时，应当采用与年度会计报表相一致的确认与计量原则。中期财务会计报告的内容相对于年度财务会计报告而言可以适当简化，但是不能遗漏重要财务信息。

2. 财务会计报表的构成。财务会计报表至少应当包括三张报表：1）资产负债；2）业务活动表；3）现金流量表。

3. 会计报表附注的内容。1）重要会计政策及其变更情况的说明；2）理事会或者类似权利机构的成员和员工的数量、变动情况以及获得的薪金等报酬情况的说明；3）会计报表重要项目及其增减变动情况的说明；4）资产提供者设置了时间或用途限制的相关资产情况的说明；5）受托代理交易情况的说明，包括受托代理资产的构成、计价基础和依据、用途等；6）重大资产减值情况的说明；7）公允价值无法可靠取得的受赠资产和其他资产的名称、数量、来源和用途等情况的说明；8）对外承诺和（或）有事项情况的说明；9）接受劳务捐赠情况的说明；10）资产负债表日后非调整事项的说明；11）有助于理解和分析会计报表需要说明的其他事项。

4. 财务情况说明书的内容。1）民间非营利组织的宗旨、组织结构以及人员配备等情况；2）民间非营利组织业务活动基本情况，年度计划和预算完成情况，产生差异的原因分析，下一会计期间业务活动计划和预算等；3）对民间非营利组织运作有重大影响的其他事项。

5. 关于合并会计报表的要求。民间非营利组织对外投资，而且占对被投资单位资本总额50%以上（不含50%），或者虽然占该单位资本总额不足50%但具有实质上的控制权的，或者对被投资单位具有控制权的，应当编制合并会计报表。

6. 对财务会计报告的要求。1）民间非营利组织的年度财务会计报告至少应当于年度终了后4个月内对外提供。如果民间非营利组织被要求对外提供中期财务会计报告的，应当在规定的时间内对外提供。2）会计报表的填列，以人民币"元"为金额单位，"元"以下填至"分"。3）民间非营利组织对外提供的财务会计报告应当依次编定页数，加具封面，装订成册，加盖公章。封面上应当注明：组织名称、组织登记证号、组织形式、地址、报表所属年度或者中期、报出日期，并由单位负责人和主管会计工作的负责人、会计机构负责人（会计主管人员）签名并盖章；设置总会计师的单位，还应当由总会计师签名并盖章。

第十三章　非政府组织筹款和项目管理

非政府组织的生存和发展离不开必要的资金和资源。为了组织的公益目标，它必须筹到足够的资金。在筹款过程中，非政府组织需要有良好的组织形象、规范的财务制度、丰富的公共关系资源，以及正确的筹款策略方法才能成功募集到资金。在非政府组织开展筹款活动时，还需要做好与筹款相关的项目管理。

第一节　筹款的综合因素

非政府组织筹款活动具有重要意义。成功的筹款和募集资源的活动不仅是组织开展各种活动，提高自身能力建设的重要环节，而且更是履行组织使命，提供公益服务的前提条件。与成功筹款相关的一系列基础因素是，组织有比较强的公信力、规范的财务制度、良好的公共关系策略、以及正确的筹款策略方法等。筹款还需要坚持一些基本的价值准则。

一、非政府组织筹款的意义

筹款是指组织根据经营管理等活动对资金的需要，通过一定的渠道，采取适当的方式，获取所需资金的一种行为。筹款最直接的目标就是筹集到资金，以支持组织实现其目标，达成其使命和愿景。而非政府组织的筹款，就是指基于组织的宗旨和目标，向政府、企业、社会大众或基金会等发动募集公益服务所需要的各种资源的过程。

筹款最直接的目标就是筹集资金，以支持组织实施其使命，达成其愿景。然而，筹款的目标并不仅在于筹钱，而是要借助筹款使组织能够与具有共同目标的捐赠者之间建立起互相依赖的关系。以这种良好的公共关系为基础，实现资源交换，最终让社会上需要的群体受益。

筹款对 NGO 组织发展的意义主要包括：1)筹集资金支持机构的运转。任何一个组织，任何一项事业，无论其性质是公益或非公益的，盈利或非盈利的，其运行都需要资金的支撑。就连筹款本身也是需要资金的支持才有可能开展起来的。2)可使组织的财务实现正增长，为机构所推动的公益事业以及机构自身的可持续发展起到重要的支撑作用。否则，机构及其事业就会因为资金短缺而半途夭折。3)通过筹款活动扩大公众对机构的了解，建立起良好的公共关系。同时发展具有共同理念的公众支持网络。4)通过筹款活动，吸引、聚集一批有共同理念的志愿者，形成机构发展的人力资源支持网络。5)通过筹款活动，提升机构员工能力水平。一般一个机构的筹款活动不只是筹款部门的事情，而应是全体员工的职责。筹款不同于 NGO 其他任何工作，挑战性强，参与并实施筹款计划能有效提高参与者的能力水平。6)能推动机构加强管理，提高综合管理水平。筹款面向公众，必然要接受公众的问责和监督。因此，成功的筹款行为不仅需要事前制定一系列完备的方案、计划，更会促使机构加强资金管理、项目管理、员工能力等配套的能力建设。这种事前、事后的工作加起来就是综合管理水平的提高。7) 非政府组织还肩负着一项共同的责任和使命，那就是促进社会的公益、慈善环境的良性发育。因此，民间组织开展筹款活动，不仅不只为了筹钱，也不只为了机构自身及其事业的可持续发展，还要通过筹款推动全社会的公益进步。

从这个意义上讲，每个有志于社会进步的民间组织，都具有筹款的使命。对于一个组织来说，一方面，筹款不是筹到多少钱的问题，而是一种社会责任；筹款要有长远的战略眼光，必须作为一项重要使命纳入机构的战略规划。

二、有效筹款的基础因素

在实际工作中一个非政府组织如何能够成功募集资金，这与其公信力、财务制度、公关和筹款方法等综合因素都密不可分。

1. 具有公信力是根本。非政府组织筹款的基础是公信力。具有诚信形象和良好社会声誉的非政府组织才能够得到包括资助者、受益人及合作伙伴和公众的认可。捐赠前，每一位捐赠者都会对有意向捐赠的非政府组织做一定的了解，在信任的基础上，才能放心地给予；同样，在捐赠后，捐赠者也希望和所捐赠的非政府组织保持联系，确保自己的捐赠落到实处。捐赠者不会只是因为非政府组织有需求就捐赠，他们之所以捐赠，是因为组织能够满足他们自身的需求。如果非政府组织自身缺乏良好的运作和管理机制，如缺乏合理的治理结构，内部规章制度不完善甚至缺乏，缺乏具有专业技能的员工，资金管理不规范甚至是滥用资金，以及缺乏公众知名度等，则很难让捐赠方对组织建立积极的信任关系，就会影响到筹款的有效性。非政府组织公信力的一般要求是：

第一，具有合法性。即要求非政府组织必须遵守所在国相关法律、法规；必须在理事会所通过的组织章程框架内进行运作。具备充分条件的民间组织，可以直接向管理部门申请向社会募捐的合法资格。而实力弱小的民间组织可以选择与具备筹款资格的社会团体合作，从而以合作方的名义和账号，在合作方的监管下为组织的事业筹款。这种方式不仅解决了筹款的合法性问题，也有利于达成筹款目标和促进小规模组织走向成熟。

第二，清晰的使命。非政府组织与任何其他组织一样，要有一个明确的使命，以说明它为什么做它所作的那些事。非政府组织应以服务公众利益作为机构的使命和目标，并在其章程中明确陈述，非政府组织应当用组织的使命和目标来评估组织的表现。清晰的使命和方向，可以让不熟悉非政府组织的人了解组织存在的理由和宗旨以及组织目前的工作；可以让公众很快记住组织的形象；更重要的是，他体现了组织对自身长期发展的把握和衡量，可以帮助建立公众形象和信任度。

第三，信息透明化。非政府组织须向社会公众提供易于获取的信息资料，提供参与途经，提供公开渠道回应公众。非政府组织信息不透明，公众就无法了解非政府组织的各种相关信息。在信息不透明的情况下，公众不了解非政府组织的各种相关信息，捐赠人就无法通过合适渠道得到非政府组织各种相关信息，捐赠者只好自行搜集信息。但是如果公众自行搜集信息比较困难或成本太高他就可能放弃进而放弃捐赠。公众对非政府组织缺乏认识、了解，非政府组织的影响力不高，当然也就谈不上信任。非政府组织要想建立公信力有效筹款就必须提高自身透明度，通过信息披露对外宣传自己，让公众了解和相信自己。这就要求非政府组织要坦诚、真实地向社会公开机构的使命、价值观、组织任务、机构功能以及其他相关信息。

第四，树立良好形象。在道德诚信方面非政府组织要确立和制定廉洁奉公、全心全意为公共利益服务的道德准则，保持专业人员、志愿人员应有的敬业精神和专业水平。树立良好的信誉需要高素质的员工和志愿者。员工和机构能力的提高会促进非政府组织的工作效率。

培训员工具备管理、财务和筹资技能，使非政府组织的工作逐步走向职业化，从而树立良好的机构形象，得到公众的认可与支持。

第五，合理利用传播媒介。通常媒体并不是直接的资金来源，但他们所具有的传播和提升公众意识的作用对非政府组织争取到资金是很有帮助的。非政府组织需要考虑如何树立良好的公众形象，如何寻找好的故事和角度来宣传其项目，以及如何寻找合适的媒体层次，例如地方和国家性的报纸、杂志、电视台和广播电台、网站。如果非政府组织能够把自身的项目联系上当前的热门话题，或者与名人联系起来，那么媒体就会对其故事表示兴趣。但需注意要仔细确认你的话不会被媒体曲解，不然反而会给非政府组织的筹款活动造成负面影响。

第六，组织氛围和谐。在优秀的非政府组织里，应花费必要的时间及资源来吸引并保留现有最优秀的志愿者。非政府组织应提供一个适于发展的环境，培养员工、志愿者、受益人和管理人员之间的信任。在一个优秀的组织里，领导人应是好的教练并能有效地传达他的期望并奖赏工作表现出色的员工。人力资源管理规定及程序应该公平，而且对促进工作有一定效果。

2. 规范的财务制度是前提。作为捐款者的公众、个人、企业或基金会都关心的问题是"我的捐款是否用到了实际的工作中？有没有浪费和滥用？"。很多非政府组织经过几年的发展逐步认识到，用公证、真实、准确的财务记录和项目陈述报告，是赢得诚信的好方式。其中包括：财务信息必须真实可靠；组织资产记录完好保存，未被滥用或被损坏；遵守组织内部的政策；符合政府的法律法规以及捐赠方对财务报告的要求等。

在市场经济社会，任何非政府组织，不论其性质如何、规模大小，都须保持精确的账簿和记录。非政府组织的财务工作要秉持认真负责的态度，遵循财务透明、非营利的原则，确保所有的捐赠都要用于支持非政府组织的工作。非政府组织应尊重捐赠者意愿，所有指明用途的资助都要按规定专款专用，有条件的非政府组织可以按照每笔专项赠款进行独立的会计核算。如果项目或机构有变化，需调整时，必须和资助方商量。如果资助方不同意将资金改作他用，非政府组织应将剩余款项归还资助者。在资金使用中应与机构的使命和目标保持一致。建立相应的财务管理制度，接受独立专业机构的审计，每年公布年度报告，提供真实准确和及时的财务报告，接受社会监督和咨询。

3. 公关和营销策略是基础。非政府组织要通过实际行动来树立自己真诚承诺、提供非营利服务、管理有效、财务负责的形象。制定公共关系策略，是提高公众对非政府组织认知的有效方法。扩大非政府组织的正面影响就要善于与媒体合作。通过媒体的报道，不仅能够提高公众对非政府组织与该组织针对的社会问题的认知，还能够吸引更多的工作人员、志愿者、会员和更多的资金；同时媒体的报道也是公众监督的一种形式，是一种加强非政府组织透明度和公信力的方式。

很多组织已经做了大量的实际而有效的工作，但是因为缺乏与媒体合作的经验和能力，而默默无闻；有的组织，因为担心报道失实而对媒体敬而远之。作为非政府组织，需要媒体来提供公众对非政府组织认知的渠道，并扩大影响。因为只有通过宣传，才能让社会大众了解组织、了解组织的使命及其推动的事业，了解是参与的重要前提。

4. 筹款策略方法是保证。巧妇难为无米之炊。一个组织尽管有很强的公信力，有规范的财务制度，也有丰富的公共关系资源，却不能保证成为高效的筹款组织和实现预定筹款目标。上述这些基础性或者外围因素，必须借助核心素质能力才能发挥作用，这就是，组织要有正确的筹款策略和方法。在这个至关重要的运作过程中，一个非政府组织不仅要确立正确的筹款价值准则，更要有一套实际可行的操作程序。这套程序至少包含：制定筹款策略、成立筹款部门、建立捐款渠道、设计筹款品牌、选择筹款方式，以及最为关键的筹款活动组织。这其中又包含有筹款活动的策划、筹款活动的舆论宣传、筹款活动的过程管理和筹款活动的捐赠回馈管理等非常具体的环节。只有这些所有环节的技巧都能够熟练掌握和运用，才能使整个操作程序连贯、完整、有效，才能保证最终达到筹款的预定目标。

三、筹款的基本价值准则

评价一次 NGO 筹款行为是否成功应包括三个层面：首先看是否筹集到目标资金；其次是机构的形象是否被有效推广，公共关系网络是否得到稳固或扩大，综合能力水平是否得以提升；再次是公众对筹款行为的认知度、观念的变化和参与情况。为了达成这些筹款目标，不同的组织都会根据其不同的理念，确定不同的筹款原则。但是，NGO 组织在筹款过程中需要遵循一些基本原则。

1. 树立公益使命感。不能为了筹款放弃或背离机构的理念，相反要把筹款作为推广机构理念、使命的根本途径。对于一个组织来说，资金固然重要，但任何筹款行为都不能有违机构理念。通常不能接受的捐助包括：军火商的捐助、非法来源的捐助、违背宗旨和事业的捐助、违反受益者意愿的捐助、不道德的捐助等，因为这些钱的来源对人类社会进步是有害的。如果接受了这些资金，公众就会对机构的使命产生怀疑，失去对机构的信任。另外，需要谨慎对待的捐助包括：具有宗教色彩的捐助、具有政治色彩的捐助、商业公司的捐助、附带额外要求的捐助等。

2. 阳光运作。在世界各地，捐款人都担心贪污和资金的滥用。显然，非营利性组织必须依法登记，合法筹款，并接受由不付薪水的志愿人员组成的相关委员会（如理事会等）的监督；必须按照国家和地方相关法规，严格控制维持其自身运转的支出比例，还必须向公众及时提供、公布年度财务报告以及定期的项目工作报告。需要特别说明的是，尽管控制和降低营运成本很重要，但不能忽视对组织能力的投资。

3. 志愿者参与。许多有关调查表明，参加 NGO 组织志愿活动的人捐出的钱可能更多。为了适应某些志愿者的需求，一个发展中的组织必须在正常工作时间以外，设计志愿者参与组织活动的机会，有计划地接纳志愿人员参与组织的工作特别是筹款工作，建立自己的社会支持网络。有关研究表明，社区内的志愿者参与越多，组织的声誉就越好，组织在社区内的筹款工作就会做得越成功。

4. 资金的有效性。筹款实际上是从人到人的过程，捐款人想要知道他们的钱能否被用好、产生真正的效果，对人有多大的帮助和改善。多少年来，非营利性组织都习惯于报告捐款人他们开展的活动和受益人数，例如为多少人提供了服务，有多少个志愿者工时，提供了多少次咨询服务等。但是，当一百个无家可归者接受了就业培训后，更重要的是有多少人找到了工作。反过来，当开展新的筹款活动时，以前工作的效果特别是深层的效果和影响就是最有说服力的动员理由。

5. 拓展合作关系。在筹款中应像对待朋友一样对待捐助人，从这个意义上将，筹款就是与捐助人交朋友，而交朋友是需要时间的，需要 NGO 组织与捐助人互相了解、建立互信。因此，筹款必须要有长远眼光，第一笔捐款钱的多少并不重要，而重在建立一种互信关系，只要这种成熟持久的关系建立起来，必定能带来超出意料的回报。

6. 实事求是。无论是筹款还是资金使用，公益性民间组织永远要说明事实，组织的名声至关重要。组织由人组成，而人总会出错的；当出现错误或不足时，不要试图掩盖事实，那会破坏信任。相反诚实会赢得捐助人的信心，而有信心可能会使捐助人捐得更多。同时，要让捐助人清楚地知道组织需要什么。无论是面向公众的宣传还是一对一的沟通，都要说出要求去尝试。不要主观认为自己无法得到资源，这将限制筹款。

7. 避免交易筹款。交易筹款，是指筹款的基础不是建立在公益奉献和慈善爱心基础之上，而是用市场交易的原则获得筹款。公益事业毕竟不同于商业活动，应将营销的核心放在考虑捐助人的合法、高层次需求上，而不能把商业活动中的所有手段都吸收过来，如"回扣"和"提成"等做法。如果在公益组织筹款中使用这些手段吸引筹款，将生百害而无一利，最终会把组织为实现宗旨目标和使命而开展的募捐活动引向歧途，一旦曝光无疑要使组织陷于不仁不义和社会信任丧失的境地。

8. 避免以投资筹款。投资筹款，就是公益组织主动将投资所生的利润作为筹款的主要手段，投资筹款有别于储蓄利息，后者是被动理财行为。当民间组织在开展社会募捐活动比较困难的情况下，许多组织可能会通过开展投资经营活动的方式筹款。实际上，从慈善、公益思想起源等可知，这条路是走不通的。一个以追求利润为最大目标的机构，即使利润是用于公益的，公众也很难相信其公益性。反过来，一个经营活动在利益相关者缺失的情况下，也很难在激烈的市场竞争中获得利润。当然，公益性组织也可以搞一些如义卖、义拍、义演等短期的经营活动，但不应把自身开展投资经营活动作为其主要的筹款手段。

第二节　筹款的策略方法

如今，许多非政府组织存在着资金和资源不足的问题，如何筹款成为非政府组织生存和发展的关键。在筹款过程中，非政府组织需要做好充分的筹款组织准备工作，分析好本组织资金的主要来源，根据资金来源分析，采取适合本组织的筹款方式进行筹款。另外，在筹款时还要注重工作方法和工作要点。

一、筹款的前期准备工作

1. 制定筹款策略。当一个组织在内在、外在条件都具备的情况下，就应积极策划、开展筹款工作。开展筹款是组织的一项社会责任，其动因应来自于组织的决策层。而决策层也是组织筹款的首要社会关系网络。所以，决策层在决定开展筹款的同时，也应根据机构自身的理念、发展阶段特点等为机构提出筹款的策略蓝图。

筹款策略应明确筹款的基本思路，包括筹款指导思想和坚持原则。筹款思路应该是分阶段的，在不同的阶段筹款对应的目标人群、战略目标、工作重点应该有所不同。同时还应对筹款中有关原则性的问题予以明确，如哪些钱不能接受、哪些活动不能开展、筹款的成本投入比例以及所筹资金的使用管理原则等。

美国著名学者 Warwick 将筹款的策略总结为五个词：增长（growth）、参与（involvement）、能见度（visibility）、效能（efficiency）、稳定（stability）。这五个词既涉及思路，也涉及基本原则，其英文首个字母组合起来正好是 GIVES（给予）。所谓增长策略是强调要通过筹款扩大捐助者；参与策略的含义是通过志愿者计划保持支持者，令机构得以生存；能见度策略是指组织特别是相对成熟的组织应通过各种渠道与支持者沟通起来，分享理念，保持共鸣，接受监督；效能策略是选择适宜的筹款方法并控制筹款成本，以最少的投入得到最好的回报；稳定策略是指坚守信念，才能有稳固的支持者，同时也要多元化筹款，以确保机构财政的稳定。这五大策略实际上是可以灵活应用的。一个组织在不同的发展阶段应采用不同的策略组合，就会取得良好的效果。

2. 成立筹款部门。开展筹款工作必须要设置一个专门的筹款部门。尽管民间组织筹款活动应注重动员志愿者的参与，但是，设置专门的筹款部门和必要的筹款专职人员，负责筹款工作的策划以及组织、协调和日常事务处理，也是必不可少的。不同的组织，因其筹款的策略不同，筹款部门职能界定和岗位设置应有所不同；同一组织因其所处的发展阶段不同，筹款部门的主要职能也是不同的。一般来说，筹款部门的基本职能包括以下几个方面：

第一，宣传的职能。宣传组织的理念，宣传组织开展的主要活动或项目及其成效，以扩大机构及其所推动事业的社会影响力；也要宣传筹款活动的意义和要求，为筹款工作打好基础。为此，需要建立起良好的媒体支持网络。

第二，筹款的职能。这是筹款部门的核心业务。围绕这个核心，在机构筹款策略的指导下，筹款部门要开展市场调研，拟定筹款计划，策划设计筹款方案，以及组织、协调机构员工和志愿者实施筹款计划和方案等。

第三，志愿者网络建立与管理。志愿者的参与是筹款活动的重要策略之一，因此，通过筹款或其他项目活动不断吸引和扩大志愿者支持网络，并对其进行有效管理，是筹款部门必然的职能。

第四，监管职能。包括拟定相应的监管制度，对资金的使用管理部门及其开展的工作或项目进行监督、评估等，确保资金的使用安全；同时，保持对资金使用及组织事业的深入了解，这是进行新的筹款策划以及与支持者随时保持良好沟通的基础。

筹款人员不管在筹款部门的哪个环节，都需要具备一些基本公共关系能力。筹款人员公共能力包括：1) 文案写作与媒体关系能力。包括：简洁、打动人心的文案能力，利用现有工作创造新闻价值点的能力以及与媒体建立和保持联系的公关能力等。2) 公益市场营销能力。包括：市场调查研究能力，活动策划的能力，成本核算与控制的能力，建立在"共赢"理念基础上的洽谈能力以及抗逆抗压能力等。3) 组织管理能力。包括：计划能力，执行能力，沟通能力，监督、评估能力等。

3. 建立捐款渠道。一般捐款渠道包括：现金直接捐赠，邮局汇款，支票捐款，银行转账以及网上自助捐款等。一般对一个组织来说，这些捐款渠道都应畅通，以方便各类捐赠者捐款。1) 现金捐赠：应明确具体的接待 (联系) 人，设立专门的联系电话，确定接受捐款的准确地点等。2) 邮局汇款：要确定一个汇款捐赠的责任人，明确捐赠的收款人、筹款品牌等。收款人一般是机构自身名称或合作方机构名称，具体按合作各方协商而定；筹款品牌则是组织设计并计划筹款的品牌名称。3) 支票捐赠：需确定收款人、筹款品牌，具体与邮局汇款的确定方法相同。4) 银行转账：需与合作机构协商确定接受捐款的户名、开户行和账号。其他与邮局汇款的确定方法相同。5) 网上自助捐赠：首先要建立自己的网站，并选择国内可靠的网上支付平台合作 (如网银在线等)，在自己的网站建立起网上自助捐赠的平台，并安排专人对网上捐赠进行后台管理等。这样，凡是有银行存折、信用卡、储蓄卡的捐赠者，即可按照网络提示，快捷地将捐款通过网络直接捐到预定的账号上。

4. 设计筹款品牌。一个成熟的组织必须建立起自己的筹款品牌，持之以恒，宣传推广，使之深入人心，依靠品牌筹集资金。每个组织应根据其定位的服务领域、服务对象设计自己的品牌。筹款品牌设计策略是：1）紧贴组织的服务领域和主要服务方向，从而使筹款与机构的理念和使命保持一致。2）考虑代表性，特别是初期尽量将机构的主要服务项目整合起来，使所筹资金有较大的使用范围。3）抓住社会焦点需求或捐助人的心理需求，能激发人们的共鸣和注意力；同时名称要简明扼要，便于记忆。4）注意品牌的低起点性。要从普通社会成员的收入水平出发考虑，筹款品牌的捐助起点一定要低，慈善的力量在于众人拾柴火焰高，具体某个个体捐多少钱并不重要。5）注重品牌内涵所代表的服务对象的迫切需求及其成因的客观性，更要突出经过捐助者捐助、项目帮助后服务对象发生的深刻变化，让人们看到品牌的实质价值。6）承认潜在捐款者的多方合理需求，并依此考虑，尽量设计出适合品牌特点的"回馈机制"。即在肯定捐助多少都会受到同样尊重的同时，对不同类型的目标捐款者、不同的捐款额应设计不同的回馈，如公布善举、安排走进资助项目考察、宣传捐助企业等，以满足捐助者的不同需求，实现公益事业与捐款者"共赢"。7）具有品牌的知识产权意识。即设计自己品牌时要考虑不能侵害别人的品牌；自己的品牌设计推出后要及时在有关部门注册、备案，依法保护自己的品牌。

正如企业营销中品牌战略的重要作用一样，民间组织在考虑其筹款工作时一定要具备品牌战略。品牌筹款可以从一开始把围绕筹款的所有工作有机地整合、统一起来，使其目标性更强，并能收到长远的效果。一个组织可以实行多品牌策略，也可集中单个品牌，具体要按组织的服务工作情况以及发展阶段来具体分析确定。一般小型的组织筹款品牌应尽量整合，不宜过多，否则容易造成混乱，分散公众的关注点。而发展到一定阶段、具备一定规模和影响力的组织，则应实施多品牌战略，以进一步满足不同捐助者的深层次需要，并建立起稳定的资金支撑体系。

二、筹款的主要方式

筹款的方式是多种多样的，每个非政府组织应根据自己的实际情况不断创新。以下是几种常见的筹款方式：

邮寄筹款信函。这种方式由于可在同一时间接触大量的目标捐助者，且直接成本投入低，因此被许多组织采用。邮寄筹款信函须注意四个要点：一是信的内容要真诚，与收信人交心；二要展现弱势人群的危急境况，令人感到事情危急，体现捐助价值；三是版面设计要活泼，文字要言简意赅；四是要以故事形式并配以照片，将欲传递的信息形象化。总之，在写筹款信时应换位思考，将自己放在收信人的角度，简洁、活泼、生动、准确地将筹款信息传递给目标对象。

赞助体育或文化活动。这种赞助方式由活动主办者、活动主体和赞助群体组成。主办者来策划，志愿者参与活动，而通过宣传吸引社会群体来观赏并且为活动出资赞助。如主办者和活动志愿者承诺要在某一天完成某种耐力的测试，例如，按预先设计好的路线跑长跑。然后宣传动员包括朋友、邻居和同事在内的群众前来观赏并寻求有条件赞助的保证：自己每多跑1km，观赏者就付10元钱的赞助。假如志愿者同意坚持跑了20km，一个赞助者就向该公益组织捐款200元。一个此类活动也许只有几个参与者，每个参与者有几个捐款者，当然也可以把规模弄得很大。每年，香港乐施会都举办翻越新界几座山丘的100km的"毅行筹资"活动。数以千计的香港市民包括众多明星和社会名流都参与此项活动，它已成为香港的社会年历上一项重要的活动，也是乐施会很大一笔资金的来源。

　　"毅行筹资"只是很多筹资方式中的一种。它很受欢迎，事实上，很多外国人团体经常旅行来到中国，在长城上以"毅行筹资"的方式为国际慈善组织筹款。游泳、跑步、跳绳、骑车，还有跳舞和弹钢琴也可以办成筹款活动。

　　电视筹款。电视筹款可以在短时间内，将非政府组织的筹款信息直观、形象地传递到潜在的目标人群。特别是可以通过电视，由服务对象直接向观众表达艰难的处境及需求，更具说服力。电视筹款的效果较好，但要找到具有相关栏目的电视媒体以及组织相关的活动，成本都是非政府组织较难实施的。

　　银行信贷。适度负债是很多组织在发展中借助的策略。国际知名的非营利组织顾问布林克霍夫认为，一个组织健全的财务管理应包括以下几方面：未来 7~10 年中，组织收入大于支出，至少有 90 天的现金储备，年收入至少 5% 来自原始捐赠所产生的收益，适度的财务杠杆，有经营收入，预算与实际相吻合或接近。由此可见，适度负债即适度的财务杠杆是组织财务管理的重要组成部分。尽管非政府组织不像企业那样通过盈利来偿还债务，但非政府组织不断壮大，同样能取得结余资金来偿还债务。

　　网上自助捐赠。非政府组织利用网上自助捐赠，首先要建立自己的网站，并选择可靠的网上支付平台合作（如网银在线等），在自己的网站建立起网上自助捐赠的平台，并安排专人对网上捐赠进行后台管理等。这样，凡是有银行存折、信用卡、储蓄卡的捐赠者，即可按网络提示，快捷地将捐款通过网络直接划到预定的账号上。

　　义卖筹资。国外许多非政府组织通过义卖商店出售商品来筹款。生活富足的人们将一些东西捐给义卖商店，商店再卖给一些低收入人群。无法承担长期经营开支的小型组织，或者为了购买或维修设备而筹款的学校、医院经常组织一次性的"旧货义卖"。在为期几周的时间里，他们收集捐出的物品，提前在社区中心或其他公共场所打广告，然后在非正式的市场里出售。有的组织通过批发方式以成本价格买进一些日用消费品，然后再以正常的市场价出售，赚取差价，集腋成裘。

　　慈善餐会。包一个餐馆摆一次餐会，在邻居、同事和朋友中卖票请他们参加。宴会中还可以加入一些娱乐活动如音乐、舞蹈或搞笑表演。当然，如果能说服宾馆、餐馆、酒吧或夜总会对饭菜和娱乐活动打折作为他们对你工作的贡献，可以提高筹款的效率。在美国的初中、高中，一些学生演出队和体育校队，为了购买活动所需要的设施、服装道具等，经常采用餐会筹资的方式。学生会通过学生将目的转达家长以及各类社会关系，请他们到某个已经联系好的饭店去花钱吃饭，饭店老板按照学生和他的事先约定，将成本价以外的收入转给学生。这就是典型的慈善餐会。

　　慈善拍卖。首先与一些企业接触，让他们捐出一些产品或服务，代表他们对公益组织工作的支持。然后在一个活动中进行拍卖，出价最高者即可获得拍卖品。在中国香港和台湾，一些知名的非政府组织能够得到很不错的物品捐赠，例如珠宝和丝绸地毯，然后在有声望的筹款宴会上拍卖这些物品，富有的企业家会竞相以远高于实价的价格购买，以显示他们对公益组织的慷慨和支持。

　　公益音乐会。举办一场音乐会（不论古典音乐还是流行音乐）或迪斯科舞会，部分的门票收入捐给慈善事业。除了筹款之外，还可以运用这种活动使更多的人了解到组织的更多信息。如果组织打算搞一项大型活动，最好找一家专业的娱乐代理机构来完成。

　　电话营销。对于潜在的捐助者来说，电话营销可能是他们和组织直接接触的常用方式，在电话营销过程中可以回答潜在的捐助者的问题。策划电话营销时，对于能提供准确信息、提出问题和反对意见的受访者，要做充分的准备。另外，由于电话营销人员通过在电话中与潜在捐助者交谈，可以帮助非政府组织做一个市场研究，从而更好的完善筹款工作。

销售商品。不少非政府组织拿一些新产品，例如手工制品、艺术品、年历和日记本来义卖，这些产品通常由项目受益人制作或参与制作。但必须十分小心，如果组织对市场、广告和产品分发的能力缺乏现实的了解，这些产品将成为负担，最终以赔钱告终。如果机构里没有一个有经营背景的人，非政府组织应该向有过类似投资经验的人请教。

协同筹款。协同筹款是以非营利组织为主体，选择社会亟需资助的项目，协同当地政府、企业、媒体和群众，集中资金、物资和人力资源共同建设这一项目。协同筹款好处主要有：首先，有关方面各自以有限的资金、物资或人力资源投入，取得项目效果的最大化。大家有钱出钱、有物出物、有力出力，充分发挥社区各类资源整合的作用；其次，可以动员村社区域内的群众以自身的力量解决迫切需要解决的问题，有利于团结和凝聚；最后，由于有广大群众的参与，有利于避免贪污、浪费、挪用等问题的出现。

获取其他支持。不必独自完成寻找最合适捐助者的任务，有很多周围的人能在这方面提供帮助。例如，参考以前的报告或者咨询曾经为相似项目筹款成功的人，他们经常能够提供很有价值的建议，包括提供对项目特别认可的资金来源，或者提供一些有用的点子和联系人。

三、组织筹款活动的关键环节

1. 策划设计活动方案。筹款活动是非政府组织整个筹款策略方法的载体和集中体现，没有具体的筹款活动，所有筹款策略和方法都是纸上谈兵。而这个活动的进行，必须要先行策划，形成一个独具特点和魅力的而且周密的和具有可操作的活动方案。这是筹款活动取得成功的一个至关重要的前提。筹款活动的策划要求是：

一要有明确的活动目标。包括直接的参与人数、筹款目标等，这些目标要可衡量、可评估，更要可行可操作；同时，更重要的要把与支持者建立互信合作关系作为活动的特别目标，在活动中要使活动的内容与之紧密关联起来，渗透到活动的一点一滴之中。通过活动使支持者或潜在的支持者不只对筹款项目本身加深了解、加深认同，更要对机构团队培养起良好的感受和一定依恋，愿意加入机构的活动，引导支持者的行为，为建立长久的合作奠定基础。

二要选择恰当的活动类型。活动类型可谓多种多样，但关键要与机构的理念、使命以及实际状况相一致，并具有自己的特点。常用的五类筹款活动为：1）社区型，如赛跑、爬山、步行、芭蕾舞表演等；2）纪念型，如慈善午餐或晚餐等；3）运动型，如高尔夫球、足球、篮球等；4）文艺型，如电影、话剧等；5）拍卖型，如古董、字画等。

三要赋予活动深层次的内涵。使活动与机构的理念关联起来。如步行活动不能单纯为了走路或筹款而走路，而要赋予一种坚忍不拔的精神和健康、教育的功能，这样才能满足更多人的多方需求，从而带动更多的人参与活动，通过参与进而引导、建立对组织和事业的认同以及长远合作。

四要动员知名人士参与。应恰当选择和邀请对目标群体有影响力和号召力的爱心知名人士参与筹款活动。知名人士对筹款活动的认可和参与，对筹款活动宣传、动员的贡献率是不可低估的。随着知名人士的参与，其支持者往往会随其直接转移过来，快速地变成活动的参与者，具有事半功倍的效果。同时，这种公益性的转移，也必然会扩大和丰富支持者的精神境界和内涵，对公益组织、公众都有利好的作用。

筹款方案要在系统、全面、可操作的前提下，力求简洁、明了。一般筹款活动的方案应包括：活动的目的，活动的主题，活动的时间，活动的地点，活动的特色，志愿者的招募，参加人群计划，成本预算，捐赠与回馈，募款计划，宣传计划（包括前期宣传和活动期间宣传），活动的组织分工，时间进度计划，危机处理预案等。

2. 发动舆论宣传。一个筹款活动能否取得成功，宣传具有很重要的先导性作用。因为即使活动很有意义，很有吸引力，如果不能将活动的信息准确、及时地传递给目标群体，大家的参与便是一句空话。同时，活动期间如果没有一定的知名媒体参与，报道宣传活动，对于正在打造品牌和塑造社会形象的企业来说，其务实的需求也难以满足，吸引力也会大打折扣，得到企业的赞助往往就会变成水中月亮。因此，无论是前期以传递活动信息给目标群体的宣传，还是活动期间以报道活动内涵、扩大影响力为目的的宣传，都是十分重要的。

宣传是一项长期性和超前性的工作，包括前期宣传和活动期间的宣传两个方面。前期宣传应从建立基础性宣传网络和活动前的集中活动信息传播两个层面着手。在前面筹款策略中提到的能见度策略的核心是抓住焦点问题开展针对性活动或工作、建立社会影响力，而实现这一策略的根本手段就是宣传。可见，宣传具有超前性，绝非筹款活动的临时行为。当筹款工作的内、外在条件成熟时，建立日常筹款平台的重点则更是宣传，这时的宣传重点应放在筹款品牌系统信息的广泛传递上。这一阶段的宣传是进行其他各种筹款方式宣传的基础性工作，需要通过强调公益性，逐步从自己的媒体向更多的社会主流媒体寻求突破、拓展，日积月累，以建立起筹款的必要媒体支持平台。这类宣传一般应以网络媒体的可行性为最高。这样，当筹款活动启动后，就会有一个基本的信息传递网络和可追索的信息源，也会有一定的保底的信息接收者。

活动前的集中宣传具有扩大信息覆盖面、催化聚焦的作用，其重点在于传递活动本身的信息。考虑到宣传成本和可行性，这时的宣传应分两种形式布局：将活动的系统信息布局在基础性宣传网络上。同时，浓缩、提炼出活动的核心信息，以形象、简明的广告方式在恰当的媒体适时发布，以最快的速度、最简单的形式让人们知道活动事件。活动前的宣传也应提前开始，一般活动系统信息的宣传至少应在活动前 3 个月启动，而活动的广告宣传则至少应在活动的前 10 天开始。具体开始时间应以活动的目标群体范围、传递的预期难度以及活动的目标等因素综合分析确定。广告宣传媒体可选择的种类较多，具体应以目标群体以及媒体对其覆盖度为依据选择。从效果、成本综合考虑，可选的广告媒体顺序应为：平面媒体、电视媒体、网络媒体、手机媒体等。

需要说明的是，尽管这种公益性的宣传要尽量寻求媒体的支持，但就活动开始前的广告宣传，一定的投入是十分必要的。在整个筹款活动中，我们可以争取，但不要将无投入或难以达到的低投入作为筹款活动的指令性指标，这样是不现实的，也会贻误时机。

3. 实施管理。筹款活动的管理包括组建临时组织机构、计划与目标责任管理、筹款活动中的过程管理、以及捐赠管理等。

第一，组建临时组织机构。要组织一个筹款活动，一般这些部门是必不可少：总负责人，顾问组，媒体与宣传组，企业赞助组，报名接待组，行政后勤与外联组等。选择合格的人承担合适的工作是建立筹款活动组织机构的核心，因为再健全的组织机构，如果没有合格的人力资源去实施，也无济于事。这些部门有的工作重点在活动之前，也有的在活动期间，还有的贯穿始终。所以，工作人员可以兼职使用。

当然，一个民间组织是不可能同时雇佣筹款活动所需的各类人才的，因此，充分动员、招募志愿者参与筹款活动，承担许多临时性的工作任务，并通过从人到人的方式扩大活动影响，对筹款活动的实施以及筹款目标的达成都具有重要的意义，也是民间组织筹款成功的必然选择。首先要充分用好现有的志愿者网络；其次要拓宽思路，多渠道、多方式招募志愿者，如必要时可将志愿者招募与活动前期宣传结合起来，公开招募；再次是，招募的范围要放眼全社会，不能设置年龄、性别、地域等人为不合理的限制，以找到理想的志愿者，更展现出民间组织公平、平等和求实的基本理念；另外，要根据活动本身对志愿者的定位，明确设计志愿者的责任、义务和要求，如负责的岗位、需要承担哪些工作、贡献多少时间和哪些知识，会有哪些保障和收获等，使每个候选人便于按自己的综合情况做出慎重的衡量、选择。对于最后所选的志愿者，机构必须与之签订短期的志愿者服务协议，以法律形式保障双方的相关权益。

第二，计划与目标责任管理。筹款活动往往因为面向某些特殊的目标群体而具有很强的时间性，因此，计划管理的水平直接影响筹款成效。首先要求管理者必须制定出具体、细致、可行的工作计划(或方案)；其次将计划本身准确地传达给各有关部门、人员和参与的志愿者。显然，针对活动方案和工作计划的宣传培训环节必不可少。另外，为了确保高质量地完成各项工作任务，对有关工作计划预留合理的时间是十分必要的，因此，筹款活动必须提前着手，一般要成功组织一次筹款活动，至少应提前半年开始启动。

在筹款活动管理中要逐级明确责权，实行目标责任管理。要将整个筹款活动的工作计划分解到各个活动部门，再由各个部门分解到各个工作人员，明确责任、目标、时间和质量要求以及奖罚措施，合理放权，逐级监督、指导，以调动起每一位参与员工的积极性和创造性，形成合力，才有可能做好使筹款活动的细节、过程，进而实现活动的各方面目标。

第三，筹款活动中的过程管理。

首先，应建立起筹款工作的检查评估机制，及时发现问题，及时解决或调整。检查、评估的形式可以多样的。但至少应该建立：每周的先下后上的分级例会制度，汇总本周工作，讨论存在的困难或问题，提出解决的方法或调整计划的思路，明确下一周的工作重点和思路等；每半月的全员会议制度，汇总、评价上半月的工作进展，集思广益，讨论确定下月的工作思路和方法等。

其次，要注重实施中的细节管理，以确保筹款过程中每个环节的准确性、可靠性，从而最大限度地与活动的各类目标关联一致。需要注意的一些细节主要包括：各类捐赠合同的准备与管理，活动接待涉及的有关登记、安排，各有关人员的言行举止规范、形象要求等。

再次，要把握好活动本身的议程管理。议程管理具有严格的时间性和准确性，要根据活动的特点单独建立一套临时的组织系统，将议程涉及的每个人、每件事分解落实给临时组织系统的每个人，切忌一人包揽太多事情，这样在人多慌乱中容易出现疏失。议程管理一般包括登记安排、交通配套、后勤保障、人员分工与时间表等。议程中主要仪式执行如果委托给其他机构，要将相关的要求以合同的方式确定下来，并对执行者进行积极配合、有效监管。

最后，要注重活动的安全管理，因为安全对于任何活动都是第一性的。而任何一个活动总会在一定时间、一定地点聚集一定的人群，这就必然存在不同程度的意外风险。筹款活动可能出现的风险：1）人群失控，人群失控会造成混乱和相应的意外，比如拥挤踩踏导致人群伤亡事故；2）酒精的影响，主要是指出席聚会的人中可能会因把持不住而出现过量饮酒，由此引起不必要的冲突；3）其他风险，如对环境的破坏，以及各种人为、自然的意外突发事件等。预防这些安全事故发生，除了要有安全意识和必要的预案、措施外，活动期间按情况为参与者集体购买相应的安全保险是十分必要的。

第四，捐赠管理。当筹款活动启动后，随着宣传、企业赞助工作的陆续展开，捐助行为就会发生；活动结束后，相关的捐赠回馈行为仍可能继续。因此，捐赠管理贯穿整个筹款活动始终，并可能超越活动长期存在，涉及活动前的企业赞助开发、各类捐助接待、对支持者的回馈管理等。显然，捐赠管理具有一定的长期性，应安排机构筹款部门的专职人员负责，财务人员直接参与，以保持工作的稳定性、连续性和过程的准确性、安全性。

企业赞助是捐赠的一种。对赞助企业回馈的主要方式是利用活动期间的媒体参与和公益宣传，连带宣传企业品牌。由于这种宣传和公益事业连在了一起，不仅对品牌具有广告效应，更具有正面的形象塑造功能，能使品牌更快地增值；同时，也为企业提供了展现爱心的平台。除了活动的内涵、外延以及宣传媒体的影响等活动自身因素外，收集、掌握准确的与活动相关的企业信息是取得企业赞助成功的第一步。赞助企业开发同样可以从两个层面着手：一是对潜在目标企业的广泛地动员，可以通过媒体宣传动员，也可以通过信函、电话传递信息；二是对重点或可能性较大的企业进行一对一的沟通联系，这种方式在使用时要尽量通过相关关系人士引荐，以找到企业关键的相关负责人，否则效果可能不会理想。

捐助接待实际上就是一种细节管理，其重点包括两个方面：一是合同管理，即针对不同类型捐助者准备相应的捐赠合同，将双方的权利和义务规定清楚，依法约束、规范各方行为，让捐赠者放心。二是登记与收据管理，即每笔捐款，无论数额大小，都必须有专职的接待人员按统一的登记表分类进行登记，然后由财务人员收款、及时进入银行专户，并出具收据；接待人员必须定期与财务人员对账，核对的内容包括银行和现金两部分，以确保捐款的安全性和准确性。

对捐赠的回馈管理是捐赠管理中的一项非常重要的内容。捐赠回馈管理是筹资组织对捐赠者的一系列反馈和回应，它通过组织专门机构人员的公共关系活动，进一步加强组织与捐赠者的往来，提升组织的社会信任度。捐赠回馈管理既是筹资的末尾，又是筹资的继续，它跨越筹款活动的期限，对公益组织的筹资战略具有实质意义。捐赠回馈管理离不开具体的公共关系行为。如，在活动结束后，机构必须有专人与所有捐助者保持定期的沟通、交流，报告机构的项目活动，征求支持者的意见或建议。要按照捐赠合同规定的回馈内容，及时协调落实项目的实施。更实际的工作是，邀请捐助者对捐助项目直接进行考察，参与项目的监督等。要做好回馈管理的沟通、协调、联络和公共关系工作，除了不忽略所有细节外，关键的就是确立对捐助者、支持者的爱心和百分之百的责任感。这是通过捐赠回馈管理，建立与支持者长期合作关系的真谛。

第三节　非政府组织项目管理

非政府组织项目管理是指非政府组织为了实现其宗旨，通过公益活动项目申请的形式获取资金和其他社会资源，并经过有效地项目运作，实现对所获得资源的优化配置，达到预定项目目标，满足社会公益需求的过程。非政府组织项目管理的主要内容包括，公益活动项目设计与论证，公益活动项目评估，和公益活动项目管理程序等。

所谓公益活动，是指活动结果最终有助于增进社会整体利益的活动。被世界各国视为公益活动的范畴包括：志愿者服务；慈善活动；关于健康促进、医疗卫生服务；人道主义灾难援助和减少贫困；公共教育和就业培训；社区营造和社区发展；边缘性和基础性学术、文化、艺术、科学、体育的促进；生态、资源与环境保护；国际交流合作与促进和平；公民权保护；儿童、妇女以及弱势群体保护；社会改革倡议和政策倡导；促进经济或产业发展等增进社会整体利益的社会管理和公共服务工作。

一、公益活动项目设计与论证

任何项目，总是由各个项目条件组成。选出项目条件齐备的项目，就是选择项目。对所选项目的各种条件进行组合与整理，就是项目设计。在非政府组织开展筹款工作时，一个十分重要的工作就是首先设计出一个切实可行的项目设计。有关协调和帮助筹资的单位接到项目设计后认为项目设计合理、详细、内容丰富，申请理由依据充分，又符合有关政策要求，就能提高筹款工作的成功率。

（一）项目设计

有些非政府组织在进行项目设计时未充分考察未来市场的因素，影响了项目的效益。在设计项目的时候，需要注意以下六方面的问题：

（1）分析组织自身情况。包括近期战略目标和以往的项目经验。非政府组织的宗旨是通过一系列的战略规划体现出来的，近期的战略目标是实现其宗旨的"重要一步"，所以必须在设计项目的时候充分考虑，力求和战略目标方向一致。一般来说，在已完成项目的基础上继续深入或拓展是项目设计的重要方法，没有任何基础的新项目难度比较大，如果必须涉足新领域，那就要求项目可行性论证做得更为详细。

（2）分析资助方情况。非政府组织设立的项目一般需要找到资助方，向资助方申请所需的资金。充分考虑资助方的情况，能提高申请的命中率。需要分析的有：以往的合作经历、高层领导变更情况、对方的合作意向等。分析资助方的情况，需要收集一些必要的资料，这些资料一般从对方的公开资料以及网站上可以得到。

（3）结合当地实际情况。要充分利用当地的各种资源，并分析所提供服务的市场需求。每个地方都有自己独特的自然地理环境、人文资源环境，只有根据当地的情况和特色设计出来的项目才能更顺利地实施。

（4）注重效率。在项目设计上要坚持和体现少花钱多办事的原则。当非政府组织显示出自身良好的项目运作能力，用少量的资金就有能力达到较好的项目成果，且给外界留下勤俭节约印象后，更容易获得项目支持。

（5）项目选题。选题通常有三种形式：1)命题式选题。主要特点是项目资助机构有明确的项目指南，项目选题必须在指南的范围之内进行，这时只要逐一考虑指南中的项目是否符合组织实际情况即可。2)非命题式选题。如许多国际资助机构的项目，其特点是资助机构没有明确的项目指南，但申请者和资助者都有明确的申请意向，选题的过程是一个相互磋商和调整的过程。3)合作式选题。其特点是双方已经有明确的合作和经费意向，但双方都还没有明确的项目指向，选题的过程就是在合作的基础上逐渐明确项目指向的过程。

（6）替代方案。拟订一个项目，不能只有一种方案，而应有若干种不同的选择方案。

这就需要在项目设计的时候，把各种思路都罗列出来，为项目的可行性论证提供各种可供挑选的方案。

（二）项目可行性论证

项目可行性论证是经常使用的一种手段，对捐赠者或者资金投入者有重要影响。如果盲目申请和虚假论证，不仅得到资助的可能性小，而且即使得到了项目资助，也极可能出现目标结果错位的情况，严重影响组织的公信度。

1. 项目可行性论证的过程。可行性论证通常包括四个步骤：机会可行性论证、初步可行性论证、详细可行性论证和项目可行性论证报告。

（1）机会可行性论证。这一阶段包括粗略的市场调查和预测。对可供选择项目的初步评估。包括市场需求调查、费用估算、管理费用、实施进度时间表、资金来源及财务评价等。

（2）初步可行性论证。在机会论证的基础上，进一步较为系统地论证机会的可行性，进一步考察分析。这一阶段的主要任务是进行初步的比较和选择，决定各种机会是否有必要做更加详细的可行性论证。

（3）详细可行性论证，也称最终可行性论证。是确定一个项目是否可行的最终研究阶段。这一阶段对技术、数据的精确程度要求比较高，通过对初步可行性研究所确定的有价值的方案进一步详细的研究，在市场、技术等方面进行具体论证，最终确定方案是否可行，并选择出一个最佳方案。

（4）可行性论证报告。可行性论证报告是一个项目或者资金申请书（或者项目计划书）。需要清楚地表达出机构项目的设想，让资助者一目了然。文件应言简意赅，有说服力，保持积极的态度。尽量有效地使用数字和图表，满足不同捐赠者的阅读习惯和需求，使申请书更有说服力和表现力。

2. 可行性论证报告的内容。可行性论证报告主要包括项目概要、组织介绍、项目理由、项目目标、执行措施、项目控制等。

（1）项目概要。是对项目精准清晰的描述。需要足够简短以便迅速阅读，足够动听以便吸引潜在资助者。其内容有组织简介、陈述项目需要解决的问题或者受益人群的需求并列出项目目标和方法及要求的资金额度。

（2）组织介绍。需要列举组织的使命和宗旨，简述组织的历史，列举组织的服务能力和水平以及以往的活动成就。还需要解释受益者和其他人如何从组织的存在中获益，并简单陈述申请的项目，并注意阐明这个计划如何符合资助者的兴趣。

（3）项目理由。通过陈述动机、必要、能力、条件等，说服捐赠者或者资助者为之行动。需简要陈述问题、需求计划、项目对象等，并尽量找到真实的生动事例来支持这些陈述，证明需求是真实的。并说明组织本身不能满足需求，需要资助伙伴，力求创造一种需要立即行动的紧迫感。可以用报纸报道、研究论文、统计表、调查、受益者访谈，或参考此领域的权威人士证明这个需求陈述。务求有论有据，可信可行、生动感人，朴素真实，富有鼓动效果。

（4）项目目标。将组织对资金的需求与该组织如何服务于社会建立有效的联系。项目目标首先要符合组织的实际情况，一定切合实际，而且目标里要描述受益人群的利益，以及每个目标都是与他们的需求直接相关的。并要有具体的时间安排和衡量指标，及直接和间接产出。

（5）执行措施。即为了达到项目目标应该怎样做。要列出达到目标所需的步骤和活动，然后用一两句话说明。同时要列出项目执行中的风险，如政府是否支持，基础是否良好等。

（6）项目控制。说明在项目启动以后，将伴随着实施对项目进展与质量监督与控制，整个项目情况，将随时或者定期向资助者交流沟通。并可以承诺邀请资助者参与项目的监督。

二、公益活动项目评估

项目评估是在项目可行性研究的基础上，由第三方（比如专门的项目评估机构）根据国家颁布的政策、法规、方法、参数和条例等，对拟立公益项目的必要性、条件、市场需求、社会效益等进行全面评价、分析和论证，进而判断其是否可行的一个评估过程。项目评估是项目前期进行决策管理的重要环节，其目的是审查项目可行性论证的可靠性、真实性和客观性。项目评估是非政府组织项目管理的关键环节。一般而言，非政府组织评估包括诚信评估、使命与战略评估、项目评估和组织能力评估等四个主要的方面。

（一）项目评估与可行性论证的比较

1. 项目评估与可行性论证的联系。1）均处于项目发展周期的同一阶段。项目评估与可行性论证均处于项目投资前期阶段。二者都是重要的前期准备工作。这两项工作的质量如何，对项目整个寿命期都会产生极大影响。2）学科内容基本相同。其分析的依据是相同的，都是国家的有关规定和有关部门为拟建项目下达的批复文件；其所分析的内容均包括必要性、市场、条件、技术、财务和经济等几大部分。3）目标与要求相同。都是通过前期论证，判断项目的可行与否，实现投资决策的科学化、程序化和民主化使资源得到最佳配置。二者的要求也是相同的，都是在调查研究的基础上进行分析和预测，得出公正客观的结论。

2. 项目评估与可行性论证的区别。项目评估与可行性论证存在诸多相同之处，从理论和实践方面来看，二者又有明显的区别，主要表现在以下几个方面：1）行为的主体不同。可行性论证工作是由项目承办方负责进行的，而项目评估则是由第三方（国家、银行或有关机构）负责进行的。2）立足点不同。可行性论证是站在直接投资者的角度来考察项目的，而项目评估则站在第三方的角度来考察项目的。由于角度不同，可能导致对同一问题的看法不同，结论也可能有差异。3）侧重点不同。可行性论证往往侧重于项目必要性与技术方面的论证，项目评估则主要侧重于考察项目建设的可能性与偿还能力。4）作用不同。可行性论证是投资主体进行投资决策和计划部门审批项目的重要依据，项目评估则是银行第三方确定投资与否的重要依据。二者不可能相互替代。5）所处的阶段不同。项目可行性论证在先，项目评估在后，这一工作顺序是不能颠倒的。可行性论证为项目评估提供工作基础，而项目评估则是可行性论证的延伸、深化和再研究。

（二）项目评估的内容

项目评估工作的一般程序是：确定项目、调查研究、提出方案、提交评估报告、帮助指导实施五个阶段。根据具体情况，项目评估工作可以有几种不同做法。一种是由评估咨询机构组织，主要依靠外聘专家完成；另一种是主要依靠评估机构内部评估人员完成评估工作；再一种是前两种方法结合。

项目评估的内容主要包括：项目设计评估、项目目标评估、项目成果评估、经济效益评估、组织实施评估、项目管理能力评估、受益者评估。

（三）项目评估的方法和报告

1. 项目评估的方法。根据项目的类型不同，采用的评估方法也不同。项目评估的方法有观察法、问卷法、文献法、访谈法等，项目评估往往是这些方法的综合运用。下面简单介绍两种项目评估的方法：

第一种：按照评估范围大小，分为项目评估法（局部评估法）和组织评估法（全局评估法）。项目评估法以具体的技术改造项目为评估对象。费用、效益的计量范围仅限于项目本身。适用于关系简单，费用、效益容易分离的项目。组织评估法从组织全局出发既考虑了项目自身的效益，又考虑了给组织其他部分带来的相关效益。适用于系统复杂，效益、费用不好分离的项目。

第二种：类比评估法。类比评估法适合评估一些与以往项目在各方面相似的项目，通过新项目与旧项目的比较得到性质估计。类比法估计结果的精确度取决于历史项目数据的完整性和准确度，用好类比法的前提条件之一是，组织建立起较好的项目后评价与分析机制，对以往项目的数据分析是可信赖的。

2. 项目评估报告。项目评估的成果是形成项目评估报告。编制项目评估报告书没有固定的内容和格式，编制人员要根据项目的具体情况和要求灵活掌握。项目评估报告要谈出评估单位的观点和有说服力的论据。报告文字应力求准确清晰，尽可能不用过分专业化的词汇。报告应包括摘要、项目概况、项目内外部影响因素、对收集到的材料和实际调查情况进行描述和分析、经验教训、最终的结论和意见、评价方法说明、参考资料。

三、公益活动项目管理程序

各个组织都有不同的项目管理方法和程序，但是其目的是一致的，即优化项目资源的使用，加强项目活动的管理，以便利用有限的资源实现目标。在项目获得批准进入实施过程后，需要组织启动管理程序。项目管理程序主要有项目启动、实施计划与原则、项目的组织整合、项目的控制等。

1. 项目的启动。有的非政府组织启动项目时，往往会忽略可能遇到的问题和困难，容易盲目启动、仓促上马，导致项目实施中的混乱，无法按照计划进行，给后期的项目实施，带来极大的风险，甚至最终遭受损失。因此，越来越多的非政府组织对于项目上马的决策已经趋于理性，严格要求做好项目启动前的论证工作。在满足当前紧迫的业务需求和长远的战略需求之间作好平衡。确保项目建设的成功。

项目启动的准备工作比较繁琐，具体事宜取决于项目所在的管理环境的要求。在项目启动准备期，可以准备一个项目启动检查清单，以确保项目启动工作的有序，避免疏漏。非政府组织应该重视启动项目。由于一般人员对于项目申请工作涉入不深，对于项目的具体细节并不很了解，所以需要有一个类似动员会性质的项目启动会。帮助大家了解情况，强化意识，增进和调动组织整体的积极性。

2. 实施计划与原则。项目计划是一种使具体目标和战略明确的过程，是一个关于如何启动、维持和保证项目顺利实施并完成项目的过程。非政府组织项目计划是围绕着非政府组织项目目标展开的，它系统地确定项目的任务、编制预算、安排项目进度等，从而保证项目能够在合理的期限内，尽可能以少的投入和尽可能高的质量完成。

制定项目计划的目的在于把项目的主要设想和战略落实为具体明确的行动，并确定各项活动所需的投入，以及有关部门、人员的职责。一般情况，项目计划可分为：收集和整理有关信息，确认项目目标，任务分解，确定相关人员责任、权力、进度、预算几个过程。

项目计划要遵循一些原则。项目计划的原则主要有：1）目的性。任何项目都有一个或几个确定的目标，以实现特定的功能、作用和任务。而任何项目计划的制定正是围绕项目目标的实现而展开的。2）系统性。项目计划本身是一个系统，由一系列子计划组成，各个子计划彼此相对独立，又紧密相关。3）动态性。在项目的寿命期内，项目环境常处于变化之中，使计划的实施偏离项目的基准。因此项目计划要随着环境和条件的变化而不断调整和修改。4）相关性。项目计划是一个系统的整体，构成项目计划的任何子计划的变化都会影响到其他子计划的制定和执行，进而最终影响到计划的正常实施。5）职能性。项目计划的制定和实施不是以某个组织或部门内的机构设置为依据，也不是以自身的利益及要求为出发点，而是以项目和项目管理的总体及职能为出发点，涉及项目管理的各个部门和机构。

3. 项目实施中的组织整合。项目有了实施计划后，随之而来的就是组织实施。在这个环节，首先需要通过组织文化诱导和实施系统的组织建设，实现相关力量的整合。

（1）项目文化建设。文化属于项目的社会环境之一，任何项目必然在一个文化背景下进行。项目组织在项目管理中会形成自己独特的文化，反映组织共同的价值观、信念、作风等。良好的组织文化对项目管理具有积极的作用，可以起到凝聚、导向、激励、约束和协调等功能。塑造组织文化是一项复杂而艰巨的工作，需要领导者有意识、有目的、有组织地进行诱导和强化，一般应从项目意义宣传开始，并通过会议的方式，使项目的文化氛围逐渐形成，将组织成员的注意力朝项目实施调动和集中。

（2）项目组织结构。项目组织结构是项目系统内的各个组成部分及其相互关系的框架，是项目组织根据系统的目标、任务和规模所采用的管理框架形式的统称。由于项目投资一次性与独特性的特点，在决定一个项目后，就需根据该项目的具体情况，建立管理班子，按项目的目标设计组织结构，负责项目的实施。项目的组织结构一般可分为线性组织结构、职能组织结构、团队组织结构和矩阵组织结构等若干形式。不同的项目组织形式有不同的效果，非政府组织在项目投资中应根据具体情况选择合适的组织结构。

（3）项目团队建立。项目团队是保障非政府组织项目投资过程正常运转的有生力量。一个成功的项目团队须具备四种能力，即决策制定能力、均衡的问题解决能力、冲突管理能力和技能能力。建立有效的项目团队，需经历评估、形成、开发、部署阶段。

（4）聘用项目经理。在项目团队建成后，需要有人来担当此项目团队的经理。负责管理该项目团队的主要负责人就是项目经理。在组织实施的过程中，项目经理是一个至关重要的角色，需要项目经理具有丰富的项目运作经验、很高的个人魅力和很强的组织能力。要求他们在项目相关的领域内工作相当长的时间，并且以项目助理的形式担任过类似项目管理的工作。另一方面，可考虑从组织外部聘请合适的项目经理。

（5）项目执行授权。一个投资项目是一项独立运作的系统工程，要使项目经理承担起相关的责任，就必须授予他们充分和必要的权限。包括独立的决策权、足够的财务权、有效的用人权等。当然，为了避免因项目经理权限过大而滋生腐败和滥用权力，建立相应的约束机制是必要的。

4. 项目实施中的控制。非政府组织项目控制是指在项目实施过程中，项目管理者跟踪、检测项目的实际进展，对比项目计划目标，找出偏差，分析成因，研究纠偏对策，实施纠偏措施的过程。项目的控制与管理的内容主要有：项目进度控制，项目财务管理，项目内部评估，有效沟通，风险管理和控制等。

（1）项目进度控制。项目进度控制是指对项目实施阶段的工作内容、工作顺序、持续时间及工作之间的相互衔接关系等做出计划并付诸实施，然后在计划实施过程中经常检查实际进度是否按计划进行，一旦出现偏差，应在分析偏差产生原因的基础上采取有效措施排除障碍或调整原进度计划，如此循环，直至项目交付使用。进度控制的最终目的是确保项目按预定的时间启用。项目单位在进度控制方面所做的工作有编制项目管理规划，研究项目的总进度，对项目实施过程中可能出现的问题做好预案，制定制度规范管理，提高工作效率。

（2）加强项目财务管理。通常情况下，资助方并不是一次性地把所有的项目经费都拨给非政府组织，而是根据项目的进展情况和财务情况，逐笔汇到项目管理机构。因此，做好财务管理是运作项目必需的工作。强化资金管理是项目管理工作的中心任务。为了发挥资金的最佳效能，应减少财务管理和核算层次，提高效率。项目要按照"便于管理，适度控制，从严审批"的原则，规范项目财务管理办法和制度。为保证项目专款专用，要加强银行账户管理，一切资金收支统一纳入项目财务管理，由项目管理机构上报财务决算。对参与项目的内部单位实行合同管理，对各单位收入成本费用设明细账单独考核，自负盈亏。

（3）进行项目内部评估。项目内部评估是指项目管理机构对项目内容和战略所作的评估，旨在发现预见到和未预见到的项目活动的结果，找出问题所在，并提出修正意见。非政府组织在进行项目管理时，科学地进行内部评估，可以合理地确定项目的目标成本，据此进行有效的成本控制，从而实现项目效益的最大化。在控制成本的过程中，及时进行经济分析，调整目标成本，达到更好的指导控制成本的目的。需要强调的是，作为项目管理机构，内部评估应该是经常性的行为，是项目管理中的一个重要环节，有助于发现问题和解决问题。

（4）保持有效沟通。在项目管理中，经常会出现一些问题和矛盾，需要通过管理人员的有效沟通加以化解。有效沟通是指沟通的效果，取决于沟通能力。沟通是信息交流的重要途径，使双方能彼此增进了解，项目管理活动中任何沟通的最终目的都是为了更好的提供服务、提升服务品质。沟通的方式也是多种多样的，根据不同情况，应灵活采用沟通方式，如会面沟通、电话沟通、往来函件、会议沟通等，适当的方式将有助于提升沟通的有效性。

（5）风险管理。在项目的运作过程中，由于一些不可控因素和不确定性事件的存在，项目运作存在风险。在风险出现后，非政府组织可采用的风险应对策略主要有：回避、转移、缓和、接受。风险回避是指改变项目计划以消除风险；风险转移是指通过应对措施将风险的影响转移到对自己不构成威胁的地方；风险缓和是将风险概率或其影响降至可接受的水平；风险接受是指项目团队决定不改变项目计划而是勇敢面对项目的挑战。在项目的开发中，风险防范十分重要，要采取措施对风险进行有效地控制。项目风险管理始终贯穿项目的整个过程。

后　记

经全国高等教育自学考试指导委员会同意，由公共管理类专业委员会负责自学考试公共事业管理专业（独立本科段）教材的组编工作。

《非政府组织管理》自学考试教材由国家行政学院马庆钰教授担任主编。

参加编写的人员有马庆钰教授（第一、二、三、四、五、六、九章）；国家行政学院邱霈恩教授（第十二章第1、2、3节）；北京科技大学张小明副教授（第十、十一章）；中央财经大学程玥副教授（第七章、第十二章第4节、第十三章第2节）；暨南大学卢文刚副教授（第八章、第十三章第1、3节）。最后由马庆钰教授统稿。

公共管理类专业委员会组织了该书的审稿会。南京大学张永桃教授担任主审，中央党校赵黎青教授、南京大学王云骏教授参加审稿并提出修改意见。

全国高等教育自学考试指导委员会

公共管理类专业委员会

2007 年 5 月

附录　非政府组织管理自学考试大纲

全国高等教育自学考试指导委员会制订

出 版 前 言

为了适应社会主义现代化建设事业对培养人才的需要，我国在 20 世纪 80 年代初建立了高等教育自学考试制度。经过 20 多年的发展，高等教育自学考试已成为我国高等教育基本制度之一。高等教育自学考试是个人自学、社会助学和国家考试相结合的一种高等教育形式，是我国高等教育体系的一个重要组成部分。实行高等教育自学考试制度，是落实宪法规定的"鼓励自学成才"的重要措施，是提高中华民族思想道德和科学文化素质的需要，也是造就和选拔人才的一种途径。应考者通过规定的专业考试课程并经思想品德鉴定达到毕业要求的，可以获得毕业证书；国家承认学历并按照规定享有与普通高等学校毕业生同等的有关待遇。

从 20 世纪 80 年代初期开始，各省、自治区、直辖市先后成立了高等教育自学考试委员会，开展了高等教育自学考试工作，多年来为国家培养造就了大批专门人才。为科学、合理地制定高等教育自学考试标准，提高教育质量，全国高等教育自学考试指导委员会（以下简称"全国考委"）组织各方面的专家对高等教育自学考试专业设置进行了调整，统一了专业设置标准。全国考委陆续制定了 200 多个专业考试计划。在此基础上，各专业委员会按照专业考试计划的要求，从造就和选拔人才的需要出发，编写了相应专业的课程自学考试大纲，进一步规定了课程学习和考试的内容与范围，有利于社会助学，使个人自学要求明确，考试标准规范化、具体化。

全国考委按照国务院发布的《高等教育自学考试暂行条例》的规定，根据教育测量学的要求，对高等教育自学考试课程的自学考试大纲进行了探索、研究与建设。目前，为更好地贯彻十六大和全国考委五届二次会议精神，以"三个代表"重要思想为指导，全国考委办公室及其各个专业委员会在 2003 年开始较大幅度地对新一轮的课程自学考试大纲组织修订或重编。

全国考委公共管理类专业委员会在考试大纲建设过程中结合高等教育自学考试工作的实践，参照全日制普通高等学校相关课程的教学基本要求，并力图反映学科内容的发展变化、体现自学考试的特点，组织制定了《非政府组织管理自学考试大纲》，现经教育部批准，颁发施行。

《非政府组织管理自学考试大纲》是《非政府组织管理》课程教材和自学辅导书编写的依据，也是个人自学，社会助学和国家考试的依据，各地教育部门、考试机构应认真贯彻执行。

全国高等教育自学考试指导委员会
2007 年 5 月

目 录

I   课程性质与设置目的要求

《非政府组织管理》是全国高等教育自学考试公共事业管理专业(独立本科段)必考课程,是为培养和检验自学者的非政府组织管理基本概念、基本内容和基本技能而设置的一门课程。

《非政府组织管理》是系统阐述非政府组织发展与管理活动规律的课程,涉及到非政府组织管理的客体、主体及其相互关系,以及非政府组织发展与管理的基本内容等。通过本课程的学习,目的是要广大考生全面了解有关非政府组织发展与管理的有关问题,正确认识非政府组织发展与管理当中的基本规律,提高非政府组织发展与管理的能力。

《非政府组织管理》课程学习的要求是:广大自学者要循序渐进、联系实际地学习,比较系统地理解非政府组织管理学的基本知识和基本理论,初步掌握非政府组织管理的主要内容和主要方法,为推动我国非政府组织发展,建立与完善我国公共管理体制做出自己的贡献。

Ⅱ　课程内容与考核目标

（考核知识点、考核要求）

第一章　绪　　论

一、学习目的与要求

通过绪论的学习，了解非政府组织概念的由来，正确理解和把握它的含义，熟悉与非政府组织相近的有关指称、评价，掌握非政府组织的主要特征。了解非政府组织的国际分类标准、某些国家和地区的分类体系、以及我国的分类方法。理解非政府组织在社会发展中重要地位，客观认识它某些可能的消极影响。

二、课　程　内　容

第一节　非政府组织的界定与特征

（一）名异而质同的若干概念

非政府组织的界定。国际上若干类似概念。国内若干类似概念。

（二）非政府组织的一般特性

非政府组织的正规性。非政府组织的非营利性。非政府组织的独立性。非政府组织的公益性或互益性。非政府组织的志愿性。

第二节　有关非政府组织的分类

（一）非营利组织国际分类体系

对非营利组织国际分类体系的评价。非营利组织国际分类体系。

（二）一些国家和地区的分类参考

美国的分类。日本的分类。香港的分类。台湾的分类。

（三）国内的主要分类探索

实证角度的分类。规范角度的分类。

第三节　非政府组织的社会作用

（一）在社会发展中的重要作用

与多元治理结构的关系。在资源整合中的地位。化解社会矛盾的平台。在政府职能转变中的作用。社会和谐的粘结剂。是国际事务的重要使者。是公民文化培育的学校。

（二）需要注意的消极因素

防止过分追求自身利益。防止错误界定自己的社会角色。防止介入错误的活动领域。

三、考核知识点

（一）正确理解和把握非政府组织的概念

（二）对国际上若干与非政府组织类似概念的评价

（三）对国内若干与非政府组织类似概念的评价

（四）非政府组织的主要特征

（五）国际上主要的 NGO 分类体系

（六）国内有关实证角度的 NGO 分类方法

（七）国内有关规范角度的 NGO 分类方法

（八）非政府组织的重要社会作用与可能的消极因素

四、考 核 要 求

（一）正确理解和把握非政府组织的概念

1. 识记：(1)非政府组织概念的由来；(2)非政府组织概念界定。

2. 领会：(1)非政府组织可能的歧义；(2)国内与国际对非政府组织的认识差别。

3. 应用：建立正确的非政府组织概念。

（二）对国际上若干与非政府组织类似概念的评价

1. 识记：国际上若干类似概念。

2. 领会：(1)非营利组织；(2)第三部门。

3. 应用：公民社会组织概念的规范性评价。

（三）对国内若干与非政府组织类似概念的评价

1. 识记：国内若干类似概念。

2. 领会：(1)民间组织；(2)社会中介组织；(3)群众团体。

3. 应用：民间非营利组织概念的规范性评价。

（四）非政府组织的主要特征

1. 识记：非政府组织的主要特征。

2. 领会：(1)非政府组织的"非营利性"；(2)非政府组织的"独立性"。

3. 应用：把握真正非政府组织的客观标准。

（五）国际上主要的 NGO 分类体系

1. 识记：(1)美国的互益性组织和公益性组织；(2)约翰·霍普金斯大学的分类。

2. 领会：对于 ICNPO 非政府组织分类方法的评价。

（六）国内有关实证角度的 NGO 分类方法

1. 识记：实证角度的 NGO 分类的概念。

2. 领会：(1)政府的分类；(2)学术界的分类探索。

3. 应用：现有实证角度的 NGO 分类对管理实践的意义。

（七）国内有关规范角度的 NGO 分类方法

1. 识记：规范角度 NGO 分类的概念。

2. 领会：对文中两种规范分类方法的比较。

3. 应用：规范角度的 NGO 分类的评价。

（八）非政府组织的重要社会作用与可能的消极因素

1. 领会：对社会转型国家而言，非政府组织可能存在的消极因素。

2. 应用：非政府组织在社会发展中的重要作用。

第二章　非政府组织发展的动力因素

一、学习目的与要求

通过本章的学习，从不同角度深刻理解非政府组织现象的发生根源。要求充分认识非政府组织的存在与发展与人的社会属性的关系，与正确利益观念的关系，与公民社会本质的关系，与公共管理结构的关系。通过对相关研究理论的学习，充分认识非政府组织现象的合理性。通过对国际层面、地区层面和各国法律的了解，理解非政府组织现象的合法性。

二、课　程　内　容

第一节　非政府组织发展的必然性

（一）寓于人的社会属性中的必然性

人的自然属性。人的社会属性。人的交往本质的原因。

（二）寓于正确利益观念中的必然性

"正确理解的利益"。

（三）寓于公民社会本质中的必然性

公民社会及其本质。公民社会与子民社会。非政府组织的趋势。

（四）寓于多元治理结构要求中的必然性

"能力促进型国家"。

第二节　非政府组织发展的合理性

（一）政府与市场失灵理论

市场失灵。政府失灵。"中位选民"的需求。韦斯布罗德及其理论。

（二）合约失灵理论

汉斯曼及其理论。"非分配约束"。"合约失灵"。

（三）第三方管理理论

"第三方管理"模式。志愿失灵。

（四）政府-NGO组织关系理论

政府支配模式。第三部门支配模式。两者并存模式。合作模式。

（五）三部门相互依赖理论

三部门。伍思努理论。

（六）两纬度四组合的理论。

"两纬度四组合"。以强制求公益。以志愿求私益。以志愿求公益。

第三节　非政府组织发展的合法性

（一）国际法与地区性盟约的规定

非政府组织的工具价值。非政府组织的人文价值。非政府组织与基本人权。国际法对于结社的保护。地区性盟约对于结社的保护。

（二）各国宪法与法律的规定

"国家尊重和保护人权"。

三、考核知识点

（一）非政府组织现象与人的社会属性的关系
（二）非政府组织现象与正确利益观念的关系
（三）非政府组织现象与公民社会本质的关系
（四）非政府组织现象与多元治理结构要求的关系
（五）政府与市场失灵理论
（六）合约失灵理论
（七）第三方管理理论
（八）政府-NGO 关系理论
（九）两纬度四组合的理论
（十）非政府组织发展的法律保障

四、考 核 要 求

（一）非政府组织现象与人的社会属性的关系
1. 识记：（1）人的自然属性；（2）人的社会属性。
2. 领会：（1）人的交往本质的原因；（2）"正确理解的利益"。
3. 应用：人的社会属性对非政府组织产生的影响。
（二）非政府组织现象与正确利益观念的关系
1. 识记："心灵的习性"。
2. 领会：（1）正确利益观念与非政府组织产生的影响。
（三）非政府组织现象与公民社会本质的关系
1. 识记：（1）公民社会及其本质；（2）公民社会与子民社会的比较。
2. 领会：非政府组织的发展趋势。
（四）非政府组织现象与多元治理结构要求的关系
1. 识记：多元治理结构。
2. 领会："能力促进型国家"理念。
（五）政府与市场失灵理论
1. 识记：（1）市场失灵；（2）政府失灵。
2. 领会："中位选民"的需求。
3. 应用：韦斯布罗德及其理论。
（六）国内有关实证角度的 NGO 分类方法
1. 识记："非分配约束"。
2. 领会：（1）汉斯曼及其理论；（2）"合约失灵"。
（七）第三方管理理论
1. 识记："第三方管理"模式。
2. 应用：志愿失灵。
（八）政府-NGO 组织关系理论
1. 识记：（1）政府支配模式；（2）第三部门支配模式；（3）合作模式；（4）两者并存

模式。

2. 领会：政府-NGO 组织关系理论。

（九）两纬度四组合的理论

1. 识记：(1)以强制求公益；(2)以志愿求私益；(3)以志愿求公益。

2. 领会：从"两纬度四组合"认识非政府组织社会功能。

（十）非政府组织发展的法律保障

1. 识记："国家尊重和保护人权"。

2. 领会：(1)非政府组织的工具价值；(2)非政府组织的人文价值；(3)非政府组织与基本人权。

3. 应用：法律保障与非政府组织发展。

第三章 国外非政府组织发展

一、学习目的与要求

通过本章的学习，了解非政府组织的起源，包括基督教传统、人道主义传统、慈善传统与国外非政府组织生长的关系。全面认识国外非政府组织的成长过程，了解非政府组织在初期自然发展时期、国际间的扩张与合作阶段、全球普遍发展阶段的主要表征、主要原因、主要活动领域，以及主要特征。了解国际非政府组织的地位以及在国际事务中的参与机制。

二、课 程 内 容

第一节 国外非政府组织的起源

（一）基督教传统与非政府组织

基督教传统。基督教与社会服务。达米恩基金会。

（二）人道主义传统与非政府组织

亨利·杜南与《日内瓦公约》。埃格兰泰恩·杰布与《儿童权利公约》。"无国界医生组织"、"乐施会"。

（三）慈善传统与非政府组织

安德鲁·卡内基。美国的慈善捐赠传统。私人基金会。

第二节 国外非政府组织的发展阶段

（一）自然发展阶段

早期发展阶段的社会背景。初期民间社会组织的主要活动领域。初期民间社会组织的主要特征。

（二）国际间的扩张阶段

扩张与合作阶段的社会背景。扩张与合作阶段非政府组织的主要活动领域。扩张与合作阶段非政府组织的主要特征。

（三）全球普遍发展阶段

全球普遍发展阶段的社会背景。发展中国家非政府组织的发展。"全球结社革命"。非政府组织发展不平衡的原因。

第三节　非政府组织的国际事务参与

（一）国际非政府组织

国际非政府组织的基本条件。

（二）具有咨商地位的非政府组织

一般咨商地位。专门咨商地位。注册咨商地位。

（三）国际非政府组织的国际事务参与机制

非政府组织国际论坛。《地球宪章》。

三、考核知识点

（一）国外非政府组织的起源

（二）国外非政府组织的发展阶段

（三）自然发展阶段的非政府组织

（四）国际间扩张阶段的非政府组织

（五）全球普遍发展阶段的非政府组织

（六）非政府组织的国际事务参与

四、考 核 要 求

（一）国外非政府组织的起源

1. 识记：（1）基督教传统；（2）达米恩基金会；（3）亨利·杜南与《日内瓦公约》；（4）无国界医生组织；（5）埃格兰泰恩·杰布与《儿童权利公约》；（6）安德鲁·卡内基。

2. 领会：（1）基督教传统与非政府组织的关系；（2）人道主义传统与非政府组织的关系。（3）慈善传统与非政府组织的关系。

（二）国外非政府组织的发展阶段

1. 识记：现有有关非政府组织阶段划分的主要观点。

2. 领会：关于非政府组织划分的要素。

（三）自然发展阶段的非政府组织

1. 识记：（1）慈善救济及抑制行乞协会；（2）韩福瑞·哥尔亭；（3）汤恩比馆；（4）伤兵救护国际委员会；（5）乐施会。

2. 领会：（1）自然发展阶段的社会背景；（2）自然发展阶段非政府组织的主要活动领域。

3. 应用：自然发展阶段民间社会组织的主要特征。

（四）国际间扩张阶段的非政府组织

1. 识记：（1）《联合国宪章》第71条；（2）世界宣明会；（3）大赦国际；（4）环境NGO论坛。

2. 领会：（1）扩张与合作阶段的社会背景；（2）扩张与合作阶段非政府组织的主要活动领域。

3. 应用：扩张与合作阶段非政府组织的主要特征。

（五）全球普遍发展阶段的非政府组织

1. 识记：(1)全球化的主要特征；(2)第三条道路；(3)新型中间道路；(4)发展中国家 NGO 的特点。

2. 领会：(1)导致 NGO 全球发展的时代因素；(2)世界性公共行政改革与"全球结社革命"的影响；(3)发展中国家非政府组织的发展；(4)"全球结社革命"时代的到来。

3. 应用：非政府组织发展不平衡的原因。

（六）非政府组织的国际事务参与

1. 识记：(1)国际非政府组织必须具备的基本条件；(2)联合国非政府组织委员会；(3)一般咨商地位；(4)专门咨商地位；(5)注册咨商地位；(6)《地球宪章》。

2. 领会：(1)非政府组织的咨商地位；(2)非政府组织国际论坛。

3. 应用：非政府组织的国际事务参与机制。

第四章　中国非政府组织的发展

一、学习目的与要求

通过本章学习，了解我国非政府组织的历史轨迹，熟悉三个时期的划分以及各个时期的主要内容。搞清楚非政府组织发展与管理的现状，深刻认识有关非政府组织发展与管理中存在的问题。真正理解和把握管理观念变革、管理制度创新、管理行为改进与我国非政府组织健康发展的关系。

二、课　程　内　容

第一节　中国非政府组织的历史轨迹

（一）跌宕起伏时期

20 世纪上半叶我国民间组织概况。早期结社种类。

（二）低迷中断时期

低迷中断时期的概况。"取缔"与"改造"。

（三）引导发展时期

引导发展时期概况。"三个增长波"。1995 年世界妇女大会。

第二节　中国非政府组织发展与管理现状

（一）发展与管理的现状

"法外组织"。人民团体。免登记的组织。境外在华非政府组织。我国非政府组织的作用。对非政府组织的管理框架。

（二）非政府组织发展中的问题

自身发展中的问题概括。角色功能混乱。非政府组织营利现象的原因。发展中的结构问题。

（三）非政府组织管理中的问题

规制过滥和规制不足。定性与分类中的矛盾。双重约束与分级管理。

第三节　中国非政府组织管理创新与发展

（一）管理观念变革与非政府组织发展

政府与志愿及社区组织合作框架协议。对境外来华非政府组织的管理原则。

（二）管理制度创新与非政府组织发展

实行科学分类的三个标准。三个登记平台。降低准入门槛。全英慈善委员会。等级评估与等级管理。退出机制。个人责任追究制度。

（三）管理行为改进与非政府组织发展

政社分开。规制过剩。规制匮乏。

三、考核知识点

（一）中国非政府组织的历史轨迹
（二）中国非政府组织发展与管理现状
（三）非政府组织发展中的问题
（四）非政府组织管理中的问题
（五）管理观念变革与非政府组织发展
（六）管理制度创新与非政府组织发展
（七）管理行为改进与非政府组织发展

四、考核要求

（一）中国非政府组织的历史轨迹

1. 识记：(1)早期结社种类；(2)"三个增长波"；(3)1995年世界妇女大会。

2. 领会：(1)20世纪上半叶我国民间组织概况；(2)我国民间组织发展低迷中断；(3)引导发展时期概况。

（二）中国非政府组织发展与管理现状

1. 识记：(1)境外在华非政府组织；(2)非政府组织的双重约束；(3)非政府组织的分级管理；(4)非政府组织的非竞争性；(5)非政府组织的优惠政策。

2. 领会：(1)我国非政府组织的作用；(2)"法外组织"；(3)对非政府组织的管理框架。

（三）非政府组织发展中的问题

1. 识记：(1)非政府组织官方化。(2)非政府组织发展结构的四强四弱。

2. 领会：(1)非政府组织营利现象的原因；(2)发展中的结构问题；(3)非政府组织自身能力不足。

（四）非政府组织管理中的问题

1. 识记：(1)非政府组织微观管理的特点；(2)定性与分类缺陷。

2. 领会：(1)非政府组织管理中规制过滥和规制不足；(2)双重约束与多头管理。

（五）管理观念变革与非政府组织发展

1. 识记：政府与志愿及社区组织合作框架协议。

2. 领会：(1)政府与非政府组织的关系；(2)对境外来华非政府组织的管理原则。

3. 应用：管理观念变革与非政府组织发展的关系。

（六）管理制度创新与非政府组织发展

1. 识记：(1)实行科学分类的三个标准；(2)三个登记平台；(3)全英慈善委员会。

2. 领会：（1）降低准入门槛；（2）退出机制；（3）等级评估与等级管理；（4）个人责任追究制度。

3. 应用：管理制度创新与非政府组织发展的关系。

（七）管理行为改进与非政府组织发展

1. 识记：（1）规制过剩；（2）规制匮乏。

2. 领会：（1）政企分开；（2）非政府组织管理中的人治色彩。

3. 应用：管理行为改进与非政府组织发展的关系。

第五章　非政府组织的登记管理

一、学习目的与要求

通过本章学习，从总体上了解非政府组织登记管理的制度设计、登记管理的一般原则和登记管理的机构设置，掌握非政府组织设立登记、变更登记和注销登记的知识内容，了解我国在现有法规基础上，对社会团体登记管理办法、对民办非企业单位的登记管理办法，以及对基金会的登记管理办法，与此同时，学习与理解国外有关非政府组织登记管理的经验，通过对比，认识国内外登记管理的特点、长处和不足。

二、课　程　内　容

第一节　登记管理概说

（一）登记管理的制度设计

非政府组织管理的类型。非政府组织登记方式。非政府组织的存在形式。

（二）登记管理的一般原则

自由注册原则。简便快捷原则。最少限制原则。平等和无歧视原则。信息透明原则。权利义务对等原则。

（三）登记管理的机构设置

业务部门分散登记管理。法院的登记管理。统一机构登记管理。双重机构登记管理。

第二节　设立、变更与注销的一般规范

（一）非政府组织的设立登记

法律法规依据。申请材料与设立章程。登记的一般限制。

（二）非政府组织的变更登记

变更登记的范围。宗旨变更。法人变更。

（三）非政府组织的注销登记

自愿解散。强制解散。

第三节　中国非政府组织登记管理

（一）社会团体的登记管理

社会团体登记的范围。成立社会团体应具备的条件。社会团体成立登记的程序。社会团体变更与注销登记程序。

（二）民办非企业单位的登记管理

民办非企业单位登记条件。民办非企业单位设立登记、变更登记、注销登记。

（三）基金会的登记管理

基金会登记管理责任范围。基金会的设立登记。基金会的变更与注销登记。

第四节　国外非政府组织登记管理

（一）印度非政府组织登记管理

社团类非政府组织。公益信托类非政府组织。非营利公司类非政府组织。合作社类非政府组织。工会类非政府组织。

（二）菲律宾非政府组织登记管理

菲律宾登记与认可制度。菲律宾登记基本步骤。菲律宾登记制度的改革。

（三）澳大利亚非政府组织登记管理

正式登记的非政府组织。不登记的非政府组织。慈善信托组织。有担保的有限公司。

三、考核知识点

（一）非政府组织登记管理的制度设计
（二）非政府组织登记管理的一般原则
（三）非政府组织登记管理的机构设置
（四）非政府组织设立、变更与注销的一般规范
（五）中国社会团体登记管理
（六）中国民办非企业单位登记管理
（七）中国基金会登记管理
（八）国外非政府组织登记管理

四、考 核 要 求

（一）非政府组织登记管理的制度设计

1. 识记：(1)预防制管理；(2)追惩制管理；(3)注册登记制；(4)审批登记制。

2. 领会：(1)法人非政府组织；(2)非法人的非政府组织。

3. 应用：建立正确的非政府组织的概念。

（二）非政府组织登记管理的一般原则

1. 识记：(1)自由注册原则；(2)简便快捷原则；(3)最少限制原则。

2. 领会：(1)信息透明原则；(2)权利义务对等原则；(3)平等和无歧视原则。

3. 应用：非政府组织登记管理的一般原则。

（三）非政府组织登记管理的机构设置

1. 识记：(1)业务部门分散登记；(2)统一机构的登记管理。

2. 领会：(1)法院的登记管理；(2)双重机构登记管理。

3. 应用：非政府组织登记管理的机构设置。

（四）非政府组织设立、变更与注销的一般规范

1. 识记：(1)登记申请材料的要求；(2)登记章程的一般内容；(3)自愿解散；(4)强制解散。

2. 领会：(1)登记的一般限制；(2)宗旨变更与法人变更。

3. 应用：非政府组织设立、变更与注销的一般规范。

（五）中国社会团体登记管理

1. 识记：(1)关于社会团体登记的范围；(2)成立社会团体应具备的条件。

2. 领会：(1)社会团体设立登记程序；(2)社会团体变更登记程序；(3)社会团体注销登记程序。

3. 应用：中国社会团体登记管理。

（六）中国民办非企业单位登记管理

1. 识记：(1)民办非企业单位种类划分；(2)民办非企业单位登记条件。

2. 领会：(1)民办非企业单位设立程序；(2)民办非企业单位变更程序；(3)民办非企业单位注销程序。

3. 应用：中国民办非企业单位登记管理。

（七）中国基金会登记管理

1. 识记：登记管理对象范围。

2. 领会：(1)国内基金会的设立登记；(2)境外在华代表机构的设立登记；(3)基金会的变更与注销登记。

3. 应用：中国基金会登记管理。

（八）国外非政府组织登记管理

1. 识记：(1)印度社团类非政府组织；(2)印度公益信托类非政府组织；(3)印度非营利公司类非政府组织；(4)印度合作社类非政府组织；(5)印度工会类非政府组织。

2. 领会：(1)菲律宾登记制度的改革；(2)澳大利亚正式登记的非政府组织；(3)澳大利亚不登记的非政府组织；(4)澳大利亚慈善信托组织；(5)澳大利亚有担保的有限公司。

3. 应用：国外非政府组织登记管理。

第六章　对非政府组织的税赋管理

一、学习目的与要求

本章学习的目的在于认识和掌握有关非政府组织税赋管理的知识和基本制度方法。要求学生全面学习有关的基本知识，包括对此类组织实行税赋优惠的原因、税赋优惠管理的原则、税赋优惠的税种和标准、税赋优惠的管理要件；掌握中国政府在现行法规下，对各类非政府组织以及对于企业和个体的捐赠实行的税收优惠政策；同时了解国际上一些国家政府针对非政府组织和它们的捐赠者采取的各种规制措施。在此基础上比较中外不同，树立创新意识。

二、课　程　内　容

第一节　非政府组织税赋优惠的基本问题

（一）税赋优惠的原因

目的方面的原因。成本方面的原因。公平方面的原因。

（二）税赋优惠管理的原则

区分营利性组织和非营利性组织。区分公益组织和非公益组织。区分免税经济活动和应税经济活动。强调税赋的公平和公正。严格对公益组织的税收管理。

（三）税赋优惠的税种和标准

对非政府组织的税赋优惠。对捐赠者的税赋优惠。

（四）税赋优惠的管理要件

统一捐赠收据。统一纳税申报制表。采用相应的会计标准。实行记录和存档制度。提供规范的年度报告。通过公告披露运营信息。

第二节　中国相关非政府组织的税赋管理

（一）对非政府组织的税赋优惠

所得税优惠规定。营业税优惠规定。契税优惠规定。房产税优惠规定。耕地占用税优惠规定。关税和进口环节税优惠规定。城镇土地使用税优惠规定。车船使用税优惠规定。

（二）对相关捐赠者的税赋优惠

对企业等单位捐赠者的税赋优惠。对个人向非政府组织捐赠的税赋优惠。有资格为捐赠者兑现应税扣除的社会团体。对社团捐赠税前扣除资格的确认。

（三）针对非政府组织的税赋管理环节

税务登记。账簿与凭证管理。纳税申报。税款征收。税务检查。税务行政复议和诉讼。

第三节　国外有关非政府组织的税收管理

（一）美国关于非政府组织的税制

美国对免税减税资格的规定。美国对税收优惠的规定。美国对政策漏洞的措施。

（二）新加坡关于非政府组织的税制

新加坡有关非政府组织所得税规定。新加坡有关非政府组织财产税的规定。

（三）澳大利亚关于非政府组织的税制

澳大利亚对非政府组织免税资格认定。澳大利亚非政府组织税收中存在的问题。澳大利亚非政府组织税制调整。

三、考核知识点

（一）税赋优惠的原因和管理原则
（二）税赋优惠的税种、标准和管理要件
（三）中国对非政府组织的税赋优惠规定
（四）中国对相关捐赠者的税赋优惠
（五）为捐赠者兑现应税扣除的社团资格
（六）针对非政府组织的税赋管理环节
（七）国外有关非政府组织的税收管理

四、考核要求

（一）税赋优惠的原因和管理原则

1. 识记：（1）税赋优惠对象；（2）社会财富三次分配；（3）公益组织；（4）公益活动；（5）国际社会对公益组织经济活动的税收政策。

2. 领会：（1）对公益组织实行税赋优惠的原因；（2）营利性组织和非营利性组织的区

分；(3)公益组织和非公益组织的区分；(4)免税经济活动和应税经济活动的区分。

3. 应用：对公益组织税赋管理的主要原则。

（二）税赋优惠的税种和标准

1. 识记：(1)非政府组织的一般收入来源；(2)与非政府组织活动相关的主要税种；(3)实物捐赠；(4)递延抵扣；(5)捐赠的一般优惠标准。

2. 领会：(1)对非政府组织的税赋优惠；(2)对企业等单位捐赠者的税赋优惠；(3)对个人向非政府组织捐赠的税赋优惠；(4)税赋优惠的管理要件。

3. 应用：有关非政府组织税赋优惠的主要税种和一般标准。

（三）中国对非政府组织的税赋优惠规定

1. 识记：(1)中国非政府组织的免税收入项目；(2)中国非政府组织的营业税免税项目；(3)关税和进口环节税优惠规定；(4)耕地占用税优惠规定；(5)增值税优惠规定；(6)车船使用税优惠规定；(7)契税优惠规定。

2. 领会：(1)中国对非政府组织所得税的纳税政策；(2)中国对非政府组织营业税的纳税政策；(3)中国对非政府组织房产税的纳税政策；(4)中国对非政府组织城镇土地使用税的纳税政策。

3. 应用：中国对非政府组织的税赋优惠政策。

（四）中国对相关捐赠者的税赋优惠

1. 识记：(1)公益和救济性捐赠；(2)文化事业捐赠；(3)与企业捐赠相关的所得税优惠规定；(4)与企业捐赠相关的土地增值税优惠规定。

2. 领会：(1)中国对企业等单位捐赠者的税赋优惠；(2)中国对个人向非政府组织捐赠的税赋优惠。

3. 应用：中国对相关捐赠者的税赋优惠政策。

（五）为捐赠者兑现应税扣除的社团资格

1. 识记：(1)限额扣除；(2)全额扣除；(3)可为捐赠者兑现全额扣除的社会团体；(4)可为捐赠者兑现限额扣除的社会团体；(5)申请捐赠税前扣除资格者的条件。

2. 领会：对社团的捐赠税前扣除资格的确认。

3. 应用：有资格为捐赠者兑现应税扣除的社会团体及其资格。

（六）针对非政府组织的税赋管理环节

1. 识记：(1)税务登记；(2)账簿与凭证管理；(3)纳税申报；(4)税务检查；(5)税务行政复议和诉讼。

2. 领会：(1)针对非政府组织的税赋管理环节；(2)针对非政府组织税款征收的处罚性条款。

3. 应用：中国有关非政府组织税收的体制性问题。

（七）国外有关非政府组织的税收管理

1. 识记：(1)回租；(2)无关经营所得；(3)美国有关非政府组织的税收优惠；(4)日本针对公益组织的税收优惠；(5)日本针对捐赠者的税收优惠；(6)澳大利亚对非政府组织免税资格的认定。

2. 领会：(1)美国有关非政府组织的税制；(2)日本有关非政府组织的税制；(3)澳大利亚有关非政府组织的税制。

3. 应用：对国外有关非政府组织税收政策的理解。

第七章 对非政府组织的监督

一、学习目的与要求

本章学习目的在于认识和把握有关非政府组织监督的有关内容。要求学生通过学习从总体上了解针对非政府组织的监督范围；弄懂对非政府组织实行报告制度的原因以及明确报告的负责对象；掌握有关政府实施监督的内容。在此基础上，系统了解我国政府依据现有法规，对于社会团体、民办非企业单位、基金会的监督特点和主要措施，思考其存在的长处与不足。与此同时，通过比较，横向了解日本、南非、美国和新加坡对非政府组织的监督，在比较中进一步完善自己对于非政府组织监督问题的完整而准确的见解。

二、课 程 内 容

第一节 非政府组织监督概说

（一）对非政府组织的监督范围

对设立与解散程序的监督。对减免税赋资格的监督。对组织管理规范性的监督。对经济活动的监督。对政治与宗教活动的监督。对资产管理与使用的监督。对诚信与透明的监督。对服务品质的监督。

（二）非政府组织的报告制度

区别对待原则。内容简洁原则。适度审核原则。信息披露原则。隐私保护原则。对象相关原则。

（三）政府对非政府组织的监督

业务活动的监督。年度检查。违规制裁。

第二节 中国对非政府组织的监督

（一）对社会团体的监督

针对社团的监督职责。对社团资产监督的规定。社会团体年度报告制度。对违规违法社团的处罚。

（二）对民办非企业单位的监督

针对民办非企业单位的监督职责。对民办非企业单位资产的监督规定。民办非企业单位年度报告制度。对违规违法民办非企业单位的处罚。

（三）对基金会的监督

针对基金会的监督职责。基金会的年度报告制度。对违规违法基金会的处罚。

第三节 国外对非政府组织的监督

（一）日本对非政府组织的监督

日本 NGO 的会计制度。事业报告书制度。现场检查制度。违法处理和惩罚措施。

（二）南非对非政府组织的监督

南非 NGO 的会计准则。南非 NGO 的信息披露。对违规 NGO 的处理。对犯罪行为的处罚。

（三）美国对非政府组织的监督

政府的监督管理。同业监督管理。社会监督管理。

（四）新加坡对非政府组织的监督

对 NGO 信息的管理。管理部门现场干预。对 NGO 身份的监督。对 NGO 标识的监督。对滥用社团财产的处罚。对非法社团的惩处。

三、考核知识点

（一）对非政府组织的监督范围
（二）非政府组织的报告制度
（三）中国对社会团体的监督
（四）中国对民办非企业单位的监督
（五）中国对基金会的监督
（六）国外对非政府组织的监督

四、考 核 要 求

（一）对非政府组织的监督范围

1. 识记：（1）宗旨检验法；（2）比例限制法；（3）非常规交易；（4）资产复归。

2. 领会：（1）对组织管理规范性的监督；（2）对经济活动的监督；（3）对政治与宗教活动的监督；（4）对资产管理与使用的监督；（5）对诚信与透明的监督；（6）对服务品质的监督。

3. 应用：对非政府组织的监督范围。

（二）非政府组织的报告制度

1. 识记：（1）报告的区别对待；（2）NGO 年度报告。

2. 领会：（1）对非政府组织报告的适度审核；（2）非政府组织报告中的隐私保护；（3）非政府组织提交报告的对象范围。

3. 应用：关于非政府组织报告的原则性要求。

（三）中国对社会团体的监督

1. 识记：（1）社会团体年度报告的内容规定；（2）社团违规与违法情形；（3）登记管理机关对社团的监督职责；（4）业务主管单位对社团的监督职责。

2. 领会：（1）对社团资产的监督规定；（2）对违规违法社团的处罚措施。

3. 应用：中国对社会团体监督的总体内容。

（四）中国对民办非企业单位的监督

1. 识记：（1）业务主管单位对民办非企业单位的监督职责；（2）民办非企业单位违规与违法情形；（3）民办非企业单位的年度报告制度。

2. 领会：（1）对民办非企业单位资产的监督规定；（2）对违规违法民办非企业单位的处罚措施。

3. 应用：中国对民办非企业单位监督的总体内容。

（五）中国对基金会的监督

1. 识记：（1）登记管理机关对基金会的监督职责；（2）业务主管单位对基金会的监督职责；（3）其他相关主体对基金会的监督职责。

2. 领会：（1）与基金会有监督关系的监督主体；（2）基金会的年度报告制度；（3）关于

基金会的违规违法情形与相应处罚措施。

3. 应用：中国对基金会监督的总体内容。

（六）国外对非政府组织的监督

1. 识记：（1）南非 NGO 的会计准则；（2）日本 NGO 报告书制度；（3）美国 NGO 的同业监督；（4）新加坡对 NGO 的信息管理；（5）日本对 NGO 的现场检查措施；（6）新加坡对 NGO 的现场执法；（7）南非对 NGO 违规和犯罪行为的惩处方式；（8）日本对 NGO 违反法规行为的惩处方式；（9）新加坡对滥用社团财产情形的处罚。

2. 领会：（1）日本对 NGO 的监督；（2）南非对 NGO 的监督；（3）美国对 NGO 的监督；（4）新加坡对 NGO 的监督。

3. 应用：国外对非政府组织的监督实践。

第八章　对非政府组织的评估

一、学习目的与要求

本章学习的目的在于比较系统地掌握有关非政府组织评估的理论与方法。围绕这个目的，要求学生理解关于非政府组织评估的基本概念，了解有关评估的含义和类型，熟悉传统的评估理论，认识对非政府组织评估的意义。熟悉非政府组织的评估框架和指标体系，包括组织诚信评估指标、组织战略使命评估指标、组织能力评估指标、综合性评估指标体系，以及通用评估框架指标体系。同时学会对非政府组织评估的方法和程序。

二、课　程　内　容

第一节　关于非政府组织评估的基本概念

（一）评估的含义和类型

评估的含义。评估的类型。

（二）传统的评估理论

"三 E"评估理论。"三 D"评估理论。"顾客满意度"理论。平衡记分法理论。

（三）对非政府组织评估的意义

非政府组织的先天不足。非政府组织评估的目的意义。

第二节　评估框架和指标体系

（一）组织诚信评估指标

登记管理机关的诚信建设。非政府组织自律诚信制度建设。诚信评估制度建设。

（二）组织战略使命评估指标

"德鲁克问题"。使命与规划的自我评估工具。需求评估。创新性评估。灵活性评估。

（三）组织能力评估指标

非政府组织的组织能力评估指标。有形指标和无形指标的能力评估。

（四）综合性评估指标体系

NCIB 的评估标准。CBBB 慈善组织劝募行为标准。明尼苏达慈善评论协会标准。

（五）通用评估框架指标

通用评估框架的背景。通用评估框架的内容。通用评估框架主要特点。

<h3 align="center">第三节　对非政府组织评估的方法和程序</h3>

（一）非政府组织评估的方法

逻辑框架法。对比法。快速乡村评估法。参与式评估法。

（二）非政府组织评估的程序

温洛克评估步骤。台湾NGO评估步骤。

<h2 align="center">三、考核知识点</h2>

（一）评估的含义、类型和传统评估理论
（二）组织诚信评估指标和组织战略使命评估指标
（三）组织能力评估指标和综合性评估指标体系
（四）欧盟通用评估框架指标
（五）对非政府组织评估的方法和程序

<h2 align="center">四、考核要求</h2>

（一）评估的含义、类型和传统评估理论

1. 识记：（1）广义的评估；（2）狭义的评估；（3）狭义评估的特点；（4）自我评估；（5）第三方评估；（6）明智捐赠联盟；（7）"行政监督模式"。

2. 领会：（1）"三E"评估理论；（2）"三D"评估理论；（3）"顾客满意度"理论；（4）平衡记分法理论。

3. 应用：非政府组织评估的目的意义。

（二）组织诚信评估指标和组织战略使命评估指标

1. 识记：（1）组织诚信评估指标；（2）"德鲁克问题"；（3）需求评估；（4）创新性评估；（5）灵活性评估。

2. 领会："自我评估工具"。

3. 应用：组织战略使命的评估指标。

（三）组织能力评估指标和综合性评估指标体系

1. 识记：（1）董事会治理的评估指标；（2）NGO资金使用评估指标；（3）NGO年度报告评估指标；（4）NGO责任评估指标。

2. 领会：（1）NCIB慈善组织评估指标；（2）CBBB慈善组织劝募行为标准；（3）明尼苏达慈善评论协会标准。

3. 应用：第三方综合性评估中几个有代表性的指标体系。

（四）欧盟通用评估框架指标。

1. 识记：（1）通用评估框架的背景；（2）通用评估框架主要特点；（3）通用评价框架的促成要素；（4）通用评价框架的结果要素。

2. 领会：（1）促成要素评分表；（2）结果要素评分表。

3. 应用：欧盟通用评估框架指标体系的内容与主要特点。

（五）对非政府组织评估的方法和程序

1. 识记：（1）逻辑框架法；（2）对比法；（3）快速乡村评估法；（4）参与式评估法。

2. 领会：（1）温洛克评估步骤。（2）台湾 NGO 评估步骤。
3. 应用：对非政府组织评估的一般方法和程序步骤。

第九章　非政府组织的治理

一、学习目的与要求

本章学习的目的在于比较系统全面掌握有关非政府组织的理事会治理结构与机制。为此，要求学生首先全面了解关于理事会治理问题的外延和内涵，包括有关治理的相关角色，理事会对于非政府组织的意义，以及有效理事会治理的主要标志。在此基础上，学习理事会结构规则与有关要求，包括熟悉理事会的成立及其内部结构，理事会的章程细则和理事的素质要求、职责及其聘用。进而，搞清楚非政府组织中的治理与管理的区别和联系，治理与管理系统中各种角色的职责关系，以及理事会的决策模式。

二、课　程　内　容

第一节　对理事会治理的理解

（一）理事会治理中的相关概念

会员制组织与非会员制组织。会员大会。理事会。执行委员会。管理团队。

（二）理事会治理的意义

建立理事会的目的。理事会的作用和职责。

（三）有效理事会的标志

有效理事会。有效理事会的主要标志。

第二节　理事会结构规则与有关要求

（一）理事会的成立及其内部机构

理事会成立的限制条件。理事会的内部机构与职责分工。

（二）理事会的章程与细则

理事会章程。理事会细则。利益冲突声明。

（三）理事素质、职责与聘用

理事的岗位描述。理事个人素质要求。理事的招募。招募理事的步骤。

第三节　理事会的治理机制

（一）非政府组织的治理与管理

非政府组织治理结构。治理与管理的责任对比。

（二）非政府组织各角色相互关系

会员大会的权力。理事长角色职责。理事会理事的职责。执行主任的职责。

（三）理事会的决策规范

会议冲突的处理。理事会的决策程序。理事会会议投票规则。

三、考核知识点

（一）理事会治理中的相关概念

（二）理事会的意义和有效理事会的标志

（三）理事会的成立及其内部机构

（四）理事会的章程与细则

（五）理事素质、职责与聘用

（六）非政府组织的治理与管理

（七）非政府组织各角色相互关系

（八）理事会的决策规范

四、考 核 要 求

（一）理事会治理中的相关概念

1. 识记：(1)会员制组织；(2)非会员制组织；(3)会员大会；(4)执行委员会；(5)咨询委员会；(6)管理团队。

2. 领会：理事会的含义。

3. 应用：会员制组织与非会员制组织的性质比较。

（二）理事会的意义和有效理事会的标志

1. 识记：(1)有效理事会；(2)理事会的职责。

2. 领会：(1)建立理事会的目的；(2)有效理事会的标志；(3)理事会的意义。

3. 应用：理事会的作用。

（三）理事会的成立及其内部机构

1. 识记：(1)理事会各负责人的职责；(2)理事会规模和任期；(3)理事会的产生方式；(4)专业委员会及其职责。

2. 领会：理事会成员的条件要求。

3. 应用：理事会成立的限制条件。

（四）理事会的章程与细则

1. 识记：(1)理事会章程主要内容；(2)理事会细则；(3)利益冲突。

2. 领会：利益冲突声明。

3. 应用：理事会细则的主要内容。

（五）理事素质、职责与聘用

1. 识记：(1)理事的职责；(2)理事的素质；(3)理事的招募。

2. 领会：(1)称职理事的衡量标准；(2)招募理事的步骤。

3. 应用：理事的素质、理事职责以及聘用程序。

（六）非政府组织的治理与管理

1. 识记：(1)制度；(2)体制；(3)机制；(4)治理的定义；(5)管理的定义；(6)良好治理的表现；(7)良好管理的表现。

2. 领会：(1)治理责任与管理责任；(2)治理任务与管理任务。

3. 应用：(1)理事会治理责任和执行主任管理责任的区别；(2)治理与管理的重要区别。

（七）非政府组织各角色相互关系

1. 识记：(1)会员大会的权力；(2)理事长职责；(3)理事会理事的职责。

2. 领会：执行主任的职责。

3. 应用：非政府组织各角色之间的关系。

（八）理事会的决策规范

1. 识记：(1)协商一致的决策；(2)简单多数通过；(3)绝对多数通过；(4)参与型决策；(5)专制型决策；(6)秘密投票型决策；(7)法定人数型决策。

2. 领会：(1)会议冲突的处理；(2)理事会的决策程序；(3)理事会的决策方式；(4)理事会会议投票规则。

3. 应用：非政府组织理事会的决策规范。

第十章　非政府组织战略、营销与公共关系

一、学习目的与要求

通过本章的学习，从总体上掌握非政府组织战略管理、营销管理和公共关系管理的基本知识。包括学习和了解非政府组织战略管理的一般程序和主要分析工具；把握非政府组织营销所涉及到的营销环境分析、目标人群定位、营销策略制定和营销渠道拓展等各个主要环节；深刻认识非政府组织公共关系的意义，并能够熟悉和应用公共关系实践当中的方法和策略。

二、课　程　内　容

第一节　非政府组织战略管理

（一）非政府组织战略管理程序

组织准备阶段。战略分析阶段。战略规划阶段。战略实施阶段。战略评估阶段。

（二）非政府组织战略管理分析工具

战略分析工具的适用前提。需要转化才能适用的工具。可以直接适用的分析工具。

第二节　非政府组织的营销

（一）营销环境的分析

重温组织宗旨。市场环境分析。内部条件分析。

（二）目标市场的选择与定位

市场细分。目标市场选择。

（三）营销 4P 策略的制定

产品策略。价格策略。渠道策略。促销策略。

（四）营销渠道的拓展

文化渠道的营销。能力渠道的营销。差异化渠道的营销。绿色渠道的营销。信息渠道的营销。

第三节　非政府组织公共关系

（一）对非政府组织公共关系的理解

非政府组织公共关系的本质。非政府组织公共关系的作用。非政府组织公共关系的功能。

（二）非政府组织的媒体公关

媒体对非政府组织的影响。非政府组织的媒体公关策略。非政府组织新闻发言人制度。

（三）非政府组织公关沟通策略

非政府组织公关沟通渠道。非政府组织公关沟通的策略原则。非政府组织公关沟通的内容和程序。

三、考核知识点

（一）非政府组织战略管理程序
（二）非政府组织战略管理分析工具
（三）非政府组织营销环境与目标市场定位
（四）非政府组织营销策略的制定
（五）非政府组织营销渠道的拓展
（六）非政府组织的媒体公关
（七）非政府组织公关沟通策略

四、考核要求

（一）非政府组织战略管理程序

1. 识记：(1)组织准备阶段；(2)战略分析阶段；(3)战略规划阶段；(4)战略实施阶段；(5)战略评估阶段。

2. 应用：非政府组织战略管理的一般程序。

（二）非政府组织战略管理分析工具

1. 识记：(1)"五种竞争力模型"；(2)"波士顿矩阵"；(3)PEST 分析；(4)SWOT 战略匹配。

2. 领会：战略分析工具的适用前提。

3. 应用：麦克米兰矩阵；SWOT 分析。

（三）非政府组织营销环境与目标市场定位

1. 识记：(1)市场细分的变量；(2)目标市场定位。

2. 领会：非政府组织营销环境的分析。

3. 应用：目标市场的选择与定位。

（四）非政府组织营销策略的制定

1. 识记：(1)4P 策略；(2)销售渠道的作用；(3)非政府组织的促销方式。

2. 应用：非政府组织营销策略。

（五）非政府组织营销渠道的拓展

1. 识记：(1)文化渠道的营销；(2)能力渠道的营销；(3)差异化渠道的营销；(4)绿色渠道的营销；(5)信息渠道的营销。

2. 应用：非政府组织的营销渠道。

（六）非政府组织的媒体公关

1. 识记：(1)非政府组织公共关系的本质；(2)非政府组织公共关系的作用；(3)新闻发言人应遵循基本原则。

2. 领会：非政府组织的媒体公关策略。

3. 应用：非政府组织新闻发言人制度。

（七）非政府组织公关沟通策略

1. 识记：（1）"SMART"策略；（2）"雄鹰"式公关的原则；（3）非政府组织公关沟通渠道。

2. 领会：非政府组织公关沟通的策略原则。

3. 应用：非政府组织公关沟通的内容和程序。

第十一章　非政府组织人力资源管理

一、学习目的与要求

通过本章的学习，了解非政府组织人力资源管理的概念与特点，正确理解它的主要环节，掌握非政府组织员工管理的主要内容，熟悉非政府组织员工管理的有关制度和方法。了解非政府组织志愿者、志愿服务和志愿者管理的含义，掌握非政府组织志愿者系统的构成和主要内容，领会非政府组织志愿者管理的具体流程和策略。

二、课 程 内 容

第一节　非政府组织人力资源管理概述

（一）非政府组织使命与人员构成

非政府组织人力资源管理的含义。非政府组织人力资源的构成。

（二）非政府组织人力资源管理的特点

素质要求的特殊性。培训过程的特殊性。激励方式的特殊性。绩效评估的特殊性。管理策略的特殊性。

（三）非政府组织人力资源管理的主要环节

员工素质模型建构。人力资源配置。员工职业生涯规划。

第二节　非政府组织员工管理

（一）岗位分析与人员规划

非政府组织岗位分析。非政府组织工作设计。非政府组织人员规划。

（二）员工招录与培训

员工招录。员工培训。员工开发。

（三）员工薪酬与绩效评估

非政府组织员工薪酬。员工绩效评估指标。员工绩效评估方法。员工绩效评估机制。

（四）非政府组织劳动关系

非政府组织劳动关系的本质。双方知情权的平等原则。劳动合同的基本内容。对招录单位行为的限制。保密与竞业限制的规定。双方劳动关系的解除。

第三节　非政府组织志愿者管理

（一）非政府组织志愿者管理概述

志愿者和志愿者组织。志愿精神和志愿服务。志愿者管理。

（二）非政府组织志愿者管理系统

志愿者管理工作规划。志愿者管理模式。志愿者管理机制。志愿者管理策略。

（三）非政府组织志愿者管理流程

制定志愿工作计划。志愿者招募与面试。志愿者的培训。志愿工作督导与评估。志愿者激励。

三、考核知识点

（一）非政府组织人力资源管理的特点
（二）非政府组织人力资源管理主要环节
（三）非政府组织岗位分析与人员规划
（四）非政府组织员工招录与培训
（五）非政府组织员工薪酬与绩效评估
（六）非政府组织的劳动关系
（七）非政府组织志愿者
（八）非政府组织志愿者管理系统的构成
（九）非政府组织志愿者管理的具体环节

四、考 核 要 求

（一）非政府组织人力资源管理的特点

1. 识记：（1）非政府组织人力资源管理的含义；（2）非政府组织人力资源的构成。

2. 领会：非政府组织人力资源管理的目标。

3. 应用：非政府组织人力资源管理的特点。

（二）非政府组织人力资源管理主要环节

1. 识记：（1）员工素质模型；（2）非政府组织员工职业生涯规划。

2. 领会：非政府组织人力资源管理主要环节。

3. 应用：非政府组织员工素质模型建构。

（三）非政府组织岗位分析与人员规划

1. 识记：（1）岗位说明书；（2）岗位分析与岗位描述；（3）激励型工作设计法的五个核心维度。

2. 领会：岗位分析和人员规划的必要性。

3. 应用：（1）非政府组织岗位分析。（2）非政府组织工作设计。（3）非政府组织人员规划。

（四）非政府组织员工招录与培训

1. 识记：（1）员工招聘步骤；（2）体验式培训模式；（3）非政府组织员工开发包括类型；（4）非政府组织员工开发方法。

2. 领会：非政府组织人力资源政策。

3. 应用：非政府组织员工招录、培训与开发。

（五）非政府组织员工薪酬与绩效评估

1. 识记：（1）员工薪酬；（2）外在薪酬和内在薪酬；（3）基本薪酬；（4）辅助薪酬；

(5)福利；(6)员工绩效评估。

2. 领会：非政府组织员工绩效评估的指标；(2)非政府组织员工绩效评估机制。

3. 应用：非政府组织员工绩效评估的方法与机制。

（六）非政府组织的劳动关系

1. 识记：(1)非政府组织的劳动关系的实质；(2)非政府组织劳动合同的基本内容；(3)劳动合同双方知情权的平等原则。

2. 领会：(1)非政府组织劳动关系的实质；(2)劳动合同中保密与竞业限制的规定；(3)对招录单位行为的限制。

3. 应用：劳动合同双方劳动关系的解除。

（七）非政府组织志愿者

1. 识记：(1)志愿精神；(2)志愿者的含义；(3)志愿者的特性；(4)志愿者组织的含义与类型；(5)志愿服务。

2. 领会：(1)志愿者参加志愿服务的原因；(2)志愿者管理的特殊性。

（八）非政府组织志愿者管理系统的构成

1. 识记：(1)志愿者协调员；(2)志愿工作规划；(3)员工式管理；(4)项目式管理；(5)会员式管理。

2. 领会：(1)非政府组织志愿者管理模式；(2)非政府组织志愿者管理机制。

3. 应用：非政府组织志愿者管理策略。

（九）非政府组织志愿者管理流程

1. 识记：(1)"志愿服务银行"；(2)志愿者自我激励；(3)社会荣誉激励；(4)社会回报激励。

2. 领会：(1)非政府组织志愿者的招募与面试；(2)非政府组织志愿者的培训；(3)非政府组织志愿者激励。

3. 应用：非政府组织志愿者管理的环节、任务和方法。

第十二章　非政府组织财务管理

一、学习目的与要求

通过对本章的学习，目的在于使学习者能够基本掌握非政府组织财务管理的相关知识，包括应了解非政府组织财务管理的特征、目标和功能；熟悉有关非政府组织预算管理、资金管理和财务分析的常识；粗通非政府组织的各个会计操作环节；并进而比较全面和准确地把握中国对民间非营利组织会计制度的总体要求和对于特别事项会计处理的规定，以及我国非政府组织财务会计报告的规范。

二、课　程　内　容

第一节　对非政府组织财务管理的理解

（一）非政府组织财务管理特征

资金的多源性。没有利润指标。所有权形式特殊。

（二）非政府组织财务管理目标

财务管理的具体目标。财务管理的一般要求。

（三）非政府组织财务管理功能

实践组织宗旨。优化绩效管理。防范财务危机。保证组织廉洁。提高组织公信度。

第二节　非政府组织的预算与资金管理

（一）非政府组织预算管理

预算管理。绩效预算。预算编制的步骤。预算编制的条件。预算编制的主要方法。

（二）非政府组织资金管理

收支管理。增值管理。结果管理。资金管理必须注意的要点。

（三）非政府组织财务分析

财务分析的意义与方法。成本分析。效益分析。

第三节　非政府组织的会计与审计

（一）非政府组织的会计

会计的涵义与作用。非政府组织会计的内涵。财务会计。管理会计。会计工作的基本要求。财务记录。财务报表。财务报告。

（二）非政府组织的审计

内部审计。外部审计。外部审计的一般步骤。审计人员的主要任务。

第四节　中国非政府组织会计制度

（一）会计制度的总体要求

民间非营利组织会计核算的基本前提。民间非营利组织会计核算的基本原则。

（二）对特别事项会计处理的规定

关于捐赠和政府补助的会计处理。关于受托代理业务的会计处理。关于文物文化资产的会计处理。关于固定资产折旧的会计处理。关于资产减值会计处理。关于净资产的分类处理。关于收入的确认处理。关于费用的确认与列报。

（三）非政府组织财务会计报告

财务会计报告的分类。财务会计报表的构成。会计报表附注的内容。财务情况说明书的内容。关于合并会计报表的要求。对财务会计报告的要求。

三、考核知识点

（一）非政府组织财务管理特征、目标和功能

（二）非政府组织预算管理

（三）非政府组织资金管理

（四）非政府组织财务分析

（五）非政府组织的会计与审计

（六）我国民间非营利组织会计制度的总体要求

（七）对民间非营利组织特别事项的会计处理

（八）我国民间非营利组织的财务会计报告

四、考 核 要 求

（一）非政府组织财务管理特征、目标和功能

1. 识记：(1)非政府组织财务管理特征；(2)非政府组织财务管理目标。

2. 领会：非政府组织财务管理功能。

（二）非政府组织预算管理

1. 识记：(1)预算管理；(2)绩效预算；(3)递增预算法；(4)项目预算法；(5)零基预算法；(6)弹性预算法。

2. 领会：(1)预算管理的意义；(2)预算编制的步骤和条件。

3. 应用：非政府组织预算管理的步骤、条件和主要方法。

（三）非政府组织资金管理

1. 识记：(1)资金管理；(2)收入管理；(3)支出管理；(4)投资管理；(5)流动资产管理；(6)固定资产管理；(7)负债管理；(8)结余及基金核算。

2. 领会：非政府组织资金管理必须注意的要点。

3. 应用：非政府组织的收支管理、增值管理和结果管理。

（四）非政府组织财务分析法

1. 识记：(1)财务分析；(2)财务分析指标；(3)财务分析方法。

2. 领会：财务分析的意义与方法。

3. 应用：非政府组织的成本分析和效益分析。

（五）非政府组织的会计与审计

1. 识记：(1)财务会计；(2)管理会计；(3)财务记录；(4)财务报表；(5)财务报告；(6)权责发生制；(7)资产负债表；(8)现金流量表；(9)内部审计；(10)外部审计。

2. 领会：(1)外部审计的一般步骤。(2)审计人员的主要任务。

3. 应用：非政府组织会计工作的基本要求。

（六）我国民间非营利组织会计制度的总体要求

1. 识记：(1)会计格式；(2)记账方法；(3)会计主体；(4)会计期间；(5)货币计量。

2. 领会：民间非营利组织会计核算的基本前提。

3. 应用：民间非营利组织会计核算的基本原则。

（七）对民间非营利组织特别事项的会计处理

1. 识记：(1)受托代理业务的会计处理；(2)捐赠和政府补助的会计处理；(3)文物文化资产的会计处理；(4)固定资产折旧的会计处理；(5)资产减值会计处理；(6)净资产的分类处理；(7)收入的确认处理；(8)费用的确认与列报。

2. 应用：对民间非营利组织特别事项的会计处理。

（八）我国民间非营利组织的财务会计报告

1. 识记：(1)年度财务会计报告；(2)中期财务会计报告；(3)财务会计报表的构成；(4)会计报表附注的内容；(5)财务情况说明书的内容；(6)关于合并会计报表的要求；(7)对财务会计报告的要求。

2. 应用：我国民间非营利组织的财务会计报告的内容和要求。

第十三章　非政府组织筹款和项目管理

一、学习目的与要求

通过对本章的学习，能够比较全面地掌握有关非政府组织筹款和项目管理的知识和技能。围绕这个目的，要求学生领会关于非政府组织筹款的意义、有效筹款的基础因素，以及筹款的基本价值准则；理解与学会非政府组织筹款的策略方法，包括筹款的前期准备工作、筹款中采用的主要方式，以及组织筹款活动的若干关键环节；与此同时，掌握与筹款相关的项目管理的有关知识，包括项目设计与论证、项目评估，以及项目管理程序等。

二、课 程 内 容

第一节　筹款的综合因素

（一）非政府组织筹款的意义

非政府组织的筹款概念。非政府组织筹款的意义。

（二）有效筹款的基础因素

非政府组织公信力的一般要求。非政府组织有效筹款的基础因素。

（三）筹款的基本价值准则

筹款成功的三个标准。筹款中需要遵循的基本价值原则。

第二节　筹款的策略方法

（一）筹款的前期准备工作

制定筹款策略。成立筹款部门。建立捐款渠道。设计筹款品牌。

（二）筹款的主要方式

邮寄筹款信。赞助文体活动。电视筹款。网上自助捐赠。义卖筹资。慈善餐会。慈善拍卖。电话营销。协同筹款。

（三）组织筹款活动的关键环节

策划设计活动方案。发动舆论宣传。筹款目标责任管理。筹款活动中的过程管理。捐赠管理等。

第三节　非政府组织项目管理

（一）公益活动项目设计与论证

项目设计。项目可行性论证的过程。可行性论证报告的内容。

（二）公益活动项目评估

项目评估与可行性论证的比较。项目评估的内容。项目评估的方法和报告。

（三）公益活动项目管理程序

项目的启动。实施计划与原则。项目的组织整合。项目的控制。

三、考核知识点

（一）非政府组织筹款的综合因素

（二）非政府组织筹款的前期准备工作

（三）非政府组织筹款中采用的主要方式

（四）非政府组织筹款活动的关键环节

（五）公益活动项目设计与论证

（六）公益活动项目评估

（七）公益活动项目管理程序

四、考 核 要 求

（一）非政府组织筹款的综合因素

1. 识记：（1）非政府组织的筹款概念；（2）非政府组织公信力的一般要求；（3）交易筹款；（4）投资筹款；（5）筹款成功的三个标准。

2. 领会：（1）非政府组织筹款的意义；（2）非政府组织有效筹款的基础因素。

3. 应用：非政府组织筹款中需遵循的基本价值原则。

（二）非政府组织筹款的前期准备工作

1. 识记：（1）"GIVES"筹款策略；（2）筹款部门的基本职能；（3）筹款人员公共能力；（4）一般捐款渠道。

2. 领会：（1）制定筹款策略；（2）成立筹款部门；（3）建立捐款渠道；（4）筹款品牌设计策略。

3. 应用：非政府组织筹款的前期准备。

（三）非政府组织筹款中采用的主要方式

1. 识记：（1）网上自助捐赠；（2）义卖筹资；（3）"毅行筹资"；（4）邮寄筹款信函的要点；（5）协同筹款；（6）慈善餐会；（7）慈善拍卖；（8）电话营销。

2. 应用：非政府组织筹款的主要方式。

（四）非政府组织筹款活动的关键环节

1. 识记：（1）常用的五类筹款活动；（2）筹款活动的策划要求；（3）筹款活动可能出现的风险；（4）捐赠回馈管理。

2. 领会：（1）策划设计筹款活动方案；（2）发动筹款活动舆论宣传；（3）筹款目标责任管理；（4）筹款活动中的过程管理。

3. 应用：组织筹款活动的关键环节

（五）公益活动项目设计与论证

1. 识记：（1）项目选题；（2）替代方案；（3）机会可行性论证；（4）详细可行性论证；（5）可行性论证报告的主要内容。

2. 领会：（1）项目设计需要注意的问题。（2）公益活动项目可行性论证。

3. 应用：非政府组织公益活动项目的设计与论证。

（六）公益活动项目评估

1. 识记：（1）项目评估；（2）局部评估法；（3）全局评估法；（4）类比评估法；（5）项目评估报告。

2. 领会：（1）项目评估与可行性论证的比较；（2）项目评估的方法和报告。

3. 应用：非政府组织公益活动项目的评估内容与方法。

（七）公益活动项目管理程序

1. 识记：(1)项目的启动；(2)项目计划的原则。

2. 领会：(1)项目实施中的组织整合；(2)项目实施中的控制。

3. 应用：非政府组织公益活动项目的管理程序。

Ⅲ 有关说明与实施要求

为了使本大纲的规定在个人自学、教师辅导和考试命题中得到贯彻和落实，现将有关问题作如下说明，并提出具体实施要求。

一、关于考核目标的说明

自学考试的基本要求是考试内容具体化和考试形式标准化。为此，本大纲在列明课程内容基础上，对各章规定了考核目标，包括考核知识点和考核要求，以便于使自学应考者进一步明确课程内容重点，更有目的性和针对性地学习；使教学辅导者能够更全面地、系统地、分层次地辅导；同时也使考试命题者能够更加明确命题范围，更准确地安排试题的知识能力层次和难易度。

本大纲在考核目标中，按照识记、领会、应用三个层次规定其应达到的能力层次要求。三个能力层次是递进等级关系。各能力层次的含义是：

识记：能了解有关的名词、概念、术语、知识的含义，并能正确认识和表述。

领会：在识记的基础上，能全面把握基本概念、基本原理、基本方法，能掌握和分析有关概念、原理、方法的区别与联系。

应用：在领会的基础上，能运用基本概念、基本原理、基本方法来认识、分析和解决有关的理论问题和实际问题，或能用学过的多个知识点，综合分析和解决比较复杂的问题。

二、关于自学教材

指定教材：《非政府组织管理》，全国高等教育自学考试指导委员会组编，马庆钰主编，机械工业出版社，2007 年版。

为适应全国自学考试本科段的学习与考试特点，本教材力求难易适度，深入浅出，阐述准确，概念清晰。在编写当中既适度整合了现有教材体例安排和吸收本领域内研究成果，又在材料、方法和观点方面体现出明显的开拓与创新性，涵盖了非政府组织发展与管理的主要的和基本的问题。在内容逻辑上，本教材可划分为三个部分：第一部分是非政府组织的基本问题，用了四章(第一～四章)的篇幅从总体上描述非政府组织问题的大体轮廓，包括基本理论、发展动因、国内和国外非政府组织的产生与发展情况；第二部分是非政府组织的外部管理，也用了四章(第五～八章)的篇幅来阐明非政府组织的登记管理、税收管理、约束监督以及评估管理；第三部分是非政府组织的内部管理，用了五章(第九～十三章)的篇幅来介绍非政府组织的内部管理。这些内容既相对独立又密切关联，构成一个完整而严谨的知识体系。

三、自学方法指导

1. 系统学习和重点深入学习相结合。本课程内容虽然涉及到了非政府组织发展与管理的相关知识与内容，但对于自学应考者而言，要求掌握的是非政府组织管理的基本理论、基本问题、基本知识和基本技能。为此，自学者应首先全面系统地学习各章，识记应当掌握的基本概念、名词、知识和观点，理解和熟悉基本理论，弄懂和记牢基本概念。其次，要注意各个部分、各个章节之间的内在联系，在学习中建立起课程体系的逻辑脉络。再次，在全面系统学习的基础上认识和掌握重点，有针对性地深入学习重点章节。但切忌在没有全面系统学习教材的情况下单纯孤立地去找重点，甚至猜题押题。

2. 理论学习与现实问题的结合。作为公共管理当中的一个重要内容，非政府组织管理是一个实践性很强的课程，对于公共事业发展、民间非营利组织管理，对于我国政府管理创新和改革，有很现实的指导和影响意义。自学者在学习这个课程当中应注意理论联系实际，把学习非政府组织管理的理论与认识、分析我国非政府组织管理工作的实践结合起来，特别是对我国在此实践领域中存在的问题以及改革与发展趋势应格外关注。通过这种"走出书本看现实，带着问题进书本"的方法，可以更立体地把握教材内容，提高知识学习效率，更有助于锻炼学习者的理论能力和实践能力。

3. 知识学习与技能学习相结合。本课程的内容既有抽象的理论知识又有具体的操作方法。自学者应在学习非政府组织管理理论知识的同时，在涉及管理技能的环节，熟悉和掌握有关管理程序和方法。非政府组织管理的基本理论、基本概念是前提和基础，必须在学习和理解上下功夫。以此为基础，应当加大对非政府组织外部管理和内部管理的知识与操作方法的学习力度，弄懂各种非政府组织管理方式方法所包含的内容、要素，尤其是学会正确应用这些程序和方法去分析和解决非政府组织管理中遇到的实际问题。

四、对助学单位的要求

1. 助学单位应根据本大纲规定的课程内容和考核目标，正确理解和系统掌握指定教材的基本内容，明确本课程与其他课程的区别与联系，根据特点和要求，对自学者进行目的明确、针对性强的有效辅导，帮助学习者避免学习中走弯路，把握自学辅导的正确导向。

2. 助学单位应处理好基础知识辅导和应用能力培养的关系，努力引导自学者将识记、领会同应用联系起来，把基础理论知识转化为应用能力。在全面辅导的基础上，着重培养和提高自学应考者认识分析和解决实际问题的能力。

3. 助学单位要处理好系统知识与重点知识的关系，考试内容是全面的，分布到各章，而且重点与一般是相互联系的，助学单位应首先指导自学者全面系统地学习教材，在此基础上再重点掌握一些章节的考核知识点。这些重点章节是第一章、第二章、第三章、第四章、第五章、第六章、第七章、第九章、第十一章第3节、第十二章第4节、第十三章第2节。助学单位要正确引导学生，注意避免"只读重点，不及全面"、甚至是"投机取巧，猜题押宝"的错误学习导向。

五、关于命题考试的要求

1. 本课程的命题考试，应根据本大纲规定的课程内容和考试目标来确定考试范围和考核要求，不要任意提高或降低考核要求。与对助学单位的要求相适应，考试命题范围可以适当突出上述重点章节的考核知识点。

2. 本课程的考试命题中，对不同能力层次要求的分数比例一般为：识记占20%，领会占40%，应用占40%。

3. 试题要合理安排难度结构。试题难易度分为易、较易、较难、难四个等级。每份试卷中四种难易度试题的分数比例一般为：易占 30%，较易占 30%，较难占 25%，难占 15%。必须注意的是，试题的难易度与能力层次不是一个概念，在各能力层次中都会存在不同难易度的问题，切勿混淆。

4. 本课程考试试卷采用的题型一般有：单项选择题、多项选择题、简答题、论述题、案例分析题等。各种题型的具体样式可参见本大纲附录。

5. 本课程考试时间为 150 分钟，试题量应以中等水平的自学者在规定的时间内答完全部试题并略有复查时间为度。

Ⅳ 附 录

题 型 举 例

一、单项选择题(在备选答案中只有一个是正确的,将其选出并把选项前的字母填入题干后的括号内)

1. 下面有关非政府组织的描述中比较合理的描述是(　　)

A. 政府之外的所有组织　　　　　　B. 无政府组织

C. 反政府组织　　　　　　　　　　D. 是来自联合国的一个专用概念

2. 英文缩写 ICNPO 是国际上的一种非政府组织分类标准,它与以下中间相对应的是(　　)

A. 联合国国际标准产业分类体系　　B. 欧共体经济活动产业分类体系

C. 非营利组织国际分类体系　　　　D. 国家免税组织分类标准

二、多项选择题(在备选答案中有 2 至 5 个是正确的,将其全部选出并把选项前的字母填入题干后的括号内,错选或漏选均不给分)

1. 以下相对于非政府组织的特征而言不正确的是(　　)

A. 正规性　　B. 非营利　　C. 政治性　　D. 公益性　　E. 宗教性

2. 非政府组织具有独立性特征,其主要体现是(　　)

A. 非政府支配　　　　　　B. 非政党立场　　　　　　C. 非宗教立场

D. 非宗教背景　　　　　　E. 非参与投票

三、简答题

1. 我国政府职能部门对于民间组织的分类。

2. 简述非政府组织的主要特征?

四、论述题

1. 非政府组织在社会发展中重要作用。

2. 关于非政府组织特征中的独立性的理解。

五、案例分析

重庆市 2005 年 8 月正式启动了党政机关与行业协会的脱钩改革。经审核确认,全市按规定应脱钩行业协会共计 626 家,涉及主管机关 397 个。在改革中,各有关部门克服本位主义思想,历时半年,除 66 家行业协会因与政府工作职能重叠、自我职能调整等原因被依法注销外,560 家行业协会已基本全面与主管机关完成脱钩任务。目前,全市共有 3289 名党政机关干部辞去行业协会职务,其中厅级以上干部 224 名、处级干部 1355 名。收回行业协会占用的国有资产 4925 万元,其中固定资产 3318 万元;脱钩后行业协会自有资产 8246 万元。在办公住所方面,406 家行业协会与党政机关办公场所分开,154 家因短期内搬迁困难已按规定与党政机关签订了有偿租用协议。在业务和利益上,绝大多数党政机关已经理顺与行业协会的业务关系,明确界定了行政职能和协会职能。行业协会均设置了独立的账户,与党政机关实现了利益脱钩。

请回答：

（1）重庆市党政机关与行业协会的脱钩改革具有什么象征意义？

（2）我国非政府组织与党政机关之间的规范关系应当是怎样的情形？

大 纲 后 记

全国高等教育自学考试指导委员会组织制定了《非政府组织管理自学考试大纲》。

本大纲由《非政府组织管理》主编马庆钰(国家行政学院教授)具体编写。

2007 年 4 月，全国高等教育自学考试指导委员会公共管理类专业委员会召开审稿会，对本大纲进行审定。参加本大纲审稿的专家有张永桃(南京大学教授)、赵黎青(中央党校教授)、王云骏(南京大学教授)。张永桃教授担任主审。

全国高等教育自学考试指导委员会

公共管理类专业委员会

2007 年 5 月